Eycke Strickland

Augen sehen, Ohren hören
Eine Kindheit in Nazi-Deutschland
1933 – 1946

Aus dem Englischen übertragen in
Zusammenarbeit
mit Eberhard Mundry und Brigitte Mundry, geb. Blankenburg.
Bearbeitet und lektoriert von Heiko Jaeschke

Titelbild Gestaltung von Beau Brashares.
Hintergrund mit Genehmigung der National Archives, Washington, D.C.

www.eyckestrickland.com

ISBN: 978-0-9904079-3-5

Zum Andenken an meinen
Vater Karl und meine Mutter
Auguste Viktoria Laabs

Hüte Dich nur, und bewahre Deine Seele wohl, daß Du nicht vergessest der
Geschichten, die Deine Augen gesehen haben, und daß sie nicht aus Deinem
Herzen kommen all Dein Leben lang. Und sollst Deinen Kindern und
Kindeskindern kund thun.

5. Buch Mose, 4 – 9

INHALT

Teil III
Rückkehr nach Deutschland
Der Zusammenbruch des Dritten Reiches und die Befreiung
1945 – 1946

Prolog

Hitlers Machtergreifung Ende Januar 1933 führte zu der drohenden Gefahr, Deutschland könne in den blutigen Strudel eines zweiten Weltkrieges hinein gezogen werden. Neun Monate später wurde ich in Kassel, einer nordhessischen Stadt im Herzen Deutschlands in diese Welt hinein geboren. Göttliche Fügung, der Mut meiner Eltern und die Barmherzigkeit vieler anderer Menschen begleiteten mich die ersten dreizehn Jahre meines Lebens. Meine Eltern, Auguste Viktoria Wallbach und Karl Laabs nannten mich, ihr erstgeborenes Kind, Eycke. Einen Tag nach meiner Geburt schrieb mein Vater an meine Mutter: „Ich bin sehr glücklich darüber, daß dieses Kind unserer tiefen, schönen und wilden Liebe endlich da ist." Und meine Mutter schrieb in ihr Tagebuch: „Wenn ich deinen kleinen Körper an meiner Brust halte, bin ich voller Glück und großer Freude über dein Dasein."

Die außergewöhnliche und unkonventionelle Beziehung meiner Eltern begann im März 1929. Für meine Mutter, fünfundzwanzigjährig und noch Jungfrau, wurde mein Vater, ein neun Jahre älterer, verheirateter Mann, die große Liebe. In der meisten Zeit ihres Zusammenlebens liebten und haderten sie leidenschaftlich. Während ich aufwuchs, bedrückten mich ihre Streitereien. Gleichzeitig aber stärkte mich ihre Liebe.

Meine Eltern widerstanden Hitlers faschistischem Regime. Und als die dunklen Schatten der Nazi-Brutalität unser Leben zu berühren begannen, versuchten sie, meine Geschwister und mich von dem uns umgebenden, entsetzlichen Geschehen abzuschirmen. Um uns zu schützen, hielt mein Vater während des zweiten Weltkrieges die von ihm durchgeführten Rettungsaktionen streng geheim. Aber ich beobachtete und lauschte. Was ich mit meinen eigenen Augen gesehen, mit meinen eigenen Ohren gehört und in jeder Faser meines Wesens gespürt habe, werde ich mein Leben lang nicht vergessen.

Wie alle Deutschen dieser Generation waren auch meine Eltern vom ersten Weltkrieg stark geprägt. Im Alter von achtzehn Jahren hatte mein Vater 1914 sein Architekturstudium unterbrochen und sich freiwillig zur kaiserlichen Armee gemeldet. Ein Jahr später ist sein älterer Bruder Otto neben ihm bei einer Schlacht vor Langemarck in Flandern gefallen.

Danach hat mein Vater noch drei weitere Jahre in Flanderns Schützengräben in Belgien gelitten und gekämpft, bis er 1918 verwundet wurde. Er kehrte in ein zerrüttetes und demoralisiertes Deutschland zurück.

Meine Mutter war zehn Jahre alt, als sich ihr Vater Gustav Wallbach 1914 freiwillig zum Kriegsdienst meldete. Seine Frau und sieben Kinder ließ er zurück. Eine Tante versprach meiner Mutter, ihr Vater käme lebend zurück, wenn sie nur innig genug dafür bete. Zehn Tage, nachdem er sich von seiner Familie verabschiedet hatte, fiel er in der ersten Schlacht bei Langemarck. Als die Nachricht von seinem Tod angekommen war, hat meine Mutter sehr lange nicht mehr gebetet. Meiner damals fünfunddreißigjährigen, verwitweten Großmutter Karoline Lisette fiel die Erziehung ihrer sieben Kinder, die zwischen fünf Monate und zwölf Jahre alt waren, sehr schwer. Durch Unterernährung geschwächt, starb ihr jüngster Sohn vor seinem zweiten Geburtstag. Von innerer Stärke getragen, bewältigte meine Großmutter mit Mut und Gottvertrauen sowie mit der Hilfe ihrer Eltern die Erziehung ihrer überlebenden Kinder.

Im Wandervogel, einer um die Jahrhundertwende gegründeten deutschen Jugendbewegung, sind sich meine Eltern zum ersten Mal begegnet, und daraus entwickelte sich über die Jahre gegenseitige Zuneigung. Mein Vater war dem Wandervogel bereits in den Vorkriegsjahren beigetreten. Angezogen hatten ihn Idealismus und das Streben nach Gleichberechtigung in der Gesellschaft, sein Protest gegen viktorianische Moral und Sitten sowie seine Liebe zur Natur, zum Wandern und zu den Volksliedern. Nach dem Krieg setzte er sein Architekturstudium fort und arbeitete nach seinem Abschluss in einem Architekturbüro in Kassel. Er nahm auch seine Tätigkeit im Wandervogel wieder auf, wo er und seine erste Frau in führende Positionen aufstiegen. Von 1920 bis 1929 spielte mein Vater eine bedeutende Rolle bei der Restauration der mittelalterlichen Burg Ludwigstein, die auf einer bewaldeten Höhe oberhalb der Werra in Nordhessen liegt. Der Wandervogel baute die Ruine aus, widmete sie dem Gedenken an die in Flandern im ersten Weltkrieg Gefallenen und benutzte sie als Versammlungsort für Wandervogelgruppen.

1921 trat auch meine siebzehnjährige Mutter dem Wandervogel bei. Später besuchte sie eine kaufmännische Berufsschule, obwohl sie für Büroarbeit völlig ungeeignet war. Ihre Leidenschaften waren vielmehr Lesen und Gedichte schreiben.

Auf Burg Ludwigstein arbeitet sie von 1923 bis 1926. In 1929 schloss sie eine Ausbildung als Krankenschwester ab. Für ein weiteres Jahr kehrte sie sodann bis 1930 zum Ludwigstein zurück. Ihre glücklichsten Jahre erlebte sie dort. Sie strahlte, wenn sie vom Leben mit Schriftstellern, Dichtern und Musikern erzählte. Später erinnerte sie daran, dass wunderbare Abende mit Gesprächen, Musik und Lesungen der Werke von Rilke, Hölderlin, Goethe und George der Lohn für ihre harte Arbeit waren. Sie war glücklich, geliebt, respektiert und von den jungen Männern des Wandervogels wie eine Schwester aufgenommen worden zu sein.

1930 begann die erste Ehe meines Vaters auseinander zu gehen, und im Frühjahr 1931 zogen er und meine Mutter von Kassel nach Frankfurt. Mit einem Stipendium der sozialdemokratischen Partei schrieb er sich bei der Goethe-Universität ein, um Volkswirtschaft und Sozialwissenschaften zu studieren. An dem Tag, als Adolf Hitler Reichskanzler wurde und Narren Deutschland zu regieren begannen, schrieb mein Vater an die Tafel eines Hörsaals: 30. Januar – Beginn der Fastnacht'. Fakultätsmitglieder der Nazis betrachteten dies als Provokation und verhinderten daraufhin die Fertigstellung seiner Dissertation. Mit einem Diplom als Berufsschullehrer verließ er Frankfurt im Frühling 1933. Im selben Jahr verbot Hitler den Wandervogel.

Mein Vater gründete ein Architekturbüro in seiner Heimatstadt Hannoversch Münden, während meine mit mir schwangere Mutter zurück nach Kassel zog und dort mit ihren Geschwistern lebte, bis ich ein Jahr alt war. Mein Vater trennte sich endgültig von seiner ersten Frau. Am 1. Dezember 1934 heirateten meine Eltern. Wenige Tage vor Weihnachten verließen meine Mutter und ich das Elternhaus, um mit meinem Vater in Wilhelmshausen zu leben. Meine Mutter schrieb in ihr Tagebuch: „In dieser Nacht strahlten die Sterne so, dass es schien, als wollten sie unsere erste Heimat mit ihrer Helligkeit erleuchten." Wilhelmshausen ist ein kleines Dorf im Fuldatal, acht Kilometer nördlich von Kassel und sechseinhalb Kilometer südlich von Münden. In dieser Umgebung tauchen meine ersten Erinnerungen auf, und meine eigene Geschichte beginnt.

Teil I
Im Herzen Deutschlands
1933 – 1942

Papa hat Flügel

Meine erste Erinnerung ist die an weiß geflügelte Objekte, die am tief blauen Himmel über mir Kreise zogen. Warm und sicher fühlte ich mich in den Armen meiner Mutter, die zum Himmel zeigte und flüsterte: „Papa, Papa". Ich wiederholte „Papa, Papa", und das waren meine ersten Worte. Einige Jahre später erklärte mir meine Mutter – ich nannte sie ‚Mutti' – diese weißen Objekte seien Segelflugzeuge, und mein Vater sei mit einem solchen bei warmer Luftströmung von der Erde aufgestiegen. Sie erzählte auch, schon während ihrer Schwangerschaft und sogar nach meiner Geburt hätten wir Papa an sonnigen Wochenenden zum Stauffenberg in der hügeligen Umgebung Kassels begleitet. Dort stieg er in die Kanzel eines Segelflugzeugs, winkte uns zu, stieg gegen die Sonne auf und segelte, bis die Luft sich gegen Abend abkühlte. Der zweite Brief meines Vaters an meine Mutter und mich flatterte von einem solchen Segelflugzeug herunter. Spielende Kinder fanden ihn auf einer nahen Wiese und brachten ihn meiner Mutter. Am Umschlag war ein langes rotes Band befestigt, und mein Vater schrieb, er hätte uns lieb und würde uns bald besuchen. Meine Mutter erzählte mir, ich hätte meinen Vater von klein auf angebetet; und als ich Sätze sprechen konnte, rief ich: „Papa hat Flügel."

Drei Monate vor meiner Geburt hatte meine Patentante Marianne die Eltern zum Stauffenberg begleitet und beobachtet, wie mein Vater eine Serie von Qualifikationsflügen absolvierte. Als wir nachts neben einer Baumgruppe am Hang kampierten, erlitt meine Mutter eine Blutung. Vater eilte ins nächste Dorf und kehrte mit einem Arzt zurück. In der Zwischenzeit hatte meine Tante Holz gesammelt und ein Feuer entfacht, damit Vater und der Arzt unseren Lagerplatz wiederfinden konnten. Der Arzt verordnete die Einlieferung in ein Krankenhaus, doch meine Mutter weigerte sich. Unter Tante Mariannes Fürsorge blieb meine Mutter drei Monate ans Bett gefesselt. Sie arbeitete an einer Babyausstattung und einer blauen Decke für mein Laufställchen, auf der sie Sonne, Mond und Sterne aus hellgelbem Stoff nähte.

Als ich vier Monate alt war, schrieb meine Mutter in ihr Tagebuch: „Ich sehne den Frühling herbei, an den ich voller Erwartung denke, weil es Dein erster Frühling ist. Du wirst zum ersten Mal in die Sonne schauen, wirst den blauen Himmel sehen und bunte Blumen, die kleinen Schmetterlinge – mein Liebstes. Die Welt ist so voll herrlicher Schönheit, wenn man die Augen aufhält und sein Herz öffnet den Wundern der Natur." Wenige Monate später schrieb sie: „Es ist Sommer, kleines Lieb, wir waren heute draußen, und Du und

6

ich haben im duftenden grünen Klee gelegen. Deine Hände griffen nach den kleinen Blüten und Deine Augen nach den tausend schönen Wundern der Erde. Ich hielt dich auf dem Arm und lauschte mit Dir gemeinsam dem Abendgesang der Vöglein und bat unseren Gott, Dir ein behutsames Leben zu schenken, dass Du nie diesen vertrauenden süßen Glauben, den Kinderglauben, verlieren möchtest."

Ein Jahr nach meiner Geburt heirateten meine Eltern und folgten der Fulda aufwärts, um ihr erstes Heim in Wilhelmshausen zu gründen, einem kleinen Dorf, das zwischen dem Fluss und mit Fichten bewaldeten Höhen liegt. In den nächsten fünf Jahren bewohnten wir das Obergeschoss eines Fachwerkhauses. Meine Patentante Marianne pflegte dort meine Mutter bei den Geburten meiner Brüder Sven und Frank sowie meiner Schwester Ute. Marianne und ihr Mann Wütt waren kinderlos. Sie besuchten uns jedes Wochenende, überschütteten uns mit Zärtlichkeit und verwöhnten uns mit Spielzeug und auserlesener Kleidung. Sie lasen uns vor, nahmen uns auf Spaziergänge in die Umgebung und in den Ferien an die See mit.

Meine Mutter schrieb in ihr Tagebuch, dass ich mich zur Zeit des Umzuges von Kassel nach Wilhelmshausen nicht wohl gefühlt hätte. Nach der Geburt meines Bruders Sven wurde ich immer lust- und appetitloser. Sie dachte, ich würde Tante Marianne und Onkel Wütt vermissen, die mich seit dem Tag meiner Geburt in ihr Herz geschlossen hatten. Wenn mir die Rivalitäten mit meinen Geschwistern um die Zuwendung meiner Mutter zu viel wurden, war ich selig, wenn Tante Marianne und Onkel Wütt mich mit zu sich nach Hause nahmen. Ich genoss ihre ungeteilte, bedingungslose Liebe und Zuneigung. Meine Tante nannte mich liebevoll ‚Mäuschen‘ oder ‚Musch‘. Ich trippelte auf Zehenspitzen herum und küsste meinen Onkel immer dann, wenn er mich sein ‚Schätzchen‘ nannte. Gelegentlich wünschte ich mir, bei Tante und Onkel bleiben zu können, statt nach Hause zu müssen. Zwischen ihnen und meinen Eltern fühlte ich mich hin und her gerissen. Doch als ich älter wurde, war ich dankbar, von zwei Elternpaaren umhegt zu werden.

Meine Geschwister und ich sind ohne Großeltern aufgewachsen. Die Eltern meiner Mutter waren vor meiner Geburt gestorben. Die Großeltern väterlicherseits hatten meine Mutter immer abgelehnt. Deshalb haben meine Geschwister und ich unseren 1942 gestorbenen Großvater nie gesehen. Bis 1943 hatten wir auch keine Gelegenheit, die Großmutter kennen zu lernen. Wir waren jedoch glücklich, einen Teil der Familie Wallbach um uns zu haben, etwa die lebhaften Brüder und Schwestern meiner Mutter, die sich nach dem Tod ihrer Eltern wie Kletten aneinander geklammert hatten. Während der Ferien versammelten sie sich oft bei uns, neckten und kabbelten sich, lachten und spielten mit uns.

Aus der Generation unserer Großeltern war nur unsere Großtante Gustchen Wallbach noch am Leben. Sie kam jeden Dienstagmorgen mit dem Neunuhrzug aus Kassel. Wenn sie erwartet wurde, beobachteten meine Brüder und ich vom Wohnzimmerfenster aus ungeduldig, wie die qualmende Lokomotive pfeifend das hohe Ufer jenseits der Fulda entlang pufftte. Schon aus der Ferne glaubte ich, die Tante meiner Mutter zu erkennen, wenn sie von der Höhe herab zur Fähre kam.

Die von der Strömung angetriebene Gierseilfähre glitt an Stahlseilen von einem Fuldaufer zum anderen. Es schien eine Ewigkeit zu dauern, bis Tante Gustchen um die Ecke in die Holzhauser Straße kam. Sie ging an Müllers Bauernhaus links und einer Wiese rechts vorbei, wo eine Schar schneeweißer Gänse sie anschnatterte; doch sie hatte keine Angst vor meinem Erzfeind, dem großen Gänserich. Jeden Morgen, wenn ich zum Milchholen ging, verfolgte er mich mit hoch aufgerichtetem Hals, zischte und zwickte mich ins Bein. Erst als ich mich traute, das schwarzäugige Scheusal mit einem langen Stock zu verjagen, verlor ich meine Angst vor ihm.

Wenn Tante Gustchen dann durch das Gartentor schritt, sich zu jedem von uns herunter beugte und uns umarmte, war ihre erste Frage: „Was habt ihr kleinen Schlingel wieder angestellt?" Als ich mal Obstsalat stibitzt hatte, schämte ich mich und hoffte, dass ich trotzdem ein Mitbringsel bekam. Außerdem betete ich, Mutti solle ihr nicht verraten, dass ich Svens roten Spielzeughund mit Absicht kaputt gemacht und ihm dann die Schuld zugeschoben hatte.

Tante Gustchens Augen leuchteten in ihrem verrunzelten Gesicht, und sie lächelte, wenn sie Früchte und Schokolade aus ihrer pflaumenblauen Reisetasche zog. Ich atmete ihren Lavendelduft ein. Ihr grauer knöchellanger Rock raschelte, wenn sie mit dreien von uns im Schlepp auf das Haus zuging.

Tagsüber saß meine Großtante meistens auf einem bequemen Stuhl am Fenster. Um die Schultern trug sie ein schwarzes Tuch. Mit tief gebeugtem Kopf strickte oder flickte sie Socken, oder sie nähte und bestickte meine Kleider. Wie ein von der Sonne erwärmter Felsen strahlte sie Wärme aus. Wie ein Kätzchen strich ich um sie herum und hoffte auf ihr Lächeln oder eine zarte Berührung ihrer weichen Hand. Sie nannte mich ‚Schmusekätzchen‘; ihre Liebkosungen wärmten mich und machten mir so richtig Lust, zu tanzen und zu springen.

Als ich fünf Jahre alt war, brachte sie ein Wollknäuel und einige Nadeln mit und begann, mir das Stricken beizubringen. Oft ließ ich Maschen fallen, aber ich liebte das Gleiten der weichen Wolle durch meine Finger und das Klicken der Stricknadeln. „Rechts, links, rechts, links“, sang meine Großtante. Zum Jahresende hatte ich einen unförmigen Schal fertig gebracht und schenkte ihn meiner Mutter zu Weihnachten.

Ich liebte Tante Gustchens sanfte Gegenwart und wünschte mir, sie würde bei uns wohnen. Sie erzählte uns Geschichten und blieb immer ganz ruhig, wenn Mutti mal wieder überfordert oder ungeduldig war. Tante Gustchen tröstete mich, auch wenn Mutti mich ausgeschimpft und wieder sauber geschrubbt hatte weil ich von Kopf bis Fuß mit Teer verschmiert von der Straße zurück kam. Es half nichts, wenn ich Mutti erklärte, Straßenarbeiter hätten mich absichtlich vollgespritzt. „Wie Pechmarie sehe ich aus, will aber lieber wie Goldmarie aussehen“, jammerte ich. Im Märchen ‚Frau Holle‘ wird Goldmarie für ihre guten Taten mit einem Goldregen belohnt, während Pechmarie wegen ihrer Gleichgültigkeit und Faulheit mit Pech überschüttet wird.

Am Abend setzte meine Großtante ihren grossen schwarzen Hut mit der verblichenen gelben Rose auf und verabschiedete sich. Ich sah ihr nach, wenn sie die Straße hinab ging und sich nach einem Weilchen immer mal wieder umdrehte und winkte. Ich verlor sie aus den Augen, wenn sie um die Ecke verschwand und zur Fähre ging, hatte sie aber wieder im Blick, wenn sie die Fähre auf der anderen Seite verließ. Noch einmal glaubte ich, sie winken zu sehen, bevor sie im Qualm der Lokomotive verschwand. Danach bat ich Mutti, mir das Zählen beizubringen, damit ich ausrechnen konnte, wann Tante Gustchen wiederkommen würde.

Nach längerer Zeit fragte ich Mutti, warum Tante Gustchen nicht mehr zu Besuch käme. Ich erhielt die Antwort, Tante Gustchen sei krank. Als ich Monate später wieder fragte, sagte Mutti, Tante Gustchen käme nicht mehr wieder.

„Warum nicht?“ Tante Gustchen sei im Himmel beim lieben Gott. Trotzdem qualmte der Zug, der sie zu uns gebracht hatte, immer noch, pfiff und puffte um die Kurve, hoch über dem Ufer jenseits der Fulda. Ungeachtet dessen, was Mutti gesagt hatte, erwartete ich täglich, der Zug würde meine Großtante zu uns zurückbringen.

9

Beten und Arbeiten

Unsere Vermieter, die Schäfers, ein hart arbeitendes frommes Paar, bewohnten das Erdgeschoss ihres Bauernhauses. Den grossen, dünnen alten Mann nannten wir ‚Opa', seine dicke Frau ‚Oma', obwohl sie nicht mit uns verwandt waren. Immer wenn die Kirchenglocken durch das Tal schallten, riefen Oma und Opa jedem, der zuhörte, in ihrem plattdeutschen Dialekt *„beten un arbeiten"* zu. Arbeiteten sie nicht, so beteten sie; und wenn sie grad mal nicht beteten, meckerten sie sich mit tiefer Stimme ‚mumumum' und hoher Stimme ‚jakjakjak' an. Als wir eines Tages entdeckten, dass Opa die hohe Stimme hatte und Oma die tiefe, konnten wir es zuerst gar nicht glauben. Von da an amüsierten Sven und ich unsere Besucher damit, dass wir die Kabbeleien des alten Paars nachahmten.

Die Schäfers hielten Vieh und hatten hinterm Hof einen Gemüse- und einen Blumengarten, den Oma auf eine ganz besondere Art düngte. Wie alle alten Frauen im Dorf trug sie lange Röcke. Wenn sie Wasserlassen musste, ging sie in den Garten an das Ende eines ihrer gepflegten Beete, lüftete sittsam Unterröcke und Rock ein wenig, spreizte die Beine, pinkelte und lächelte verklärt. Ich war sehr beeindruckt und wunderte mich, wie Oma Schäfer dieses Kunststück fertig brachte, vor allem, nachdem alle meine Versuche, es ihr nachzumachen, gescheitert waren. Ich überlegte, wie sie das machte, ohne ihre Hosen herunter zu ziehen und sich hinzuhocken. Erst als ich eines Tages ihre schneeweißen geschlitzten Unterhosen auf der Wäscheleine flattern sah, wurde es mir klar.

Mutti lachte schallend, als ich sie bat, meine Unterhosen aufzuschlitzen, damit ich so wie Oma Schäfer pinkeln konnte, ohne mich dabei nass zu machen.

Oma Schäfer lächelte nur, wenn sie meinen Bruder Sven begrüßte. Mit schwieliger Hand streichelte sie sein blondes Haar, tätschelte und kitzelte sein Kinn und sagte mir, was für ein lieber Kerl er sei. Sie lud ihn sogar in ihre Küche ein und schob ihm Scheiben aus Speck und ‚Dürrer Runde´ in den Mund. Natürlich wunderte ich mich, warum sie so unfreundlich zu mir war. Wie oft hatte ich die Hühner von ihren Beeten fortgejagt. Doch nie gab sie mir einen Leckerbissen oder sagte nur ein einziges freundliches Wort zu mir. Statt dessen gackerte sie wie eins ihrer Hühner, schimpfte, weil ich die Treppe rauf und runter gerannt war, drohte mit einem knochigen Finger und erkundigte sich scharfzüngig: „Hast Du heute Dein Gebet schon gesprochen?"

„Nein", antwortete ich schnippisch, „aber ich habe meiner Mutter bei der Arbeit geholfen", und flitzte mit erhobener Nase an ihr vorbei.

Eines Tages hörte ich, wie Papa Mutti erklärte, es gäbe Krieg. Deshalb sei es zu gefährlich, in der Nähe des Rothwesten-Fliegerhorstes zu wohnen, und wir müssten bald umziehen. Damals hörte ich zum ersten Mal das Wort ‚Krieg'. Ich verstand nur, dass das etwas war, wovor man sich fürchten musste. Das zweite Mal kam Krieg zur Sprache, als ich Enid Beckmann kennen lernte. Immer wenn Enid kam, war Mutti glücklich. Daraus schloss ich, dass die beiden Freundinnen waren. Enid lebte in einem grossen Haus zwischen Wilhelmshausen und Münden. Es lag an einem Hang mit Blick auf die Fulda. Ich bewunderte die fremdartigen Dinge, die ihre Wände schmückten: Gruselige Masken, Trommeln und Lanzen. Enid erklärte, diese Dinge kämen von sehr weit her aus ihrem Geburtsland Südafrika. Ihr Vater war Deutscher, die Mutter Engländerin. Über Engländer wusste ich nicht viel. Ich hatte nur gehört, dass ihre Flugzeuge bald kommen und Bomben werfen würden. Als ich sie fragte, ob ihre Mutter Bomben hätte, beruhigte sie mich mit der Antwort, sie glaube nicht, dass die Engländer uns angreifen würden. Sie zeigte mir ein Buch mit Bildern von einem Mädchen namens Alice, das einem Kaninchen in ein Erdloch gefolgt war. Dort trank es Tee mit sonderbaren Geschöpfen. Enid erklärte mir, das Buch sei in Englisch geschrieben, und eines Tages würde ich lernen, es zu lesen. Ich hatte das Gefühl, dass Enid sich Sorgen um meine Mutter machte. Denn immer, wenn sie sich verabschiedete, musste ich ihr versprechen, mich um Mutti zu kümmern und ihr bei der Fürsorge um meine Geschwister zu helfen.

Jeden Morgen küsste ich Papa zum Abschied, bevor er die sechseinhalb Kilometer zur Arbeit nach Münden fuhr. Meine Mutter erzählte mir, ich hätte immer auf ihn gewartet und ihn mit einem strahlenden Lächeln begrüßt, sobald er zum Mittagessen nach Hause kam. Und ich stand am Eingang und winkte ihm nach, wenn er wieder zu seiner Arbeit zurück fuhr. Ich beschwerte mich, dass er meistens erst spät abends nach Hause kam, nachdem wir bereits im Bett waren. Auf meine Frage, was er täte, antwortete er, er sei Architekt, Segelflugpilot und für ein Segelfluglager verantwortlich. Als ich wissen wollte, was ein Architekt macht, erklärte er mir, er würde Pläne für Häuser entwerfen und darauf achten, dass sie vorschriftsmäßig gebaut werden. Auf meiner Bitte, mir zu erklären, wie er das macht, lächelte er und antwortete: „Vielleicht, wenn du älter bist."

* * * * *

Jahrzehnte später besuchte ich einige der attraktiven Siedlungen
aus Gruppen weiß verputzter, hochgiebeliger Häuser mit roten Dächern,
die mein Vater zwischen den beiden Weltkriegen entworfen hatte.
Diese Wohngebiete mit Einfamilienhäusern – jedes mit einem eigenen
Garten – waren zu moderaten Preisen gebaut worden. Sie waren
Ausdruck eines sozialen Wohnungsbaus, erschwinglich vor allem auch
für Arbeiter, die vorher in dunklen, überfüllten Mietskasernen gehaust
hatten.

*****

Am Tag, als Papa, Mutti, meine Geschwister und ich
Wilhelmshausen verließen, erklärte mich Oma Schäfer für verrückt,
weil ich bei ihr angeklopft und sie gebeten hatte, Tante Gustchen unsere
neue Adresse mitzuteilen, wenn sie nach uns sehen würde. Die Fahrt zu
unserer neuen Heimat führte uns flussabwärts über Münden hinaus, der
Stadt, wo Fulda und Werra sich zur Weser vereinigen. Von da an folgten
wir dem Verlauf der Weser.

Adolf bringt uns in Gefahr

Im August 1939 erreichten wir Vaake, ein kleines Dorf ganz im Norden Hessens. Seit Jahrhunderten lebten die Einwohner von der Fischerei, Holzfällerei und -verarbeitung, von Köhlerei und Landwirtschaft. Sie wohnten in Fachwerkhäusern an zwei parallel zur Weser verlaufenden Straßen. Eine dritte Straße führte nach Westen in den bergigen Reinhardswald und endete an einer kleinen Kohlenzeche auf dem Gahrenberg. In zwei Tälern plätscherten kristallklare Bäche zwischen Feldern und Wiesen, die das Dorf wie eine bunte Flickendecke umrahmten.

Das weiß verputzte Haus in der Mündener Straße Nr. 170 im Süden des Dorfes hatte einen spitzen Giebel, ein rotes Ziegeldach, zwei Stockwerke und sieben Zimmer. Und, wie Papa es versprochen hatte, gab es einen großen, von einer hohen Hecke abgeschirmten Garten. Papa schien zu ahnen, daß schlechte Zeiten auf uns zukommen würden und wir zu unserer Ernährung einiges selbst beitragen müssten, denn kurz nach dem Einzug wurde ein Teil des Grundstücks zum Anbau von Gemüse vorbereitet.

Als einen Monat später deutsche Truppen in Polen einrückten, brach der zweite Weltkrieg aus. Die Erwachsenen rangen ihre Hände und munkelten über einen Mann namens Adolf, der uns in Gefahr bringen würde. Niemand erklärte mir, wer Adolf ist. Eins war mir jedoch klar: Es musste Adolfs Schuld gewesen sein, dass Papa Ende Oktober gezwungen wurde, sein Architekturbüro in Münden zu schließen. Ich weinte, als er uns zum Abschied küsste und mit einem Koffer und seiner Aktentasche durchs Gartentor verschwand. Am Abend davor hatten meine Eltern eine heftige Auseinandersetzung hinter verschlossenen Türen, die mich verwirrte und verängstigte. Ich fragte Mutti, warum Papa weggehen musste, und da brach sie in Tränen aus. Sie erklärte mir, wegen des Krieges sei er zur Nordseeinsel Sylt abkommandiert worden, um dort einen Flugplatz zu bauen.

Etwa in dieser Zeit – ich erinnere mich nicht mehr, wann genau das war – verschwand auch meine Mutter. Sie überließ uns der Obhut von Annemarie, einem Mädchen, das seit kurzer Zeit bei uns wohnte. Ich hoffte, dass Mutti uns nicht verlassen hatte, weil wir ungezogen waren. Als sie wenige Tage später zurückkehrte, war ich so erleichtert, dass ich auf jede nur erdenkliche Art und Weise versuchte, artig zu sein und mich sogar mit meinen Brüdern zu vertragen.

*****

Erst 60 Jahre später erfuhr ich, dass meine Mutter wegen
Beschimpfung eines Mitglieds der ‚Nationalsozialistischen Deutschen
Arbeiterpartei' vor ein Gericht zitiert worden war. Sie hatte unter
anderem gegen die Versetzung meines Vaters zu einem zivilen Dienst
bei der Luftwaffe protestiert und ihren Protest damit begründet, dass
andere Männer in seinem Alter, die im ersten Weltkrieg gedient hatten
und Oberhäupter so großer Familien waren, von solchen Einziehungen
freigestellt worden seien. Meine Mutter hat nie über diesen Vorfall
gesprochen. Ich habe mich gefragt, ob das Gericht sie damals nur
gewarnt, zu einer Geld- oder einer milden Bewährungsstrafe verurteilt
hatte.

Der Schrei des Habichts

„Hier bin ich", kündigte sich Addie, die älteste Schwester meiner Mutter an, mit ihrem Sohn Uwe im Schlepp. Sie kam durch die Tür herein, breitete die Arme aus und gab jedem von uns einen Kuss auf den Mund. Mutti schien überaus glücklich zu sein, ihre Schwester zu sehen. Die beiden tuschelten, schlossen dann die Wohnzimmertür und ließen uns im Flur stehen.

Kurz nach Tante Addies Ankunft fing Mutti an, sich nur noch herum zu schleppen. Sie sah krank aus und fieberte. Ich suchte Zuflucht im Kinderhäuschen, das Mutti im Garten für uns gebaut hatte. Mit seinen drei Wänden, Dach, Tisch und Bänken war es der einzige Ort, an dem ich meinen Kummer mit meinen Puppen teilen konnte. Als Mutti am nächsten Tag im Bett blieb, teilte Addie uns mit, Mutti sei sehr krank. Addie bat mich, im Garten auf meine Schwester Ute aufzupassen. Kurz danach hielt ein Krankenwagen vor unserem Haus. Zwei weiß gekleidete Männer kamen mit einer Trage durchs Tor und stiegen die Treppen zum Haus empor. Ich spürte einen Kloß im Hals, bekam weiche Knie, wollte hinrennen und nachsehen, was passiert war, fühlte mich jedoch wie gelähmt, so dass ich nicht im Stande war, mich von der Stelle zu rühren. Stattdessen betete ich: „Bitte, lieber Gott, lass Mutti nicht sterben!" Als die Männer meine Mutter in den Krankenwagen schoben und die Türen schlossen, rannte ich hinterher und sah dem Wagen nach, bis sein lautes ‚tatü- tata-tatü-tata' in der Ferne verklang wie der schrille Schrei eines über dem Kiefernwald kreisenden Habichts.

In dem Moment fiel mir auf, dass ich meine im Sandkasten spielende Schwester völlig vergessen hatte. Ich schnappte sie mir und eilte ins Haus. Atemlos fragte ich: „Tante Addie, was ist mit Mutti los?" Sie sah mich durch ihre dicken Brillengläser an, neigte den Kopf leicht zur Seite, strich sich das Haar aus der Stirn, räusperte sich und sagte, Mutti käme ins Krankenhaus nach Münden. Ich fragte warum, doch Tante Addie zuckte nur mit den Schultern, zögerte und beschwichtigte mich mit den Worten, die Ärzte würden Mutti wieder gesund machen. Das klang nicht gerade überzeugend. Ich hatte das Gefühl, Addie wüsste mehr als das, was sie mir gesagt hatte.

Ohne Papa und Mutti fühlte ich mich einsam und verlassen. Im Haus breitete sich eine bedrückende Stimmung aus und lastete auf uns wie ein schweres Joch. Meine Brüder, unser Vetter und ich spielten nur lustlos miteinander. Die Jungens beobachteten vorbei fahrende Militär-Lastwagen und Kolonnen von Soldaten. Wir hörten sogar auf, uns zu kabbeln. Ich betete inbrünstig und flehte: „Bitte, lieber Gott, lass Mutti nicht sterben."

Einen Monat später kehrte Mutti blass und noch schwach zurück. Sie umarmte jeden von uns und verzog sich in ihr Schlafzimmer. Als sie sich nach einiger Zeit erholt hatte, kehrten Addie und ihr Sohn in ihr Haus nach Hamburg zurück.

*****

Jahre später hat meine Mutter mir anvertraut, einer der Gründe für ihre Verzweiflung sei gewesen, dass Papa eine Liebschaft gehabt hatte. Der zweite Grund war eine Fehlgeburt, die zu einer schweren Sepsis geführt hatte. Das Fieber war bis 41° angestiegen. Ihr Herz hatte versagt, und die Ärzte mussten ihr zur Wiederbelebung eine Injektion direkt ins Herz geben. Bevor sie entlassen wurde, hatte man ihr mitgeteilt, sie sei bereits klinisch tot und ihre Genesung ein wahres Wunder gewesen.

Elisabeth

Elisabeth Niemeyer war meine erste Freundin. Sie war ein Jahr jünger als ich, einen Kopf größer, hatte ein rundes Gesicht, große braune Augen und dunkelbraunes Haar in einer kurzen Pagenfrisur. Wie viele Dorfmädchen hatte sie eine weiße Schleife im Haar und trug eine Schürze über ihren Kleidern. Sie wohnte jenseits der Straße am Weserufer mit ihrem jüngeren Bruder August, ihren Eltern und den Großeltern, Oma und Opa Söder.

Elisabeth kam gern zum Spielen zu uns. Ich hatte dieses liebenswürdige Mädchen mit der rauen Stimme gern. Wir schoben meine Schwester Ute im Kinderwagen umher und spielten mit meinen Puppen. „Erlaubt dir deine Mutter", fragte sie, „dass du immer mit deinen Puppen spielen darfst?"

„Na klar, dazu sind sie doch da." Elisabeth schien überrascht. Als ich sie in unser Wohnzimmer mitnahm, um sie meiner Mutter vorzustellen, stand sie in der Tür, machte den Mund auf und vergaß, ihn wieder zuzumachen. Sie sah sich in dem hellen, sonnigen Raum mit der eierschalenfarbenen Tapete, den Kirschbaummöbeln und der Vase mit Feldblumen um. Mutti, die gerade ihren Nachmittagstee trank, bat uns herein. Elisabeth musterte ihre Schuhe, schlich auf Zehenspitzen über den handgewebten weißen Teppich, machte einen Knicks und reichte meiner Mutter die Hand.

„Wie heißt du?", fragte Mutti freundlich.

„Elisabeth Niemeyer", antwortete sie und schaute verlegen auf den Fußboden. „Du bist jederzeit willkommen." Elisabeth lächelte verlegen und kratzte sich am Knie. Fast das ganze Jahr hindurch trug sie lange, von ihrer Großmutter gestrickte Wollstrümpfe. Diese juckten schrecklich, und Elisabeth konnte nicht verstehen, warum ich solche Strümpfe nicht tragen musste.

Nach dem Besuch bei Mutti bemerkte Elisabeth: „Deine Mutter ist nett... nur: Bei euch ist alles so ganz anders."

„Wieso?"

„Weiß nicht, einfach anders", antwortete sie schüchtern und zuckte mit den Schultern. Es kam öfters vor, dass ich Elisabeth nicht verstehen konnte, wenn sie in ihren plattdeutschen Dialekt verfiel, zum Beispiel bei einem kleinen Theaterspiel an meinem sechsten Geburtstag. Ich konnte mit ihrem „*Eck dümpe, eck dümpe*" nichts anfangen. Mutti zog ihr das Feen-Kostüm über den Kopf und schimpfte: „Das arme Mädchen wollte euch doch nur wissen lassen, dass es keine Luft mehr kriegen kann." Wir entschuldigten uns und versuchten, sie zu trösten, als sie nach Luft schnappend im Gras lag. Sobald Mutti jedoch Limonade und einen Gugelhupf auftischte, schien Elisabeth das Missgeschick vergessen zu haben.

An einem kühlen Novembernachmittag lud Elisabeth mich zu einem Schlachtfest – in Vaake Schlachtefest genannt – ein. Mutti schickte mich mit einem Strauß aus den letzten Astern aus unserem Garten hinüber. „Da seid ihr ja!" Oma Söders Lächeln ließ ihre hellen blauen Augen in dem faltigen Gesicht fast verschwinden. Ein verlockender Duft entströmte dem brodelnden Kochtopf, in dem sie rührte. „Ich hoffe, dir schmeckt Eintopf", sagte sie, als sie ihre Hände an der Schürze abwischte, den Blumenstrauß entgegen nahm und mir die Hand gab. Ich war dankbar, dass sie mit mir Hochdeutsch sprach.

Eine Lampe hing tief über dem blanken Küchentisch und strahlte wohlige Wärme aus. Oma Söder sah meine Hände über die glatte weiße Tischplatte gleiten und erklärte, der schwere Kiefernholztisch hätte ihrer Urgroßmutter gehört, und sie würde ihn täglich selbstverständlich außer sonntags mit Sand scheuern. Elisabeth und ich deckten den Tisch mit Suppentellern, Löffeln, Messern und Gabeln, die anstatt vier nur drei scharfe Zinken hatten. Vom leckeren Duft der dampfenden Suppe lief mir das Wasser im Mund zusammen.

Ich freute mich, als Opa und Elisabeths Mutter mit Eimern voll frischer Milch durch die Tür kamen. Wir begrüßten uns, wuschen uns schnell die Hände und setzten uns an den Tisch. „Feierabend" sagte Opa feierlich, ließ sich auf seinen Stuhl nieder und stieß einen Seufzer aus. Oma goss Milch – noch warm von der Kuh – in Opas Untertasse und in Becher für uns. Sie schöpfte den dampfenden Eintopf auf unsere Teller, tischte frisch geschlachtetes Fleisch auf und bot uns dicke Roggenbrotscheiben an. „Selbst gebacken", verkündete sie stolz und stellte einen Klumpen Butter auf den Tisch. Opa nickte Oma zu. Wir neigten die Köpfe und falteten die Hände. Oma betete: „Komm, Herr Jesus, sei unser Gast und segne, was du uns bescheret hast."

„Amen" antworteten wir und genossen schweigend den Eintopf, auf dem dicke gelbe Fettaugen schwammen. Wir kauten das dunkle Roggenbrot, dick beschmiert mit Butter und belegt mit gekochtem Fleisch und frischer Wurst. Nach dem Essen bat Elisabeth ihre Mutter um Erlaubnis, mir ihre Puppe zu zeigen.

„Geht nur, aber bitte nichts anfassen."

Ein etwas muffiger Geruch schlug uns entgegen, als Elisabeth die Tür zum Wohnzimmer öffnete. Voller Stolz sagte sie: "Dies ist unsere 'gute Stube'?"

Weiße Spitzengardinen und schwere Samtvorhänge hingen vor den Fenstern. Eine Sammlung winziger Mokkatassen mit Goldrand und Kristallgläser funkelten hinter der Glastür einer kunstvoll geschnitzten Vitrine. An der Wand gegenüber stand ein mit Samt bezogenes Sofa. Spitzendeckchen lagen auf kleinen Tischen und Sesseln. Die schweren Möbel und die Tapete mit goldenen Blumen auf dunkelblauem Hintergrund verliehen dem Raum eine feierlich ernste Atmosphäre. Elisabeth muss meine Gedanken geahnt haben und sagte:

„Wir benutzen dieses Zimmer nur für besondere Gelegenheiten. Spielen darf ich hier nicht."

„Und warum nicht?"

„Weil Oma und Opa das sagen", war die lakonische Antwort.

Ich bestaunte ein Gemälde mit einem gewaltigen Vierzehnender, das über dem Sofa hing. Sein Kopf war zurückgeworfen, seinem Maul entströmte weißer Atem. Elisabeth zeigte mir verblichene Fotografien von Frauen in weißen Hochzeitskleidern und Männern in schwarzen Anzügen, steifen Kragen und Zylindern. Sie erklärte: „Das sind meine Urgroßeltern und meine Großeltern. Und das sind meine Eltern an ihrem Hochzeitstag."

Ich zeigte auf zwei Glaskästen mit silbernen und goldenen Kränzen. Meine Frage vorausahnend sagte Elisabeth: „Meine Großmutter trug sie zu ihrer silbernen und zu ihrer goldenen Hochzeit."

„Was ist denn das?"

„Meine Mama hat mir erklärt: Wenn ein Paar fünfundzwanzig Jahre verheiratet ist, feiert es seine silberne Hochzeit; und wenn es fünfzig Jahre verheiratet ist, feiert es die goldene."

In einer Ecke stand ein altmodischer, aus Korb geflochtener Puppenwagen mit großen Metallrädern. Zwischen weißen Kissen saß

eine wunderschöne Puppe. „Das ist meine Lieblingspuppe. Manchmal
lässt mich meine Mama mit ihr spielen. Ihr Kopf ist aus Porzellan,
und die Augen sehen ganz echt aus. Guck!" Elisabeth blickte über die
Schulter zur Tür, zog die Decke zurück und legte ihre Puppe auf den
Rücken. „Sieh mal, sie kann ihre Augen auf und zu machen." Dann setzte
sie die Puppe wieder aufrecht hin und zog die Bettdecke glatt. „Wir
gehen jetzt lieber; sonst denkt Mama, wir fressen was aus."

Elisabeth und ich schlichen aus der Stube zurück in die gemütliche
Küche. Dort saß Opa mit der Brille auf der Nase und las aus der
Bibel. Sie saß neben dem Herd und strickte einen langen schwarzen
Strumpf. Ich wünschte beiden eine gute Nacht und dankte Oma für das
Abendessen. Zum Abschied reichte sie mir ein Paket mit ‚Weckewerk‘,
einer nordhessischen Spezialität, für Mutti.

„War's schön?", fragte Mutti, und nahm erfreut das Weckewerk
entgegen. Ich nickte und erzählte ihr von dem leckeren Essen, Elisabeths
guter Stube und ihrer Puppe. „Weißt du, dass sie nur damit spielen darf,
wenn ihre Mutter es erlaubt? Und sie benutzen ihre gute Stube nur an
Feiertagen. Mutti, warum haben wir keine gute Stube?"

Sie schüttelte den Kopf und antwortete: „Kann sein, dass
Söders noch so wie früher meine Eltern und Großeltern leben." Ich
beschrieb die Hochzeitsfotos und die Hochzeitskränze und fragte
Mutti, warum sie mir nie ihr Hochzeitsfoto gezeigt hat.

„Weil keins gemacht worden ist", antwortete sie, wechselte schnell
das Thema und scheuchte mich nach oben. „Husch, husch, ins Bett. Ich
komme gleich rauf, höre dein Gebet und decke dich zu."

Ich dachte an Papa und betete, dass ihm kein Leid geschehen möge.
Ich wusste, dass es Krieg in der Welt gab, deutsche U-Boote feindliche
Schiffe jagten und versenkten. Und ich fragte mich warum.

Kräuterlieschen

Etwa zu dieser Zeit war Mutti einem alten Weiblein begegnet, das uralte Geheimnisse der Pflanzenheilkunde hütete. Es empfahl Mutti, Heilkräuter am frühen Morgen zu pflücken, wenn ihr Duft am stärksten ist, sie zu bündeln, mit dem Blütenkopf nach unten aufzuhängen und an einem dunklen Ort zu trocknen. Dieses Weiblein – ich nannte es ‚Kräuterlieschen'– erklärte Mutti, wie man Erkältungen kuriert, indem man zunächst getrocknete Kamillenblüten mit kochendem Wasser übergießt, sie etwas ziehen lässt, danach ein Handtuch über den Kopf stülpt und den heilenden Dampf einatmet. Um meinem Haar einen goldenen Schimmer zu verleihen, schlug sie vor, es mit Kamillenwasser zu spülen.

Von Zeit zu Zeit kam Kräuterlieschen vorbei und freute sich, wenn ihr jemand zuhörte. „Meine Tochter hielt nie was von alt hergebrachter Heilkunde", seufzte sie und plapperte weiter: „Arnikatinktur nimmt man für empfindliche und trockene Haut, und Beinwellpackungen helfen bei Wunden und Prellungen." Auf mich deutend empfahl sie Johanniskraut für meine Knieschrammen sowie einen heilenden Aufguss aus frischen Blättern des Kletten-Labkrauts. „Aus Brennnesseltrieben und Sauerampfer kann man eine köstliche Suppe zubereiten. Zarte Löwenzahnblätter schmecken in einem leckeren Salat, und getrocknet kurieren sie Rheuma." Kräuterlieschen rieb ihr Knie und wandte sich an meine Mutter. „Die Schlüsselblume, von der es heißt, daß sie dort blüht, wo der gekreuzigte Petrus den Schlüssel zum Himmel hat fallen lassen, beruhigt Dich nach einem langen Tag, an dem du hinter deinen Kindern hergejagt bist; und die Blätter der Königskerze wirken als Schlafmittel."

Wann immer sie unsere Aufmerksamkeit hatte, glühte Kräuterlieschens runzeliges Gesicht. Sie sprach von Hagebuttentee und Holunderbeersirup zur Behandlung von Erkältungen und Grippe. Weißdornblüten empfahl sie zur Stärkung des Herzens. Von da an ernteten wir jeden Herbst Hagebutten und trockneten sie für roten Tee. Aus Holunderbeeren bereiteten wir Marmelade und Sirup.

Im Frühjahr schenkte Kräuterlieschen Mutti sorgfältig in Zeitungspapier eingewickelte Samen. Sie brachte ihr Wurzeln und Knollen und gab Ratschläge, was zu welchen Mondphasen einzupflanzen sei. „Dies sind die Samen der Zitronenmelisse", erklärte sie. „Tee von ihren Blättern vertreibt trübe Gedanken und erfrischt Atem und Geist."

Sie empfahl grüne Soße mit saurer Sahne, Sauerampfer, gehackter Petersilie, Dill, Schnittlauch, Borretsch und Pimpinelle. Das Ganze sollte mit hart gekochten gehackten Eiern angereichert und zu Pellkartoffeln serviert werden. Während sie in ihrer Kiepe kramte, murmelte sie etwas vom Verbrennen von Rosmarin als Mittel gegen verpestete Luft. In meine Richtung nickend fügte sie hinzu: „Ein kleines Zweiglein davon, unter dein Kopfkissen gelegt, vertreibt böse Geister und Alpträume. Ja, ja, all das hat mir meine Großmutter beigebracht."

Eines Tages zeigte sie mir, wo der Waldmeister auf schattigem Waldboden gedeiht. Als ich Halsschmerzen bekam, riet Kräuterlieschen: „Salbeitee mit Honig heilt die Entzündung und senkt das Fieber." Ich kann mich nicht erinnern ob es geholfen hat, nur daran, dass der Tee trotz des Honigs recht bitter war. Zu Kräuterlieschens Füßen sitzend lernte ich die Weisheit alter Frauen zu schätzen.

Schulanfang

Ende März 1940 bekam ich von Mutti einen Schulranzen. Ich atmete den Geruch von neuem Leder ein, übte, den kleinen hölzernen Kasten mit den angespitzten Griffeln zu öffnen und zu schließen und streichelte die auf den Griffelkasten gemalten Mohnblüten und Kornblumen. Ich setzte mir den Schulranzen auf, tanzte und sang: „Ich komm' in die Schule!" Doch ich verstand nicht, warum Mutti vor sich hin murmelte: „Warum müssen sie so schnell groß werden?" An dem Tag, als sie mich für den ersten Weg zur Schule fertig machte, konnte sie ihre Tränen nicht verbergen. Warum war sie nur so traurig? Ich liebte meine neuen Anziehsachen: Grauer plissierter Rock, weiße Bluse, beigefarbener Mantel mit weißem Kragen, nagelneue Schuhe und weiße Baskenmütze. Dass die Schuhe zu groß waren, störte mich nicht. „Groß genug, um hinein zu wachsen", hatte Schuster Ifflands Frau gesagt. Über den weißen Kniestrümpfen musste ich dicke Wollsocken tragen, damit die Schuhe passten.

Meine Mutter erinnerte mich an eine Henne, die hinter ihren Küken her gackerte, wenn sie sich zu weit entfernten. Sie war nicht zufrieden, solange sie sie nicht sicher unter ihren Flügeln verbergen konnte. Vielleicht war das der Grund, warum ich am ersten Schultag so unglücklich war. Als meine Mutter und ich die Schule betraten, brach ich in Tränen aus. Doch beim Anblick der unbekannten Lehrerin und der anderen Kinder mit ihren Müttern versuchte ich mich zusammenzunehmen. Ich sah, dass jedes Kind so wie auch ich eine Zuckertüte hatte, verziert mit bunten Blumenaufklebern und gefüllt mit Süßigkeiten, Früchten und Nüssen. Mutti wollte mich trösten: „Schätzchen, wein' doch nicht." Sie trocknete meine Tränen, zupfte meine Zopfschleifen zurecht und versicherte mir, eines Tages würde ich gern zur Schule gehen. Ich klammerte mich an sie. Sie entwand sich aber und ermahnte mich mit den Worten: „Du bist jetzt ein großes Mädchen!" Ich wollte von ihren Versprechungen nichts wissen, sondern am liebsten sofort mit ihr nach Hause zurück.

Als alle Eltern gegangen waren, fing ich wieder an zu schluchzen. Dass die Lehrerin mich nicht beachtete und die Kinder mich anstarrten, war mir egal. Die Lehrerin forderte uns auf, die Mäntel an Haken aufzuhängen und verteilte uns auf die Schulbänke. Ich legte die Zuckertüte vor meine Füße und zerdrückte die Schneeglöckchen, mit denen Mutti die Tüte so liebevoll geschmückt hatte. Als alle sich hingesetzt hatten, begrüßte die Lehrerin die Klasse: „Guten Morgen, Kinder!" Ich erhob mein tränenfeuchtes Gesicht. „Mein Name ist

Fräulein Alles, und ich bin Eure Lehrerin", verkündete sie ernst, während sie darauf achtete, dass aus dem straffen Haarknoten kein einziges Haar heraus rutschte. Sie glättete ihren dunkelblauen Rock, richtete den Kragen an ihrer weißen Bluse und fügte hinzu: „Und was sagt ihr?"

„Guten Morgen, Fräulein Alles!", antworteten die anderen Schülerinnen und Schüler brav, während meinem Mund nur laute Seufzer entschlüpften.

Als erstes ging Fräulein Alles durch die Klasse und prüfte nach, ob an unseren Händen, im Nacken und hinter den Ohren kein Schmutz war. Wer diese Inspektion nicht bestand, musste sich erst mal am Waschbecken säubern. Erst danach fragte sie uns nach unserem Namen, nach der Adresse, dem Geburtsort und -datum, der Religionszugehörigkeit und dem Namen und Beruf des Vaters. Etwas erleichtert, weil ich vorbereitet war, sagte ich mit verängstigter Stimme: „Ich heiße Eycke Laabs."

Ein Mädchen hinter mir kicherte: „Was für ein komischer Name!"

„Ruhe!", schalt Fräulein Alles.

Etwas verschüchtert fuhr ich fort: „Ich wohne in der Mündener Straße 170." Ich nannte Geburtsort und -datum und fügte hinzu: „Ich bin evangelisch, mein Vater heißt Karl Laabs und ist Architekt."

„Gut gemacht", lobte die Lehrerin. Als ich mitbekam, dass sie diejenigen rügte, die sich nicht richtig vorstellen konnten, freute ich mich insgeheim.

Als nächstes ließ Fräulein Alles uns die Schiefertafeln und Griffel aus den Schulranzen holen und die Striche nachziehen, die sie auf die Tafel aufgetragen hatte. Im Klassenzimmer hörte man das Quietschen und Kratzen der Griffel auf den Schiefertafeln, und ich wunderte mich, warum ein Junge neben mir auf die Spitze seines Griffels spuckte. Nach einer Weile hörte ich auch auf zu weinen und bemühte mich, meine Striche so gerade wie möglich zwischen zwei Linien zu malen. Als die Klingel zur Pause läutete, sah ich, wie jeder seinen Brotbeutel ergriff und zur Tür eilte. Ich folgte meinen Klassenkameradinnen zögernd und sah sie in Gruppen zu zweit oder dritt auf den Hof gehen. Sie aßen ihr Schulbrot, unterhielten sich miteinander und spielten ‚Kriegen', während ich trübsinnig auf den Stufen des Schulhauses hockte. Ich versuchte, aus dem Schwatzen der Kinder irgendwelche vertrauten Worte herauszuhören. Während des Unterrichts mussten sie zwar hochdeutsch sprechen, auf dem Schulhof aber, und wenn der Unterricht zu Ende war, kehrten sie zum Plattdeutsch zurück. Zwei ältere Mädchen steckten die Köpfe zusammen und zeigten auf mich. Ich hörte das Wort ‚Fremde' und begriff, dass ich nicht dazu gehörte.

Nach der Pause stellten sich die Lehrer vor die Kinder ihrer Klasse, bis Herr Direktor Baum klingelte, woraufhin die Klassen in ordentlichen Gruppen zu den Klassenräumen zurückkehrten. Margret Tichy, ein schlankes Mädchen mit langen Zöpfen, hatte sich mir schüchtern zugewandt. Die Lehrerin zeigte uns, wie man die Schiefertafeln abwischt und trocknet. Als sie fortfuhr, Buchstaben in der verschnörkelten Sütterlin-Schrift an die Tafel zu schreiben, quietschte und kratzte die Kreide. Als bei Schulschluss jeder aufsprang, forderte Fräulein Alles uns auf, uns wieder hinzusetzen und mahnte: „Wir sagen ‚Auf Wiedersehen', bevor wir das Klassenzimmer verlassen."

„Auf Wiedersehen, Fräulein Alles", riefen wir folgsam. Es gab es ein Rascheln und Drängeln, als die Kinder ihre Sachen zusammen packten und das Klassenzimmer verließen. Schnell steckte auch ich meinen Kram in den Schulranzen, nahm meine Zuckertüte, holte meinen Mantel und ließ die Schule hinter mir, ohne mich umzublicken.

Der Ranzen wippte auf meinem Rücken rauf und runter, und mit wehenden Zöpfen rannte ich nach Hause. Außer Atem erreichte ich die Gartentür, setzte mich auf die Erde und schnappte nach Luft. Ich stürmte ins Haus und rief: „Mutti, ich bin wieder da!" Keine Antwort.

Sven sah mich rein kommen, blickte auf meine Zuckertüte und fragte: "Wie war's in der Schule?"

„Das kannst du dir nicht vorstellen", antwortete ich, setzte mich auf die Treppe und öffnete die Zuckertüte, ohne meinen Mantel auszuziehen. Sven setzte sich neben mich, und wir verschlangen eine Hand voll Süßigkeiten nach der anderen, bis Mutti uns erwischte.

Es schien nicht sehr streng zu klingen, als sie mahnte: „Kinder, ihr verderbt euch den Appetit!"

Nachdem ich am ersten Schultag geweint und geschluchzt hatte, gewöhnte ich mich allmählich daran, unter fremden Menschen zu sein. Mehr als alles andere liebte ich, Neues zu lernen. Ich saß gern an meinem Pult und beobachtete, wie Fräulein Alles uns beibrachte, aus einfachen Linien und Bögen Buchstaben zu formen, aus Buchstaben Wörter zu bilden und aus einer Reihe von Wörtern Sätze. Den Schülern im zweiten Schuljahr – mit denen wir uns das Klassenzimmer teilten – hörte ich ehrfürchtig zu, wie sie ihre kurzen Aufsätze vorlasen. Erstaunt sah ich, wie sie Zahlen auf die Tafel schrieben, die sie dann mit ‚+‘ und ‚-‘ Zeichen verband und wie daraus andere Zahlen entstanden. Ich glaubte, dass Fräulein Alles zaubern konnte. Nichts liebte ich mehr als kleine Geschichten schreiben, lesen und mit Zahlen zu spielen. Ich konnte gar nicht schnell genug nach Hause kommen, um meine Hausaufgaben zu machen. Meine Buchstaben schrieb ich so ordentlich ich konnte. Wenn sie nicht gut genug gelungen waren, wischte und trocknete ich meine Schiefertafel sauber und übte so lange, bis ich zufrieden war.

In den Pausen schaute ich zu, wie die Mädchen spielten. Am besten gefiel mir das ‚Dornröschen-Spiel‘. Wenn Margret Tichy und Brigitte Blankenburg mich anlächelten und mir zuwinkten, ich solle mitmachen, schloss ich mich ihnen an. Ein Mädchen wurde zur schlafenden Prinzessin gewählt, ein zweites zur guten und ein drittes zur bösen Fee. Uns langsam im Kreise drehend sangen wir „Dornröschen war ein schönes Kind". Beim zweiten Vers erzwang sich die böse Fee einen Weg in den Kreis, und wir sangen: „Da kam die böse Fee herein." Sie verkündete, dass die schlafende Prinzessin sterben sollte. Dann aber versprach die gute Fee, die Prinzessin würde nur hundert Jahre schlafen müssen, bis ein Prinz sie aus der Verzauberung mit einem Kuss erlöste und sie wecken würde. Herr Baum läutete die Schulglocke. Pause und Freude an unserem Spiel waren damit zu Ende.

Über Herrn Baum hörte ich furchterregende Geschichten. Ungezogene und faule Kinder wurden von ihren Lehrern in sein Büro geschickt. Dort schlug er sie mit einem Rohrstock auf den Hintern oder auf die Hände bis sie um Gnade flehten und schluchzend in die Klasse zurückkamen. Als ich Mutti fragte, warum die Eltern Herrn Baum erlaubten, dass er ihre Kinder schlägt, erzählte sie mir, die Eltern würde das nicht scheren. Im Gegenteil, sie billigten es sogar, denn so sei es im Dorf schon immer gewesen.

Da ich nur einen leichten Klaps auf den Po bekam, wenn ich ungezogen war, konnte ich nicht glauben, was ich gehört hatte. Deshalb fragte ich meine Mutter: „Warum?" Sie erklärte mir, die meisten Kinder in unserem Tal würden die Schule mit vierzehn Jahren abschließen und dann in eine Lehre gehen. „Und was ist eine Lehre?" Mutti erklärte, dass Mädchen und Jungen bis zum achtzehnten Jahr bei einem Meister oder einer Meisterin ein Handwerk lernten.

Mutti machte mir klar, dass bereits die Eltern meiner

Klassenkameraden in ihrer Schulzeit von Herrn Baum genauso hart behandelt worden seien und jetzt erwarteten, dass auch ihre Kinder am Ende der Schulzeit rechnen, schreiben und lesen konnten. Sie fügte hinzu: „Ich hörte die Leute sagen: ‚Wenn der alte Baum es in sie hinein prügeln muss, dann geht's eben nicht anders'.“

Erschrocken erwartete ich eine Beschwichtigung. „Das glaubst du doch selber nicht, oder?“

Mutti streichelte mein Haar. „Natürlich nicht, Schätzchen, du brauchst keine Angst zu haben.“ Ich machte mir aber trotzdem Sorgen und betete, dass mir eine solche Strafe nicht blühte.

Fräulein Alles hatte noch niemanden von uns in Herrn Baums Büro geschickt. Aber wenn ein Junge versuchte, mit der linken Hand zu schreiben, demütigte sie ihn so lange, bis er es aufgab. Kindern, die ihre Buchstaben nicht säuberlich geschrieben hatten oder ihre Rechenaufgaben nicht richtig lösen konnten, puffte sie in die Schulter oder zog an ihren Ohren. Der größte Junge in der Klasse mit Spitznamen ‚Schnuttkaka‘ musste sich vor den Augen aller anderen jeden Morgen am Waschbecken Gesicht, Hals und Hände waschen. An Tagen, wenn der Schulrat kam, musste Schnuttkaka sogar zu Hause bleiben. Die Kinder nannten ihn so, weil ihm das ganze Jahr lang die Nase lief. Sie flüsterten, er sei schon ein- oder zweimal sitzen geblieben und er lebe in einem verkommenen Bauernhaus mit seiner hundertjährigen Mutter, die wie eine Hexe aussähe. Ich dachte daran, was die Hexe Hänsel und Gretel angetan hatte, und der Junge tat mir leid. Aber ich wagte es nicht, ihn anzusprechen.

Nachdem ich meine Schulaufgaben gemacht hatte, spielte ich zu Hause Schule mit meinen Brüdern als Schüler und mir als Lehrerin. Am Anfang schien das den Jungen noch Spaß zu machen. Als sie jedoch still sitzen und solange Buchstaben auf ihre Schiefertafeln schreiben mussten, bis sie es ordentlich genug machten, beschwerten sie sich: „Mutti, wir haben keine Lust mehr. Eycke ist doch nicht unsere Lehrerin, oder?“ Ich war enttäuscht, weil Mutti ihnen zustimmte und mich ermahnte, die Jungen in Ruhe zu lassen.

Utes Tod

Anfang Juli 1940 verordnete der Doktor Mutti einen Erholungsaufenthalt. So besuchte sie Papa auf der Insel Sylt, während Tante Addie für uns sorgte. Kurz nachdem Mutti abgereist war, wurde ich krank. „Ich glaube, du hast die Masern", verkündete Addie, als sie einen roten Ausschlag an mir entdeckte. Um sicher zu sein, rief sie den Arzt, der ins Haus kam und mich untersuchte. Eine Weile später wurden auch meine Brüder und Ute krank. Die Diagnose war dieselbe.

Mit Hilfe unseres Mädchens Annemarie schob Addie alle Betten an die Wände und verdunkelte das Kinderzimmer. Sie hielt den Haushalt in Ordnung und trug ihre Schwesterntracht. „Hört zu, Kinder, ihr wollt doch wieder gesund werden, nicht wahr?" Sven, Frank und ich nickten respektvoll. Wir wussten, dass Addie zwar sehr lustig sein konnte, aber auch keinen Ungehorsam duldete. Morgens, mittags und abends rief sie fröhlich „Kommt, zeigt mir mal eure Popos", bevor sie unsere Temperatur maß. In der ersten Woche waren wir zu krank, um uns irgendwelchen Unfug auszudenken. Später fühlten wir uns besser und begannen, uns zu langweilen, nachdem wir wieder mal unsere sämtlichen Bilderbücher angesehen hatten. Frank unterhielt uns. Er machte einen Affen nach, spitzte die Lippen, hockte sich hin, kratzte sich und hopste umher, bis wir vor Lachen nicht mehr konnten. Auch wir kratzten uns, tobten herum und vertrieben uns die Zeit mit Kissenschlachten. Als wir zu laut wurden, drohte Addie, uns zu trennen. Wenn Frank sich ausgetobt hatte, kroch er in Utes Bett, wo sie spielten und dann zusammen einschliefen.

Wieder kam der Arzt. Er klopfte uns auf der Brust herum und horchte Herz und Lunge ab. Schließlich hatten wir die Masern hinter uns. Kurz danach aber wurden wir wieder krank. Sven weinte weil ihm die Ohren weh taten. Addie träufelte warmes Öl in seine Ohren und stopfte Watte hinein. Frank litt unter Hustenanfällen, die der Doktor als Asthma diagnostizierte. Addie öffnete ein Fenster und ließ frische Luft herein, um ihm das Atmen zu erleichtern. Als ich über Bauchweh klagte, sagte der Doktor, mit meiner Pankreas sei irgendetwas nicht in Ordnung. Er verordnete mir Schonkost. Auf meine Frage, was eine Pankreas sei, antwortete meine Tante gereizt, das sei ein Teil meines Körpers, ich solle gefälligst im Bett bleiben und aufhören so viele Fragen zu stellen.

Mutti kehrte von ihrem Besuch bei Papa zurück, kurz bevor Utes Zustand sich immer mehr verschlechterte. Die Kleine hustete Tag und Nacht. Mutti schaukelte sie und sang:

Schlaf, Utelein, schlaf.
Dein Vater hüt' die Schaf.
Deine Mutter schüttelt's Bäumelein.
Da fällt herab ein Träumelein.
So schläft das kleine Utelein ein.
Schlaf, Utelein, schlaf.

Ende Juli bekam Ute Rippenfellentzündung. Mutti brachte sie in das Kinderkrankenhaus nach Kassel, wo sie als junge Schwester gearbeitet hatte, und blieb dort bei ihr. Ich betete: „Lieber Gott, lass Ute bitte nicht sterben!" Frank kletterte abends in Utes Kinderbett, schaukelte dort hin und her, keuchte und weinte sich jede Nacht in den Schlaf.

Ein paar Tage später kündigte Addie an: „Deine Mutter und deine Schwester kommen morgen zurück." Ich half Annemarie beim Kuchenbacken. Auf der Wiese hinter unserem Haus pflückte ich Margeriten, Glockenblumen und Wiesenschaumkraut. Wir warteten. Mutti und Ute kamen und kamen aber nicht nach Hause. Es vergingen weitere zwei Tage. Tante Addie wurde es leid, unsere Fragen zu beantworten. Am 24. August jedoch sagte sie zu mir: „Eycke, es tut mir furchtbar leid, aber deine kleine Schwester ist gestorben."

„Warum?", fragte ich, „Gott ließ doch auch Mutti am Leben, als ich zu ihm betete." Tante Addie, die nach Zigarettenrauch und Desinfektionsmittel roch, drückte mich an ihre Brust, wo sich unsere Tränen vermischten.

„Deine Mutter ist bei Tante Marianne in Kassel. Marianne wird dich heute Nachmittag holen."

Als Marianne ankam, warf ich mich in ihre Arme. Sie küsste mich und trocknete meine Tränen. In ihrem weißen Kostüm, mit Hut und Handschuhen sah sie wie immer elegant aus. Mein Onkel wartete im Auto mit laufendem Motor. Ich kletterte auf den Rücksitz, er warf mir eine Kusshand zu, und wir fuhren los. Ich sehnte mich nach seinen herzlichen Umarmungen und Koseworten, mit denen er mich zu beglücken pflegte.

Marianne erzählte, meine Mutter hätte ihr Zimmer seit Utes Tod nicht verlassen, nicht geschlafen und nichts gegessen. Zunächst hätte sie nicht aufhören können zu weinen, sondern nur dagesessen und vor sich hin gestarrt. Als wir bei Marianne zu Hause ankamen, lief ich die Treppe hinauf und achtete darauf, auf den polierten Holzstufen nicht auszurutschen. Ich klopfte an Muttis Schlafzimmertür, erhielt jedoch keine Antwort. Mutti merkte es gar nicht, als ich eintrat. Sie kam mir kleiner vor, als ich sie in Erinnerung hatte. Ich kniete mich vor sie hin, schaute in ihre ausdruckslosen Augen und streichelte ihre kalten, eingefallenen Wangen mit beiden Händen. „Es tut mir so leid, dass Ute gestorben ist", schluchzte ich. Aber noch mehr als Utes Tod befürchtete ich in diesem Moment, auch Mutti könnte sterben. Behutsam streichelte ich sie wieder, küsste ihre trockenen Wangen und fragte: „Bitte, Mutti, hast du nur Ute lieb gehabt?" Zum ersten Mal seit ich ihr Zimmer betreten hatte, bewegte sie sich, blinzelte und sah mich an.

„Was hast du gesagt?", flüsterte sie heiser.

Ich wiederholte: „Hast du nur Ute lieb gehabt?"

„Kind", rief sie, „natürlich liebe ich dich!" Ich hielt sie fest, weil ich Angst hatte, sie könnte zusammenbrechen, fragte, was geschehen sei, und setzte mich neben sie. Sie erzählte mir schluchzend, vor einer Woche hätten die Ärzte gesagt, es ginge Ute wieder gut genug, um entlassen zu werden. Meine Mutter warf sich vor, dass sie Ute nicht sofort nach Hause gebracht hatte, denn in der folgenden Nacht gab es Fliegeralarm. Alle Kinder – auch die mit ansteckenden Krankheiten – wurden zusammen in einem Luftschutzraum untergebracht. Noch weinend fügte sie hinzu: „Ute hat sich dort mit Diphtherie angesteckt. Ich habe sie in meinen Armen gehalten, bis ihr Herz aufhörte zu schlagen. Sie war zwei Jahre alt, und das ist alles meine Schuld." Dieses Gespräch hatte Mutti völlig erschöpft.

„Mutti, das stimmt nicht. Du hast immer gut für uns gesorgt", erwiderte ich. Ich half ihr, sich hinzulegen, deckte sie zu und fragte mich, warum sie die Schuld an Utes Tod auf sich nahm. Papa wird kommen, dachte ich. Er wird wissen, was zu tun ist.

Später am Tag klingelte es. Es war wirklich Papa. Er sah blass unter seiner Sonnenbräune aus, jedoch stattlich und schneidig mit weißem Anzug und Hut. Mein Herz schlug schneller, und ich begrüßte ihn mit einer innigen Umarmung. „Papa, du bist da!" Er duftete nach frischer Luft. Ich hatte gar nicht gemerkt, dass es ein schöner Sommertag war. Papa umarmte mich abwesend, lächelte auch nicht und übergab nur Marianne Hut und Jacke. Tränen schossen mir in die Augen, und ich wandte mich ab. Papa sollte nicht merken, wie enttäuscht ich war, dass er sich offenbar nicht freute, mich zu sehen.

Über mich hinweg schauend, fragte er meine Tante: „Wo ist sie?"

„Oben. Sie ist völlig am Boden zerstört."

Immer zwei Stufen überspringend rannte Papa die Treppe hoch. Abends fand ich meine Eltern eng umschlungen im Wohnzimmer. Beide weinten; sie bemerkten nicht, dass ich dort stand.

Utes Beerdigung war am nächsten Morgen. Meine Eltern erlaubten mir nicht, daran teilzunehmen. Stattdessen musste ich bei Frau Gonnermann bleiben, der Haushälterin meiner Tante. Auf meine Frage, warum ich nicht dabei sein durfte, antwortete sie, Beerdigungen seien nichts für Kinder. Sie tätschelte mir den Rücken und trocknete meine Tränen mit ihrer gestärkten weißen Schürze. Danach fuhr sie fort, mit dem Bohnerbesen den Fußboden auf Hochglanz zu bringen. Mit einer schwarzen Binde am Arm fuhr Papa am Nachmittag zur Insel Sylt zurück. Er war ganze 24 Stunden bei uns gewesen und hatte in dieser Zeit kaum ein Wort mit mir gesprochen.

Am nächsten Tag kehrten Mutti und ich nach Vaake zurück, aber Mutti hatte sich verändert. Mitten bei der Hausarbeit blieb sie manchmal stehen und starrte ins Leere. Sie zog sich irgendwohin zurück, wo ich ihr nicht folgen und sie nicht trösten konnte. Ich hoffte, sie würde sich besser fühlen, wenn ich besonders brav wäre. Ich erledigte alle meine Pflichten, ohne dass sie mich ermahnten musste. Ich brachte ihr Blumen und bemühte mich sogar, mich mit meinen Brüdern zu vertragen. Mutti schien das alles aber nicht zu bemerken. Eine neue Haushilfe, Gretel Becker, sorgte für uns. Ich weiß nicht mehr, wie lange es gedauert hat, bis Mutti begann, wieder zu uns zurückzufinden.

Während des Trauerjahres trug Mutti keine schwarze Kleidung, wie es sonst bei den Dorffrauen üblich war. Stattdessen hatte sie wie Papa eine schwarze Trauerbinde am Arm. Als die Zahl der Kriegsgefallenen zunahm, trugen die Frauen im Dorf schwarze Kleider und die Männer schwarze Armbinden. Am Heldengedenktag marschierte eine Blaskapelle schwarz gekleideter Männer, Trauermärsche spielend, feierlich durchs Dorf und an unserem Haus vorbei zum Kriegerdenkmal.

Ich musste immer wieder an meine Schwester Ute denken. Ich erinnerte mich daran, wie sie auf einen Stuhl und von dort auf den Kindertisch kletterte und mir erwartungsvoll zusah, wenn ich mein Mittagessen aß. Sie machte den Mund weit auf, und ich ließ sie von meinem Löffel essen. Sie bettelte, klatschte in die Hände und wollte mehr. Ich vermisste sie so sehr!

Obwohl Frank immer wieder gesagt worden war, Ute sei ein Engel im Himmel, glaubte er das nicht. „Ich will sie finden", sagte er, schlich im Haus herum, suchte unter der Treppe und in Schränken nach ihr. Danach verkroch er sich in Utes Kinderbett und schlief dort ein. Sven erwähnte Utes Namen nicht mehr.

Eines Tages steckte ich meine Nase in den Nachttisch meiner Mutter und fand ein Foto unserer toten Schwester. Sie war weiß gekleidet und von Blumen umgeben. Ihre Haut war kreidebleich, ihre geschlossenen Augen dunkel umrandet. Der Tod meiner Schwester machte mich traurig und verwirrte mich. Ich wünschte mir, jemand könnte mir erklären, warum Menschen – besonders kleine Kinder – sterben müssen.

Deutschland über alles

Am 30. Januar 1941 fragte Fräulein Alles unsere Klasse, ob jemand weiß, warum dies ein nationaler Feiertag ist. Ich meldete mich prompt und sagte mit klarer Stimme: „Wir feiern diesen Tag, weil mein Vater heute Geburtstag hat." Erstaunt und richtig beeindruckt schauten meine Klassenkameraden mich an.

Aber es war Fräulein Alles, die mich mit laut schallendem Gelächter überraschte. Früher hatte ich manchmal nur ein schwaches Lächeln auf ihren Lippen gesehen; und selbst das verschwand so schnell wie die Sonne hinter einer Wolke. Heute aber lachte sie über meine Antwort so herzhaft, dass sie sich die Brille abnehmen und die Augen auswischen musste. „Nein, Eycke", sagte sie, als sie sich wieder gefasst hatte, „wir feiern diesen Tag zur Ehre unseres Führers Adolf Hitler, der heute vor acht Jahren Reichskanzler unseres Landes geworden ist."

Später versammelten sich die Schulkinder in der mit Tannenzweigen und Fahnen geschmückten Halle. Fräulein Alles erklärte, das schwarze Kreuz in der Mitte der Fahnen sei das Hakenkreuz. An die Ansprache von Herrn Baum zu diesem Anlass kann ich mich kaum erinnern. Wieder zurück in der Klasse, forderte Fräulein Alles uns auf, alle Strophen von ‚Deutschland, Deutschland über alles' auswendig zu lernen, damit sie bei der nächsten Versammlung auf ihre Erst- und Zweitklässler stolz sein konnte.

Nach Ostern kam Sven in die erste Klasse und ich in die zweite. Ich hatte gelernt, aus Buchstaben Wörter und dann auch kleine Geschichten zu schreiben, für die Fräulein Alles mir die begehrte ‚Eins' gab. Am ersten Schultag weinte Sven nicht so wie ich ein Jahr davor, aber auch er ging nicht gern zur Schule. Es fiel ihm unheimlich schwer, seine Buchstaben ordentlich zu schreiben. Das missfiel Fräulein Alles so sehr, dass sie ihm häufig auf die Schulter puffte und an den Ohren zog. Sven ließ den Kopf hängen, und sein Gesicht wurde rot; aber er weinte nicht. Mir aber kamen jedes Mal die Tränen. Ich war Fräulein Alles böse für das, was sie mit meinem Bruder und anderen Kindern machte. Ich wünschte mir, alt genug zu sein und ihr sagen zu können, dass Lesen, Buchstabieren und Zahlen schreiben für manche Kinder einfach schwierig sei. Sie zu puffen und zu demütigen würde ganz bestimmt nicht helfen.

Auf dem Heimweg sagte ich zu Sven, ich fände Fräulein Alles ungerecht. Er schüttelte den Kopf und wollte offenbar nicht darüber reden. Wir gingen schweigend nebeneinander her, bis wir an der Gartentür ankamen. Da fauchte er: „Ich mache dein blödes Schulspiel kein einziges Mal mehr mit. Ich hasse es, und ich hasse die Schule."

„Ich kann's dir nicht verdenken", antwortete ich. „Lehrer sind gemein. Außerdem will ich sowieso nicht mehr Lehrerin werden."

Dagmars Geburt

Auf der Insel Sylt schrieb Papa ein Gedicht für Mutti, die ihr fünftes Kind erwartete:

Was Du empfangen in süßer Lust,
nun bald Du legst an Deine Brust.
Was Göttliche Liebe gegeben, schenkst Du Leben.
Meinem lieben Weib.

Ende Mai 1941 – neun Monate nach Utes Beerdigung – verschwand Mutti wieder einmal. Eine Woche später berichtete uns Gretel, Mutti hätte eine Tochter geboren. Gretel, ein hübsches Mädchen mit blauen Augen, zwei langen dicken Zöpfen, freundlichem Lächeln und viel Geduld für unsere Mätzchen, gehörte seit einiger Zeit zu unserer Familie. Sie leistete bei uns ihr ‚Pflichtjahr' ab. Im ‚Dritten Reich' mussten alle noch nicht fünfundzwanzigjährigen ledigen Frauen ein Jahr lang dem Staat dienen bevor sie ihre Ausbildung fortsetzen durften. In dieser Zeit mussten sie für soziale Einrichtungen, auf einem Bauernhof, in einem Krankenhaus oder in einer großen Familie arbeiten. Da unsere Familie – mit vier Kindern – als ‚kinderreich' galt, erfüllten wir die nötigen Voraussetzungen.

In der nächsten Woche brachte Gretel uns im Bus nach Münden. Dort besuchten wir Mutti und unser Baby-Schwesterchen im Haus von Frau Henze, der Hebamme, die auch schon Sven, Frank und Ute zur Welt gebracht hatte. Wir fragten Gretel, warum Mutti zur Geburt nach Münden gefahren und nicht zu Hause geblieben sei. Gretel antwortete, sie hätte nicht für Mutti und das Baby sorgen und sich außerdem noch um uns Racker kümmern können. Ich erzählte, Sven, Frank und Ute seien zu Hause geboren worden. Mutti hätte uns von Franks schwerer Geburt erzählt, dass er mit dem Popo zuerst geboren sei, mit zweimal um den Hals geschlungener Nabelschnur, so dass er keine Luft bekam. Die Hebamme, der Doktor und Muttis Freundin Lieschen Köhler wären sehr besorgt gewesen, bis Frank endlich atmen konnte.

„Konntest noch nicht mal atmen, he?", hänselte Sven und gab Frank einen kleinen Schubs. „Ich kann doch atmen", antwortete Frank. „Das hast du lernen müssen. Aber niedlich warst du", gab ich zu, denn es tat mir leid, dass ich mit dem Thema angefangen hatte. Sven hatte nichts dazu zu sagen, aber Gretel legte ihren Arm um Franks Schulter, streichelte sein Haar und meinte besänftigend: „Du bist immer noch niedlich." Frau Henze ließ uns in Muttis Zimmer. Alles war weiß: Die Wände, das Bett, der Kleiderschrank, der Wickeltisch, das Kinderkörbchen und selbst Frau Henze in ihrer Schwesterntracht. Ein Hauch von Desinfektionsmittel lag in der Luft. Aber als ich Mutti küsste, atmete ich den Duft von Maiglöckchen ein, die in einer Vase auf Muttis Nachttisch standen. Mutti strahlte und fragte Gretel, ob wir ihr Ärger gemacht hätten. „Nein, das haben sie nicht", log Gretel, und dafür liebte ich sie.

Das Baby lag in einem mit Spitzenstoff ausgestatteten Kinderkörbchen. Seine Augen waren geschlossen. Seine Haut war seidig, weich und rosig, und es lutschte an seinen Fingerchen. Ich glaube, ich war eifersüchtig und wünschte mir heimlich, ich wäre wieder ein Baby und würde genauso von allen geliebt, bewundert und verhätschelt.

Wir sind anders

Für meine Geschwister und mich war der Sommer 1941 heiß und sorgenfrei. Ich ahnte nichts davon, dass Deutschland durch den Einmarsch in Russland den Krieg ausgeweitet hatte und unsere Truppen versuchten, Moskau zu einzunehmen.

Tante Addie ruhte sich in einem bequemen Liegestuhl im Schatten aus. Sie nippte an einem Glas mit Himbeersaft und beaufsichtigte meine Brüder und mich. Wir tobten nackt umher, krakeelten, hüpften in einer Wanne mit sonnengewärmtem Wasser herum und spritzten uns gegenseitig nass. Mutti und ihre Schwestern glaubten, frische Luft und Sonnenschein seien gut für die Gesundheit. Sie erlaubten uns, während der kurzen Sommerzeit nackt herum zu laufen. Plötzlich hörten wir Sven von der Rückseite des Gartens rufen: „Tante Addie, hinter der Hecke ruft Frau Schmidt nach dir."

Lustlos stand Addie auf und schaute sich um. „Frau Schmidt, wo sind Sie denn?", rief sie und tat so, als würde sie Verstecken spielen. „Hier bin ich", kam die mürrische Antwort. Wir folgten Addie und entdeckten die Frau, die auf der anderen Seite der Hecke zwei Büsche zur Seite schob. „Frau Lamprecht", beschwerte sie sich, „es ist unerhört, dass Sie und Ihre Schwestern den Kindern erlauben, wie kleine Heiden nackt herum zu toben, und Sie.., und Sie..." Sie zeigte auf den zweiteiligen Badeanzug meiner Tante und zeterte empört weiter, während sie sich ein paar Zentimeter höher aufrichtete, um besser sehen zu können: „In so einem Aufzug würde ich mich nie im Leben blicken lassen. Sie sollten sich alle was schämen. Und die armen, armen Kinder..." Frau Schmidt war kugelrund, trug schwere Stiefel, einen Rock, eine dicke Strickjacke und ein schwarzes Kopftuch. Sie wischte sich den Schweiß mit einem Zipfel ihrer Schürze vom Gesicht.

Lachend konterte meine Tante: „An Ihrer Stelle, Frau Schmidt, würde ich mich ganz bestimmt nicht in einem Badeanzug sehen lassen. Auf Wiedersehen."

Die Frau schnaubte wütend, drehte sich um und verschwand aus unseren Augen. Addie brach in heiseres Lachen aus und trieb uns vor sich her in die Wanne zurück.

„Warum hat sie gesagt, wir wären arme Kinder?", fragte ich.

„Wir sind doch nicht arm, oder?", wollte Sven wissen. Unsere Tante gab ihm einen Klaps auf den nackten Popo. „Natürlich nicht. Kümmert euch nicht um die alte Schachtel. Ihr seid anders, das ist alles. Ab, lauft los und spielt."

Tante Addie hatte recht. Wir sprachen, kleideten und verhielten uns anders als unsere Nachbarn. Mutti lehnte sich nicht – die Arme auf ein Kissen gestützt – aus dem Fenster und tratschte nicht mit den Nachbarn. Wenn am Sonntagmorgen, fünfzehn Minuten vor Beginn des Gottesdienstes, das Läuten der Glocken über das Tal erklang, folgten wir den Leuten nicht in die Kirche am anderen Ende des Dorfes. Ich kann mich nicht erinnern, vor oder nach dem Essen gebetet zu haben. Obwohl wir Kinder alle in Haus und Garten halfen, brauchten wir keine Feldarbeit zu machen und keinen Stall auszumisten. Meistens machte es mir nichts aus, nicht zu den Dorfkindern zu gehören. Wenn die mich jedoch eine ‚Fremde' nannten, meine Brüder mit Steinen bewarfen und alte Frauen uns beschimpften, weil wir hinter unserer Hecke nackt spielten, oder wenn ich das Plattdeutsch nicht verstand, war ich traurig.

Anita Tudela Crespo

Muttis Bruder Willi, ein Marineoffizier, hatte während des spanischen Bürgerkrieges heimlich deutsche Schiffe in den Hafen der nordspanischen Stadt Bilbao gelotst. Dort lernte er die kubanische Schönheit Anita Tudela Crespo kennen und lieben. Sie war mit einem im Bürgerkrieg gefallenen spanischen Soldaten verheiratet gewesen.

Onkel Willi brachte Anita und ihre sechsjährige Tochter Maria nach Deutschland und hoffte auf eine Heiratserlaubnis. Anita und Maria wohnten eine Weile bei Tante Marianne, doch die beiden kamen nicht miteinander aus.

Im Herbst 1941 war Anita mit einem Berg von Gepäck, darunter einem Handkoffer voll grüner Kaffeebohnen, bei uns angekommen. Sie war atemberaubend schön, Mitte Zwanzig, schlank, mit dunkler Haut und kohlrabenschwarzes Haar, das sie zu einer Hochfrisur aufgesteckt hatte. Sie trug ein elegantes Kleid mit Schulterpolstern, das ihr gerade bis über die Knie reichte. Sie war sich ihrer Schönheit voll bewusst und schritt auf ihren schicken Plateaukorksandalen daher wie eine Königin. Sie würdigte das Haus, den Garten und jeden von uns mit majestätischem Blick. Meine Brüder und ich starrten sie mit offenen Mündern an; ich war von ihr hingerissen.

Ihre Tochter Maria trippelte hinter ihr her. Hin und wieder drehte sich Anita um und redete auf Maria in einer mir unverständlichen Sprache ein. Maria beeilte sich, ihre Mutter einzuholen. Lächelnd stieg Mutti die Treppe hinunter und begrüßte unsere Gäste in Spanisch. Unsere Mutter liebte Fremdsprachen, hatte Englisch und Französisch in der Schule gelernt und sich in Erwartung der Gäste sogar ein paar spanische Sätze angeeignet. Anita ergriff Muttis Hand, erwiderte die Begrüßung, packte ihre Tochter im Nacken ohne sich umzudrehen, und schob sie auf Mutti zu. Mit niedergeschlagenen Augen machte Maria einen Knicks. Mutti bückte sich, umarmte sie, flüsterte ihr etwas ins Ohr und winkte uns herbei: „Kommt her und sagt unseren Gästen guten Tag." Sie stellte uns vor und bat uns, Maria unseren Garten und das Kinderhäuschen zu zeigen, bevor sie und Anita im Haus verschwanden.

Glücklicherweise sprach Maria etwas Deutsch. Ich war froh, daß ich eine neue Spielgefährtin bekam, und hatte das Gefühl, wir könnten gut miteinander auskommen. Meistens vertrugen sich sogar Sven und Frank mit ihr. Schnell legte Maria ihre Schüchternheit ab und wurde Mitglied der Familie. Sie war lebhaft wie ihre Mutter, teilte jedoch nicht ihr heißes Temperament. Da Anita Marias Haar blond gefärbt hatte, sah sie aus wie ein Kanarienvogel, wenn die schwarzen Haare nachwuchsen. Es war erstaunlich, wie schnell sich Marias Deutsch besserte. Als sie und ihre Mutter später nach Spanien zurückkehrten, sprach sie es fließend.

Innerhalb kurzer Zeit rollte Mutti ihre ‚R's, warf ihre ‚J's hin und sprach heisere ‚G's wie eine richtige Spanierin aus. Anita klagte oft und konnte ungeheuerlich schimpfen. Ähnliches waren wir von Papa zwar gewöhnt, zum Beispiel als er einmal von einem glitschigen Aal, den er köpfen wollte, gebissen wurde. Aber auf Spanisch hörte sich das Ganze viel interessanter an. Zu meinem Erstaunen und heimlichen Freude bediente sich sogar Mutti, die sonst nie ein Schimpfwort aussprach, ab und zu einiger von Anitas Ausdrücken. Uns Kindern war es eigentlich nicht erlaubt, solche schlechte Wörter auszusprechen. Doch niemand schien es zu beachten, wenn wir statt ‚Scheiße' das Wort *mierda'* gebrauchten.

Tante Anita – wie wir Kinder sie nannten – blieb unnahbar. Sie lehnte es ab, Deutsch zu lernen, und schlief bis mittags. Sie bewohnte mit ihrer Tochter eines der vier Schlafzimmer, das Anita makellos in Ordnung hielt. Sie wusch ihre eigene Wäsche, aber ich habe sie nie bei anderer Hausarbeit helfen sehen. In der Küche konnte man sie nur finden, wenn ein starker Kaffeeduft durch das Haus zog. Anita stand dann am Herd. In der Hand hielt sie den Griff eines schweren Eisentopfes, den sie über dem Holzfeuer hin und her schüttelte. Mit einem rasselnden Geräusch sprangen die grünen Kaffeebohnen umher und färbten sich in ein tiefes Dunkelbraun. Nachdem sie fertig geröstet waren, mussten sie abkühlen, bevor sie dann gemahlen werden konnten.

Wenn Anita mir zu helfen erlaubte, schüttete ich die Bohnen in den Trichter einer hölzernen Kaffeemühle. Nicht eine einzige Bohne durfte dabei verloren gehen. Ich drehte die Kurbel, bis die Schublade am Boden der Mühle gefüllt war. Anita löffelte den fein gemahlenen Kaffee in eine Kanne und füllte sie mit kochendem Wasser. Nach dem Aufbrühen konnte er serviert werden. Eine kleine Kostprobe – weniger als ein Teelöffel – überzeugte mich aber davon, dass der Kaffee gar nicht so gut schmeckte, wie sein köstlicher Duft es versprochen hatte. Zum Nachmittagskaffee saßen Mutti und Anita im Wohnzimmer oder im Sommer an einem Tisch im Garten. Sie genossen ihren ‚echten' Bohnenkaffee, der während des Krieges ja Mangelware war. Beide rauchten danach eine einzige Zigarette. Anita aß ihre Mahlzeiten mit Mutti, bummelte mit Dagmar durchs Dorf oder lag bei warmem Wetter nackt zwischen den hohen Meerrettichblättern, hinten im Garten. Die Sonne färbte ihre Haut milchschokoladenbraun, was ihr ein wunderbar exotisches Aussehen verlieh.

Anita hatte ein heißblütiges Temperament, und meistens benutzte sie Maria als Blitzableiter. Ich fragte Maria, was ‚que trompe la cabesa‘ bedeutet. Sie flüsterte mir ins Ohr, ihre Mutter hätte gedroht, ihr den Schädel einzuschlagen. Das verschlug mir die Sprache. Denn ich brach ja schon in Tränen aus, wenn Papa mich nur zurechtwies oder mit mir schimpfte. Maria tat mir leid. Zum Spaß stellten wir uns vor wer von beiden – Papa oder Anita – bei einer hitzigen Auseinandersetzung wohl gewinnen würde. Maria kicherte und wir wurden uns einig, dass Anita mit Sicherheit als Siegerin daraus hervorgehen würde.

Im ersten Winter, den Anita und Maria in Deutschland verbrachten, fragte Maria mich überrascht: "Eycke, was kommt denn da für weißes Zeug vom Himmel?"

„Hast Du denn noch nie Schnee gesehen?“

Maria schüttelte den Kopf. Wir zogen schnell unsere warmen Sachen an, stürmten raus, fingen Schneeflocken mit den Zungen auf, legten uns auf den Rücken, fächerten mit den Armen Engel in den Schnee und bewarfen uns mit Schneebällen. „Mal gucken, ob der Bach schon zugefroren ist“, rief Sven, nachdem wir einen Schneemann mit Kohlen als Augen und einer Möhre als Nase gebaut hatten. Wir tasteten uns auf das Eis und schlitterten vergnügt über die spiegelglatte Oberfläche. „Seid vorsichtig!“, warnte ich. Zu spät! Maria brach an einer dünnen Stelle ein. Das Eis zersplitterte mit einem scheußlichen Knirschen. Zum Glück war der Bach nicht tief. Japsend und weinend stand Maria wieder auf. Wir zogen sie raus und rannten mit ihr nach Hause. Mutti schimpfte uns aus, entkleidete das schluchzende Häuflein Elend, wärmte es in einer Wanne mit lauwarmem Wasser und rubbelte es trocken. Als Anita erfuhr, was passiert war, war die Hölle los. Sie warf Maria einen hochhackigen Schuh an den Kopf. Blut spritzte an die Wand und auf Marias Kopfhaut öffnete sich eine Platzwunde. Mutti trat zwischen die beiden. Durch Druck auf die Wunde stoppte Mutti die Blutung und schrie Anita an. Ich glaubte, sogar ein paar spanische Schimpfworte gehört zu haben. Anita tobte. Meine Brüder und ich sahen fassungslos zu, bis Mutti uns aus der Küche scheuchte. Von dem Tag an versuchte ich, Anita aus dem Weg zu gehen, was sie aber offenbar überhaupt nicht störte.

* * * * * *

Ich fragte mich, warum Anita so unglücklich war und auf wen außer Maria sie nur solche Wut hatte. Jahre später – auf mein Bitten hin – lächelte Mutti verschmitzt und ahmte Anitas Litanei von Klagen in Spanisch nach. Ich musste lachen, als Mutti sich zur vollen Größe aufrichtete, tief einatmete, ihre Stimme eine Oktave senkte, Anitas Klagen in die Luft schleuderte, danach einen Seufzer ausstieß und selbstzufrieden schmunzelte. Dann erklärte sie: „Natürlich ging es um Onkel Willi. Anita war es leid, herumzusitzen und auf ihn zu warten. Die Heiratserlaubnis wurde sowieso nie gegeben, denn die Nazis genehmigten keine Eheschließungen zwischen deutschen Offizieren und Ausländerinnen." Anita befürchtete, Willis feurige Zuneigung sei abgekühlt, und sie klagte: „Männer sind Lügner, Betrüger und nichtsnutzige Schufte. Zuerst erklären sie ihre unsterbliche Liebe und dann sind sie auf einmal verschwunden. Schau mich an: Kein Land, kein Mann, kein Geld, nichts, nur mein armes kleines Mädchen. Sollte ich erfahren, dass Willi mir untreu ist, bringe ich ihn um. In Deutschland haben nur Männer das Sagen. *Ne tengo gusto Alemannia* (Ich mag Deutschland nicht). Ich hasse es hier und werde mich demnächst aus dem Staube machen." Mutti fügte noch hinzu: „Ich konnte es ihr ja nachempfinden, insbesondere wenn ich an die Zeiten denke, in denen ich Probleme mit deinem Vater hatte." Dann winkte sie ab: „Mehr möchte ich lieber nicht sagen."

Maria durch ein'n Dornwald ging

Es war Anfang Dezember im dritten Kriegswinter, wenige Tage vor dem Überfall der Japaner auf Pearl Harbor und wenige Wochen, bevor Deutschland den Vereinigten Staaten den Krieg erklärte. Ich wusste, dass deutsche Soldaten in Russland und in Nordafrika kämpften. Der Name von Feldmarschall Rommel, dem Kommandeur des Afrika-Korps, war in aller Munde. Dass der Krieg sich in den Ländern rings um den Erdball ausgebreitet hatte, wusste ich aber nicht.

Wir warteten darauf, dass Papa zu Weihnachten nach Hause kommt. Ich hatte ihn seit März nicht gesehen, als er auf der Reise nach Polen kurz in Vaake Station gemacht hatte. Gegen seinen Willen hatte man ihn dorthin beordert, nachdem seine Arbeit auf Sylt beendet war.

Der erste Advent stand vor der Tür. Es hatte die Nacht davor geschneit. Mutti kündigte an, es sei an der Zeit, Zweige für einen Adventskranz zu holen. Anita erklärte uns für ‚loco' (verrückt) und weigerte sich, bei solchem Wetter auch nur einen Fuß vor die Tür zu setzen. Sie erlaubt auch Maria nicht, uns zu begleiten. Sven und ich beeilten uns, die Wintersachen anzuziehen und im Nu waren wir draußen. Wir warfen uns mit ausgebreiteten Armen auf den Rücken und hinterließen Abdrücke von fliegenden Engeln im frischen Schnee. Sven schrieb ‚Eycke ist doof' in den Schnee, ich konterte: ‚Sven ist dööfer'.

Dann bewarfen wir uns mit Schneebällen. Wir liefen wir zum Schuppen um unsere Schlitten und Muttis Skier zu holen. Mutti packte Dagmar in Decken und setzte sie auf Papas alten Schlitten. Sven war als erster draußen und zog Dagmar die steile Straße zum Kiefernwäldchen hinauf. Mutti schulterte ihre Skier und die Bambusstöcke, zog einen zweiten Schlitten und folgte Sven. Frank und ich zogen mit einem dritten Schlitten hinterher. Das Dorf hinter uns schien unter einer dicken Schneedecke zu schlafen. Das Wasserrad von Wallbachs Mühle drehte sich knarrend wie vor 250 Jahren. Alle uns umhüllenden Geräusche wirkten gedämpft wie im Traum. Ich hatte das Gefühl, im All zu schweben.

Auf dem Bergrücken angekommen, folgten wir den Fährten von Hasen, Füchsen und Rehen bis in das Dickicht, während Mutti mit Schnee beladene Zweige schnitt. Wir stapelten sie auf einen der Schlitten und banden die drei Schlitten aneinander. Mutti befestigte die ledernen Bindungen an ihren Stiefeln, glitt mit eleganten Telemark-Schwüngen den Berg hinab, stoppte unten und schwenkte zum Gruß ihre Skistöcke in die Luft. Wir klatschten Beifall, bestiegen unsere Schlitten und sausten den Abhang hinunter, den Duft frisch geschnittener Kiefernzweige in der Nase. Lachend und uns gegenseitig neckend kehrten wir nach Hause zurück, schälten uns aus unseren Klamotten und rieben uns die Hände an dem mit Holz geheizten Ofen warm.

Jetzt begann die Arbeit, die nur Mutti beherrschte. Sie nahm einen Metallring, etwa so groß wie ein kleines Wagenrad, und band darum die Zweige, bis der Kranz fertig war. Dann befestigte sie darauf vier dicke rote Kerzen und vier rote Bänder. Sie kletterte auf einen Stuhl und hängte den schweren Kranz mit Gretels Hilfe an die Zimmerdecke über dem Esszimmertisch. Zur Vorweihnachtszeit war in der Küche Hochbetrieb. Gretel summte vor sich hin, während sie Früchte und Nüsse in den Stollenteig knetete. Ich half beim Ausrollen und stach Glöckchen, Sterne und Mondsicheln aus dem Teig für Spekulatius. Der Duft von frischen Kiefernzweigen, frisch gebackenen Plätzchen, gebratenen Äpfeln und dampfendem gewürztem Punsch kündigte die Adventszeit an.

Nachdem die Wintersonne hinter dem Wald versunken war und die Abenddämmerung sich sanft im Tal ausgebreitet hatte, zündete Mutti die erste Kerze auf dem Adventskranz an. Wir tranken heißen Punsch und knabberten Plätzchen. Mutti stimmte ihre Gitarre und zog uns in ihren Bann. Jeder von uns durfte ein Weihnachtslied wählen, und dann sangen wir ihr Lieblingslied:

Maria durch ein'n Dornwald ging.
Kyrie eleison.
Maria durch ein'n Dornwald ging,
der hat in sieb'n Jahr'n kein Laub getrag'n.
Jesus und Maria.

Was trug Maria unter ihrem Herzen?
Kyrie eleison.
Ein kleines Kindlein ohne Schmerzen,
das trug Maria unter ihrem Herzen.
Jesus und Maria.

Da haben die Dornen Rosen getrag'n.
Kyrie eleison.
Als das Kindlein durch den Wald getrag'n,
da haben die Dornen Rosen getrag'n.
Jesus und Maria.

Drei Wochen später kam Papa nach Hause, und wir feierten Weihnachten gemeinsam. Papa und Mutti sprachen darüber, dass wir unseren Haushalt zusammenpacken und im Frühjahr nach Polen umziehen müssten. Wir hatten anscheinend keine andere Wahl. Dann reiste Papa wieder ab und nahm dieses Mal Frank mit. Ich fragte Mutti, warum Frank mitreisen durfte und nicht ich. Sie antwortete, Frank sei krank und weil es keine Medizin zur Asthmabehandlung gab, hätte der Arzt gemeint, ein Luftwechsel täte Frank gut. Zwei Monate später kehrte er nach Hause zurück, mit einem ganzen Sack voll wilder Geschichten über eine Flucht vor einem Zimmerbrand, eine bitterböse Kinderfrau, die ihn in einen Kohlenkeller eingesperrt hatte, und eine blutige Axt.

Der Umzug nach Polen

Im März 1942 mussten wir Deutschland verlassen und nach Polen umziehen. Das war gerade zu der Zeit, als die deutschen Truppen das beim vergeblichen Vormarsch auf Moskau verlorene Gebiet zurück erobern wollten und sich der Krieg bereits in vielen Ländern rund um den Erdball ausgebreitet hatte. Im gelben Omnibus, der Passagiere und Post entlang der Weser transportierte, fuhren wir von Vaake nach Münden. Mutti erklärte Sven, Frank und mir mit ernster Miene, wir würden jetzt mit einem Zug nach Polen fahren. Sie erwarte von uns, dass wir uns an den Händen fassen und während der Reise aufeinander aufpassen. Sven fragte, was Polen für ein Land sei. Ich spitzte meine Ohren, als ich hörte, Polen liege rund tausend Kilometer ostwärts, und wir würden etwa zwei bis drei Tage unterwegs sein. Als ich fragte, ob sie sicher sei, dass Papa uns abholt, leuchteten ihre Augen: „Ja, Schätzchen, nach all diesen Jahren werden wir endlich wieder zusammen sein."

Ich erinnere mich: Als Papa und Mutti gegen den Umzug der Familie nach Polen protestiert hatten, war ihnen von den Behörden mitgeteilt worden, es sei unsere Pflicht, „den Osten zu besiedeln, wo gute Deutsche gebraucht werden, um Ordnung zu schaffen." Ich war neugierig zu erfahren, was da in Ordnung zu bringen sei, und wer die Behörden waren, die Papa befahlen, was zu tun sei. Gewöhnlich hatte er doch das Sagen. Konnten die Behörden jene Leute sein, die Papa verächtlich ‚Bonzen' nannte? Konnten dies die Bürokraten im Bürgermeisteramt sein, jene Leute, die bei jeder sich bietenden Gelegenheit den rechten Arm hoch rissen und „Heil Hitler" brüllten? Einer von denen hatte mich angeschnauzt und gefragt, ob ich zu dumm sei, den ordnungsgemäßen ‚Deutschen Gruß' zu gebrauchen. Ich errötete und tat wie befohlen, konnte mir jedoch nicht vorstellen, warum ein freundliches ‚Guten Tag' und ‚Auf Wiedersehen' nicht mehr genug sein sollten. Und ich fragte mich, warum manche Erwachsene so wenig Geduld hatten und so grob gegenüber uns Kindern waren, wenn sie meinten, uns etwas beibringen zu müssen. Als Mutti mir sagte, dass wir nach Polen ziehen, jammerte ich: „Was? Wieder umziehen?" Ich klagte, wie sehr ich unseren Garten und das geliebte Kinderhäuschen vermissen und wie traurig ich sein würde, alle meine Freundinnen zu verlassen, die ich inzwischen gefunden hatte. Sollte Papa wieder einmal die ‚verdammten Behörden' verfluchen, würde ich ihm bestimmt beipflichten.

* * * * *

Rhythmisch ratternd raste der Zug gen Osten. Das sanfte Schaukeln beruhigte mich und lullte mich ein. Es war ein wunderschöner Tag. Mutti nannte den blauen Himmel und den Sonnenschein ,Kaiserwetter'. Sie führte uns in ihre Kindheit zurück, als die Familie sich fein anzog und in ihrer Heimatstadt Kassel dem beliebten Kaiser Wilhelm II. und seiner Familie huldigte, wenn er, flankiert von prunkvoll uniformierten Gardehusaren, in seiner Equipage durch die Stadt zu seinem Sommerpalast nach Wilhelmshöhe fuhr. Wie viele Deutsche jener Generation waren die Großeltern und die Eltern meiner Mutter ,kaisertreu'. Dem Reich ergeben, gaben sie fünf ihrer sieben Kinder kaiserlich-königliche Namen. Als zweitälteste Tochter erhielt meine Mutter die Taufnamen Auguste Viktoria Luise Adelheid, doch sie wurde nur ,Tutti' genannt.

Die Lokomotive zog ein Dutzend oder mehr Personen- und einen Gepäckwagen. Wir belegten ein bequemes Abteil mit gepolsterten Sitzen und einem kleinen Tisch unterm Fenster und verstauten unsere Koffer sowie den Korb mit Essen in den Gepäcknetzen. Eine Schiebetür trennte unser Abteil vom Gang.

Darauf gespannt und neugierig, was Polen wohl für ein Land sein würde, bat ich Mutti, mir von ihrem Besuch bei Papa im vergangenen Sommer zu erzählen. Nachdem Dagmar friedlich eingeschlafen war, berichtete Mutti, wie sie mit ihrer zweieinhalb Monate alten Tochter in einem ausgepolsterten Kartoffelkorb am Arm nach Polen gereist war. Die Trostlosigkeit und Armut dieses Landes hatten Mutti überrascht. Ich wollte wissen, ob die alte Hütte, die ich auf einem von Papas Fotos gesehen hatte, unser neues Heim werden sollte. Mutti erklärte, die Hütte sei größtenteils abgerissen worden, würde in ein zweistöckiges Haus mit neuem Dach umgebaut, und in der Zwischenzeit stünde uns eine kleine Wohnung in der Nachbarschaft zur Verfügung. Das Grundstück mit seinem großem verwildertem Garten, den Kastanien, Birken und anderen Bäumen, den Teichen, Wiesen und Feldern mutete mich wie das Paradies an. Auf einem Foto sah Mutti mit ihrem Morgenrock besonders hübsch aus. Das von den kleinen Wellen eines Teiches reflektierte silbrige Licht ließ die Schönheit der Umgebung ahnen, die bald unser Zuhause sein sollte. Aber ich grübelte: ,Wie wird mir wohl die neue Schule gefallen? Und die Lehrer? Werde ich neue Freunde finden?' Ich versuchte, mir das alles auszumalen; doch Angst und Unsicherheit lähmten meine Gedanken und es gelang mir nicht, mir unser neues Leben vorzustellen. Ich hatte das Gefühl, meine Familie würde nirgendwo richtig hin gehören, und dachte daran, dass meine Mutter und ich bereits ein Jahr in Kassel bei Tante Marianne und Onkel Wütt, dann fünf in Wilhelmshausen und zweieinhalb Jahre in Vaake gelebt hatten.

Um diese Stimmung los zu werden, konzentrierte ich mich auf die vorbeifliegenden Bäume, Felder, Dörfer und Städte.

Wie ängstlich hatte ich im vergangenen Sommer auf Muttis Heimkehr aus Polen gewartet! Stattdessen aber kam Papa völlig unerwartet allein zurück; er suchte nach Mutti und Dagmar. Dann stritten Addie und er sich heftig. Sie beschuldigte ihn, Muttis Herz gebrochen zu haben, was Papa wiederum in Rage brachte. Sie solle sich um ihren eigenen Kram und uns Kinder kümmern und selbst erst mal aufhören, mit Soldaten zu flirten. Die beiden kamen mir vor wie Hund und Katze, die sich gegenseitig anknurren und anfauchen. Gern hätte ich sie dazu gebracht, sich zu vertragen, doch ich wusste: Hätte ich es gewagt, etwas zu sagen, würden sie mir sicher verbieten, zu lauschen und mich in ihre Angelegenheiten einzumischen.

Kurz nach der Auseinandersetzung mit Addie reiste Papa wieder ab. Eine Woche später kamen Mutti und Dagmar wieder nach Hause. Auf die Frage, wo sie so lange gewesen seien, zögerte Mutti, bevor sie antwortete: „Nach dem Besuch bei Papa in Polen waren Dagmar und ich eine Weile bei Tante Li in Hamburg."

Mutti und Li Rosenkranz kannten sich seit Anfang Zwanzig und waren enge Freundinnen geworden. Über die Jahre hinweg schickte Li Briefe an Mutti und Fotos von sich und ihren Freunden aus exotischen Ländern. Li sah aus und lebte wie eine Diva. Sie war schön, kinderlos, geschieden, und lebte mit einem reichen Südamerikaner namens Carlos zusammen.

Warum Mutti in jenem Sommer so lange weg gewesen war, blieb mir ein Rätsel, bis ich sie Jahre später fragte. Sie erzählte, zunächst hätten sie und Papa eine wundervolle Zeit gehabt. Dann jedoch hätte sie festgestellt, dass Papa eine Liebschaft mit Frau K. gehabt hätte, einer Frau, die in demselben Hotel gelebt hatte wie Papa. Zutiefst verletzt hätte sie sodann Polen verlassen und sei nach Deutschland abgereist. Ohne Papa etwas zu sagen, hätten sie aber den Zug gewechselt und seien nach Hamburg zu Li gefahren, anstatt nach Hause zurück. Als Papa nichts von Mutti hörte, sei er beunruhigt gewesen. Tante Addie hätte ihm Muttis und Dagmars Aufenthaltsort verraten und daraufhin war er ihnen nach Hamburg gefolgt, wo er und Mutti sich wieder versöhnt hätten.

* * * * *

Weil ich mit den ganzen Problemen zwischen Erwachsenen nicht fertig wurde, las ich, flüchtete mich ins Land der Märchen und schrieb kurze Geschichten und Theaterstücke. So verbrachte ich die

Reisezeit. Frank saß am Tisch neben dem offenen Fenster und malte, bis ihm ein Rußstäubchen ins Auge flog. Sven holte Holzpferdchen aus seinem Rucksack und ließ sie am Sitz wiehernd rauf und runter galoppieren. Mutti hatte Dagmar gestillt und döste vor sich hin. Wir fuhren mit einem Schnellzug, der nur in den großen Städten hielt. Als ich Mutti fragte, ob wie immer noch in Deutschland wären, nickte sie. Von Zeit zu Zeit wartete der Zug mitten im Nirgendwo auf einem Nebengleis, bis ein anderer an uns vorbei donnerte. Sven und Frank wurden ganz aufgeregt, wenn Züge mit Soldaten, Lastwagen, Panzern und Kanonen an uns vorbei fuhren. Wir drängelten uns am Fenster um Bauern zu beobachten, die mit ihren Pferden und Pflügen glänzende Schollen aus der fruchtbaren Erde schälten. Wenn die Sonne die Stahlschaufeln der Pflüge traf, blitzten sie hell. Mutti summte die Melodie von ‚Im Märzen der Bauer die Rösslein einspannt'. Wir sangen mit. Sven presste seine Nase ans Fenster und prahlte, er wisse alles über Pferde und Landwirtschaft. Obwohl selbst keine Bauern, waren wir in Vaake zwischen Wiesen und Wäldern aufgewachsen. Wenn Bauer Wallbach gleich neben unserem Grundstück pflügte und sein Land bestellte, erlaubte er Sven, seine Pferde und ihn bei der Feldarbeit zu begleiten, und er teilte sein mit Schmand bestrichenes Brot mit ihm. Vom Zugfenster aus beobachtete ich, dass eine dunkle, bedrohliche Wolke sich am östlichen Horizont aufgetürmt hatte und uns schnell näher kam. Mit gesenktem Kopf und gebeugtem Rücken fuhren die Bauern fort, ihre Peitschen zu schwingen und gerade Furchen in den Ackerboden zu ziehen, ohne den heran nahenden Sturm zu beachten.

Der Zug entfernte mich immer mehr von all dem, was mir vertraut war. Ich fühlte mich wie ein Ballon, der der Hand seines Besitzers entglitten war und im Wind dahin trieb. Ein Gefühl folgte dem anderen: Manchmal war ich traurig, dann wieder so verstört, dass mir der Bauch weh tat. Im nächsten Moment zitterte ich vor Aufregung. Die Eindrücke überwältigten mich, und alles spielte sich viel zu schnell ab. Ich war mir meines Körpers zwar bewusst, hatte jedoch das Gefühl, ein Teil von mir würde schweben und könne mich nicht mehr einholen.

Auf den Bahnhöfen wimmelte es von Hitlerjungen, Polizisten und Männern in grauen, grünen, schwarzen und braunen Uniformen. Überall wehten Hakenkreuzfahnen. Geisterhafte Stimmen verkündeten Ankunft und Abfahrt von Zügen. Aus Lautsprechern ertönte Militärmusik. Zivilisten und Uniformierte drängelten sich und rempelten sich gegenseitig auf den Bahnsteigen an.

Bei der Abreise war ich ganz aufgeregt, freute mich über meine neuen Anziehsachen, das um uns herum gestapelte Gepäck, die guten Wünsche, Umarmungen und Küsse von Freunden und Familie. „Bitte schreib uns", hatten sie gebeten, und ich versprach es. Einerseits war ich gespannt auf dieses Abenteuer, doch andererseits wäre ich lieber zu Hause geblieben. Dass Anita sich geweigert hatte, mit uns nach Polen zu ziehen, störte mich nicht weiter. Doch dass Maria zurück bleiben musste, stimmte mich traurig.

Etwa zwei oder drei Tage nach der Abreise aus Vaake – ich weiß es nicht mehr genau – erreichten wir einen Bahnhof außerhalb von Chrzanow, einer kleinen Stadt im Südwesten Polens, welche die Deutschen wegen des in der Umgebung reichlich wachsenden Meerrettichs in ‚Krenau' umbenannt hatten. Papa nahm uns am Bahnhof in Empfang. Ich war glücklich, ihn wieder zu sehen und begeistert von seiner gelungenen Überraschung, denn er fuhr uns mit einer Pferdekutsche in die Stadt.

Ich konnte es nicht glauben, als Mutti mir Jahre später erzählte, wir Kinder seien, abgesehen von der hundertfachen Frage „wann sind wir endlich da?" während der gesamten Reise die reinsten Engel gewesen.

Karl Laabs, der Vater der Autorin, mit seinen Geschwistern Otto und Toni. Göttingen, 1900.

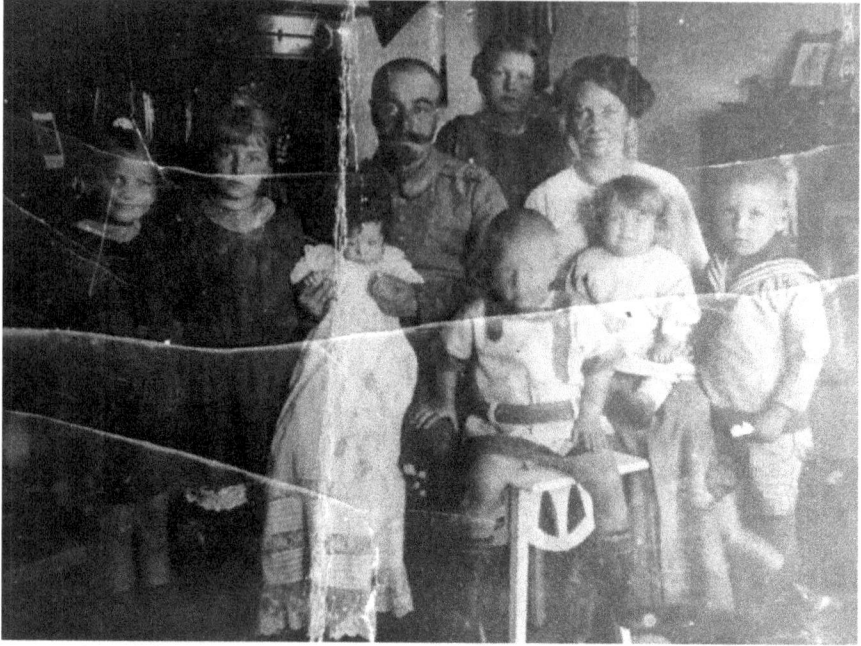

Gustav und Lisette Wallbach, die Großeltern der Autorin mütterlicherseits, mit ihren sieben Kindern. Kassel, Sommer, 1914. Gustav zog kurz darauf in den Krieg und fiel zehn Tage später in einer Schlacht bei Langemarck in Flandern/Belgien.

Der Vater der Autorin vorne rechts.

Langemarck, Flandern/Belgien. Sommer, 1915.

Burg Ludwigstein. Werratal/Hessen.

Die Mutter der Autorin. Burg Ludwigstein. Zwanziger Jahre.

Die Autorin in den Armen ihrer Mutter.

Dezember, 1933.

Die Autorin mit ihrer Mutter bei ihrer Taufe.

Kassel, März, 1934.

Die Autorin lernt das Laufen an der Hand ihres Vaters.
Segelfluglager Staufenberg bei Kassel. Sommer, 1934.

Die Autorin mit ihrem Bruder Sven. Wilhelmshausen, Winter, 1935-36.

Die Autorin mit ihrem Bruder Sven. Ostseebad Graal, Sommer, 1936.

Marianne, die Tante der Autorin, mit Bruder Sven. Wilhelmshausen, Sommer, 1936.

Die Autorin mit ihrem Bruder Frank.
Wilhelmshausen, Sommer, 1937.

Die Autorin schmust mit ihrem Lieblingsonkel Wütt.
Wilhelmshausen, Sommer, 1937.

Die Autorin mit ihrem Vater. Wilhelmshausen. Sommer, 1938.

Die Autorin mit ihrer Mutter und den Geschwistern Sven, Frank und Ute.
Wilhelmshausen, Weihnachten, 1938.

Vaake/Weserbergland. Winter, 1940.

Eycke mit Zuckertüte am ersten Schultag.
Vaake, März, 1940.

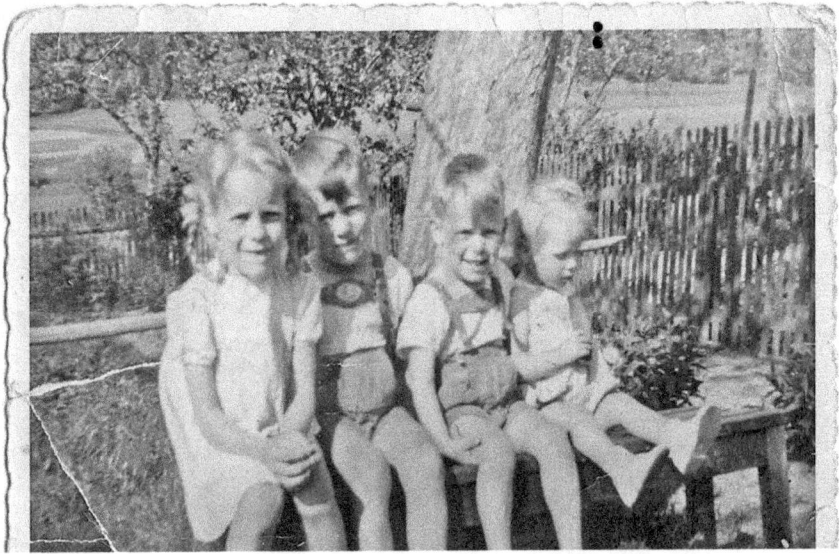

Die Autorin mit ihren Geschwistern, Sven, Frank und Ute, einen Monat vor Utes Tod.

Vaake, Sommer, 1940.

Sven, Eycke und Frank.

Vaake, 1941

Teil II
Im Schatten des Holocaust
Krenau, Polen
1942 – 1945

Kein Kreuz für ihr Grab

Seit März 1941 lebte und arbeitete mein Vater als Kreisbaurat in Krenau. Völlig unvorbereitet traf er auf die dort herrschende Gewalt. Skrupellos benutzten die Nazis ihre Macht, die polnische Bevölkerung brutal zu unterdrücken und zu schikanieren. Weil zwölf polnische Bauarbeiter ein kleines Feuer unbeaufsichtigt hinterlassen hatten, wurden sie angezeigt und wegen Verdacht auf Brandstiftung festgenommen. Die Gestapo beschuldigte die Bauarbeiter der Sabotage, wollte sie aufhängen und damit ein Exempel statuieren. Papa bezeugte vor Gericht, dass die Arbeiter keine bösen Absichten gehabt und keinen Schaden angerichtet hätten. Damit rettete er den Männern das Leben, zog aber hier bereits die Aufmerksamkeit der Gestapo auf sich. Er sah auch, wie vor allem die jüdische Bevölkerung unterdrückt, drangsaliert und auf den Straßen verprügelt wurde. Als sogar einige deutsche Soldaten und Zivilisten gegen diese Brutalität protestierten, wurden die öffentlichen Misshandlungen für kurze Zeit eingestellt. Es dauerte jedoch nicht lange, bis die Verfolgungen wieder aufgenommen wurden und immer grausamere Ausmaße annahmen.

Kurz nach seiner Ankunft in Krenau lernte mein Vater den siebzehnjährigen Juden Moritz Weichmann kennen. Der arbeitete als Heizer in Papas Bürogebäude. Seiner Familie gehörte ein Lederwarengeschäft. Es lag im Erdgeschoß ihres Hauses an der Südseite des Marktplatzes, mitten in Krenau. Weil die Vorräte an frischen Lebensmitteln knapp geworden waren, bat Papa Moritz um Hilfe. Damals war es Juden noch nicht verboten, mit Deutschen Handel zu treiben. Moritz schlug Papa vor, sich an seine Schwester Frieda zu wenden, die der Mutter im Geschäft half. Er betrat das Geschäft, Frieda stand hinter der Theke. Sie zitterte vor Furcht, weil ein Deutscher herein gekommen war. Später erinnerte sie sich an seine ersten Worte: „Haben Sie keine Angst, Fräulein."

Papa bewunderte die gute Qualität der Lederwaren in der Auslage, kaufte etwas und fragte Frieda, ob sie wisse, wo es frische Eier gäbe. Er bot an, das Dreifache des üblichen Preises für alles zu zahlen, was sie beschaffen könne. Frieda versprach, sich zu erkundigen.

Später lernte Papa auch Friedas und Moritz' Mutter kennen, deren Mann vor dem Krieg gestorben war und sie mit sechs Kindern zurück gelassen hatte – Shmuel, Frieda, Itka, Ruth, Moritz und Hermann. Allmählich gewannen Frieda und ihre Familie Vertrauen zu Papa. Nach und nach begriff er, was es bedeutete, als Juden unter den Nazis zu leben. Vor allem durch Weichmanns erfuhr er, wie sehr die jüdische Bevölkerung in der Stadt und ihrer Umgebung unter dem Terror von Gestapo, SS sowie deutscher und jüdischer Polizei zu leiden hatte. Weichmanns berichteten von einem Massaker, das vor einem Jahr in dem in der Nähe liegenden Ort Trzebinia stattgefunden hatte. Dutzende Juden waren dort erschossen und in einem Massengrab verscharrt worden. Vorausahnend, was seinem Volk noch bevor stand, war Shmuel, der älteste Sohn der Weichmanns, daraufhin aus Polen nach Russland geflohen.

Zunächst hatten die Nazis Alte, Kinder und diejenigen selektiert und zusammen getrieben, die als asozial galten, krank oder behindert und somit arbeitsunfähig waren. Sie wurden mit Lastwagen direkt in das Vernichtungslager nach Auschwitz gebracht oder gezwungen, die 17 Kilometer dorthin zu Fuß zu gehen. Hermann, taub und arbeitsunfähig, ist als erster der Familie Weichmann dort ermordet worden. Wenn die Nazis jüdische Arbeitskräfte benötigten, setzten sie Kontingente fest, holten die Juden aus ihren Häusern, trieben sie zusammen und transportierten sie in die Zwangsarbeitslager.

Als die Gesundheit ihrer Mutter sich verschlechterte, versuchte Frieda verzweifelt, den Rest der Familie zusammenzuhalten. Jahre später erinnerte sich Frieda an Papas Hilfe: „Ich rannte zu seinem Haus, bat ihn um Hilfe und weinte an seiner Schulter" und „Baurat Laabs war wie ein Sonnenstrahl in der Finsternis." In ihrer Not verletzte sie sich absichtlich ein Auge, indem sie Schmutz hinein rieb, um nicht in ein Arbeitslager geschickt zu werden. Papa verschaffte Moritz, Frieda, Esther und ihren Freunden Arbeitsbescheinigungen, mit denen sie sich frei bewegen konnten; er schützte sie so vor der Deportation. Als jedoch die Nazis begannen, selbst Juden mit Arbeitserlaubnis zu verhaften, richtete Frieda im Keller ihres Hauses ein Versteck für ihre Familie und deren Freunde ein.

Einmal bat Papa Moritz, meinen Bruder Frank von der Schule abzuholen. Der Heimweg führte sie durch Gassen, in denen schimmeliger und rußiger Putz von den Gebäuden abblätterte und auf die Straße fiel. Sie kamen an Häusern mit offen stehenden Türen, eingeschlagenen Fenstern und im Wind flatternden Gardinen vorbei. Es schien so, als ob die Bewohner von einem bösartigen Sturm hinweg gefegt worden seien. Hinter einer Ecke an der Krakauer Straße beobachteten sie, wie jüdische Polizisten und ein SS-Sonderkommando mit ihren Gewehrkolben an die Haustüren schlugen und die Menschen „Juden! Raus! Raus!" brüllend zwangen, aus ihren Häusern zu kommen.

Moritz schreckte zurück, zog die Schultern ein, packte Frank fest an der Hand und hastete mit ihm durch eine menschenleere Straße in Richtung Marktplatz. Frank jammerte, weil Moritz ihn zu fest hielt, er habe Angst hätte und wolle zu seinem Papa. Moritz blickte über seine Schulter und verdeckte mit der Hand den gelben Stern auf seinem Mantel. Frank schnaufte, weil Moritz so schnell lief und ihn einfach mit sich riss. Sie kamen an eine Stelle, wo Menschen an Stricken aufgehängt waren. Frank riss sich los. Moritz rannte ihm nach, holte ihn ein und zerrte ihn weiter. Sie hasteten über die Auschwitzer Straße und duckten sich hinter einem verfallenen Zaun. Beide waren außer Atem. Als sie Hunde bellen hörten, spähten sie durch die morschen Zaunlatten. Ein Soldat trug einen Apparat auf dem Rücken, an dem eine lange Antenne befestigt war. „Ein Funker", flüsterte Moritz Frank ins Ohr.

Eine Kolonne mit Koffern und Bündeln bepackter jüdischer Kinder, Männer und Frauen schleppte sich an ihnen vorbei; viele wirkten krank und gebrechlich. Frank zeigte auf einen Mann, der einen Vogelkäfig auf seinem Buckel trug und flüsterte Moritz zu, dass er früher auch einen Vogel besessen hätte. Als der sich nicht mehr bewegte, hätte seine Mutter ihm erklärt, er wäre tot. Und als seine Schwester in ein Krankenhaus gekommen und nicht zurück gekehrt sei, hätte er von seiner Mutter erfahren, sie sei gestorben und nun im Himmel. Gerade in diesem Moment humpelte eine alte Frau zu einem Graben und hockte sich hin. Ein Soldat folgte ihr, gab ihr mit seinem Gewehrkolben einen Stoß und brüllte: „Schnell! Schnell! Alte Judensau!" Als sie nicht schnell genug aufstand, erhob er sein Gewehr, zielte und gab drei Schüsse ab. Sie zuckte zusammen, fiel um und blieb regungslos liegen. Völlig außer Fassung schnellte Frank hoch. Moritz zog ihn zurück. Der Soldat gab der Frau einen Tritt, murmelte etwas vor sich hin und lief der Kolonne nach, die sich mühsam in Richtung Auschwitz weiterschleppte.

Frank und Moritz zitterten am ganzen Leib und hielten sich verborgen bis die letzten der Kolonne vorbei waren. Als sie sicher waren, dass niemand sie beobachtete, krochen sie hinter dem Zaun hervor und näherten sich dem Körper der Frau. Frank fragte, ob sie schliefe. Moritz deutete auf das in den Boden sickernde Blut und schüttelte den Kopf. Er hob seine Hände, schloss die Augen, schwankte hin und her und stöhnte.

Frank zog Moritz am Ärmel. „Ist sie tot wie damals mein Vogel und meine Schwester?" Moritz nickte. Frank erzählte Moritz, wie er und seine Geschwister den Vogel beerdigt, ein Kreuz aus Stöcken angefertigt, Blumen auf das Grab gelegt und ein Gebet gesprochen hätten. Dann fragte er Moritz: „Wann beerdigen wir die alte Oma?" Moritz schüttelte den Kopf und ergriff Franks Hand. Der zog sie aber zurück und protestierte, weil sie die Frau doch beerdigen und ein Kreuz auf ihr Grab stellen müssten.

Moritz entgegnete: „Kein Kreuz für ihr Grab."

„Warum nicht?"

„Weil..." antwortete Moritz, „sie jüdisch ist."

Auschwitzer Straße 36 b

Als unsere Familie im März 1942 in Krenau ankam war das Haus
in der Auschwitzer Straße noch nicht bewohnbar. Deswegen bezogen
wir zunächst eine verwanzte Wohnung an der Ecke Auschwitzer Straße/
Schulstraße. Am nächsten Tag begleiteten Sven und ich unseren Bruder
Frank um die neue Nachbarschaft zu erkunden und uns die Baustelle
unseres künftigen Hauses anzusehen. Zuerst führte uns Frank zum
Hotel Deutsches Haus, wo er im letzten Winter mit Papa gewohnt
hatte. Dort lernten wir die freundliche Besitzerin, Frau Seif, eine
elegante Brünette mit bayerischem Akzent, kennen. Obwohl Sven und
ich den Verdacht hatten, einige von Franks Geschichten wären nur
Ergebnis seiner ausgeprägten und grotesken Phantasie, hingen wir an
jedem seiner Worte. Er schwatzte von seinem Hotelzimmer, in dem er
Papierfiguren ausgeschnitten hatte und von wo aus er endlose Kolonnen
von Panzern und Armeelastern hatte vorbei fahren sehen. Grinsend
erzählte er von der Hotelköchin, die ihn nicht ausstehen konnte und
mit einem Fleischerhaken aus der Küche gejagt hatte. Sven erwiderte:
„Kein Wunder. Die arme Frau musste sich ja vor dir verteidigen." Als
Frank jedoch erwähnte, er hätte Papa nackt im Bett mit Frau Knöpfler
gesehen, nannte ich ihn einen Lügner. Er schwor jedoch, die Wahrheit
gesagt zu haben. Denn warum sonst war Mutti so bestürzt gewesen,
als er ihr es gestand? Zu der Zeit glaubte ich noch, dass Frank nur
prahlen wollte und deshalb gelogen hatte. Wie ich Jahre später erfuhr,
hatte Mutti aber bereits im Jahr zuvor von Papas Verhältnis mit Frau K.
erfahren.

Ich fragte auch Sven, ob er Frank alles glaube. Er schüttelte den
Kopf, schubste seinen Bruder und erwiderte: „Kein einziges Wort."
Trotzdem hörten wir mit aufgerissenen Augen zu, was Frank von
einer Schlittenfahrt mit Papa erzählte: Sie hatten beobachtet, wie
hunderte Treiber auf Töpfe und Pfannen schlugen und damit Hasen
aus ihren Höhlen aufschreckten. Jäger erschossen die Tiere, deren Blut
sich in den Schnee ergoss. Wir beschuldigten Frank, er würde diese
Gruselgeschichten nur erfinden, um uns Angst zu machen, mussten
jedoch einsehen, dass er nicht gelogen hatte, weil Mutti bestätigte, dass
es solche Treibjagden tatsächlich gegeben hätte.

Es gab noch mehr aufregende Geschichten. Irgendwann waren Papa
und Frank vom Hotel in die baufällige Hütte in der Auschwitzer Straße
gezogen. Etwa zu dieser Zeit hatte Papa die ehemalige Nonne Maria
als Kindermädchen für Frank engagiert. Die machte als erstes Feuer
in einem Ofen und sperrte Frank ein. Plötzlich fing die zum Trocknen

aufgehängte Wäsche Feuer. Und obwohl Frank voller Panik an die verschlossene Tür trommelte, kam ihm niemand zu Hilfe. Weil er selbst die Tür nicht aufbekam, zertrümmerte er mit seinem Spielzeugpferd eine Fensterscheibe und kletterte hinaus. „Junge, Junge, du lügst ja das Blaue vom Himmel runter", konterte Sven.

„Ne, mach' ich nicht", erwiderte Frank beleidigt. „Ich sage die Wahrheit und kann euch noch mehr erzählen. Einmal, als mich Maria im Kohlenkeller eingesperrt hatte, wollte ich über die Kohlenrutsche rausklettern." Vor Aufregung hustete er. Zum Beweis, nicht gelogen zu haben, führte er uns in den Keller. Dort versuchte Sven, immerhin einen Kopf größer und stärker als sein Bruder, die Kohlenrutsche hinauf zu krabbeln. Weil das aber nicht klappte, versuchte er die Rutsche mit Anlauf raufzurennen. Doch so sehr er sich auch bemühte, es gelang ihm nicht, die Klappe nach draußen hoch zu stemmen und aus dem Kellerloch heraus zu kriechen. Sven und ich staunten immer mehr, als Frank dann noch sein Gesicht verzerrte, die Fäuste ballte und fortfuhr: „Später bin ich ihr nachgeschlichen und hab' sie mit einer Axt ins Bein gehauen, bis sie ganz fürchterlich blutete. Sie hat schrecklich geheult und ist zu Papa gelaufen. Der hat ihr zuerst nicht geglaubt, bis ich ihm gestand, dass ich es wirklich getan hätte, weil sie mich in mein Zimmer mit dem Feuer und später im Kohlenkeller eingesperrt hätte." Nach Luft japsend fügte er hinzu: „Und dann hat Papa Maria weggeschickt und mich nach Vaake zurück gebracht".

Als Mutti zum ersten Mal die Küche in der Auschwitzer Straße betrat, war sie in den Fußboden eingebrochen. Das war während ihres Besuchs in Polen im Sommer 1941. Papa hatte ihr geholfen, den Fuß zwischen den morschen Holzdielen heraus zu ziehen. Dann hatte sie den Geschirrschrank geöffnet und eine ganze Armee von Kakerlaken war herausgehuscht und in einem Loch in der Wand verschwunden. Mutti war schaudernd zurückgewichen und hatte verlangt, dass erst der Küchenboden repariert und das Ungeziefer beseitigt werden müssten, bevor sie und die Kinder einziehen. Sie war entsetzt gwesen, als sie den Ofen aus Lehmstein entdeckte, der sicherlich mindestens hundert Jahre alt war. Beruhigt war sie erst, als Papa versprach, bis zum Einzug dort einen ordentlichen Küchenherd einbauen zu lassen.

Ende April 1942 kamen zwei Lastwagen mit all unseren Möbeln und dem gesamten Hausrat, und wir konnten endlich in das Haus einziehen. Ein langer, an der Einfahrt mit einem Schlagbaum versehener Privatweg führte unter Birken und Kastanien von der Hauptstraße zwischen Krakau im Osten und Auschwitz im Westen zum Grundstück. Der Weg umrundete eine Wiese und führte zum Gartentor. Das Gelände mit dem Haus, den Nebengebäuden, der Scheune und dem Viehstall sowie dem großen, unkrautüberwucherten Garten mit Pappeln, Linden, Obstbäumen und drei Teichen wurde bald zum Paradies für meine Geschwister und mich. Teile des Hauses waren noch im Bau, und das ganze Gebäude war inzwischen dreimal desinfiziert worden. Und wie Papa es versprochen hatte, stand in einer Küchenecke ein gewaltiger Ofen aus feuerfesten Steinen und hellgrünen Keramikkacheln.

Zur Einweihung begann Mutti mit einem Ritual, das ich kannte, seit ich klein war. Sie zerknüllte Papier, legte es in den Ofen, schichtete Anmachholz kreuzweise darüber und öffnete die Klappe zum Schornstein. Mit einem Streichholz entzündete sie das Papier. Funken glühten und stoben auf. Sie holte tief Atem und pustete mit aller Kraft ins Feuer, bis die Flammen züngelten, tanzten und es knisterte. Sie lächelte, nickte zufrieden, lobte „Guter Abzug", legte noch etwas Holz nach und schloss die Ofentür. Eine Stunde später zog der verlockende Geruch von Speck und Zwiebeln durchs Haus, und ich begann allmählich, mich wohl zu fühlen.

Eines Tages kamen Anita und Maria angereist. Anita hatte ihre Meinung geändert und überlegt, dass es in Polen auch nicht viel schlimmer als die ständigen Bombenangriffe im Reich sein konnte. Anita bezog ein eigenes Schlafzimmer. Ich blieb ihr gegenüber zwar misstrauisch, aber freute mich, dass Maria mit in mein Zimmer einzog.

Mutti begann, Pläne zu schmieden: Sie wollte das Grundstück mit den etwa sieben Morgen Land von Unkraut befreien und kultivieren. Papa kaufte Truthähne, Hühner, Enten und Gänse. Nachdem er den neuen Zaun inspiziert hatte, verkündete er: „So, jetzt können die Kinder und das Federvieh nicht mehr raus und das Mistvieh nicht rein." Das mit den Kindern und dem Federvieh war mir klar. Ich hatte damals jedoch keine Ahnung, wen oder was er mit ‚Mistvieh' meinte.

Dienst an der Erde

Seit ich sechs Jahre alt war teilte ich die Liebe meiner Mutter, alles zu hegen, was in der Natur wächst. Sie nannte das ‚Dienst an der Erde‘. Nachdem wir in die Auschwitzer Straße gezogen waren, beschlossen meine Eltern, innerhalb eines Jahres Selbstversorger zu werden.

Papa stellte Ignaz und Hania ein, ein junges polnisches Paar, das im Garten helfen sollte. Wenn Mutti ins Haus ging, jagten sich die beiden allerdings gegenseitig ins Gebüsch oder in die Scheune. Wir hörten, wie sie ‚Ignaaaaz‘ rief und er ‚Haaaaniaa‘ antwortete. Wenn wir Kinder Verstecken spielten, nannten wir es von da an nur noch „Wir spielen Hania und Ignaz“.

Wir konnten sehen, dass sie sich mochten, wenn sie Schulter an Schulter mit ihren Angelruten am Rand des Teiches saßen. Seltsamerweise haben sie aber nie auch nur einen einzigen Fisch geangelt. Irgendwann begannen wir, das Land von Unkraut zu befreien, es umzugraben und für die Bepflanzung vorzubereiten. Dabei halfen uns Hania und Ignaz sowie Moritz und Madam Chikowa, eine in der Nähe wohnende alte polnische Bäuerin. An einem Morgen bat mich Mutti, mit ihr in den Garten zu kommen. Ich erinnere mich, dass ich an diesem Frühlingstag die ersten Gänseblümchen im Gras entdeckt habe. Mutti atmete tief in der süßen, frischen Luft, und ich machte es ihr nach. Sie bückte sich, griff eine Hand voll Erde, zerkrümelte sie, schnupperte daran und verkündete: „Heute fangen wir an.“

Bevor wir nach Wilhelmshausen gezogen waren, hatte Mutti nicht die geringste Ahnung von Gartenarbeit. Wir hatten aber beobachtet, wie Oma Schäfer in jedem Frühjahr sorgfältig ihre Gemüse- und Blumenbeete ausmaß und anlegte. Sie grub sie um, harkte sie und spannte eine lange Schnur zwischen zwei Holzpflöcken. Dann zog sie mit einem Stock flache Rillen entlang der Schnur, verteilte Samen in den Rillen und deckte sie mit einer dünnen Schicht Erde zu. Sie goss, hackte, düngte die jungen Pflänzchen und jätete das Unkraut.

So wie Oma Schäfer maßen auch Mutti und ich zunächst die Beete aus. Innerhalb weniger Tage bereiteten wir auf diese Weise neun Beete vor. Als wir fertig waren, richtete Mutti sich auf, stützte ihr Kreuz, wischte sich die schmutzigen Hände ab und rieb sich den Schweiß von der Stirn. „Wir brauchen mehr Hilfe.“

Maria, ein stämmiges junges Mädchen mit kurzem, strohblondem Haar und einem breiten Lächeln wurde uns mit ein paar anderen jungen

Mädchen vom Arbeitsamt geschickt. Sie sollten bei der Haus- und Gartenarbeit helfen, blieben aber meist nicht lange. Maria konnte Berge von Holz schleppen. Wenn sie den Hof mit dem Reisigbesen fegte, wirbelte sie Staubwolken auf wie kein anderer. Mutti schickte Maria bald wieder fort, weil sie darauf bestand, ihren Hintern aus dem Fenster zu hängen anstatt auf die Toilette zu gehen. Es war sinnlos, sie davon überzeugen zu wollen, dass sie nicht geradeswegs in der Hölle landet, wenn sie das Klo spült. Maria stampfte mit den Füßen auf, schüttelte den Kopf und maulte. Sie bekreuzigte sich und bekannte: „Ich will keinen Ärger mit dem Teufel." Mutti musste sie gehen lassen. Dann kamen andere Mädchen, deren Namen ich vergessen habe und halfen bei der Arbeit in Haus und Garten, blieben aber meistens auch nicht lange.

Wir waren weiterhin von Moritz und Madam Chicowa abhängig. Sie halfen uns beim Pflanzen der Monatserdbeeren und beim Aussäen eines Mohnfeldes. Wir befreiten die Erdbeerpflanzen von Unkraut und legten Stroh unter jedes einzelne Exemplar, damit die Beeren die Erde nicht berührten und so nicht verfaulten. Später im Sommer trennten wir die Ableger von den Mutterpflanzen. Unsere Belohnung waren herrliche, saftig-süße Früchte. Sven und ich stopften erst uns und dann unsere Eimer voll. Den Rest genossen wir mit Milch oder sonntags auf Törtchen, und aus dem, was noch übrig blieb, kochten die Mädchen Marmelade und Gelee.

Im Frühsommer stellte Papa einen Mann ein, der die Wiese vor dem Haus mähen sollte. Gemächlich schreitend schwang er seine Sense von links nach rechts. Auch Sven und ich wurden zur Hilfe eingespannt. Ein Foto, auf dem wir in kurzen Hosen mit Harken in der Hand zu sehen sind, erinnert mich noch heute an diesen heißen und schwülen Tag, an dem wir stundenlang das Heu Reihe für Reihe wendeten, bis es trocken war. Der Rücken tat mir weh und meine Haut juckte. Nach der Arbeit kühlten Moritz seine Schwestern, Madam Chikowa, Sven und ich unsere Füße im Bach. Wir ruhten uns im Schatten einer Kastanie aus, erfrischten uns mit Brombeersaft und futterten Marmeladenbrote.

Gegen Ende August schlich ich mich heimlich ins Mohnfeld. Nachdem die feuerroten Blütenblätter abgefallen und die Samenkapseln getrocknet waren, pflückte ich ein Bündel und versteckte mich unter den Zweigen der Linde. Obwohl Mutti gewarnt hatte, Mohnsamen seien nichts für Kinder, knackte ich die Samenkapseln auf und schüttete mir die winzigen schwarzen Körner in den Mund. Ich rechtfertigte mich insgeheim damit, dass Mutti uns ja auch erlaubte, sonntags den Mohnkuchen zu verzehren, den unser neues Mädchen Gela gebacken hatte. Also würden mir auch die paar heimlich genaschten Samen bestimmt nicht schaden.

Dort, wo die große Buche uns zum Verstecken unter ihren Zweigen einlud, lag der runde Ententeich. Eines Tages ordnete Papa an, das Wasser abzulassen. Mutti sollte sich darum kümmern. Moritz balancierte auf der schmalen Planke über dem Abflusskanal, zog ein Holzbrett hoch und ließ das Wasser abfließen.

Jedes Frühjahr entzückten uns winzige, goldgelbe Entenküken, die in einer Reihe hinter ihrer Mutter her paddelten und zwischen Schilf und Kanonenputzern das Gründeln lernten. Grinsend erklärte uns Papa, er hätte den Enten unseren Namen beigebracht. Er ließ seine Brille auf die Nase rutschen und machte ihnen zu unserem größten Vergnügen das Quaken nach: „Laabs, Laabs, Laabs, Laabs."

Als wir in das friedliche Reich der Enten eindrangen, um den Teich zu entwässern, reagierten sie mit lautem Geschnatter. Aufgescheucht breiteten sie die Flügel aus und hinterließen kleine Wellen und flaumige Federn auf der Wasseroberfläche. Unser Radau und das Scheppern der Wannen und Eimer erschreckten nicht nur die Enten, sondern auch Frösche, die im hohen Gras herum hüpften und Ungeziefer jagten. Sie plumpsten ins dunkle Wasser und verschwanden in der Tiefe. Sven und Frank trieben sich im Gebüsch am Rand des Teiches herum und verscheuchten einen Hasen. Der machte einen hohen Sprung ins Wasser und begann zu unserem Erstaunen loszupaddeln. Mit Rufen „Schneller, schneller" spornten wir ihn an, bis er das andere Ufer erreicht hatte und verschwand. Als der Wasserspiegel sich gesenkt hatte, blieb ein Ring von Schlamm, Gerümpel und Schrott übrig. Zwischendrin kamen fette goldene Karpfen und silbrig glänzende Fische zum Vorschein. Ausgerüstet mit improvisierten Netzen aus Maschendraht, schürzten die Mädchen ihre Röcke und wateten in den Schlamm hinein. Sie lachten und kreischten, als sie bis an die Knie darin versanken. Nachdem sie Dutzende von Fischen gefangen hatten, ging der Spaß erst richtig los. Mutti befahl den Mädchen, die Fische ins Gras zu werfen. Und dort zappelte dann der schleimige Fang, der uns johlenden Kindern immer wieder durch die Finger flutschte, bis es uns gelang, die Fische mit lappenumwickelten Händen zu schnappen und in die mit Wasser gefüllten Wannen und Eimer zu befördern. Als der Teich fast leer war, entdeckten wir einen merkwürdigen Gegenstand.

„Was ist denn das?", rief Mutti.

Die Mädchen zuckten mit den Schultern. „Keine Ahnung, Frau Baurat." Muttis Verhalten hatte sich plötzlich völlig verändert. Obwohl noch mehr Fische zu fangen gewesen wären, forderte sie alle bis auf Moritz auf, sofort zurück ins Haus zu gehen. Schon ihrer scharfen Stimme war anzumerken, dass hier irgendetwas nicht stimmte. Und weil ich trödelte, scheuchte sie mich wie eine umherirrende Gans davon.

* * * * *

Nach dem Krieg fragte ich Mutti, warum sie uns alle bis auf Moritz an jenem Tag weg geschickt hätte. Sie erzählte mir daraufhin, das Ding am Boden des Teiches sei ein verbotenes Kurzwellenradio gewesen, das vermutlich den vorherigen Eigentümern unseres Hauses, den Christofoskis, gehört hätte. Nachdem wir im Haus verschwunden seien, hätte sie Moritz befohlen, es zu vergraben und das alles geheim zu halten.

* * * * *

Wir teilten den Fang mit den Arbeitern, unseren Freunden und Frau Seif im Hotel. Am Abend köchelte Mutti den Karpfen mit Salz, Zwiebeln, Wacholderbeeren, Pfefferkörnern, Lorbeerblättern und Suppengrün, träufelte etwas Essig darüber und servierte ‚Karpfen blau'. Noch tagelang briet, dünstete, backte und räucherte Mutti Fisch. Die Mädchen legten den Rest der Fische in Essig mit Zwiebeln ein und lagerten ihn im Keller in irdenen Krügen.

Es blieb mir rätselhaft, warum Papa uns überhaupt angewiesen hatte, den Teich zu entwässern, nur um ihn dann danach wieder aufzufüllen. War es auf diese Weise leichter, die Fische zu fangen? Oder musste das stehende Wasser von Zeit zu Zeit erneuert werden? Monatelang hatten Hania und Ignaz nämlich vergeblich versucht, Fische zu angeln. Auch Sven, Frank, Maria und ich hatten kein Glück, höchstwahrscheinlich weil wir keine fünf Minuten still sitzen konnten. Papa vermutete, Hania und Ignaz würden heimlich Fische mitgehen lassen, stellte sie deswegen jedoch nicht zur Rede. Zu Mutti sagte er: „Wilderei und Diebstahl sind hierzulande uralte Bräuche."

Es gab so oft mittags und abends Fisch zu essen, dass Sven eines Tages verkündete: „Wenn ich noch einen Fisch zu essen kriege, wachsen mir Kiemen und ich muss in den Teich ziehen." Frank und ich nickten zustimmend. Mutti überhörte das jedoch und meinte: „Es wäre vielleicht besser gewesen wenn wir nicht so viele Fische auf einmal gefangen hätten. Aber ich bin jedenfalls dem lieben Gott dankbar, dass wir nicht hungern müssen."

Täglich bemühte sich Mutti, für mehr als ein Dutzend Leute –
Dauergäste wie Anita, Maria, Fräulein Rost, Frau Dr. Pieczenko und
viele andere – zu versorgen. Mit Lebensmittelmarken kauften wir
die Grundnahrungsmittel. Aber ohne das, was wir selbst angebaut,
aufgezogen, erzeugt oder im Wald und auf Wiesen gesammelt haben,
hätten wir niemals genug für alle gehabt. Wir bepflanzten und pflegten
den Garten, ernteten und weckten Obst und Gemüse ein. Wir fütterten
und bewachten die Truthähne, Hühner, Gänse und Enten und jagten
hinter ihnen her.

Gackernd und schnatternd begrüßte Madam Chikowa jeden
Morgen unser Federvieh, während sie Hände voller goldener
Maiskörner aus ihren Schürzentaschen hervorholte und ausstreute. Im
Herbst schleppte sie die Gänse an den Flügeln zu einem Holzklotz,
setzte sich darauf, spreizte die Beine und klemmte eine Gans nach der
anderen zwischen die Knie. Nach alter polnischer Sitte, stopfte sie
ihnen kleine Würstchen aus gemahlenem Korn in den Hals und mästete
sie auf diese grausame Art für die Feiertage.

Madam Chikowa

Mittwochs mussten die Hausfrauen zum Mittagessen einen Eintopf servieren. Mutti kochte aus angebräunten Zwiebeln, Kartoffeln, Bohnen, Erbsen, Karotten und allem, was die Jahreszeit und der Vorratskeller sonst noch hergaben, einen einfachen, nahrhaften Gemüseeintopf. Wenn unangemeldeter Besuch kam, verlängerte sie die Suppe mit Wasser und schob den Topf hinten auf den Herd, wo sie langsam vor sich hin köchelte. Ehe Mutti das Gericht auftischte, schmeckte sie es noch mit Küchenkräutern ab.

Als ich eines Tages zufällig in der Küche war, kam unser Mädchen Lucie durch die Tür hereingeeilt. Sie glättete ihre Schürze und strich ihr mausgraues Haar aus dem Gesicht. „Frau Baurat", flüsterte sie verschwörerisch, „ich muss Ihnen etwas sagen."

Mutti, die wusste, wie plump Lucie sich einzuschmeicheln wusste, fragte sie ahnungsvoll: „Was ist denn jetzt schon wieder los?"

Lucie zischte in gebrochenem Deutsch: "Madam Chikowa ist ein Dieb."

„Und wie kommst du darauf?", fragte Mutti nebenbei, ohne von ihrer Hausarbeit aufzusehen.

Lucie schilderte, wie Madam Chikowa abends tonnenweise Hühnerfutter in den großen Taschen, die sie in ihre Unterröcke eingenäht hatte, mit nach Hause schleppte. Diese alte Bäuerin – wir Kinder nannten sie ‚Damsche Kova‘ – hatte für uns bereits zu arbeiten begonnen, als wir in die Auschwitzer Straße gezogen waren. Ihr liebenswürdiges Gesicht erinnerte mich an einen verschrumpelten Apfel. Ihre tief liegenden Augen funkelten, wenn ein zahnloses Lächeln über ihre Lippen huschte. Sie trug ein schwarzes, tief ins Gesicht gezogenes Kopftuch, und fast das ganze Jahr über lief sie mit ihren vernarbten und schmutzigen Füßen barfuß herum. Im Winter hatte sie ihre Füße mit Lumpen umwickelt bis Mutti ihr schließlich ein Paar Gummistiefel schenkte. Mutti hatte sich schon gewundert, warum Madam Chikowa sich so mühsam fortbewegte und in ihren weiten Röcken so rundlich wirkte, wenn sie abends zu ihrer Hütte zurückkehrte. Lucie betonte aufsässig: „Stehlen ist doch strafbar, nicht wahr?" Ohne aufzuschauen rührte Mutti weiter im Suppentopf. „Ich werd' mich drum kümmern." Sichtlich enttäuscht und verärgert kehrte Lucie uns den Rücken zu und verließ die Küche wieder. Mutti seufzte:

80

„Lucie sollte lieber fleißig arbeiten, anstatt herum zu schnüffeln und zu tratschen." Ich fragte Mutti, warum Lucie sich so benahm und warum sie einen so merkwürdigen Akzent hätte. Mutti antwortete, Lucie sei eine in der Tschechoslowakei geborene Volksdeutsche. Als ich fragte, was ‚Volksdeutsche' sind, erklärte sie, das seien außerhalb Deutschlands geborene Menschen mit deutscher Herkunft. Sie fügte hinzu, Volksdeutsche hätten es schwer im Leben. „Viele von ihnen wissen nicht, wohin sie überhaupt gehören. Hierzulande werden sie weder von den Polen noch von den Deutschen akzeptiert."

Das Arbeitsamt, von dem uns Lucie zugeteilt worden war, hatte mitgeteilt, sie sei vorbestraft. Direkt von Mutti darauf angesprochen, wollte Lucie aber nicht sagen, was sie getan hatte. Aber es machte ihr offenbar nichts aus, über ihre Inhaftierung in Auschwitz zu erzählen, bevor dies ein Konzentrationslager geworden war. Es überraschte und verwunderte Mutti, dass Lucie als Gefangene in Auschwitz zwar hart arbeiten musste, dort aber auch zum ersten Mal in ihrem Leben Weißbrot zu essen bekommen hatte.

Bald danach belauschte ich eine Unterhaltung zwischen Papa und Mutti, der ich entnahm, dass Lucie uns möglicherweise zugeteilt worden war, um uns zu bespitzeln. Von da an nahm Mutti sich in Acht, was sie in Lucies Gegenwart sagte, und wie sie mit ihr umging. So zum Beispiel, als eines Nachmittags eine junge Frau vor unserem Tor erschien und sich nach Moritz' Schwester Frieda erkundigte. Mutti sah, dass die junge Frau Jüdin war, ein Baby unter ihrem Mantel trug und offenbar nach einem Versteck suchte. Am helllichten Tag wagte Mutti es jedoch nicht, die Frau herein zu bitten, zumal Lucie zuschaute. Stattdessen ließ sie sie wissen, dass sie das Tor für sie und ihr Baby nachts offen lassen würde. Ich fragte Mutti, was sie nun mit Madam Chikowa machen würde. Sie antwortete: „Das muss ich mir noch überlegen." Sie erinnerte sich daran, dass auch ihre Mutter dazu gezwungen gewesen war zu stehlen, um die sieben Kinder zu ernähren, nachdem ihr Mann im ersten Weltkrieg gefallen war. Meine Großmutter hatte vor dem Krieg immer ein komfortables Leben führen können und weder Armut noch Entbehrungen gekannt. Völlig hilflos und unvorbereitet, jedoch voller Mut, musste sie dann versuchen, mit ihrer kleinen Witwenpension durchzukommen; und mit Hilfe ihrer Eltern sorgte sie so gut sie konnte für ihre Kinder. Als sie einmal einem Bauern Geld für sein Gemüse anbot, dieser ihr aber nichts verkaufen wollte, schlich sie nachts im Schutz der Dunkelheit auf sein Feld, schnitt mehrere Kohlköpfe ab und hinterließ einen Schuldschein, den sie auf einen Stiel steckte.

Mutti stellte Madam Chikowa nicht zur Rede und beschuldigte

sie auch nicht des Diebstahls, sondern bot an, mit ihr zu teilen, was immer sie benötigte. Madam Chikowa bückte sich, um den Saum von Muttis Kleid zu küssen. Dabei murmelte sie: „Gott schütze Sie und Ihre Familie, Frau Baurat." Mutti errötete und antwortete: „Bitte tun Sie das nicht. "Madam Chikowa hat Mutti nie um Lebensmittel oder irgendetwas anderes gebeten. Mutti vermutete, dass dies für Madam Chikowa zu demütigend gewesen sei. Wahrscheinlich zog sie es vor, lieber gelegentlich etwas zu stibitzen als zu betteln. Mutti meinte, möglicherweise hätte Madam Chikowa nur auf diese Weise in schweren Zeiten überhaupt überleben können.

Fünf Minuten von unserem Haus entfernt lebte Madam Chikowa in einer winzigen, strohbedeckten Hütte. Durch eine niedrige, mit einem Kartoffelsack zugehängte Öffnung kam man hinein und betrat Lehmboden. Die kleinen Fenster und die flackernde Flamme auf der offenen Feuerstelle beleuchteten den einzigen Raum nur notdürftig. Auf der einen Seite stand eine Pritsche mit Strohmatratze, die mit Decken und einem mottenzerfressenen Fell bedeckt war. Entlang der Wände hingen armselige Kleidungsstücke an Haken. Am anderen Ende des Raums befanden sich ein Schrank und ein Tisch mit zwei Stühlen. Darüber hingen ein Kruzifix und ein Christusbild mit einem Strahlenkranz um den Kopf. Was ich an diesem Bild so schauderhaft fand, war der gequälte Gesichtsausdruck, und dass er mit der Hand auf sein blutendes Herz deutete.

Als ich eines Morgens an Madam Chikowas Hütte vorbei kam, winkte sie mir zu. „Komm rein", lächelte sie und führte mich zu einer Kiste mit einem Dutzend Küken, die sich ganz dicht aneinander gekuschelt hatten. Sie erlaubte mir, das flauschige Gefieder zu streicheln. Eine Woche später scharrte eines unserer Hühner, das Madam Chikowa besonders sorgfältig aufgezogen hatte, auf dem Hof herum, umgeben von einer Schar goldener Küken. Wie weinten wir Kinder bitterlich, als wir eines Tages nach einem schweren Platzregen ihre winzigen Leichen im Hof entdeckten.

Augen sehen, Ohren hören

Ich war überglücklich, wenn mein Vaters mir seine ungeteilte
Aufmerksamkeit schenkte. Ich genoss die Fahrt mit ihm in der offenen
Kutsche, das rhythmische Pferdegetrappel, das Läuten der Glöckchen
und das Wedeln der Pferdeschwänze. Am Ende der Fahrt bog der
Kutscher in unseren von alten blühenden Kastanien beschatteten
Fahrweg ein, und ich strahlte: „Vielen Dank, Papa!" Gedankenverloren
nickte er. Unbekümmert schwatzte ich weiter: „Ich fahre viel lieber in
einer Kutsche als im Auto." Ich tat alles, um ihm zu zeigen, wie selig
ich war, mit ihm zusammen zu sein. Weil während des Krieges nur hohe
Militärs, Nazi-Beamte und reiche Leute mit Beziehungen
Auto fahren durften, musste Papa damit rechnen, dass sein Ford
beschlagnahmt würde. Deswegen hatte er ihn in Vaake zurückgelassen
und unter dem Heu in der Scheune eines Nachbarn versteckt. Wenn uns
in Polen eine Strecke zu Fuß zu weit war, mieteten wir eine Droschke.
Im Winter fuhren wir mit einem Pferdeschlitten.

„Wer ist denn das?", brummelte Papa, als er eines Tages einen
Mann auf unser Haus zugehen sah.

Der Kutscher griff in die Zügel, schnalzte mit der Zunge und
ließ die Pferde anhalten. Der Herr in gepflegtem schwarzem Anzug
blieb ebenfalls stehen, zog seinen Hut und verbeugte sich: „Guten
Tag, Herr Baurat."

„Guten Tag. Was kann ich für Sie tun, Herr Goldmann?", erwiderte
Papa, der ihn offenbar kannte, und zog ebenfalls seinen Hut.

Mit verbindlichem Lächeln kam Herr Goldmann auf die Kutsche
zu und sagte in gebrochenem Deutsch: „Dies hier ist für Ihre kleine
hübsche Mädchen." Er nickte mir zu und hielt mir eine wunderschöne
Baby-Puppe hin. Ich unter drückte einen Freudenschrei, als ich sah,
dass es eine Käthe-Kruse- Puppe war. Diese Puppen waren bei kleinen
Mädchen ebenso beliebt wie bei Sammlern.

Ich wollte schon zugreifen, als Papas Worte mir in die Ohren
drangen: „Sie wissen doch, dass wir Ihr Geschenk nicht annehmen
können. Auf Wiedersehen, Herr Goldmann." Plötzlich erlosch das
Funkeln in Herrn Goldmanns Augen, und sie drückten nur noch völliges
Unverständnis aus. Er zog die Puppe zurück, ließ den Kopf hängen,
drehte sich um und ging wortlos davon. Fassungslos blickte ich Papa an,
der geradeaus starrte. Dann deutete er auf den Kutscher, seine Augen und

Ohren und flüsterte: „Augen sehen, Ohren hören."

Als die Kutsche am Tor anhielt sprang ich herunter, rannte in den Garten, versteckte mich unter den Zweigen der Linde und grübelte schluchzend, wieso Papa nur so unhöflich und gemein sein konnte. Als ich mich etwas beruhigt hatte, dachte ich darüber nach, was meinen Vater bewegt haben mochte, sich so seltsam zu verhalten. Schon seit einiger Zeit hatte ich den Verdacht, unsere Familie, besonders aber mein Vater, befände sich in einer mir unbekannten großen Gefahr. Meiner Mutter erzählte ich kein Wort über die Puppe. Ich hatte sie längst vergessen, bis ich sie beim folgenden Weihnachtsfest plötzlich in Dagmars Armen wiedersah. „Nanu", dachte ich, „diese Puppe war doch eigentlich mir zugedacht." Später hörte ich zufällig, wie meine Mutter einer Freundin erzählte, sie hätte die Puppe auf einem Zaunpfahl neben unserem Tor gefunden.

*****

Warum Papa vorsichtig sein musste, wusste ich damals noch nicht. Als Kreisbaurat konnte er Hunderten von Juden Genehmigungen für öffentliche Arbeiten ausstellen. Das Kreisbauamt, für das er tätig war, benötigte ständig Arbeiter zur Durchführung zahlreicher Bauprojekte. Papa stellte Namenslisten von Juden zusammen, unterzeichnete Ausweise für sie und stempelte sie ab. Er sorgte dadurch dafür, dass die Arbeiter Verpflegung und Geld bekamen. Einige von ihnen konnten sich mit diesen Sondergenehmigungen frei bewegen und sogar eigenen Geschäften nachgehen. Dennoch gewährten auch diese Ausweise ihren Inhabern keinen Schutz gegen ‚allgemeine Aktionen‘ der Nazis, die ‚Kontingente‘ für die Errichtung von Arbeits- und Vernichtungslagern benötigten. Wann immer Papa von einer solchen Aktion erfuhr, steckte er seine Liste in die Tasche und eilte zum Sammelplatz auf dem Markt oder zur alten Schule.

Ich erinnere mich, was er mir 35 Jahre später erzählte: Mit den Inspektoren des Bauamtes im Schlepp erreichte er die alte Schule, wo die Selektion schon voll im Gang war. Hunderte Juden waren in der Nacht zuvor aus ihren Wohnungen vertrieben und hier versammelt worden. Man zählte sie, trug ihre Namen in Listen ein und verhaftete sie. Am Morgen standen Gestapo, deutsche und jüdische Polizei sowie der Bürgermeister bereits auf dem Schulhof und beobachteten den Ablauf. Shimshon Schönberg, der meinen Vater kannte, lehnte sich aus dem Fenster und rief: „Herr Baurat, retten Sie uns!" Als sich mein Vater einem Posten näherte, der an der Selektion mitwirkte, stellte er fest, dass die Namen vieler Arbeiter, denen er Arbeitsgenehmigungen erteilt hatte, durchgestrichen und durch andere Namen ersetzt worden waren. Er protestierte, weil seine Leute selektiert und abgeführt werden sollten. Der Wachmann fauchte ihn an: „Wollen Sie vielleicht auch mit nach Auschwitz?" Mein Vater berichtete: „Da habe ich ihm eine geknallt." Später erfuhr er von Juden, dass der Chef der ‚Jüdischen Polizei' für die Sache verantwortlich gewesen sei. Er hätte ein Vermögen aus konfisziertem Gold und Bestechungsgeldern angesammelt und mit den Nazis kollaboriert, in der allerdings vergeblichen Hoffnung, man würde damit sein Leben verschonen. Mein Vater überzeugte den Gestapo-Chef schließlich, dass er ohne die ihm zugeteilten Arbeiter seine Projekte nicht fertigstellen könne. Der Posten musste deshalb die Gefangenen freilassen, nachdem ihre Namen wieder in die Liste eingefügt worden waren. Als sie die große breite Treppe herunter gekommen waren, gruppierten sie sich um meinen Vater herum, und einer von ihnen rief: „Herr Baurat, immer wenn wir Ihren großen Hut sehen, wissen wir, dass wir gerettet sind." Sie meinten Papas breitkrempigen Architektenhut, den er ‚Spucknapf' nannte. So war es auch an jenem Tag, als eine Mutter mit ihrer Tochter zur Selektion die Treppe herunter kam. Die Frau, die auch auf Papas Liste stand, schubste ihre Tochter schnell zu ihm hinüber und schloss sich dann der Gruppe auf dem Weg nach Auschwitz an.

Mein Vater konnte nur noch weinend bemerken: „Ihr könnt euch ja gar nicht vorstellen, was die mit den Juden gemacht haben."

* * * * *

„Frau Laabs, Sie sind eine schöne Frau und sollten nicht so oft allein sein. Wollen Sie sich nicht vielmehr Ihres Lebens freuen?", fragte Herr Latz, ein Mann, der gelegentlich vor unserer Tür erschien. Er war schmächtig und hatte stechende Augen. Stets trug er einen schwarzen Ledermantel und einen Hut. Merkwürdig, dachte ich, warum kommt dieser Kerl immer nur dann, wenn Papa nicht zu Hause ist? Was meint er damit, wenn er zu Mutti sagt, wie hübsch sie sei? Das ging ihn doch gar nichts an. Natürlich fand jeder meine Mutter schön. Dennoch fühlte ich mich nicht wohl dabei, dass dieser fremde Mann derart vertraulich mit Mutti sprach. Sie hatte Dagmar im Arm und hielt Franks Hand. Sven und ich beobachteten, wie Mutti den Kopf zur Seite neigte. Auf ihren Lippen erschien dieses sonderbare Lächeln, das sie sich für Leute vorbehalten hatte, die sie verachtete. Ihre tiefblauen Augen blitzten, und mit höflicher, aber deutlich kalter Stimme antwortete sie: „Nein danke, Herr Latz". Und spöttisch fügte sie hinzu: „Sehe ich einsam aus?"

Als ob er sie nicht gehört hätte, tippte er an seinen Hut and antwortete: „Ich bin hier, um den Hund abzurichten." Er ging hinter das Haus zum Zwinger unseres geliebten Riesenschnauzers ‚Karlo'.

Ich nahm mir vor, Papa am Abend zu erzählen, dass Herr Latz hier gewesen sei und überall seine Nase rein gesteckt hätte. Also berichtete ich ihm auch, dass er Mutti alle möglichen Fragen gestellt und eigentlich viel zu freundlich zu ihr gewesen sei. Papa schien das aber gar nicht zu wundern. Er hob den rechten Zeigefinger, deutete auf seine Augen und Ohren und flüsterte „Augen sehen, Ohren hören."

Als er diese Worte zum ersten Mal äußerte, hatte ich mich nicht getraut zu fragen, was er damit meinte, doch jetzt wollte ich es unbedingt wissen: „Was meinst du damit?"

Papa runzelte die Stirn und erwiderte grob: „Das geht dich nichts an. Du hast nichts mit dem Mann zu tun. Verstanden?"

Mir war klar, dass diese Angelegenheit für Papa damit erledigt war. Das hielt mich aber nicht davon ab, Sven darauf anzusprechen. „Weißt du, woran mich der alte Latz erinnert?"

„An wen denn?", fragte Sven. Ich beschrieb ein kleines, hinterlistiges, spindeldürres Tier, das nachts herumschlich, Löcher unter den Hühnerstall buddelte und die Hühner und Küken in den Nacken biss. Dieses Viech saugte das Blut aus seinen Opfern und war längst wieder verschwunden, wenn man am nächsten Morgen die leblosen Hühner fand. Sven blickte auf und lachte. „Du meinst wohl ein Wiesel?" Ich nickte und erinnerte ihn an die Zeit in Vaake, als wir einmal die ganze Hühnerschar tot im Stall gefunden hatten. „Das war zum Kotzen", antwortete er und tat so, als müsse er sich übergeben.

„Ich mag es einfach nicht, wie dieser Mann hier herum schnüffelt", sagte ich. „Außerdem ist er Mutti gegenüber zu vertraulich".

Sven schienen meine Kümmernisse nicht weiter zu interessieren. Aber ich nahm mir vor, künftig ein Auge auf Herrn Latz zu werfen. Wieder einmal fragte ich mich, warum wir Kinder immer weggeschickt wurden, wenn Erwachsene sich unterhielten. Das, wovon sie sprachen, war doch viel interessanter als das, worüber sie mit uns Kindern sprachen. Ich spürte irgendwie, dass ich etwas verpasste, und deshalb spitzte ich bei jeder Gelegenheit die Ohren. Wie ein lästiges Insekt schwirrte ich um meine Eltern und deren Freunde herum. Ich hielt zwar einen gewissen Abstand und tat so, als beschäftigte ich mich mit irgendetwas anderem, blieb aber so nahe dran, dass ich hören konnte, worüber sie redeten. Doch eines Tages durchschaute Papa mein Spiel. „Wir sollten vorsichtiger sein", scherzte er, „Eycke kann die Flöhe husten hören."

„Ganz wie der Vater", erwiderte Mutti, „sie sieht dir sogar ähnlich." Dabei lächelte sie ihn strahlend an. Ich mochte es nicht, wenn Leute sagten, ich sähe aus wie Papa. Jeder sagte zwar, er sähe gut aus, und das fand ich ja auch, aber ich war schließlich ein Mädchen und wollte viel lieber wie Mutti und ihre Schwestern aussehen. Ich wollte genau so rundlich und weich sein wie sie.

Meine Gier nach den interessanten Details aus den Unterhaltungen der Erwachsenen blieb unersättlich. Ich wollte verstehen, warum meine Eltern so konsequent versuchten, gewisse Dinge von mir fern zu halten. Ihrer Mimik und dem Tonfall ihrer Stimmen konnte ich ziemlich sicher entnehmen, wenn sie über Wichtiges sprachen. Sobald sie aber merkten, dass ich lauschte, senkten sie ihre Stimmen oder hörten abrupt auf. Einige der Themen in den sorgenvollen Gesprächen zwischen Mutti und Papa bezogen sich offenbar darauf, was die Nazis mit den Juden und Polen machten. Die Gespräche kreisten um Gerüchte über den Krieg, den Tod und die Zerstörungen durch die Bombenangriffe in der Heimat. Auch schien Papa zunehmend Ärger mit seinen Nazi-Vorgesetzten zu haben.

Ich ahnte nicht, dass Papa und Mutti auch darüber diskutierten, wie viel sie mir erzählen sollten. Mutti bestand darauf, dass sie alles in ihrer Macht Stehende tun müssten, die schrecklichen Einzelheiten über den Krieg und die Gräueltaten der Nazis von uns Kindern fern zu halten. Weil Papa uns beschützen wollte, verbarg er seine riskantesten Rettungsaktionen vor uns Kindern und manchmal sogar vor seiner Frau. Er meinte, was wir nicht wüssten, könnten wir auch nicht an die Gestapo verraten, falls wir mal befragt werden sollten. Andererseits glaubte er, dass es doch eigentlich vernünftig wäre, mir wenigstens die wichtigsten Sachverhalte zu erläutern. Denn bereits in meinem Alter Gefahren zu erkennen und zu verstehen, was um uns geschieht würde mich auf Schwierigkeiten im späteren Leben vorbereiten. Gelegentlich wenn auch widerwillig und gegen ihre Überzeugung – beantworteten meine Eltern dann doch einige meiner Fragen, wenn ich ihnen nur lang genug in den Ohren lag. Nie aber hatte ich das Gefühl, sie würden mir die volle Wahrheit sagen. Ich fragte mich, warum sie von mir verlangten, wie eine Erwachsene meine Arbeit in Garten und Hof zu erledigen, mich dann jedoch wieder wie ein Kind behandelten und mir die Wahrheit vorenthielten. Wenn ich von Ihnen etwas wissen wollte, antworteten sie meistens nur: „Nichts für Kinder". Je mehr sie von mir fern zu halten versuchten, umso neugieriger und unsicherer wurde ich. Sehnlichst wünschte ich, jemand würde mir helfen, jene Geheimnisse zu lüften, die mich wie ein undurchdringlicher Nebel umwoben.

Eines Tages sah ich Herrn Latz auf unser Haus zu kommen. Meine Brüder zogen es vor, Papas Anweisungen zu folgen und ihm aus dem Weg zu gehen. Ich jätete weiter Unkraut in meinem Blumenbeet, als Mutti Herrn Latz an der Verandatür empfing.

„Heil Hitler, Frau Baurat." Herr Latz zog seinen Hut und kündigte höflich an, er wolle Karlo abrichten.

„Guten Tag, Herr Latz, Sie wissen ja, wo Karlo ist", antwortete Mutti. Zuerst möchte ich Sie aber nach ein paar Gerüchten fragen."

„Gerüchte? Was denn für Gerüchte?"

„Was meinen die Juden damit, wenn sie sagen ‚Wir werden genommen'?"

„Ach das." Herr Latz richtete sich zu seiner vollen Größe auf und fuhr in belehrendem Tonfall fort: „Wir haben den Auftrag, die Juden umzusiedeln und dem Arbeitseinsatz zuzuführen. Alles andere sind bloß Gerüchte."

„Ist das alles?"

„Ja, natürlich. Wir müssen alle arbeiten, nicht wahr?"

„Ja, das stimmt. Guten Tag, Herr Latz." Ich sah ihn um das Haus gehen, Karlos Hundezwinger öffnen, einen Stock ergreifen und mit dem Hund auf die Wiese gehen, wo er ihn rennen, springen und apportieren ließ. Manchmal brachte Herr Latz einen Mann mit, der einen dick gepolsterten Anzug trug, den Karlo mit seinen scharfen Zähnen nicht durchbeißen oder zerreißen konnte. Wenn Herr Latz „Fass" befahl, sprang Karlo dem Mann an die Kehle.

Herr Latz hatte Mutti mit seiner Erklärung nicht überzeugt. Deshalb fragte sie einige Wochen später noch mal bei Frieda nach. Die schüttelte jedoch ihren Kopf, rang die Hände und klagte: „Frau Baurat, darüber möchte ich lieber nicht sprechen."

„Bitte, Frieda."

Ich lauschte, während ich Blumen pflückte und zusammenband.

„Sie kommen nachts, trommeln an die Türen, brechen sie auf und verhaften uns." Frieda schlug ihre Hände vors Gesicht. Mutti forderte sie auf, sich neben sie unter die Birke zu setzen. „Sehen Sie, mein Mann ... Ich glaube, er weiß mehr als er mir gesagt hat. Mein jüngster Sohn hat Alpträume. Er erzählt was von einer alten Oma, die an der Auschwitzer Straße erschossen wurde." In diesem Moment entdeckte mich Mutti. „Eycke", sagte sie scharf, „geh und kümmere dich um deine Schwester."

Weil ich mir Geld damit verdiente, Blumen aus meinem Garten für den Speisesaal des Hotels zu liefern, fragte ich: „Und wann soll ich meinen Auftrag für Frau Seif erledigen?"

„Später", befahl Mutti. Ich gehorchte und musste zugeben, dass ich diesmal sogar erleichtert darüber war, dass sie mich wegschickte. Denn was ich soeben gehört hatte, jagte mir Angst ein.

Dann erinnerte ich mich daran – es muss Ende April gewesen sein, kurz vor unserem Umzug in die Auschwitzer Straße – als Mutti mich einmal gebeten hatte, einen Brief für Herrn Latz in dessen Wohnung zu bringen. Ich wusste, dass Mutti nur noch ungern in die Stadt ging, nachdem sie einmal von einem SS-Mann heruntergeputzt worden war. Der Mann hatte Mutti angeschnauzt, weil wir den Bürgersteig verlassen hatten, um einem uns entgegen kommenden alten Ehepaar Platz zu machen, das gelbe Sterne an ihren Mänteln trug. „Hallo Sie", hatte uns der vierschrötige Mann, der mit schwarzer Uniform umher stolzierte, mit zornesrotem Gesicht angeblafft. „Heil Hitler! Deutsche gehen den Drecksjuden nicht aus dem Weg." Mutti war sichtlich erschüttert und fassungslos. Nachdem wir fluchtartig den Schauplatz verlassen hatten, murmelte sie vor sich hin: „Uns ist von klein auf beigebracht worden, alte Menschen zu respektieren." Ich schämte mich für das alte Paar und auch für meine Mutter. Als Kind war ich es zwar gewohnt, beschimpft und manchmal auch gedemütigt zu werden, aber nun war ich zum ersten Mal Zeuge, dass sogar Erwachsene auf diese Art miteinander umgingen.

Erfreut darüber, dass ich einen Auftrag bekommen hatte, nahm ich den Brief entgegen. Ich hatte jedoch keine Ahnung, ob das etwas mit dem Besuch eines Mannes zu tun hatte, der am Tag zuvor bei uns erschienen war. Ich wagte nicht, Mutti danach zu fragen. Sie hätte wahrscheinlich geseufzt und zum hundertsten Mal gesagt: „Kind, du stellst zu viele Fragen." Deshalb nahm ich mir vor, mit meiner Frage auf einen günstigen Moment zu warten.

Ich hüpfte unseren Fahrweg entlang, bog links in die Auschwitzer Straße ein und wich Last- und Pferdewagen aus, als ich sie in Richtung Sonnenstraße überquerte. Die von Kastanien beschattete Straße, in der Herr Latz wohnte, lag in einem eleganten Stadtteil, in dem reiche Juden und Polen in schönen Villen und attraktiven Mietshäusern gelebt hatten, bis die Nazi-Beamten ihre Häuser und Wohnungen beschlagnahmten. Mutti hatte mir erzählt, es sei damals auch von uns erwartet worden, in diesen Stadtteil zu ziehen. Bereits 1941 war sie mit ihrem Baby Dagmar nach Polen gereist. Nach der Ankunft in Krenau hatte die Frau des Landrats sie begleitet und versucht, sie zum Einzug in ein Haus in der Sonnenstraße zu überreden. Aber meine Eltern hatten sich geweigert. „In Häuser ziehen, aus denen jüdische und polnische Bewohner vertrieben wurden und deren Betten noch warm sind?" Mutti war immer noch ganz entrüstet, wenn sie darauf zu sprechen kam. „Dazu konnten wir uns nicht überwinden. Dein Vater meinte, es sei besser, am Stadtrand zu wohnen. Und so hatte er sich entschieden, den Christofoskis die alte, mit Dachpappe gedeckte Hütte abzukaufen, den größten Teil dann aber abzureißen und neu aufzubauen." Warum er dieses abgelegene Grundstück bevorzugte hatte, behielt mein Vater für sich.

Mühelos erreichte ich die Sonnenstraße. Ich drehte an der Klingel unter dem Namensschild ‚LATZ‘ und sprang die Treppe hinauf. Außer Atem erreichte ich die zweite Etage. Langsam ging eine Tür auf, und im Eingang stand eine bildschöne junge Frau. Ich dachte, wie lieblich sie mit ihren schwarzen Locken, den dunklen Augen und der blassen Haut aussieht. Sie erinnerte mich an eine blühende Orchidee, die ich im Glaspavillon des Wilhelmshöher Schlosses in Kassel einmal bewundert hatte.

„Ja bitte?" fragte sie leise mit niedergeschlagenen Augen.

„Guten Tag" sagte ich, machte einen Knicks und starrte sie an.

„Komm bitte herein" antwortete sie mit einem leichten Akzent.

Sie führte mich in das mit prunkvoll geschnitzten Möbeln vollgestellte Wohnzimmer. Die Fenster waren von schweren Vorhängen eingerahmt. Das durch die leichten Spitzenstores gefilterte Sonnenlicht fiel auf prächtig gemusterte Orientbrücken und ließ das Kristall in der Glasvitrine in allen Regenbogenfarben schillern.

„Was kann ich für dich tun?" fragte sie und sah mit ausdruckslosen Augen durch mich hindurch.

Mir fiel wieder ein, warum ich gekommen war, stammelte „Ein Brief meiner Mutter an Herrn Latz", und gab ihr den Umschlag.

„Danke" antwortete sie matt und ergriff den Brief.

Ich wollte ihr noch sagen, dass sie wie eine Märchenprinzessin aussieht, und sie fragen, warum sie so traurig ist, konnte aber nur „Auf Wiedersehen" flüstern.

* * * * *

Erst Jahre später offenbarte Papa mir, dass die junge Frau, die ich damals antraf, Jüdin gewesen sei. Herr Latz hatte sie zu seiner Geliebten gemacht. Bevor jedoch seine Frau aus Deutschland kam, habe er die Geliebte nach Auschwitz geschickt, wo sie umgekommen sei. Shimshon Schönberg hatte sie und ihr tragisches Schicksal ebenfalls gekannt und Papas Geschichte bestätigt. Nach dem Krieg wurden Herr Latz und sein Assistent verhaftet und nach Polen ausgeliefert. Dort kamen sie vor Gericht, wurden für schuldig befunden und zum Tod durch den Strang verurteilt.

* * * * *

Nach meiner Rückkehr prahlte ich vor Sven: „Heute war ich in der Wohnung vom alten Latz."

Sven schien beeindruckt. „Du weißt doch, daß der Mann von der Gestapo ist", sagte er beiläufig und prahlte damit, etwas zu wissen, wovon ich keine Ahnung hatte.

„Und woher willst du das wissen?"

„Von Papa, von wem denn sonst?"

Ich hätte gern gewusst, warum Mutti einen Brief an Herrn Latz geschrieben hatte, und ich wollte die nächste Gelegenheit nutzen, sie danach zu fragen. Und die ergab sich früher als ich erhofft hatte. Mutti bedankte sich, dass ich die Botschaft überbracht hatte und fragte, was geschehen sei. Als ich ihr von der traurigen jungen Frau berichtete, bekam Mutti wieder jenen schwermütigen Blick, den ich erstmals an ihr nach Utes Tod bemerkt hatte.

„Kannst du mir sagen, was in dem Brief gestanden hat?", fragte ich.

Mutti schüttelte den Kopf: „Nichts für Kinder." Sie sah aus dem

Fenster. Der Wind ließ die Zweige der weißen Birken sanft hin und her schwanken. Mutti murmelte irgendetwas zu sich selbst, so wie sie es häufig tat, wenn sie Kummer hatte. „Wie soll ich das erklären?" Sie wandte sich mir zu: „Ich habe versucht, dich und deine Geschwister zu schützen."

„Ich weiß."

„Versprich, es niemandem zu sagen. Der Mann, der gestern hier war, hat uns befohlen, zu einer öffentlichen Hinrichtung auf dem Ring zu erscheinen. Es sei schliesslich Pflicht für die deutschen Bürger, der Ausübung der Gerechtigkeit gegenüber unseren Staatsfeinden beizuwohnen. Ich war so schockiert, dass ich zunächst nicht wusste, was ich sagen sollte. Dann aber habe ich geantwortet, dass die Hinrichtungen selbst und das, was er von mir verlange, barbarisch seien. Außerdem hätte ich vier kleine Kinder, und das Baby sei krank. Ich erinnerte ihn daran, daß Mütter und Kinder eigentlich vom Staat geschützt werden sollten."

Ich fragte sie, warum sie ihm nicht einfach ihr Mutterkreuz gezeigt hätte. Das ‚Mutterkreuz' war eine Auszeichnung, die ihr nach der Geburt des vierten Kindes verliehen worden war. Jahre später erklärte sie mir, dass Hitler damit Mütter anspornen wollte, mit der Geburt vieler Kinder Kanonenfutter für seine Kriege zu schaffen.

„Der Mann war aber nicht zu beeindrucken", fuhr Mutti fort. „Er drohte mir mit schwer wiegenden Folgen, wenn ich mich nicht fügen würde. Ich wusste nicht, was ich tun sollte, außer ein ärztliches Attest zu beschaffen, das unsere Abwesenheit wegen Krankheit in der Familie entschuldigte. Diese Bescheinigung war in dem Umschlag, den du abgeliefert hast."

Am nächsten Tag, als meine Freundin Waltraud und ich neben der Schule Seilhüpfen spielten, kam ein Junge mit Hitlerjuenduniform vorbei und forderte: „Kommt mit, auf'm Ring gibt's heute Spaß."

„Was für einen Spaß?", fragte ich.

„Da werden ein paar Juden aufgehängt."

Wir hörten auf zu spielen. „Was hast du gesagt?"

„Seid ihr schwerhörig? Da werden ein paar Juden aufgehängt." Mit einer winkenden Geste forderte er uns auf ihm zu folgen: „Beeilt euch, sonst versäumt ihr den Spass." Dann machte er sich davon.

Ich rannte nach Hause und stürmte ins Wohnzimmer, wo Mutti sich jeden Nachmittag ein Stündchen auszuruhen pflegte. Als ich ihr berichtete, was der Junge gesagt hatte, gab sie mir einen Schluck Tee zu trinken und strich mir über das Haar. Sie seufzte, und Tränen schossen ihr in die Augen. „Gut, dass du nicht mitgegangen bist."

*****

An jenem grauen Frühlingstag 1942 wurden sieben Juden erhängt, weil sie gegen Naziverordnungen verstoßen hatten. Wie Frieda uns berichtete, waren ein Bäcker und sein Sohn von einem Schornsteinfeger angezeigt worden, weil sie in ihrem Ofen Feuer gemacht hatten. Die anderen Opfer wurden hingerichtet, weil sie verbotene Lebensmittel besessen hatten. Mit dem öffentlichen Erhängen war beabsichtigt, die jüdische Gemeinde einzuschüchtern, denn auch die jüdischen Bürger wurden ebenso wie die deutsche und die polnische Bevölkerung gezwungen, den Hinrichtungen beizuwohnen.

Der Wandervogel

Der 1. Mai war einer von Papas liebsten Feiertagen. Es war an diesem Tag bei uns üblich, raus an die frische Luft zu gehen und das Lied zu singen, das er für diese Gelegenheit komponiert hatte:

Heut' ist der erste Mai ...
Ade, ade, mein lieber Freund.
Wir werden noch einmal vereint.
Im schönen Wesertal ...

Lauschend warteten wir auf den ersten Kuckucksruf. Später schnitt Papa in der Speisekammer mit großem Zeremoniell die erste Scheibe vom geräucherten Schinken ab.

Mutti sang den ganzen Tag – beim Kochen, bei der Gartenarbeit, und wenn sie ihre Babys versorgte. Papa sang wenn wir im Familien- oder Freundeskreis zusammenkamen. Wie gerne lauschte ich seinem klaren Tenor, Muttis warmer Altstimme sowie Papas Geigen- und Muttis Gitarrenspiel. Unsere Eltern kannten Verse und Melodien von hunderten von Volksliedern. Über Jahre hinweg brachten sie uns diese Lieder bei, wenn wir bis spät in die Nacht zusammen saßen, bis das Feuer im offenen Kamin fast verglüht war. Ich fragte meine Eltern, wo sie all die vielen Lieder gelernt hätten, und sie antworteten gleichzeitig „im Wandervogel". Als ich das Wort ‚Wandervogel' zum ersten Mal hörte, hatte ich es wörtlich genommen. Ich wunderte mich, dass man sich für den Namen ‚wandernde Vögel' entschieden hatte. Aber Papa erklärte uns, dass sie sich gern wie freie Vögel in der Luft fühlten, die die Welt aus einem anderen Blickwinkel betrachteten. „Wir wollten uns an Gottes Schöpfung erfreuen, die Welt erleben, uns von den Spießern in schwarzer Kleidung und steifen Kragen distanzieren – und natürlich auch von unseren kleinkarierten Lehrern." Papa zwinkerte Sven zu.

Wenn meine Eltern uns Kindern vom Wandervogel erzählten, fiel oft das Wort ‚Idealismus'. Sie betonten, dass das etwas gewesen sei, was sie miteinander und mit ihren Freunden aufs Engste verband. Obwohl ich nicht wusste, was ‚Idealismus' bedeutete, erkannte ich am Glanz ihrer Augen und an der Begeisterung in ihren Stimmen, wie eng sie sich dadurch miteinander verbunden fühlten. Ebenso bemerkte ich, dass sie am liebsten über ihre gemeinsamen Jahre im Wandervogel sprachen, viel lieber jedenfalls als über alles mögliche anderes.

Im Wandervogel gab es nach Jungen und Mädchen getrennte Gruppen, die von Gleichaltrigen geführt wurden. Sie packten ihre Rucksäcke, setzten Schlapphüte auf, zogen Stiefel und Lodenkleidung an, schnallten ihre Gitarren um und zogen in die Wälder, auf die Berge und durch die Täler. Sie kochten ihr Essen auf offenem Feuer und übernachteten in Scheunen oder unter dem Sternenhimmel. Und sie empfanden eine magisch-spirituelle Beziehung zur Natur. Wie die Hauptfigur in Hermann Hesses Roman ‚Peter Camenzind' versuchten sie, „auf den Herzschlag der Erde zu hören, am Leben des Ganzen teilzunehmen und ... nicht zu vergessen, daß wir nicht Götter und von uns selbst geschaffen, sondern Kinder und Teile der Erde und des kosmischen Ganzen sind."

Unsere Eltern sangen uns auch ‚Der Mond ist aufgegangen' vor. Besonders gefiel mir die letzte Strophe: ‚Gott, lass uns ruhig schlafen, und unsern kranken Nachbarn auch'. Abends am brennenden Feuer gelang es den Eltern, unsere Ohren für Geschichten, für den Gesang der Nachtigallen und für alte Lieder zu öffnen. So erschlossen sich uns all die Wunder der Natur: Gottes Geschöpfe, Wälder, Sonne, Mond und Sterne.

Mutti hat dies in einem Gedicht ausdrückt, das sie während ihrer Wandervogelzeit geschrieben hatte:

Wenn in der warmen Sommernacht
die lichten Sterne funkelten,
der Ruch von Wind und Korn
ins Blut uns drang.
Wenn aus des hohen Himmels weiten Fernen
tönt wundersamer Sphärenklang,
dann fühlten wir, wir waren EINS.
Wir waren selber Korn und Wind.
Wir waren Glieder dieses großen SEINS.

Mutti erzählte uns, dass ihre Großmütter, ihre Mutter und ihre Tanten sich noch in Korsetts eingezwängt hatten, die sie unter ihrer bis zu den Knöcheln reichenden Kleidung trugen. Sie schmückten sich mit riesigen Hüten und trugen hochhackige Schnürstiefel. Daher kann man verstehen, dass viele es skandalös fanden, wenn Mutti als junges Mädchen zum Beispiel beim Skilaufen Hosen trug. Gemeinsam mit anderen jungen Frauen im Wandervogel fühlte sie sich befreit und schämte sich nicht ihres Körpers. Sie trug am liebsten bequeme Leinen- oder Baumwollkleider und Sandalen.

Wie auch bei dieser begann Papa jede Geschichte mit dem Abnehmen seiner Brille, die er sorgfältig erstmal mit dem

Taschentuch polierte. Wenn er damit fertig war, klemmte er sich erst den linken und dann den rechten Brillenbügel über die Ohren. Sodann berichtete er uns ausführlich, wie er im Alter von acht Jahren seinem Bruder Otto in den Wandervogel gefolgt sei, in den später auch seine Schwestern Irmgard und Toni eintraten. Mutti, ihr Bruder Fritz und ihre Schwester Loni hatten sich dem Wandervogel ebenfalls, aber erst später, angeschlossen. Mutti und Papa waren in verschiedenen Städten aufgewachsen – Papa in Münden und Göttingen, Mutti in Kassel – und sind sich erst Jahre später zum ersten Mal begegnet. Sie betonte immer: „Euer Vater ist viel älter als ich." Das erstaunte mich, denn mir war der Altersunterschied nie wirklich aufgefallen.

„Wie viel älter?" fragte Sven.

„Fast neun Jahre." Papa sprach das so aus, als wolle er damit angeben.

Frank grinste schelmisch. „Ist das der Grund, warum du Mutti und uns so oft herumkommandierst?" Papa und Mutti sahen sich nur an, er lächelte und sie brach in Gelächter aus, aber keiner von ihnen antwortete. Die Eltern beschrieben ein schönes Tal, das von der Burg Ludwigstein überragt war. Sie war zu Beginn des fünfzehnten Jahrhunderts erbaut worden und lag auf einer bewaldeten Höhe über der Werra. Mutti und Papa versprachen, uns eines Tages dorthin mitzunehmen.

Sven fragte Papa, was ihm im ersten Weltkrieg alles passiert sei. Papa erzählte, im August 1914 hätte er sich freiwillig gemeldet und sei seinem Bruder in das ‚Grüne Corps' des 234. Reserve-Regiments nach Belgien gefolgt. Am 24. Mai 1915, einen Tag nach Pfingsten, lehnte Papa gerade links neben seinem Bruder an der Wand des Schützengrabens, als sie unter das Trommelfeuer britischer Artillerie gerieten. Eine Gasgranate explodierte direkt über ihnen, dabei wurde Ottos Kopf von einem Stück Schrapnell getroffen; er war sofort tot und sank am Rand des Schützengrabens zusammen. Papa blieb unverletzt, aber Blut und Hirn seines Bruders bespritzten ihn. Vier weitere Kameraden wurden verwundet, andere lebendig begraben. Man hüllte Ottos Körper in eine Plane und legte ihn in den Schatten einer Hecke. Nachts, im Schutz der Dunkelheit, begruben sie ihn in der Nähe eines flämischen Bauernhofs. Papa schrieb darauf hin seinen Eltern: „Schnell und ohne Schmerzen hat Gott unseren lieben Otto zu sich genommen in sein Reich, das Reich der Helden. Unter einem blühenden Apfelbaum gruben wir sein Grab in Flanderns Erde, die schon so viel deutsches Blut getrunken hat und noch trinken wird."

Von meinem Vater lernten wir das Lied, das von den
Freiwilligen des Wandervogels gesungen wurde und von Walter
Flex, einem der ihren, geschrieben worden ist:

Wildgänse rauschen durch die Nacht
mit schrillem Schrei nach Norden.
Unstete Fahrt hat acht, habt acht,
Die Welt ist voller Morden.

Fahrt durch die nachtdurchwogte Welt,
graueisiges Geschwader!
Fahlhelle zuckt und Schlachtruf gellt,
weit wallt und wogt der Hader.

Rausch zu, fahr zu, du graues Heer,
rauscht zu, fahrt zu nach Norden!
Fahrt ihr nach Süden übers Meer?
Was ist aus uns geworden?

Wir sind wie ihr ein graues Heer
Und fahr'n in Kaisers Namen.
Und fahr'n wir ohne Wiederkehr,
rauscht uns im Herbst ein Amen.

Fünfzigtausend Mitglieder des Wandervogels sind im Krieg
gefallen. Zweimal wurde Papa gerettet, als er von einstürzenden
Schützengräben verschüttet worden war. Bei einer Schlacht in
Nordfrankreich im Juni 1918 verwundet, verbrachte er die letzten
Kriegswochen im Lazarett. Am 1. August kam er wieder nach Hause.
Schon mit einundzwanzig Jahren war er für sein Leben schwer
gezeichnet durch all die Schrecknisse, die er und seine Kameraden
erlebt und erlitten hatten. Am erschütterndsten aber war die
Erinnerung an seinen direkt neben ihm gefallenen geliebten Bruder
Otto. Papa sprach über das ‚schwarze Blut‘, durch das er hätte waten
müssen, jedoch nicht über das, was sich nach seiner Heimkehr
zwischen ihm und seiner Mutter zugetragen hatte. Erst seine
Schwester Toni vertraute Mutti an, sie hätte gehört, wie ihre Mutter
Papa nach seiner Rückkehr vorwurfsvoll fragte: „Karl, warum
bist du zurückgekommen und nicht dein Bruder Otto?" Ich fragte
mich, wie sich eine Mutter nur so herzlos gegenüber ihrem Sohn
verhalten konnte, nachdem dieser gerade vier schwere Kriegsjahre
in belgischen und französischen Schützengräben hinter sich gebracht
hatte? Als ich Mutti darauf ansprach, zuckte sie nur die Schultern
und schüttelte den Kopf. Sein ganzes Leben lang fühlte Papa sich
schuldig, weil er seinen Bruder überlebt hatte, den er für besser
gehalten hatte, als er selbst jemals hätte sein können. Wir Kinder
wussten, wie sehr Papa den Tod des Bruders betrauerte und warum er

immer wieder das Lied sang, das ihn so tief bewegte:

Ich hatt' einen Kameraden,
einen besser 'n findst du nicht.

Eine Kugel kam geflogen.
Gilt sie mir oder gilt sie dir?

Papas Mutter war wie eine Prinzessin als Kind einer wohlhabenden und frommen lutherischen Familie in einem Fachwerkhaus in der Langen Straße in Münden aufgewachsen. Mit sechzehn Jahren war sie schwanger von einem zehn Jahre älteren, strengen und hartherzigen Mann. Sie hatte ihn geheiratet und war schon mit einundzwanzig Mutter von vier Kindern.

1942, erst viele Jahre nachdem sich Papas Eltern und meine Mutter entfremdet hatten, und nachdem Papas Vater bereits gestorben war, nahm die Mutter meines Vaters – wir nannten sie ‚Großmutter' – zum ersten Mal die Einladung an, uns zu besuchen. Ich war neun Jahre alt, als ich sie zum ersten Mal sah, und ich wunderte mich, dass sie uns Kinder nach so langer Zeit überhaupt noch kennen lernen wollte. Zwar waren wir Kinder damals eine ziemlich wilde Bande. Aber ein wenig störte es mich doch, dass Großmutter kein gutes Wort für Frank, Dagmar und mich hatte, selbst wenn wir uns vorbildlich verhielten, während sie Sven offenbar liebte und ihm sogar eine Sammlung Spielzeugsoldaten mit den Worten schenkte: „Das ist was ganz Besonderes." Ihre Stimme und ihr Gesichtsausdruck wurden sanft, als sie sie liebevoll auspackte und jede kleine Figur streichelte. Sie erklärte Sven feierlich, dass diese Spielzeugsoldaten seinem Onkel Otto gehört hätten, und sie erwarte von ihm, dass er behutsam damit umgeht. Sven flüsterte mir zu, es wäre ihm langsam unheimlich, wenn sie ihm immer über den Kopf streichelte und ihm ständig zuflüsterte, er erinnere sie an ihren lieben Sohn Otto. Schnippisch antwortete ich ihm aber, er hätte überhaupt keinen Grund, sich zu beklagen, denn wann immer er den Mund aufmachte, wurde er nicht wie wir anderen belehrt, dass Kinder nichts zu sagen hätten.

Löwenzahn zum Nachtisch

Als Papa ankündigte, er werde einige Kaninchen kaufen und erwarte, dass Sven, Frank und ich sie dann auch versorgen werden, fragte Sven „Wieso?"

Frank wollte wissen „Weshalb?"

Und ich, wie immer bemüht, Papa einen Gefallen zu tun – obwohl ich oft nicht wusste wie – bot eilig an, mitzumachen. Papa schnitt eine Grimasse, schmatzte mit den Lippen und machte uns Appetit auf ‚Hasenpfeffer', ein in Rotwein eingelegtes, mit Pfeffer gewürztes, geschmortes und mit saurer Sahne abgeschmecktes Hasenragout. Er versprach jedem von uns ein eigenes Kaninchen, wenn wir versprechen würden, sie regelmäßig zu füttern und ihre Ställe sauber zu halten. Hinter Papas Rücken murrte Sven, sein Kaninchen bekäme aber keiner zu essen, und ich schloss mich ihm an. Papa machte sich gleich in der Scheune an die Arbeit, indem er mit uns zusammen aus alten Brettern ein Dutzend Kaninchenställe zusammenbaute. Er ließ sich gern bei der Arbeit helfen, brauchte jedoch – höchst wichtig – immer jemanden, dem er Befehle erteilen konnte. Zuerst maß Papa alles sehr sorgfältig aus. Dann lösten Sven und ich uns beim Halten der Bretter ab, während Papa sie zersägte und das Ganze zusammennagelte. Für die Türen benutzte er Maschendraht, Schuhleder für die Scharniere und Drahtschlingen für die Verschlüsse. Sven brachte er bei, hölzerne Dübel zu schnitzen.

Eines Tages kam Papa endlich mit zwei Kaninchen in einer Kiste nach Hause. Wir streichelten ihr weiches graues Fell und die langen Ohren, legten ihre Ställe mit Heu aus und setzten sie hinein. Als Frank Papa an sein Versprechen erinnerte, dass jeder von uns ein Kaninchen bekommen solle, prahlte Papa:

„Zu Ostern werden wir Dutzende haben."

„Wieso denn das?"

„Ihr werdet's schon sehen." Aus Spass zog Papa seine Backen ein, spitzte die Lippen und mümmelte wie ein Kaninchen. Er wackelte mit den Händen über dem Kopf und machte Kaninchenohren nach. „So, und nun passt mal auf." Papa redete im Stakkato-Tempo, niemand konnte ihn dabei unterbrechen. „Ihr werdet die Kaninchen mit Kohlblättern, Kartoffelschalen, Möhren und Rübenkraut füttern. Sowie es draußen grün wird, geht ihr auf die Wiese, schneidet Gras und sammelt Löwenzahn zum Nachtisch. Verstanden?"

Sven behauptete, Löwenzahn schmecke aber scheußlich, doch Papa entgegnete, es sei das Lieblingsfutter der Kaninchen. Und er fuhr fort: „Alle paar Tage reinigt ihr die Ställe und legt sie mit frischem Heu aus. Ist das klar?"

Sven und ich nickten und Frank zog es vor, Kaninchenfratzen zu ziehen. Als Papa seine Liste mit Arbeiten für jeden von uns fertig hatte, war ich beruhigt, dass ich nicht die einzige war, die helfen musste. Gleichzeitig bereute ich aber, dass ich viel zu schnell zugestimmt hatte. Ich fragte mich nämlich, ob ich überhaupt noch Zeit zum Spielen haben würde, wenn ich mich gleichzeitig um Kaninchen kümmern, Unkraut jäten, Geige üben und meine Schulaufgaben machen musste. Nachdem Papa ins Haus gegangen war, verdrängte ich die Gedanken an die viele Arbeit aber schnell wieder. Anitas Tochter Maria, Sven und ich setzten uns neben Frank ins Heu und schnitten wieder Kaninchenfratzen. Wir feuerten uns gegenseitig an und lachten uns dabei kaputt. Uns zum Lachen zu bringen, war unsere Lieblingsbeschäftigung. Und Frank konnte es besser als irgendein anderer.

Unser Spielzimmer war ein großer, L-förmiger Raum mit daneben liegendem Badezimmer. Das Licht der Morgensonne fiel durch vier gardinenlose Fenster, die alle ostwärts zur Wiese hin gerichtet waren. Ein Holzofen heizte den Raum während der langen und bitterkalten Wintermonate. Unter den Fenstern und an der Nordwand des Raumes befanden sich Einbauregale für Spielsachen und Bücher. Papa hatte eine Tafel an die Wand gehängt. Ein altes Schaukelpferd, das Muttis Bruder Willi gehört hatte, stand neben einer Burg und einem Dorf aus Holzklötzen. Bei unseren häufigen Streitereien benutzten Sven und ich die Holzklötze auch schon mal als Wurfgeschosse; Frank, Maria und Dagmar versteckten sich dann unter dem Tisch, und Mutti schimpfte, wenn sie uns bei diesen Raufereien erwischte. Dann zogen wir uns in unsere Ecken zurück, fauchten uns gegenseitig an und schworen Rache.

Obwohl Frank von Asthmaanfällen geplagt war, die ihn und die ganze Familie beängstigten, hatte er sich zu einem stupsnasigen, apfelwangigen, strohblonden Faxenmacher entwickelt. Da es keine Medikamente gab, hielt man ihn bei Atemnot aus dem Fenster, damit er besser Luft bekam. Möglicherweise taten Sven und ich ihm Unrecht, wenn wir ihn verdächtigten, dass er die Schultern nur hochzog und dabei japste, weil er sich vor der Arbeit drücken wollte.

Einen seiner besten Streiche hatte sich Frank für ein Festessen ausgedacht. Im Esszimmer nahmen die Erwachsenen gerade ihre Mahlzeit ein und unterhielten sich leise. Die Tür zwischen den beiden Zimmern stand offen. Wir saßen am Kindertisch, Frank mit dem Rücken zum Esszimmer. Nachdem er sein Essen von einer Seite seines Tellers auf die andere geschoben hatte, zog er die Augenbrauen hoch und bedachte uns mit einem strahlenden Lächeln. „O je", dachte ich, „was heckt er denn jetzt wieder aus?" Er kam immer mehr in Schwung, zog schließlich die Ohren lang und streckte die Zunge raus, während Sven und ich uns bemühten, ihn nicht zu beachten und stattdessen unser Essen zu genießen. Ich freute mich gerade auf den Vanillepudding, als Frank seine Mund- und Augenwinkel nach außen zog. Sven und ich wechselten Blicke und bissen uns auf die Lippen, um das Lachen zu unterdrücken. Auch Maria war bestrebt, Frank nicht zu beachten, denn sie hatte eine Heidenangst vor ihrer Mutter. Aber Dagmars Kichern ermutigte Frank, jetzt auch noch seine Nase so lange zu rubbeln, bis sie knallrot wurde. So sehr Sven und ich uns auch bemühten, es gelang uns einfach nicht, Franks Faxen zu übergehen, besonders als er am Ende noch die Wangen einzog, die Lippen spitzte, ein perfektes Kaninchengesicht zog und über seinem Kopf lange Ohren machte. Je mehr wir versuchten, uns zusammenzureißen, umso heftiger mussten wir lachen; es reichte schon, uns nur gegenseitig anzusehen. Plötzlich änderte sich Franks Verhalten blitzartig. Er griff zum Löffel und aß mit treuherzigstem Gesicht brav weiter. Als Papa den Unfug bemerkte, warf er schon einen drohenden Blick in unsere Richtung. Doch wir hatten bereits die Kontrolle über uns völlig verloren. Schließlich kam Papa rüber zu uns und schloss die Tür hinter sich. Ohne ein Wort packte er Sven und mich im Genick und schob uns in den Flur.

„Das war aber doch Franks Schuld!", jammerte ich.

„Keine Ausrede, „Ab in eure Zimmer, ohne Nachtisch." Ich drehte mich um und sah Frank grinsen.

Viehwagen in Richtung Auschwitz

Einen Monat, nachdem uns Papa die Kaninchen mitgebracht hatte, entdeckte ich beim Reinigen des Stalls ein Nest, voll mit weichem, weißem Fell. Am nächsten Tag schlichen Sven und ich vor Schulbeginn in die Scheune und fanden winzige rosa Lebewesen in dem Nest. Wie viele es waren, konnten wir nicht erkennen. Aufgeregt riefen wir Mutti herbei. Sie schimpfte aber nur, wir kämen zu spät zur Schule und sie wolle keine Entschuldigungen hören. Enttäuscht lösten wir uns von dem Kaninchenstall und trotteten los. Am Nachmittag steuerten wir geradewegs wieder zur Scheune und waren entzückt über die neugeborenen Kaninchen, die sich in ihrem Nest kuschelten. Nach ein paar Monaten waren sie groß genug, so dass Madam Chikowa sie vom Muttertier trennen konnte. Bald danach übernahmen Sven, Maria und ich die Aufgabe, scheffelweise Gras und frische Löwenzahnblätter für den heranwachsenden Kaninchenbestand zu sammeln. Einen schweren Korb hinter mir herziehend und mit einem scharfen Messer bewaffnet, stapfte ich murrend in die Wiese, stach Futterpflanzen aus und steckte sie in den Korb.

Jeder Junge suchte sich ein Lieblingskaninchen aus dem Wurf heraus. Ich aber wünschte mir von Papa ein Angora-Kaninchen. Und eines Tages überraschte er mich tatsächlich mit einem Kaninchen, das weißes und besonders seidenweiches Haar hatte. "Hier", sagte Papa und gab mir eine Bürste, „Du musst jede Woche mindestens einmal sein Fell striegeln."

„Und wann habe ich genug für einen Pullover?"

„Vielleicht in einem Jahr, je nachdem, wie gut du das machst."

Ich träumte von dem weichen weißen Pullover, den ich eines Tages haben würde, reservierte die zartesten Löwenzahnblätter für mein Lieblingskaninchen und striegelte stundenlang sein langes seidiges Fell.

Von Lokomotiven war Sven schon immer fasziniert, besonders aber, seit er erfahren hatte, dass Papas Vater Eisenbahningenieur gewesen war. Er hatte vor vielen, vielen Jahren von Kaiser Wilhelm II. persönlich eine goldene Münze erhalten, nachdem er den kaiserlichen Zug durch Deutschland gesteuert hatte.

Wenn Sven mit Grünzeug sammeln an der Reihe war, wählte er deshalb immer die Wiese neben der Eisenbahnstrecke. Er hoffte, von dort aus einen Blick auf die Bahn werfen zu können. Einmal brauchte er gar nicht lange zu warten, bis er eine Lokomotive sah, die eine lange Reihe an Waggons zog. Kurz danach bemerkte er, dass dies offenbar kein gewöhnlicher Personenzug war. Die Waggons waren dunkelrot und hatten anstelle normaler Fenster nur kleine Luken dicht unter dem Dach. Sven näherte sich der Lokomotive. Der Zug war puffend stehen geblieben. Sven flitzte in Richtung der Lokomotive.

Außer Atem an den Gleisen angelangt, sah er plötzlich ausgestreckte Hände. Und er hörte Stöhnen und Hilfeschreie. Das erschreckte ihn so sehr, dass er, so schnell er konnte, nach Hause rannte, um Mutti zu erzählen, was er gesehen hatte. Anstatt ihm zuzuhören, schimpfte sie ihn aber, weil er sich so weit vom Haus entfernt hatte.

„Aber sag mir doch, was sind das für Wagen?" Sie schüttelte den Kopf und murmelte: „Wie kann ich das einem Kind klar machen? Lauter sagte sie dann: „Papa wird dir das erklären", und weiter mit strengem Ton: „Geh jetzt und füttere die Kaninchen." Sie ermahnte uns, fortan die Eisenbahnstrecke unter allen Umständen zu meiden.

*****

Papa erklärte Sven erst nach dem Krieg, dass die Viehwaggons, die er an jenem Tag gesehen hatte, mit ‚menschlicher Fracht' beladen waren, vornehmlich Juden, die in das Vernichtungslager nach Auschwitz, zirka 18 Kilometer südöstlich von uns, transportiert worden seien. Was aber auch Mutti uns verschwiegen hatte, war folgende schreckliche und unfassbare Szene, die sie erlebte, als sie eines Tages von Krenau nach Kattowitz gereist war. Auf dem Bahnhof in Trzerbinia sah sie, wie barfüßige Menschen in Bade- und Strandkleidung bei eiskaltem Wetter aus den Viehwagen sprangen und – von Soldaten und zähnefletschenden Hunden gejagt – über die Gleise rannten. Mutti war zutiefst erschüttert; sie glaubte, ihren eigenen Augen nicht trauen zu können und schloss sie deshalb einen Moment. Als sie sie wieder öffnete, war der größte Teil der Gefangenen und Bewacher verschwunden. An jenem Abend hatte Moritz Mutti um Hilfe gebeten und daraufhin von ihr Essen und Kleidung für ‚seine Leute' erhalten, die, wie er sagte, am Strand der französischen Riviera zusammengetrieben und ohne geeignete Kleidung, Nahrung und Wasser nach Polen deportiert worden seien.

Dagmar

Dagmars Haar hatte die Farbe von reifem Weizen. Ihre Augen
waren veilchenblau, die Hautfarbe rosig, die Wangen rosa-rot und ihr
Körper rundlich und zart. Meine Mutter nannte sie ‚Zuckerpuppe‘,
Papa sein ‚Maiglöckchen‘. Anita liebte es, mit Dagmar in der Stadt
zu bummeln. Sogar die Menschen auf der Straße hielten an und
bewunderten das kleine, süße Mädchen. Es ging auf jeden zu, obwohl
ihr Mutti behutsam erklärt hatte: „Schätzchen, du darfst dich nicht
auf den Schoß fremder Leute setzen. Sei nett, mach einen Knicks und
lächle.“ Dagmar sah Mutti mit großen Augen an, weil sie natürlich
nicht wusste, wer fremd war und wer nicht. Aber sie merkte auch,
dass Mutti es ernst meinte, also lächelte sie und tat so, als hätte sie
verstanden. Aber kaum war sie von Muttis Schoß gesprungen, hatte sie
alle Warnungen wieder vergessen. Und das war auch der Grund dafür,
dass Dagmar sich die meisten Läuse einfing und an uns weiter verteilte.

Wir juckten und kratzten uns. Unsere Kopfhaut wurde wund und
entzündete sich. Zum Entlausen wurden unsere Haare erst einmal
gründlich gespült, heftig geschrubbt und dann mit stinkendem Kerosin
eingerieben. Weil Dagmar für diese Prozedur noch zu klein war,
musste Mutti mit einem Läusekamm jede einzelne Laus und Nisse aus
ihrem Haar entfernen.

„Wie die Affen“, ulkte Sven, während er sich kratzte. Mutti war
jedoch überhaupt nicht amüsiert, und auch ich war es nicht, als mir das
mit Kerosin getränkte Haar mit einem Handtuch umwickelte wurde, um
die Läuse abzutöten.

Als Dagmar anfing zu laufen, tippelte sie zuerst nur im Haus
herum. Später erkundete sie auch die Scheunen, den Garten und
die Wiese. Daraufhin gab Mutti strikte Anweisung, sie ständig zu
beobachten. Wann immer wir Dagmars Schuhe irgendwo im Garten
ordentlich nebeneinander stehen sahen, wussten wir, dass sie zu einem
ihrer Abenteuer unterwegs war. Vor allem unsere Gänseschar hatte sie
fasziniert, seit Papa ihr das Lied beigebracht hatte:

Suse, liebe Suse,
Was raschelt im Stroh?
Die Gänschen laufen barfuß.
Sie haben keine Schuh.

Wenn sie unbeobachtet war, schlüpfte Dagmar durch ein Loch im
Zaun, um den Gänsen in die Wiese zu folgen. Für uns Kinder war die
Suche nach ihr wie ein Versteckspiel, für die Erwachsenen war sie eher

nervenaufreibend. Oft konnte man Mutti mit panischer Stimme rufen hören: „Findet Dagmar!"

Sobald Papa einen ihrer Fluchtwege abgesperrt hatte, entdeckte sie einen anderen. Einmal fanden wir sie auf der Wiese, wo sie am Ufer des Baches kniete, in dem fette Wasserpflanzen wuchsen und winzige Schnecken schwammen. Sanft tippte Dagmar die Schnecken mit dem Zeigefinger an und wartete darauf, dass sie wieder hochkamen. Danach hüpfte sie behände hin und wieder zurück über den Bach, bis wir sie schnappen und auf das Grundstück zurückschleppen konnten. Schließlich musste Papa ein schweres Gewicht ans Tor häng e damit Dagmar es nicht mehr öffnen konnte.

Im Spätsommer wurde uns Gitta zugewiesen, die nach Abschluss der höheren Schule ihr Pflichtjahr ableisten musste. Jeden Morgen kam sie in ihrer ‚Uniform' – roter Dirndlrock, weiße Bluse, schwarzes Samtmieder und grüne Schürze – zu uns ins Haus und betreute Dagmar. Gitta spielte mit ihr wie ich mit meinen Puppen. Sie zog Dagmar schön an und spazierte mit ihr am liebsten auf der Deutschen Straße. An einem kalten Herbsttag – es muss Gittas freier Tag gewesen sein – riss Dagmar mal wieder aus, fiel in einen der Teiche und ging auch gleich unter. Als sie wieder auftauchte, konnte sie sich gerade noch rücklings, mit Armen und Beinen strampelnd, über Wasser halten. Herr Bornstein, auch ein von Papa beschützter Jude, sprang voll angezogen ins Wasser und hat sie schließlich gerettet. Er trug Dagmar ins Haus, wo Mutti sie ihm abnahm und ihm überschwänglich dankte. Sie zog das hustende und zitternde Kind aus, trocknete es mit warmen Handtüchern und wirbelte so lange damit herum, bis Dagmar zu weinen aufhörte und schließlich einschlief.

* * * * *

Jahre später erinnerte sich mein Vater daran, dass Herr Bornstein ihn damals gefragt hatte: „Ihr Deutschen seid doch ein Kulturvolk. Warum schikaniert und vernichtet ihr dann uns Juden? Ihr lest Goethe und Schiller, hört Bach und Mozart. Wie könnt ihr dann nur mit solcher Brutalität handeln? "Papa wusste zunächst nichts darauf zu antworten. Dann entgegnete er ihm aber, dass die Juden von den Nazis sicher keine Gnade erwarten dürften, aber die Amerikaner ihnen vielleicht eine letzte Hoffnung sein könnten. Doch Papa war entsetzt, als Herr Bornstein – der einen blühenden Großhandel mit den begehrten polnischen Mastgänsen betrieben hatte, bevor die Nazis diesen konfiszierten – nur mit den Schultern zuckte und antwortete: „Ich glaube nicht, dass die Amerikaner uns helfen werden. Wir sind doch nur deren unkultivierte Verwandte." Und er fügte hinzu: „Mag sein, dass die sich unserer sogar schämen."

Als ich fragte, was mit Herrn Bornstein geschehen sei, antwortete Papa, dass ihn eine eidesstattliche Erklärung über die Rettung von Dagmar und eine Arbeitserlaubnis mehrere Male vor Verhaftungen bewahrt hätten. Später sei er jedoch von seinen eigenen Leuten verraten, angezeigt, deportiert und in Auschwitz ermordet worden.

Ich wunderte mich darüber, dass Herrn Bornsteins Leute zu so etwas fähig waren. Papa meinte: „Wegen persönlicher Feindschaften." Dann erinnerte er mich daran, was Muttis Freundin und Dagmars Patentante Li Rosenkranz geschehen war. Nachbarn hatten sie angezeigt, weil sie, ihr Lebenspartner und dessen Sohn, alle Nichtjuden, angeblich BBC-Radio gehört hätten. Sie wurden im Frühjahr 1945 festgenommen, einen Monat vor Kriegsende hingerichtet und in einem Massengrab in der Nähe des Konzentrationslagers Bergen Belsen verscharrt. Papa erklärte mir, es seien damals Zeiten gewesen, in denen sich sogar Deutsche, Juden und Polen gegenseitig verraten und Kinder ihre eigenen Eltern denunziert hätten.

Der Winter 1942 – 43

Die polnischen Winter brachen ohne Warnung ein. Sie waren hart und lang. Über Nacht fror das Wasser und umschloss unsere Gänseschar in der Mitte des Teiches. Wir zerbrachen das Eis mit Stangen und befreiten die Gänse. Sie dankten uns mit ihrem Geschnatter, rutschten und schlitterten unbeholfen über die Eisschollen und schnappten gierig nach den Maiskörnern, die Madam Chikowa für sie ausgestreut hatte. „Dumme Gänse" spottete Frank, als er zunächst auf die Gänse, dann auf mich deutete und grinste. Er wusste, dass Papa mich manchmal ‚dumme Gans' nannte und ich mich darüber ärgerte. Frank wusste aber nicht, dass ich insbesondere Papa das Gegenteil beweisen wollte. Manchmal gelang mir das auch, häufig aber auch nicht. Ich grübelte darüber nach, wie ich meinen Vater überzeugen konnte, dass er sich irrte. Als ich eines Tages las, dass Gänse besonders klug und treu sind, weite Reisen machen, um ihre Schar über Ozeane und Kontinente zu führen, dass Paare lebenslang zusammen bleiben und einen verletzten Partner nie im Stich lassen, wurde mir klar, dass selbst Papa nicht immer recht hatte.

Mit der Zeit wurde das Eis so dick, dass es uns tragen konnte. Wir schlugen Löcher hinein und stopften sie mit Strohbündeln aus. „Damit die Fische atmen können und den Winter überleben", erklärte Madam Chikowa. Wir schraubten hölzerne Schlittschuhe, die mit rostigen Eisenkufen versehen waren, an unsere Stiefel und wagten uns aufs Eis. Ich träumte davon, in einem schönen weißen Kostüm auf dem Eis zu tanzen, zu springen und herum zu wirbeln, so wie ich es von Sonja Henie im Kino gesehen hatte. Aber ich war enttäuscht, denn ich konnte nichts weiter als unter dem spöttischen Beifall meiner Brüder über den Teich dahintorkeln und taumeln. Ich streckte ihnen die Zunge raus, fiel oft hin, rappelte mich jedoch immer wieder auf und klopfte mich ab. Mit der Zeit aber verwandelte sich mein Taumeln in rhythmisches Gleiten – linker Fuß, rechter Fuß, linker Fuß, rechter Fuß. Dann flog ich über das Eis wie in meinen Träumen, obwohl ich mich jedes Mal in einen Schneehaufen fallen lassen musste, weil ich nicht wusste, wie man bremst. Ich übte so lange, bis Mutti uns mit einem leckeren ‚Ersatzkakao' ins Haus lockte.

Jeden Tag, wenn wir mit unseren Schularbeiten fertig waren, rief Mutti: „Kinder, raus an die frische Luft!" Sie ließ uns die warmen Sachen anziehen, half uns dabei, Schlitten und Skier aus der Scheune zu holen und schickte uns auf die Wiese gegenüber vom Haus, wo Sven und ich einen kleinen Hügel hinunterrutschten. Wir halfen Frank und

Dagmar, einen Schneemann zu bauen. Und wir spielten unsere alten Spiele, bewarfen uns mit Schneebällen und fingen Schneeflocken mit den Zungen auf. Wir legten uns auf den Rücken, ruderten mit Armen und Beinen und drückten auf diese Weise Engel in den Schnee, bis Eisbällchen wie Kletten an unseren Hosen hafteten und wir vor Kälte zitterten.

Papa erzählte uns, dass die mit Fellen bekleideten Eskimos Eisbären, Seehunde, Walrosse und Wale jagen. Und während seiner Erzählungen zeigte er uns, wie man einen Iglu baut. Erst maß er die Größe der Schneeblöcke. Danach demonstrierte er, wie man sie zurechtschneidet, sie auf alten Kartoffelsäcken hinter sich her zieht und dann übereinander stapelt. Sven und Frank meinten, das halb fertige Bauwerk sähe einem Fort ähnlich. Deshalb spielten sie eine ihrer Lieblingsszenen aus Karl Mays Wildwest-Geschichten und führten Indianertänze auf. Sie stampften im Kreis umher, trommelten und stießen markerschütternde Schreie aus. Als der Iglu schließlich fertig war, kroch ich durch die Öffnung, legte mich auf den Rücken und bewunderte das blaue, durch den Schnee gefilterte Licht. Auf die Frage, wie die Eskimos sich warm halten, antwortete Papa grinsend: „Indem sie sich von Walfischspeck ernähren."

Ich war nicht überrascht, als Papa ankündigte, am 6. Dezember würde St. Nikolaus abends mit einem Flugzeug kommen. Das wunderte keinen von uns, denn meine Geschwister und ich waren fest davon überzeugt, dass all die seltsamen Geschöpfe und geheimnisvollen Kreaturen, die Papa heraufbeschwor, wirklich existieren. Er überzeugte uns davon, dass Tiere miteinander reden und es Menschen gibt, die ihre Sprache verstehen. Mutti lehrte uns, dass die Welt voller Wunder ist, besonders zur Weihnachtszeit. „Es gibt mehr zwischen Himmel und Erde als...", den Rest mussten wir uns vorstellen.

Als die Sonne hinter der Halde des stillgelegten Kohlebergwerkes verschwand und sich Nebel über das Land legte, versammelten wir uns im Wohnzimmer. Das einzige Geräusch war das Knistern des Feuers in dem großen Kachelofen. Wir saßen und lauschten , brauchten aber nicht lange zu warten, bis wir einen Motor brummen hörten, dem ein Klopfen an der Tür folgte. Papa zwinkerte uns zu und fragte: „Wollen wir ihn rein lassen?" Ohne eine Antwort abzuwarten, öffnete er die Eingangstür. „Grüß Gott, St. Nikolaus, komm rein, komm rein", brummte er. Wir hörten Gemurmel, ein Schurren und das Stapfen von schweren Stiefeln. Ein Schwall kalter Luft ließ die Kerzen am Adventskranz flackern, als Papa mit einem riesigen, bärtigen Heiligen hereinkam. Er war in eine graue Kutte gehüllt, auf dem feiner Schneehauch lag. Bei jedem Schritt stieß er mit seinem Stab kräftig auf den Fußboden. Über seiner Schulter trug der Heilige einen Sack, aus dem ein Bündel Birkenruten ragte. Mit tiefer Stimme sagte er:

Von drauß' vom Walde komm' ich her.
Ich muß euch sagen, es weihnachtet sehr.
Überall auf den Tannenspitzen
sah ich goldene Lichtlein sitzen.
Und droben aus dem Himmelstor
sah mit großen Augen das Christkind hervor.

Und wie ich so strolcht' durch den finsteren Tann,
da rief's mich mit heller Stimme an.
"Knecht Ruprecht", rief es, "alter Gesell,
hebe die Beine und spute dich schnell!
Die Kerzen fangen zu brennen an,
das Himmelstor ist aufgetan, "

Hast denn das Säcklein auch bei Dir? "
Ich sprach: "Das Säcklein, das ist hier;
denn Äpfel, Nuss und Mandelkern
essen fromme Kinder gern. "

"Hast denn die Rute auch bei Dir? "
Ich sprach: "Die Rute, die ist hier,
doch für die Kinder nur, die schlechten,
die trifft sie auf den Teil, den rechten. "

Christkindlein sprach: "So ist es recht;
so geh mit Gott, mein treuer Knecht! "
Von drauß' vom Walde komm ich her,
ich muß euch sagen, es weihnachtet sehr!

Nun sprecht, wie ich's hierinnen find:
Sind's gute Kind?
Sind's böse Kind?

St. Nikolaus durchstöberte seinen Sack, holte ein Buch heraus, öffnete es und winkte mich herbei: „Eycke", sagte er mit ernster Stimme, „hier steht, dass du zu deiner Mutter frech warst, nach der Schule herum gebummelt bist, dich mit deinen Geschwistern gestritten, Plätzchen stibitzt hast und – was ist das?" Leise sagte er: „Du hast geflunkert, stimmt's?" Ich war völlig verblüfft, dass St. Nikolaus so genau wusste, was ich im vergangenen Jahr alles angestellt hatte.

Mit zitternder Stimme antwortete ich: „Tut mir leid."

„Tst, tst, tst." Er schüttelte den Kopf, packte seine Rute aus und befahl mir, mich umzudrehen. Aus dem Augenwinkel sah ich, dass

Dagmar sich hinter Mutti versteckte. Sven und Frank sahen mit offenem Mund zu, wie der Heilige mir dreimal sanft auf mein Hinterteil schlug und mich dabei ermahnte, künftig ein braves Mädchen zu sein. Als mir Tränen kamen, biss ich mir auf die Lippen.

Nachdem St. Nikolaus die Untaten meiner Brüder vorgelesen hatte, erhielten auch sie ein paar Schläge und ebenfalls eine Warnung. Dagmar weigerte sich, hinter Muttis Stuhl hervorzukommen. Papa bat den Heiligen, Platz zu nehmen, und forderte uns auf, mit unseren Darbietungen zu beginnen. Frank sang ‚Ihr Kinderlein kommet‘, eine Aufforderung an Kinder und Schafhirten, das Christkind in der Krippe anzubeten. Er brachte den Heiligen zum Lächeln als er die Schafhirten ‚eklich‘ anstatt ‚redlich‘ nannte. Sven kratzte eine Melodie auf der Geige, und ich spielte ein Stück auf der Blockflöte.

„Gut gemacht“, lobte der Heilige. Er verabschiedete sich, verschnürte seinen Sack und stand auf. Bevor er die Tür erreichte, drehte er sich noch einmal um und leerte den ganzen Inhalt seines Sackes aus. Äpfel, Nüsse und andere Leckereien polterten und rollten auf den Fußboden. Mit größtem Vergnügen krochen wir sogleich auf allen Vieren umher und sammelten die Schätze ein. St. Nikolaus verschwand in die verschneite Nacht ebenso laut wie er gekommen war.

Ich hatte Grund genug, an diesem Abend besonders dankbar zu sein. Denn eines meiner Vergehen war von St. Nikolaus nicht erwähnt worden. Ich ahnte, es sei Mutti zu verdanken, dass ein von mir begangener Diebstahl nicht im Buch des Heiligen aufgezeichnet war. Im letzten Sommer nämlich hatte ich mein Zimmer für einige Wochen mit einem neuen Dienstmädchen geteilt. Auf der Fensterbank bewahrte sie ein Glas mit Kleingeld auf. Ab und zu nahm ich ein paar Münzen heraus in dem Glauben, sie würde es nicht merken; aber da irrte ich mich. Sie erzählte es meiner Mutter. Und als die mich fragte, ob ich das Geld genommen hätte, musste ich es zugeben. Mutti schickte mich auf mein Zimmer, um darüber nachdenken. Später nahm sie mich auf ihren Schoß und fragte: „Weißt du, dass du ein Unrecht begangen hast?“ Ich nickte. „Und warum war das unrecht?“, wollte Mutti wissen. „Ich darf niemandem etwas wegnehmen, ohne zu fragen.“ Mutti nickte. „Du hättest es bestimmt nicht gerne, wenn dir jemand etwas stehlen würde.“ Ich schüttelte den Kopf und schluchzte. „Es tut mir leid, und ich verspreche, dass ich’s nicht wieder mache.“ In den Armen meiner Mutter lösten sich dann die Scham und meine Angst davor auf, sie würde mich vielleicht nicht mehr lieb haben.

Vom 6. bis zum 24. Dezember stellten wir abends unsere

Hausschuhe ordentlich nebeneinander unter die Betten. Morgens fanden wir dann darin ein kleines Spielzeug, ein Plätzchen oder ein Stück Kohle. In der Vorweihnachtszeit versuchte ich, besonders gehorsam und hilfsbereit zu sein, weil ich mir etwas Schönes anstatt Kohleklümpchen erhoffte.

Während der Weihnachtsferien reiste Papa mit uns allen nach Deutschland, wo wir Tante Marianne in Kassel und die Familie Blankenburg in Vaake besuchten. In Kassel kauerten wir die meiste Zeit im Luftschutzkeller, während feindliche Flugzeuge über uns dröhnten und rings um uns herum Bomben detonierten. Ich wollte den Eimer hinter einem aufgehängten Tuch in der Kellerecke nicht benutzen und bat meine Eltern um Erlaubnis, zur Toilette nach oben gehen zu dürfen. Ich öffnete die Haustür, um etwas frische Luft zu schnappen. Heftig schlugen mir Rauch und Staub entgegen. Scheinwerferstrahlen tasteten den Nachthimmel ab und sahen aus wie ein von einer verrückten Spinne gewobenes Netz. Das Getöse der Flugzeuge vibrierte in meiner Brust, und die Flack-Artillerie dröhnte in meinen Ohren. Strahlende Lichtbündel – ‚Christbäume‘ genannt – schwebten langsam vom Himmel herab. Papa hatte uns erklärt, dass damit die Ziele der Bomber erhellt werden sollten. Als er mich schließlich zurückrief, durfte ich nicht länger trödeln und schloss vorsichtig die Tür. Auch im Keller hörte ich noch das Pfeifen der Bomben und zählte jeweils: eins, zwei, drei, vier ..., dann bebte der Boden unter uns. Am nächsten Tag fuhren wir weiter nach Vaake.

Während unseres Besuches in Deutschland erfuhr ich auch etwas über die Luftangriffe auf Hamburg, die Heimatstadt von Muttis Schwester Addie und ihrer Familie. Ende Juli hatten Addie und ihr Sohn Uwe einen der schlimmsten Feuerstürme des gesamten Krieges erlebt. Dabei ist die Stadt in großen Teilen zerstört worden und es gab tausende Tote. Meine Tante und Uwe kamen – nur in nasse Decken gehüllt – gerade noch mit dem Leben davon. Sie mussten durch Straßen voller verbrannter Menschen laufen, die nach der Einwirkung von Phosphorbomben nicht mal mehr identifiziert werden konnten.

Wieder in Krenau angekommen, gerieten wir in bittere Kälte. Eine weiße Dampfwolke der Lokomotive umgab und wärmte uns, bis eine Böe klirrend kalten Windes mir die Luft nahm und drohte, mich umzuwerfen. Die ramponierten Lederkoffer waren um uns aufgestapelt. Papa bückte sich, um Franks Mütze gerade zu rücken. „Sind wir endlich da?", fragte Frank, der während der ganzen Reise ungewöhnlich schweigsam gewesen war. Mutti hatte ihm die Hand auf die Stirn gelegt und festgestellt, dass er Fieber hatte. Papa nahm sich seinen langen Schal ab und wickelte ihn um Hals, Kopf und Gesicht seines Sohnes, so dass nur die Augen heraus schauten. Frank streckte seine Arme aus, und Papa hob ihn auf. Träger brachten unser Gepäck zum Bahnhofsvorplatz, wo Pferdeschlitten bereitstanden, um die Reisenden in die Stadt zu bringen. Mit schweren Decken behängte Pferde fraßen das Heu aus ihren um die Nacken gehängten Säcken. „Zur Auschwitzer Straße 36 b bitte" wies Papa einen Kutscher an.

„Bitte gern, ich Ihnen helfe", antwortete der Mann, der wie ein Bär aussah, bekleidet mit Filzstiefeln, Pelzmütze und Pelzmantel. Sein Atem hatte den riesigen Schnurrbart ringsum in Eiskristalle verwandelt. Der Kutscher nahm Frank von Papas Arm und setzte ihn auf den Rücksitz des Schlittens.

„Was ist das?" fragte Frank und deutete auf geflochtene Strohschuhe unten im Schlitten. „Hält die Füße warm", antwortete der Kutscher und half sodann auch Mutti, Dagmar, Sven und mir in den Schlitten, wo er uns in dicke Felle und Decken hüllte. Dann sah er nach, ob das Gepäck ordentlich verstaut war. Schließlich steckte er die Heubeutel in eine Kiste unter dem Fahrersitz und zündete die Lampen an den Seiten des Schlittens an.

Papa kletterte auf den Sitz neben dem Kutscher, dreht sich um und fragte: „Warm genug?" Wir nickten schläfrig. Der Kutscher wickelte die Zügel von der Handbremse, löste sie, pfiff scharf durch die Zähne und ließ seine Peitsche in hohem Bogen über dem Gespann knallen. Er schnalzte mit der Zunge und bewegte die Zügel ruckartig auf und ab. Die Pferde schüttelten ihre Köpfe, ließen die Glöckchen am Geschirr klingeln, schnauften, atmeten weiße Dampfwölkchen aus und trabten schließlich los. Die sanfte Fahrt führte uns an kleinen, unter schneebedeckten Dächern fast verborgenen Hütten vorbei. Die Strahlen der untergehenden Sonne beschienen die winzigen Fenster und verwandelten sie in goldene Spiegel. Hupende Armeefahrzeuge überholten uns. Als wir zu Hause ankamen, waren Frank und Dagmar unter den warmen Decken eingeschlafen. Gela und Madam Chikowa hatten die Kachelöfen im Haus schon angeheizt und irdene Wärmflaschen in unsere Betten gelegt. Ich kroch unter mein Federbett und sah mich im weißen Pelzkostüm über das Eis gleiten.

Im Februar verbreiteten sich Gerüchte über schwere Verluste der deutschen Truppen an der russischen Front. Sie hatten monatelang unter grauenhaften arktischen Bedingungen gegen die überlegenen Russen um Stalingrad gekämpft, bis ihnen Munition und Proviant ausgegangen waren. Völlig erschöpft waren sie Ende Januar von den russischen

Truppen besiegt worden. Entgegen Hitlers Befehl hatte Feldmarschall Paulus mit dem Rest der Soldaten, die überlebt hatten, kapituliert. Es war das Ende der ‚ruhmreichen‘ sechsten Armee. Papa vermutete, dies sei auch die Wende des Krieges. Er sagte zu Mutti, Deutschland werde den Krieg verlieren. Aber niemand ahnte damals, dass der Kampf um Stalingrad mit mehr als einer Million Gefallenen die blutigste Schlacht des zweiten Weltkrieges gewesen sein sollte.

Was geschah mit Herrn Helms?

Sven und ich besuchten die Volksschule für Deutsche und ‚Volksdeutsche' ab Ostern 1942. Sven ging in die zweite Klasse, ich in die dritte. Jeden Morgen verließen wir das Haus, trugen unsere Lederranzen – von uns Kindern ‚Buckelranzen' genannt – mit den Schulsachen auf dem Rücken und unsere Brotbeutel um den Hals. Sven wollte nicht mit mir zusammen gesehen werden und lief deshalb meist voraus. Wir mussten über einen staubigen Feldweg durch die Felder und kamen an Madam Chikowas Hütte vorbei. Ich konnte schon den Lärm hören, den ihre Gänse machten, als Sven an dem verfallenen Lattenzaun vorbei lief. Sie waren noch genauso aufgeregt, schnatterten und zischten drohend, als auch ich die Hütte erreichte. Madam Chikowa guckte hinter einem zerlumpten Sack hervor, der über ihrem Eingang hing, schenkte mir ein zahnloses Lächeln, winkte und rief: „Gott schütze dich".

Ich winkte zurück, schaute auf der Auschwitzer Straße nach beiden Seiten, ob sie frei war – so wie mein Vater es mir beigebracht hatte – und überquerte sie schnell. Noch zwei Häuserblöcke auf der Schulstraße, und ich erreichte die Schule, ein zweistöckiges, verputztes Gebäude. Wir Schüler mussten im Hof warten bis der Rektor und die Lehrer die Treppe herabgestiegen kamen. Sie ließen uns dann klassenweise antreten. Unsere Augen waren auf den Fahnenmast in der Mitte des Hofes gerichtet, neben dem zwei Jungen mit Hitlerjugend-Uniform in Habachtstellung stramm standen. Einer blies Trompete, während der andere die Flagge hisste. Der Rektor und die Lehrer streckten den rechten Arm hoch, die Menge der Schüler zog nach, und wir riefen alle einstimmig „Heil Hitler". Dann betraten wir in geordneten Reihen die Schule.

Obwohl ich Angst hatte, passte ich mich schnell an und absolvierte das Lernpensum mühelos. Bald war ich leistungsmäßig der Klasse sogar voraus. Als die Lehrer und der Rektor vorschlugen, ich solle die dritte Klasse überspringen, stimmten meine Eltern leider zu. Aber auch in der vierten Klasse war ich in allen Fächern gut, außer im Rechnen, wo meine Noten schlechter wurden. Nachhilfe gab es bei uns nicht, und auch sonst wurde sie nirgends angeboten. So musste ich mich mit der Note ‚drei' abfinden und verlor dadurch etwas von meinem Selbstvertrauen. Zum Glück fand ich aber schnell neue Freunde. Das waren Waltraud, ein großes, freundliches, sanftes Mädchen mit rundem Gesicht und kurzen Haaren, Helga, ein lebendiges, zierliches, blondes Kind mit dem schalkhaften Lächeln eines Kobolds und Renate, reizend und dunkelhaarig. Mein bester

Freund wurde Jürgen Helms, der erste Junge, den ich richtig mochte. Er war schlank, hatte feuerrotes Haar, ein schüchternes Lächeln und jede Menge Sommersprossen.

Unsere neue Lehrerin, Fräulein Rost, sah der Lehrerin meiner ersten und zweiten Klasse in Vaake, Fräulein Alles, so ähnlich, als wären sie Schwestern. Auch Fräulein Rost trug das bereits ergraute Haar mit einem Knoten im Nacken. Ihre Kleidung war ebenfalls dunkel. Auch sie war eine richtige alter Jungfer. Der einzige Unterschied zwischen den beiden bestand darin, dass Fräulein Rost viel strenger war als Fräulein Alles. Bei einer Theaterprobe zu Schneewittchen, wo ich die Rolle eines Zwerges spielte, wurde ich einmal erwischt, weil ich hinter den Kulissen geschwatzt hatte. Fräulein Rost schlug mir heftig ins Gesicht und fauchte „Ruhe!" Tränen schossen mir in die Augen, meine Wange brannte und ich fühlte mich vor meiner Klasse gedemütigt. Zwar hatte ich hier und da mal einen Klaps von meinen Eltern auf den Po bekommen, das hatte aber nie wehgetan, sondern ich war danach allenfalls gekränkt. Schon wenn ein Erwachsener mich anherrschte – vor allem, wenn es mein Vater war zog ein Schmerz durch meinen Körper bis in die Hände hinein. Dann folgte meist eine Flut von Tränen. Normalerweise reichte aber schon ein strenger Blick oder ein scharfes „Eycke", um mich gehorchen zu lassen.

Nur einmal hatte mich bisher eine fremde Person geschlagen, und zwar als ich acht Jahre alt war. Wie gewöhnlich hatte damals Mutti morgens ihre Hausarbeiten gemacht und sich um das Dagmar-Baby gekümmert. Aber immer wieder hatte ich versucht, ihre Aufmerksamkeit zu gewinnen. „Bitte, stör mich jetzt nicht. Du siehst doch, dass ich beschäftigt bin", wies sie mich jedes Mal ab. Deshalb hatte ich mich trotzig mitten auf die Straße gesetzt, die an unserem Haus vorbei führte. Es dauerte nicht lange, bis ich Bremsen kreischen hörte, eine Frau aus ihrem Auto stieg und auf mich zukam. Sie zog mich hoch und versetzte mir drei harte Schläge auf den Po, ohne dabei ein Wort zu sagen. Vor lauter Schreck machte ich in die Hose und schämte mich schrecklich, als sie mich zum Hauseingang zog und sich bei Mutti über mein Betragen beschwerte. Ich musste mich schließlich entschuldigen und wurde auf mein Zimmer geschickt, wo ich zu der Erkenntnis kam, dass es sicherlich bessere Methoden gibt, um die Zuwendung meiner Mutter zu gewinnen.

Der Vater meines Freundes Jürgen, Herr Direktor Helms, war der Leiter der Volksschule in Krenau. Er lebte mit seiner Familie in einer Wohnung direkt über der Schule. Herr Helms, ein kleiner, kahlköpfiger und wohlbeleibter Mann, hatte stets ein freundliches Lächeln für Lehrer und Schüler übrig. Regelmäßig besuchte er unsere Klassen und hörte besonders gern zu, wenn wir etwas vortrugen. Ich war etwas beunruhigt, als er mich einmal in sein Büro rief, fühlte mich jedoch geschmeichelt, als er mir mitteilte, ich solle im Weihnachtsprogramm ein Gedicht vortragen. Ich errötete, machte einen Knicks und stammelte: „Vielen Dank, Herr Direktor".

Nach der Schule stürmte ich ohne anzuklopfen ins Wohnzimmer, überbrachte meiner Mutter die Neuigkeit und bat sie, mir zu helfen. Sie freute sich und erklärte sich dazu bereit, obwohl sie sich immer über das schlechte Niveau neuzeitlicher Dichtung beklagte. Sie erzählte mir, dass sie während ihrer gesamten Schulzeit eine Meisterin im Vortragen von Gedichten gewesen sei. Weil sie ein winziges Persönchen war, hatte man sie dafür auf ein Podest stellen müssen. Sie fuhr fort: „Von diesem Moment an wusste ich, dass ich dorthin gehörte". Und mit Begeisterung hatte sie dann ihr Leben lang Gedichte vorgetragen. Ich war erstaunt, dass sie sich noch an alle Verse erinnern konnte, die sie bereits vor Jahrzehnten auswendig gelernt hatte.

Trotz der Verluste an der Ostfront entschied Herr Helms, dass das Weihnachtsprogramm wie geplant verlaufen sollte. Am Abend der Aufführung sang unsere Klasse ‚Oh Tannenbaum'. Wir standen nebeneinander auf einer Bühne neben der allgegenwärtigen Hakenkreuzfahne. Mein Herz klopfte heftig, als ich schließlich nach vorn trat. Herr Helms stand an der rechten Seite der Aula und gab mir das Zeichen, zu beginnen. Meine ersten Worte waren aber offenbar nicht laut genug, so dass er mir mit der Hand ein Signal gab. Ich holte tief Luft und war dann selbst überrascht, wie laut und klar meine Stimme plötzlich tönte. Meine Augen auf das strahlende Gesicht von Herrn Helms gerichtet, der wie ein Dirigent agierte, endete ich mit der letzten Strophe:

Hohe Nacht der klaren Sterne,
die wie weite Brücken steh'n.
Über eine große Ferne
drüber uns're Herzen geh'n.

Brücken bilden heut' die Herzen
über Tag und Zeit und Raum.
Und im Glanz der Weihnachtskerzen
strahlt der deutsche Weihnachtsbaum.

Kurz nach Weihnachten war Herr Helms plötzlich verschwunden. Als ich Papa bat, mir das zu erklären, warf er Mutti einen fragenden Blick zu, mit dem er offenbar ihre Zustimmung erbat, mir darauf zu antworten.

„Verhaftet" sagte mein Vater nach einer Pause.

„Verhaftet?"

„Ärger mit der Gestapo."

„Was ist passiert?", fragte ich ängstlich und suchte in Papas
Gesicht eine Antwort. Er konnte mir nur sagen, Herr Helms wäre bei
einer Vernehmung der Staatskritik bezichtigt worden. Selbst dass er
‚alter Nazi' war, hatte ihm nicht geholfen. Weil ich darauf meinte,
Herr Helms sei doch gar nicht alt, erläuterte Papa, ein ‚alter Nazi' sei
jemand, der schon lange Zeit der Partei angehöre. Herr Helms war
zwar einer dieser ‚alten Hasen', hatte aber unter anderem angeblich
öffentlich gegen die brutale Behandlung der jüdischen und polnischen
Bevölkerung protestiert. Papa fluchte: „Ich habe versucht, diese Nazi-
Arschlöcher zu überzeugen,…"

Mutti warf ein: „Karl, bitte!"

Papa winkte ab und fuhr fort „… dass sie ihm Unrecht tun und
dass Herr Helms ein ausgezeichneter Schuldirektor ist. Um sie zu
beeindrucken habe ich noch betont, dass seine beiden Söhne als
Jagdflieger ihr Leben fürs Vaterland riskieren." Papa zog an einem
meiner Zöpfe und lächelte matt: „Wir wollen hoffen, dass ihm das
hilft."

„Und wenn nicht?", wollte ich wissen.

Nach einer kurzen Pause sagte er: „Dann schicken sie ihn…"
Mitten im Satz brach er ab, und ich fragte mich, ob Herrn Helms'
Schwierigkeiten irgendetwas mit dem Plakat zu tun haben könnten,
das ich gesehen hatte:

Bekanntmachung

Betrifft: Beherbergung von geflüchteten Juden
Es besteht Anlaß zu folgendem Hinweis: Gemäß der 3. Verordnung über
Aufenthaltsbeschränkung im Generalgouvernement vom 15. 10. 1941 unterliegen Juden,
die den jüdischen Wohnbezirk unbefugt verlassen, der Todesstrafe. Gemäß der gleichen
Vorschrift unterliegen Personen, die solchen Juden wissentlich Unterschlupf gewähren,
Beköstigung verabfolgen oder Nahrungsmittel verkaufen, ebenfalls der Todesstrafe.

Die nichtjüdische Bevölkerung wird daher dringend gewarnt: 1.Juden
Unterschlupf zu gewähren,
2.Juden Beköstigung zu verabfolgen, 3.Juden
Nahrungsmittel zu verkaufen.

In der folgenden Woche war Herr Helms wieder in der Schule. Und statt während der Pause weiterhin traurig auf der Treppe zu hocken, schloss auch sein Sohn Jürgen sich uns wieder beim ‚Kettensprengen‘ an, einem Spiel, bei dem man versuchen musste, eine Reihe von Kindern mit untergehakten Armen zu durchbrechen.

Ich stürzte auf Papa zu, als er nach Hause kam. „Herr Helms ist wieder da!", jubelte ich.

Papa erwiderte: „Ich habe ihn gewarnt…"

„Wovor?"

Papa zögerte, senkte seine Stimme und fuhr fort, „er solle seinen Mund halten."

Obwohl das vielleicht zu dreist war, betonte ich: „Aber du hältst Deinen Mund doch auch nicht."

Ich dachte, jetzt würde Papa mich ausschimpfen, stattdessen versuchte er aber, mich zu beruhigen. „Ich bin vorsichtig", sagte er. „Wie hast du mich genannt, als du noch ein kleines Mädchen warst?"

„Alter Fuchs."

„Und wie sind alte Füchse?"

„Gerissen, schlau, und sie jagen meistens nachts", erwiderte ich und war stolz, dass ich mich daran noch erinnerte.

Papa nickte und hielt sich den Zeigefinger vor den Mund. „Ja, jetzt geh und hilf deiner Mutter."

Einige Wochen später rief Herr Helms – bekleidet mit seiner Wehrmachtsuniform – Lehrer und Schüler in die Aula. „Liebe Kollegen, liebe Kinder: Es war meine Aufgabe und mir eine große Ehre, dieser Schule als Direktor zu dienen; deshalb betrübt es mich, euch verlassen zu müssen". Ein vielstimmiges Stöhnen kam von den Zuhörern. Er fuhr fort: „Doch ich ermahne euch: Bleibt stets euren Überzeugungen und eurem Gewissen treu." Mit gedämpfter Stimme fügte er hinzu „was auch immer es kosten mag."

„Herr Helms muss in den Krieg", heulte ich, als Papa abends nach Hause kam.

„Ich konnte nichts mehr für ihn tun."

„Ist er bestraft worden?"

Papa nickte. „Er ist ein mutiger Mann, aber es gibt auch andere Wege." Ich bat ihn, mir auch das zu erklären; aber er winkte ab, ein Zeichen, dass er nicht weiter belästig werden wollte. Mir blieb nichts anderes übrig, als das so hinzunehmen.

Ich fragte mich, was Papa mit ‚andere Wege' gemeint hatte. Dann erinnerte ich mich an ein Lied, das er und Mutti oft mit uns gesungen hatten:

Die Gedanken sind frei! Wer kann sie erraten?
Sie fliegen vorbei wie nächtliche Schatten.
Kein Mensch kann sie wissen,
kein Jäger erschießen mit Pulver und Blei.
Die Gedanken sind frei!

Und die letzte Strophe:

Und sperrt man mich ein im finsteren Kerker,
das alles sind nur vergebliche Werke.
Denn meine Gedanken zerreißen
die Schranken und Mauern entzwei.
Die Gedanken sind frei!

Zehn Tage nach Herrn Helms' Einberufung erreichte uns die Nachricht, er sei an der russischen Front, wo die deutsche Truppen sich auf dem Rückzug befanden, gefallen. Lehrern und Schülern standen Tränen in den Augen. Als ich Mutti berichtete „Herr Helms ist tot", schien sie nicht überrascht zu sein und flüsterte: „Kind, wir leben in schlimmen Zeiten."

Als Papa an diesem Abend nicht nach Hause kam, fragte ich Mutti mit einem Kloß im Hals: „Ist Papa auch verhaftet worden?"

Sie schüttelte den Kopf: „Nein, Er hat nur etwas zu erledigen."

In der Nacht betete ich, daß die Gestapo bitte nicht kommen und Papa in den Tod schicken soll. Dann zwang ich mich zu schlafen. Ein paar Tage später trug Jürgen in der Schule eine schwarze Armbinde, so wie damals Mutti und Papa nach Utes Tod. In der Pause setzte er sich auf die Treppenstufen und weigerte sich wieder, mit uns zu spielen. Als ich auf ihn zuging, machte er seinem Zorn Luft: „Im Telegramm steht mein Vater sei für Führer, Volk und Vaterland gefallen. Aber meine Mutter sagt, seine Kameraden wären an seinem

Tod schuld."

„Wieso denn das?"

„Weil sie ihn zu einem 'Himmelfahrtskommando' gezwungen haben. Ein Kommando, das in den sicheren Tod führt." Mein Freund schniefte und wischte sich die Nase am Ärmel ab. „Mein Vater hatte meiner Mutter bereits gesagt er würde nicht zurückkommen."

„Das tut mir ja so leid." Ich streckte meine Hand aus, um seine Schulter zu berühren, zog sie jedoch zurück, denn für Mädchen und Jungen war es in unserem Alter nicht üblich, auf solch vertrauliche Weise beieinander zu sitzen und zu reden, wie wir es gerade getan hatten. Meistens zankten wir uns, spielten, schubsten und neckten uns nämlich gegenseitig.

Kurz nachdem Herr Helms gefallen war, bat mich Fräulein Rost um einen Botengang. Ich befand mich zu Füßen der breiten Treppe, die zu Helms' Wohnung im Obergeschoss des Schulgebäudes führte, als ein Telegrammbote an mir vorbeieilte und klingelte. Ich ahnte irgendwie, dass etwas Schlimmes passieren würde, und war wie gelähmt. Frau Helms öffnete; der Bote grüßte mit ‚Heil Hitler', sagte etwas mit gedämpfter Stimme und überreichte ihr einen Umschlag. Sie wurde schneeweiß im Gesicht. Der Bote grüßte noch einmal mit ‚Heil Hitler' und lief die Treppe wieder runter. Frau Helms stand in der Wohnungstür, riss den Umschlag mit zitternden Händen auf und las das Telegramm. Sie ließ den Umschlag fallen und zerknüllte seinen Inhalt mit der linken Hand. Mit der rechten versuchte sie, einen Schrei zu unterdrücken. „Nein, nein!", stöhnte sie und schloss die Tür hinter sich.

Ich rannte in die Klasse zurück, vergaß alles über den Botengang und flüsterte Fräulein Rost zu: „Frau Helms hat schlimme Nachrichten erhalten." Daraufhin gab uns Fräulein Rost etwas zu lesen und forderte Jürgen auf, sie zu begleiten. Als sie allein zurückkam, erklärte sie uns, dass das Flugzeug des ältesten Helms-Sohnes abgeschossen worden und ihr Sohn dabei ums Leben gekommen sei. Noch im selben Jahr erhielt Frau Helms ein weiteres Telegramm. Auch ihr mittlerer Sohn war mit seinem Flugzeug abgestürzt und dabei umgekommen.

Frau Doktor Pieczenko

Im Februar 1943 litt Sven wieder einmal unter heftigen Ohrenschmerzen. Mutti teilte mir mit, Frau Dr. Pieczenko würde zu einem Hausbesuch und einer Tasse Tee kommen. Ich wunderte mich über den seltsamen Namen der Frau Doktor. Mutti erklärte, sie sei eine Weißrussin, die aus der Ukraine geflohen war und in der Stadt eine Hals-Nasen-Ohren-Praxis eröffnet hatte.

Mutti bereitete den Tee vor, und ich fragte sie: „Kommen denn die Russen in verschiedenen Farben vor?"

Sie lachte und antwortete, die ‚Weißrussen' hätten den Zar während der Revolution im Kampf gegen die ‚roten' Russen, die Bolschewiken unterstützt. „Deshalb konnte die derzeitige kommunistische Regierung der ‚Roten' die Weißrussen nicht leiden." Ich fragte Mutti, warum die Frau Doktor aus ihrer Heimat fliehen musste, wenn doch zur gleichen Zeit in den Nachrichten die Rede von deutschen Siegen war. Mutti flüsterte mir ins Ohr, das sei nur ‚Propaganda' gewesen und ich solle nicht alles glauben, was ich im Radio hören würde. Das Wort ‚Propaganda', das nur geflüstert wurde, faszinierte mich. Auch fiel mir Muttis ängstlicher Blick auf, als Papa ihr erklärte, die Niederlage in Stalingrad sei der Anfang vom Ende. Ich begriff, dass Gespräche über Politik und besonders darüber, dass wir den Krieg verlieren würden, immer gefährlicher wurden.

Ich fragte: „Kann denn Frau Doktor Svens Ohr wieder heile machen?"

Mutti erwiderte: „Sie wird's versuchen."

Ich stülpte die Kaffeemütze über die Teekanne, schob den Teewagen ins Wohnzimmer und half Mutti beim Tischdecken.

Unser Wohn- und Esszimmer war ein warmer und einladender Zufluchtsort mit einem Ecksofa, einem rundem Kaffeetisch, behaglichen Sesseln und einem ovalen Esstisch mit Stühlen in der Mitte. Ein Bücherregal und ein Büfett, über dem eine Aktzeichnung von Georg Kolbe hing, nahmen eine Wand ein. Eine Meereslandschaft und ein Gemälde mit Wildgänsen im Flug hingen an der gegenüberliegenden Wand.

Immer nachmittags, so gegen vier Uhr, schloss Mutti die

Wohnzimmertür und legte eine Ruhepause ein, in der sie nicht gestört werden durfte. Sie machte es sich neben dem grünen Kachelofen in einem bequemen Liegestuhl gemütlich, hörte Musik, las und trank ihren Tee mit einem Schuss Milch aus einer gläsernen Tasse.

Ich sah Frau Doktor angeradelt kommen, öffnete die Tür, knickste und führte sie ins Wohnzimmer wo Mutti sie schon erwartete. Die Frau war älter als Mutti, groß und schlank, hatte dunkle Augen und buschige Augenbrauen. Ein Kranz grau melierter Haare umrahmte ihr Gesicht unter einer prächtigen Pelzmütze. Mutti begrüßte sie, half ihr aus Mantel und Mütze und gab beides an mich weiter. Der schwere Mantel war aus feinem braunem Stoff und mit kostbarem Zobelpelz gefüttert. Sanft strich ich über das Fell, pustete es an und hielt den Mantel an meine Wange, um seine Weichheit zu spüren, bevor ich ihn in der Garderobe aufhängte. Nachdem die Ärztin Sven untersucht hatte, bat Mutti mich, das ausgestellte Rezept zur Apotheke zu bringen. An Muttis Gesichtsausdruck merkte ich, dass ich zu dreist gewesen war, denn ich hatte Frau Doktor gebeten, mir ihr Fahrrad zu leihen. Sie erlaubte es jedoch gnädig, ermahnte mich aber, ich solle mich beeilen. Weil ich befürchtete, Mutti könnte widersprechen oder Frau Doktor ihre Meinung ändern, schwang ich mich rasch aufs Rad und fuhr – unsicher und wacklig – unseren zerfurchten und steinigen Fahrweg entlang in Richtung Auschwitzer Straße. Ich trat zunächst stehend in die Pedalen, musste mich jedoch ab und zu mal auf dem Sattel sitzend ausruhen und das Rad im Leerlauf rollen lassen. Das Rad schiebend überquerte ich die verkehrsreiche Auschwitzer Straße und erreichte die Apotheke in Rekordzeit. Als ich eintrat, schrillte eine Klingel. Noch außer Atem schnaufte ich „Guten Tag". Die Frau hinter der Theke fauchte mich an.

„Sag mal, kannst du nicht anständig grüßen?", fragte sie scharf.

Mit rotem Kopf fügte ich schnell „Heil Hitler" hinzu und reichte ihr das Rezept. Mit verkniffenen Lippen und saurem Gesicht wog sie ein weißes Pulver ab, schüttete es in einen Umschlag, machte eine Notiz, händigte ihn mir aus und verlangte eine Mark. Ich bezahlte, steckte den Umschlag in meine Tasche und wollte gerade „Auf Wiedersehen" sagen, doch da fiel mir eben noch rechtzeitig „Heil Hitler" ein. Ich rannte hinaus, schwang mich wieder auf mein Fahrrad und begab mich schnell auf die Rückfahrt.

Kräftig trampelnd und mit fliegendem Haar wich ich den Autos und Kutschen aus und flitzte nach Hause. Ich kam bis zu unserem Schlagbaum, als ich plötzlich merkte, dass der Vorderreifen platt war. Mit schlechtem Gewissen hockte ich mich in den Graben und murmelte vor mich hin, wie es Mutti immer tat, wenn sie Probleme hatte: Was tun? Sollte ich mich auf den Scheunenboden schleichen oder – besser noch – mich unter den Zweigen der Linde verstecken, wo mich niemand vermutete? Meine Sorge galt vor allem Mutti, weil sie sich meinetwegen schämen würde. Doch alles Zögern half nichts. Ich stieg also wieder aus dem Graben und schob das Fahrrad mit schleppenden Schritten nach Hause.

Mutti und Frau Doktor hatten ihren Tee ausgetrunken und warteten auf meine Rückkehr. „Da bist du ja", sagte Frau Doktor und stand auf.

Mit rotem Kopf und kaum hörbarer Stimme stammelte ich: „Leider habe ich Ihr Fahrrad kaputt gemacht"

„Wie bitte?" fragten Mutti und Frau Doktor gleichzeitig.

„Ich habe Ihr Fahrrad kaputt gemacht. Das tut mir ganz schrecklich leid", platzte es aus mir heraus.

„Wie konntest du nur so unvorsichtig sein? Habe ich dir nicht gesagt, dass ich das Fahrrad für meine Patientenbesuche brauche?", schimpfte Frau Doktor. Eine tiefe Falte stand zwischen ihren Augenbrauen, als sie sich drohend vor mir aufrichtete. Am liebsten wäre ich als Wasserlache zwischen den Ritzen der Fußbodendielen verschwunden. „Ach du liebe Zeit", klagte sie, „wo finde ich bloß so spät am Abend noch jemanden für die Reparatur?"

Als sie schließlich ihr Rad auf dem Fahrweg davon schob, wünschte ich mir, dass ich diese Ärztin und ihr verfluchtes Fahrrad nie wieder zu sehen bekäme. Mutti aber schimpfte, ich sei unverschämt und leichtsinnig gewesen. Sie schickte mich auf mein Zimmer, wo ich den Rest des Tages beschämt und gedemütigt verbrachte. Von da an ging ich der Frau Doktor stets aus dem Weg, wenn sie zu Besuch kam.

Ein paar Monate nach dem Fiasko mit dem Fahrrad bekamen Sven und ich gleichzeitig Ohrenschmerzen. Mutti tropfte uns warmes Öl in die Ohren und verstopfte sie mit Watte. Als das aber nicht half, entschied sie, mit uns zu Frau Doktor zu gehen. Was hätte ich alles getan, um diesen Besuch zu vermeiden! Ich beteuerte, die Schmerzen seien gar nicht so schlimm, aber ich bettelte vergeblich. Mutti sah mich bloß an und schüttelte den Kopf. Sie deutete auf meine Stirn und sagte: „Du weißt doch, dass ich Lügen von deiner Stirn ablesen kann." Ich drehte mich weg, um die Lüge von meiner Stirn zu wischen.

Frau Doktor lebte und praktizierte in einem Mietshaus in einer

Parallelstraße zur Auschwitzer Straße. Mir war vor Angst ganz schlecht, als wir die steile Treppe zur Wohnung hoch stiegen. Mutti klingelte. Eine Schwester öffnete die Tür, führte uns aber nicht ins Wartezimmer, sondern bat, es uns in Frau Doktors Wohnzimmer bequem zu machen. Über einem Flügel hing eine weiße Maske. „Was ist das?", fragte ich Mutti und zeigte darauf.

„Das ist die Totenmaske von Ludwig van Beethoven."

„Aha" sagte ich und tat so, als wüsste ich, wer Beethoven war. Frau Doktor holte Mutti und Sven ins Behandlungszimmer; ich blieb zurück und betrachtete die Maske. Es schien eine Ewigkeit zu dauern, bis Sven – rotäugig und bleich – mit einem dicken Verband um den Kopf ins Wohnzimmer zurückkam.

„Was ist passiert?", fragte ich. Doch bevor er antworten konnte, forderte mich die Assistentin auf, ihr zu folgen. Mutti und Frau Doktor erwarteten mich im Behandlungszimmer in dem es stark nach Desinfektionsmitteln roch. Frau Doktor trug einen weißen Kittel und auf der Stirn einen kleinen silbernen Spiegel. Ich sah auf den Boden, knickste und gab ihr die Hand. Dann musste ich mich setzten. Sie klappte den Spiegel vor ihr linkes Auge, und mit einem winzigen Trichter untersuchte sie meine Ohren.

Sie nahm ein Skalpell von einem Tablett und lehnte sich nach vorn. Mutti stand hinter mir, legte ihre Hände auf meine Schultern und flüsterte „Sei tapfer", als ein unbeschreiblicher Schmerz durch meinen Kopf und den ganzen Körper schoss. Ich stieß einen Schrei aus und Tränen kullerten meine Wangen hinunter. Frau Doktor trat zurück, Mutti streichelte meinen Kopf. Wütend schob ich ihre Hand weg. Als ich aufstehen wollte, schüttelte Frau Doktor den Kopf. Ich sah Mutti an und bettelte mit meinen Augen um Hilfe und Schutz. „Es ist fast vorbei" sagte sie, um mich zu beruhigen. Mit eisernem Griff hielt ich mich am Behandlungsstuhl fest und lehnte mich zurück. Frau Doktor stopfte einen Wattepfropfen ins Ohr und wickelte mir einen Verband um den Kopf. Dann forderte sie mich auf, aufzustehen. Voll Zorn sprang ich hoch, beachtete ihre ausgestreckte Hand nicht und verließ das Zimmer, ohne mich noch einmal umzudrehen.

Vor Sven platzte es aus mir hinaus: „Die alte Hexe hat mir weh getan, weil ich ihr Fahrrad kaputt gemacht habe."

Ruhig und für sein Alter ungewöhnlich gelassen erwiderte Sven: „Mit mir hat sie genau dasselbe angestellt, obwohl ich ihren

Fahrradreifen nicht platt gefahren habe." Ich weigerte mich, seine Erklärung einfach so hinzunehmen und blieb dabei, Frau Doktor hätte die Gelegenheit nur genutzt, um sich an mir zu rächen. Wie ich an diesem Tag nach Hause gekommen bin, weiß ich nicht mehr. An den Zorn aber und das Gefühl, meine Mutter hätte mich in meiner Not im Stich gelassen, kann ich mich noch gut erinnern. Tagelang trug ich meine Wut mit mir herum und nahm mir fest vor, Frau Doktor niemals zu vergeben. Mutti konnte ich allerdings nicht länger böse sein.

Einige Monate später brachte Frau Doktor einen Herrn in unser Haus und stellte ihn als Doktor Markin vor. Er flüsterte, er sei mit den Mitgliedern des Ensembles der Oper von Charkow und deren Angehörigen nach Krenau geflohen, um der Verfolgung durch die Russen zu entgehen. Ich glaubte, Herr Doktor Markin flüstere wegen eines Kehlkopfleidens. Später stellte sich jedoch heraus, dass er sich das Flüstern angewöhnt hatte, weil er aus politischen Gründen jahrelang bespitzelt worden war. Doktor Markin wurde ein regelmäßiger Gast in unserem Haus. Aus Dankbarkeit gegenüber der Stadt, die ihnen Zuflucht gewährt hatte, führte das Opernensemble ein großartiges Konzert auf.

Papa gerät in Gefahr

Ich glaube nicht, dass Tante Marianne wirklich eine Antwort von Mutti erwartet hatte, als sie sie zum x-ten Mal fragte: „Tutti, wie hältst du es bloß mit diesem Mann aus, der jedem Geld schenkt oder leiht, von dem er angebettelt wird, und sich zum Schluss sogar selbst in Schulden stürzt? Er geht zu viele Risiken ein, bezirzt andere Frauen und lässt sich von ihnen bezirzen. Du erinnerst dich doch daran, dass sie ihn in Kassel sogar den ‚weißen Traum‘ nannten?"

Zwar liebte ich meine Tante sehr, aber ich konnte nicht verstehen, warum sie ständig schlecht über Papa redete, und was sie mit ‚bezirzen‘ und einem ‚weißen Traum‘ meinte. Wenn Marianne das Thema zur Sprache brachte, zuckte Mutti nur mit den Schultern und fuhr fort, Dagmar mit Haferbrei zu füttern. „Ach Marianne, was soll ich dazu sagen? Er ist ein attraktiver Mann. Er trinkt nicht, er raucht nicht, er spielt nicht, und er liebt mich und die Kinder."

Ich weiß nicht mehr, wann mir zum ersten Mal bewusst geworden ist, dass Papa sich von anderen Menschen abhob. Mit seiner schlanken, drahtigen Gestalt erschien er größer als er eigentlich war. Seine Nase war fein geschnitten, die Lippen schmal und wohlgeformt. Seine Haare waren bereits früh weiß geworden, und hellblaue Augen leuchteten hinter der stets makellos polierten, randlosen Brille. Bekleidet mit seinem cremefarbenem Jackett und Knickerbockern aus handgewebter Wolle gab er eine schneidige Figur ab. Mit seinem breitkrempigen Architektenhut und dem leichten Staubmantel, der immer hinter ihm her flatterte, sah er aus wie ein Künstler und nicht wie ein deutscher Beamter, obwohl er einer war.

Schon von früh an hatte ich das Gefühl, Papa neige dazu, sich ständig Gefahren auszusetzen. 1935, als wir noch in Wilhelmshausen wohnten, war er mit seinem Sportwagen auf dem Hemelberg aus einer Kurve geflogen und verunglückt. Jahrzehnte später zeigte er uns die Narbe an dem Baum, gegen den er damals geprallt war. Jedes Mal, wenn er ein Flugzeug bestieg und in Wolkennähe segelte, ging er ein Risiko ein. All das wusste ich wohl, aber jetzt spürte ich, dass er sich während unserer Zeit in Polen in noch größere Gefahren begab.

Papa ärgerte sich stets, wenn ich den Gesprächen der Erwachsenen lauschte. Eines Tages kam er einmal aufgebracht von der Arbeit zurück und Mutti fragte ihn, was geschehen sei. Er erzählte von einem Besucher in seinem Büro: „Ein Mann in Zivilkleidung hat mir zwei Pässe auf meinen Schreibtisch geworfen. Ich hatte sofort den Verdacht, dass er von der Gestapo war. Er hat auf meine Unterschriften gedeutet und wissen wollen, ob sie echt seien. Prompt habe ich ihm empört erwidert: ‚Was soll das heißen? Ich unterschreibe hunderte solcher Pässe‘.“ Durch ein Geräusch, das ich offenbar im Flur gemacht hatte entdeckte Papa mich plötzlich, knurrte „verschwinde!“ und scheuchte mich davon.

✳ ✳ ✳ ✳ ✳

Jahre später berichtete er über die damaligen Ereignisse: „Die Dokumente gehörten zwei jüdischen Frauen, die aus Polen geflohen waren. Die Schweizer Grenzposten hatten sie aufgegriffen und den Nazis ausgeliefert.“ Papa winkte ab. „Fragt mich nicht warum.“ Dann fuhr er fort: „Als ich die Ausweise sah, wusste ich, dass man mir eine Falle stellen wollte. Ich holte tief Luft und donnerte los: ‚Wissen Sie überhaupt, mit wem Sie es zu tun haben? Und wie kommen Sie eigentlich darauf, einfach in meinem Büro zu erscheinen und mich auszufragen? Ich bin offiziell beauftragt, Listen aufzustellen, und dafür zuständig, Arbeitsgenehmigungen und Pässe auszufertigen, auch wenn es hunderte sind. Und wenn Sie nicht eindeutig beweisen können, dass ich gegen irgendwelche Vorschriften verstoßen habe, empfehle ich Ihnen, mein Büro unverzüglich zu verlassen‘.“ Papa schmunzelte. „Ihr hättet das Gesicht dieses Mannes sehen sollen. Der machte sooo große Augen, wischte sich die Stirn mit einem Taschentuch ab, stammelte irgendetwas und verließ augenblicklich mein Büro. Ich muss zugeben, dass mir der kalte Schweiß ausbrach, als er endlich weg war.“ Ich fragte Papa, warum er mit dem Agenten so grob umgegangen war. Seine Antwort: „Schon vor langer Zeit habe ich mir angewöhnt, manche Leute so abzufertigen, als hätte ich die Autorität dazu, selbst wenn ich sie gar nicht besaß, sie anzuschnauzen, zu brüllen und zu toben.“ Er fügte noch hinzu „und das mit Überzeugung.“

Natürlich glaubte ich ihm, denn ich hatte mehr als einmal beobachtet, wie er sich solcher Taktiken bediente. Ich fragte nur: „Papa, kanntest du die beiden Frauen, die zu fliehen versuchten?“ Er nickte, wandte sich ab und bat mich, ihn allein zu lassen.

✳ ✳ ✳ ✳ ✳

Anfang März 1943, als sich der Schnee tagsüber in schmutzigen Matsch verwandelte und nachts wieder gefror, war Papa noch unruhiger und gereizter als sonst. Er stürmte ständig bei uns zu Hause herein und hinaus. Ich fragte mich, was ihn diesmal wohl belastete.

127

Kurz danach kündigte er an, er müsse bald weggehen.

„Warum?" fragte ich.

„Ich kann nicht drüber reden," antwortete Papa schroff.

„Wohin?" fragte Sven.

„Weiß ich noch nicht. Ich werde nicht mehr fürs Kreisbauamt arbeiten", erwiderte er. Ich hätte gern mehr Fragen gestellt, steckte sie jedoch zu all den unbeantworteten, die ich wie einen schweren Rucksack mit mir herum trug.

* * * * *

Die beruflichen Fähigkeiten meines Vaters waren hervorragend. Ende 1941 wurde er vom Angestellten im öffentlichen Dienst zum Beamten ernannt. Seine Beziehungen zu den Behörden, speziell zum nationalsozialistischen Landrat waren allerdings problematisch. Papa hatte wenig Respekt vor Anordnungen oder Vorschriften, mit denen er nicht übereinstimmte. Er konnte arrogant sein und diplomatisches Verhalten war auch nicht gerade seine Stärke.

Im Jahr 2002 schrieb der deutsche Historiker Dr. Reinhold Lütgemeier- Davin über meinen Vater, den ‚Luftwaffen-Feldwebel und Baurat Karl Laabs: ein Jugendbewegter als Judenretter im polnischen Krenau:' „Er war bereit, öffentlich politischen Autoritäten zu widersprechen, ohne Rücksicht darauf, ob ihm das gesellschaftlich oder beruflich schadete..., aber nicht erpicht auf Statusgewinn durch Steigerung von Ansehen, Macht, Einfluss und Geld."

Andererseits war mein Vater kein unbesonnener oder gar tollkühner Mann. Mutti meinte dazu: „Wenn er Gefahr spürte, behielt er seine Gedanken für sich und wand sich wie ein Aal hindurch. Er war ein Meister der Verstellung und Täuschung. Er hatte die verblüffende Fähigkeit, eine Rolle zu spielen und zu lügen. Er konnte die Nazis an der Nase herum führen, sie glauben lassen, dass er mit ihnen übereinstimmte. Aber hinter ihrem Rücken tat er dennoch das, was er für richtig hielt. Es gab Zeiten, in denen er es für sinnvoll hielt, zwar mit den Wölfen zu heulen, aber nicht mit ihnen zu jagen." Sie fügte hinzu: „Ich unterstützte euren Vater, aber ich warnte ihn auch ständig, vorsichtig zu sein ... Ich hatte entsetzliche Angst, man könne ihm auf die Schliche kommen, und ich fühlte mich zwischen meiner Anteilnahme und

Hilfsbereitschaft für die Juden und meiner Sorge hin und her gerissen, wie ich Euch Kinder beschützen konnte."

Meine Mutter wusste vermutlich, dass ihr geliebter Mann immer und immer wieder sein Leben riskierte. Sie spürte irgendwie, dass er seine gefährlichsten Rettungsaktionen sogar vor ihr geheim hielt. Es ist mir bis heute unvorstellbar, unter welch großem Belastungsdruck sie damals gestanden haben muss.

Am 3. März 1943 erhielt mein Vater einen Brief vom Krenauer Landrat, in dem dieser ihm ein ,Dienststrafverfahren' wegen standeswidrigen Verhaltens in Beruf und Privatleben ankündigte. Dies geschah kurz nach nachdem er über hundert Juden vor dem Abtransport nach Auschwitz gerettet hatte. Die Nazis hatten kurz danach den letzten verbliebenen Juden einschließlich der Weichmann-Mädchen zusammengetrieben. Diesmal war Papa aber völlig machtlos und konnte nichts mehr für sie tun. Mit dieser letzten Aussiedlung hatten die Nazis es also endgültig geschafft, die Stadt und den Landkreis ,judenrein' zu machen. Merkwürdigerweise ging der Brief vom Landrat aber nicht auf Papas illegale Aktivitäten in Bezug auf die Juden und Polen ein.

Papa plädierte natürlich auf „Nicht schuldig". Er vermutete, die angekündigte Strafversetzung sei Teil eines Plans, auch ihn nach Auschwitz zu bringen. Dieser Verdacht wurde bestätigt, als ein Mittelsmann ihn vor der bevorstehenden Verhaftung warnte. Unverzüglich brachte Papa einige komplizierte Manöver in Gang, mit denen er die Gestapo überlisten wollte. Er fuhr nach Kattowitz, um sich dort mit seinem Freund Sassmannshausen zu beraten, einem alten Segelfliegerkameraden aus den zwanziger Jahren. Als Standartenführer des Fliegerkorps war Sassmannshausen im Dienst des Luftgaukommandos VIII der Luftwaffe. Er konnte seinen Vorgesetzten, den Kommandanten des Wehrbezirkskommandos Kattowitz, überzeugen, Papa einen offiziellen, rückdatierten Einzugsbefehl zur Luftwaffe auszustellen. Mit diesem Dokument kehrte Papa dann nach Krenau zurück, nahm krankheitshalber Urlaub und wartete.

Ein paar Tage später klopften zwei Männer in Zivilkleidung an unsere Tür und fragten nach Papa. Gela führte sie ins Arbeitszimmer, wo Papa sie empfing. Sven, der viel von solchen Dingen mitbekam, denen ich wenig Beachtung schenkte, stupste mich an die Rippen und flüsterte: „Gestapo". Mutti floh in den Garten und ging dort aufgeregt hin und her. Als die Männer wieder gegangen waren, rannte sie zurück ins Haus und fiel Papa in die Arme. Er legte einen Arm um ihre Schultern, führte sie ins Wohnzimmer und schloss die Tür. Ich hatte damals keine Ahnung, wie knapp Papa in diesem Moment seinem Abtransport ins Konzentrationslager Auschwitz entgangen war.

★ ★ ★ ★ ★

Neunundzwanzig Jahre später erinnerte sich Papa: „Es war so: Wie erwartet, kamen an jenem Morgen die zwei Agenten der Gestapo mit einem Haftbefehl. Ich kannte die Männer, begrüßte sie höflich, bat sie, Platz zu nehmen, und schenkte jedem ein Glas Schnaps ein. Nachdem einer der beiden den Haftbefehl vorgelesen hatte, überreichte ich ihnen zwei Kopien meiner Einberufung, aus der hervor ging, dass ich bereits seit einiger Zeit Mitglied der Luftwaffe war. Alle seufzten vor Erleichterung. Die Gestapoagenten entschuldigten sich höflich und gingen. Am folgenden Freitag reiste ich nach Krakau und ließ mir dort eine Uniform anpassen. Nach einem kurzen Urlaub stattete ich dem Landrat, der einer der Anstifter meiner Verhaftung gewesen war, einen Besuch ab." Papa schmunzelte: „Ihr hätte sein Gesicht sehen sollen, als ich in Luftwaffenuniform und meinen Orden aus dem 1. Weltkrieg an der Brust bei ihm im Büro erschien."

★ ★ ★ ★ ★

Kurz nach dem Besuch der Gestapo-Agenten rief Papa Sven und mich zu sich und verkündete, er sei nun Mitglied der Luftwaffe. „Ich möchte, dass ihr Eure Schularbeiten macht, Musik übt, hilfsbereit seid und vor allem eurer Mutter gehorcht. Kann ich mich auf euch verlassen?" Sven und ich nickten.

„Schicken sie dich an die russische Front?", fragte ich mit klopfendem Herzen.

„Ich glaube nicht." Er zupfte an einem meiner Zöpfe, weil er mein ängstliches Gesicht sah.

Als Anita erfahren hatte, was geschehen war, entschied sie sich, endgültig nach Spanien zurückzugehen. Ihre Tochter Maria, die ganz besonders an Papa hing, wollte aber nicht mit. Auf dem Bahnhof schlang sie ihre Arme um Papa, klammerte sich an ihn und weinte bitterlich. Zum letzten Mal hörten wir Anitas Drohung, Maria den Schädel einzuschlagen.

Kurz nachdem Anita und Maria abgereist waren, verließ uns auch Papa. Ich fragte Mutti, warum er sich nicht von uns verabschiedet hätte. Sie antwortete: „Bevor er heute früh

130

aufgebrochen ist, hat er noch nach jedem von euch gesehen und mir gesagt, er wolle versuchen, bald wiederzukommen."

„Bist du sicher, dass er nicht an die russische Front geschickt und wie Herr Helms dort totgeschossen wird?", fragte ich.

Sie schüttelte den Kopf und antwortete: „Wir wollen dankbar sein, dass Papa vorläufig nicht an die Front muss, und darum beten, dass Gott ihn beschützt."

Sven und Frank waren begeistert, dass Papa nun Soldat war. Meine Brüder robbten auf ihren Bäuchen herum, übten mit hölzernen Attrappen das Werfen von Stielhandgranaten, die aber mehr wie Kartoffelstampfern aussahen, und brüllten: „Deckung, bam, bam, du bist tot". Ich hielt das für ein albernes Spiel. Doch meine Brüder liebten es, obwohl sie sich selten einigen konnten, wer von ihnen den Toten spielen sollte. Auf „du bist tot" folgten Protestrufe „Nein, du bist tot". Wenn sie endlich entschieden hatten, wer dran war, den Verwundeten zu spielen, wetteiferten sie miteinander, wer am dramatischsten sterben konnte. Sie ahmten Todesszenen nach, so wie sie es im Kino gesehen hatten. Sie griffen sich an die Brust, wälzten sich auf dem Boden herum, zuckten zusammen, krümmten sich, zitterten und stöhnten.

Nachdem Papa eingezogen worden war, hielt ich wochenlang Ausschau nach ihm in der Hoffnung, er würde plötzlich den Fahrweg entlang auf unser Haus zukommen. Sein Geschimpfe und Herumkommandieren vermisste ich natürlich nicht. Ich sehnte mich aber nach seinen zarten Berührungen, wenn er neben meinem Bett gesessen, mir kalte Kompressen auf die Stirn gelegt, mir etwas vorgesungen und eine seiner Geschichten erzählt hatte. Selbst Tante Marianne, die ja nur selten etwas Gutes über Papa zu sagen wusste, meinte anerkennend: „Nie habe ich einen Mann erlebt, der sich so rührend um ein krankes Baby kümmern konnte wie dein Vater. Euch im Arm haltend wandelte er nächtelang umher und sang euch in den Schlaf."

Im April kam Papa ein paar Tage auf Urlaub. Das nächste Mal war er einen Tag im Juni da und etwas später für zwei Wochen im August, um angeblich bei der Ernte zu helfen. Tatsächlich aber nahm er uns zu Besuchen bei Verwandten und Freunden in Deutschland mit. Ich war traurig, dass wir beide keine Kutschfahrten mehr miteinander machen konnten. Ich erinnerte mich gern an die ‚Bauinspektionsrunden', auf denen ich ihn gelegentlich begleiten durfte. Wie immer war Papa dabei in Eile gewesen, aber ich war gern an seiner Seite, auch wenn ich bei einem seiner Schritte drei machen musste. Ich konnte beobachten, wie die Arbeiter Pfähle in den Boden schlugen und Richtschnüre spannten, um die Begrenzung für ein künftiges Gebäudes zu markieren. Ich war fasziniert, wie Maurer ganze Reihen von Backsteinen aufeinander schichteten, mit ihren Kellen Mörtel auf die Steine klatschten und diese mit einem Hammer leicht fest klopften. Genüsslich atmete ich den Geruch von frischem Bauholz ein, wenn ich durch Rohbauten schlenderte. Dort suchte ich nach den Aussparungen für Türen und Fenster sowie nach der Anordnung der Treppenhäuser und Wände. Ich stellte mir vor, wie alles aussehen würde, wenn es fertig ist, und wie ich ein solches Gebäude einrichten würde.

Als Kreisbaurat war Papa mit Hoch- und Tiefbau und hier vorwiegend mit der Planung und Überwachung der Konstruktion und Modernisierung öffentlicher Bauten und Anlagen im Landkreis Krenau, beauftragt. Vor seinem Architekturstudium hatte er eine Lehre als Steinmetz gemacht und war mit allen Details des Bauwesens vertraut. Er verstand sich gut mit seinen Bauleitern und den Arbeitern; das waren meist Volksdeutsche, Polen und Juden. Er erkundigte sich nach ihrer Gesundheit, ihren Familien, und half ihnen, wenn sie Sorgen hatten. Seine Bauleiter redete er höflich mit „Herr Meister" an. Ging es aber um das Fachliche, gab er seine Anweisungen kurz, scharf und präzise.

Auf uns selbst gestellt

Während Papas Abwesenheit war Mutti allein für uns
verantwortlich. Sie führte den Haushalt und beaufsichtigte die Land-
und Viehwirtschaft und hielt sich dabei nicht unbedingt an die Liste mit
Papas Anweisungen. Nur hin und wieder, wenn wir Kinder nachlässig
waren, deutete sie kurz darauf diese Liste, die an die Küchenwand
geheftet war. Was Sven und ich am meisten verabscheuten, war der
wöchentliche Gang durch die Stadt zum Schlachthaus, wo wir ein Fass
mit vergammeltem Fleisch für unseren Hund Karlo füllen mussten.
Murrend und meckernd zerrten wir den schweren Handwagen über das
Kopfsteinpflaster nach Hause. Dort kochten wir die stinkenden Abfälle
über einem offenen Feuer im Scheunenhof, bis sich gelbe Fettaugen auf
der Fleischbrühe gebildet hatten.

Am liebsten arbeitete ich im Garten. Im Spätsommer und Herbst
ernteten wir was wir im Frühjahr gepflanzt hatten und was sonst noch
an Essbarem auf Feldern und in Wäldern zu finden war. An Feld- und
Wiesenrändern gruben wir nach Meerrettichwurzeln. Nachdem wir sie
mit einem Spaten gelockert hatten, zogen wir sie mit aller Kraft aus dem
Boden, wobei wir oft rücklings auf dem Po landeten. Mutti schrubbte
dann die Wurzeln, weinte beim Raspeln Tränen und würzte Speisen und
Saucen damit. Riesige Steinpilze wuchsen in Hülle und Fülle unter den
Kiefern, zwischen den Abraumhalden des still gelegten Kohlebergwerks.
Die Mädchen wussten, wo die Steinpilze zu finden waren und trugen
sie in Waschkörben nach Hause. Dann standen sie schwatzend um
den Küchentisch herum, während sie die Pilze reinigten, in Scheiben
schnitten, auf Schnüre fädelten und danach zum Trocknen auf dem
Dachboden aufhängten. Den Rest tat Mutti in ihre leckeren Suppen oder
servierte ihn mit Kräutern gedünstet über Nudeln oder Kartoffeln.

Immer wenn Papa ein neues Projekt in Angriff nahm, hatte er die
Angewohnheit, erst einmal uns Kinder um sich zu scharen. Lautstark
gab er uns seine Anweisungen, trieb uns an und kritisierte uns, wenn wir
nicht sofort alles richtig machten.

Bei Mutti ging alles etwas ausgeglichener und ruhiger zu.
Aber auch sie konnte manchmal die Beherrschung verlieren. Dann
schimpfte sie uns wegen schlechten Benehmens und rügte die
jüngeren, unerfahrenen Mädchen, wenn sie faul waren oder ihre Arbeit
nicht ordentlich verrichteten. Ich bemerkte und wunderte mich aber,
dass Mutti niemals die Geduld bei Gela verlor, jener Volksdeutschen,
die zwischen 1942 und 1944 für uns arbeitete. Sie war stets freundlich,

hatte ein rundes Gesicht, kurze braune Haare und große Hände. Gela sprach deutsch mit einem leichten Akzent und machte uns mit den Gerichten ihres Heimatlandes bekannt.

Wenn die Kohlköpfe, die hinten im Garten wuchsen, fest und dick geworden waren, köpften wir sie. Den ersten Schub Kohl verwandelte Gela in eine Suppe, die sie ‚Borscht' nannte. Sie zerkleinerte den Kohl, gab rote Rüben, Karotten, gehackte Zwiebeln sowie reichlich Knoblauch hinzu und füllte das Ganze mit Wasser und einem Schuss Essig auf. Während die Suppe auf dem Herd köchelte, breitete sich ein wunderbarer pikanter Duft in der Küche aus, der mir den Mund wässrig machte. Gela verfeinerte die Suppe noch mit einem Schlag Sauerrahm und servierte sie mit knusprigem Roggenbrot. Wir Kinder schmatzten genüsslich, baten um eine zweite und dritte Portion und aßen weiter, bis wir nicht mehr konnten. Wenn gerade keiner hinschaute, leckten wir sogar die Teller ab.

Von ihrer Mutter und ihrer Großmutter hatte Gela gelernt, wie man aus dem Weißkohl Sauerkraut macht. Dafür mussten wir Handkarren voller Kohlköpfe herbeibringen und sie neben der Küchentür aufstapeln. Wir kippten sie in mit Wasser gefüllte Wannen, wo sie wie Bälle auf und ab hüpften. Stundenlang hobelten die Mädchen dann die Kohlköpfe in dünne Streifen. Am nächsten Tag schrubbten sie zunächst ihre Füße gründlich in Seifenwasser und stampften barfüßig mit hochgezogenen Röcken auf dem gehobelten Kohl herum. Dabei tratschten sie, machten ihre Witze, lachten und sangen. Mutti fügte dem zerkleinerten Kohl Salz und Gewürze hinzu und füllte das Ganze in große graue Tonkrüge. Diese deckte sie mit Leinentüchern und Holzdeckeln ab, packte schwere Steine darauf und lagerte die Krüge zum Schluss im Keller.

In den folgenden Wochen stieg ich hin und wieder heimlich die dunkle Treppe hinunter, nahm einen der Steine hoch, hob den Deckel an, steckte einen Finger hinein und probierte, ob der Kohl schon sauer genug war. Ich weiß nicht mehr, wie lange es dauerte, aber ich erinnere mich, dass das Kraut eines Tages genau richtig schmeckte. Ich griff in das Sauerkraut, stopfte mir eine Handvoll in den Mund und schüttelte mich vor Wonne.

Einen Küchenherd sachgemäß mit Holz zu heizen, war eine komplizierte Sache. Die Herdplatte des Kachelofens hatte sechs Kochstellen mit abnehmbaren konzentrischen Ringen sowie eine Mittelplatte; außerdem gab es natürlich einen Backofen. Beim Suppenkochen nahm Mutti mit einem Haken ein oder zwei Ringe ab

und stellte den Topf direkt über die Flammen. Sowie die Suppe zu
brodeln begann, zog sie den Topf zur Seite, tat die Ringe wieder in
ihre Fassungen zurück, schloss die Kochstelle und ließ die Suppe etwa
dreißig Minuten hinten auf der Herdplatte langsam weiter köcheln.
Der hintere Teil des Herdes war zum Warmhalten des Essens und
zum Schmoren von Fleisch vorgesehen. Auf der rechten Seite wurde
heißes Wasser in einem großen Kupferbehälter – Schiffchen genannt
– gespeichert. An einem Haken rechts neben dem Herd hing eine
Schöpfkelle. Die Ofentür, durch die man regelmäßig Holz nachlegen
musste, befand sich unter der Herdplatte, unmittelbar darunter der
Aschekasten. Wenn dieser voll war, kippte Mutti die Asche in einen
Eimer, den wir dann auf dem Komposthaufen ausschütten mussten.

Am liebsten stand ich auf der Brennholzkiste neben dem
Küchenherd und sah Mutti und den Mädchen beim Kochen zu, bis mir
eines Tages ein Missgeschick passierte. Ich verlor das Gleichgewicht,
als ich auf der Holzkiste herumkletterte, und verbrühte dabei meinen
Arm an einer Schöpfkelle voll kochend heißem, klebrigem Apfelgelee.
Mutti führte mich schnell zum Spülbecken und goss eiskaltes Wasser
über die Verbrennung. Sie trocknete mich ab, umwickelte meinen
Arm vom Handgelenk bis zum Ellbogen fachkundig mit Verbandmull
und legte ihn in eine Schlinge. Mit ihren vier Kindern hatte Mutti
reichlich Erfahrungen und häufig genug Gelegenheit, ihre Fähigkeiten
als Krankenschwester anzuwenden. Danach wurde ich eine Zeit lang
aus der Küche verbannt, doch nach einer Woche erbettelte ich mir den
Weg zurück, vermied es aber, wie vorher auf der Holzkiste herum zu
hampeln.

Beim Kochen trug meine Mutter statt einer Schürze ihren
Schwesternkittel. Sie brauchte kein Kochbuch und redete nicht viel,
sondern summte oder sang lieber vor sich hin. Sie schnippelte, rührte,
dünstete, schmorte, würzte, knetete und backte mit großer Begeisterung
und viel Fantasie. Die Hingabe und Leidenschaft, mit der Mutti in
der Küche waltete und uns mit ihren kulinarischen Gaben bedachte,
entfachte im Lauf der Zeit auch in mir die Liebe zum Kochen.

Soweit ich mich erinnere, bestand unser Mittagessen hauptsächlich
aus Gemüse und Kartoffeln. Hin und wieder lockte mich der
köstliche Geruch von in Butter oder gewürfeltem Speck gedünsteten
Zwiebeln aus dem Spielzimmer in die Küche. Solange ich mich
mucksmäuschenstill verhielt und nicht im Wege stand, duldeten Mutti
und die Mädchen meine Anwesenheit. So durfte ich zusehen, wie Mutti
eine Mehlschwitze zubereitete, indem sie einen Klumpen Butter zerließ,
löffelweise Mehl hinzu gab und die Mischung bei milder Hitze so

lange rührte, bis sie Blasen schlug. Anschließend goss sie die Schwitze mit kochendem Wasser auf, quirlte das Ganze zusammen, ließ es noch einmal kurz aufkochen und schmeckte es mit Salz und geriebener Muskatnuss ab. Diese Sauce schmeckte mit Blumen- oder Rosenkohl besonders lecker.

Für eine einfache aber nahrhafte Suppe bräunte Mutti gewürfelte Zwiebeln und tat entweder Kartoffeln, Bohnen, Erbsen, Kohl oder rote Rüben dazu – eben all das, was die Jahreszeit gerade hergab oder was im Vorratskeller lagerte. Gewürzt wurden die Suppen mit Selleriewurzeln, Petersilie, Thymian, Liebstöckel, Lauch und Möhren. Das Ganze wurde zum Kochen gebracht und dann nach hinten geschoben, wo die Suppe langsam weiter vor sich hin köchelte, bis alle Zutaten geschmacklich ,vermählt' waren. Vor dem Servieren gab sie eine Prise Salz hinein und garnierte die Suppe mit etwas frisch gehackter Petersilie. Je nachdem, wie viele hungrige Münder sie zu verköstigen hatte, verlängerte Mutti die Suppe mit Wasser oder Fleischbrühe. Für Festmahlzeiten briet sie Hähnchen, Ente oder Gans. Hin und wieder bereitete sie Hasenpfeffer oder Gulasch mit viel Zwiebeln und Paprika zu – so wie Papa es liebend gern aß. Über die Jahre hinweg perfektionierte sie ihre Kochkünste vor allem für festliche Gelegenheiten. Eine besondere Spezialität war auch ihr gut gewürzter und mit Speck gespickter Rehrücken, den sie auf einem Bett von aromatischem Gemüse und Wachholderbeeren im Backofen brutzelte. Sie löschte den Braten mit einer schmackhaften Brühe ab, bereitete eine Sauce dazu und verfeinerte sie mit ein paar Esslöffeln Sauerrahm. Sie zerlegte das rosarote Fleisch und tischte es ihrer hungrigen und dankbaren Familie und den Gästen zusammen mit süß-saurem Rotkohl, Grünkohl und Kartoffelklößen auf.

Besonders eindrucksvoll war die Art und Weise, wie Mutti Kartoffeln kochte. Zuerst wurden sie gewaschen und geschält, wobei lange Schalenringe in eine Schüssel auf Muttis Schoß fielen. Die Kartoffeln wurden geviertelt und in leicht gesalzenem Wasser gekocht. Nach etwa fünfzehn Minuten prüfte Mutti mit einer dreizinkigen Gabel, ob sie gar waren. Wenn es soweit war, zog sie den Deckel leicht zur Seite und goss die Flüssigkeit in eine Schüssel, wo sie für eine Suppe oder Sauce bereitgehalten wurde. Von Zeit zu Zeit ergriff sie den Topf mit beiden Händen und schwenkte die Kartoffeln ruckartig genau dreimal gegen den Deckel. Daraufhin nahm sie den Deckel ab, ersetzte ihn durch ein sauberes Geschirrtuch und stellte den Topf auf die Rückseite des Herdes, wo die Kartoffeln ihre Feuchtigkeit abdampften. Vor dem Servieren streute sie etwas fein gehackte Petersilie darüber, schmunzelte, äußerte selbstzufrieden ,c'est parfait', und legte Daumen und Zeigefinger zu einem Luftkuss an die Lippen.

Das tausendjährige Reich

In der Woche vor den Osterferien 1943 betrat ich ein Gebäude, das später noch jahrelang in meinen Alpträumen auftauchen sollte. Im Alter von neun Jahren hatte ich die vierte Volksschulklasse mit einem guten Zeugnis hinter mich gebracht. Meine Eltern bekamen daraufhin die Nachricht, ich solle schon nach nur drei Volksschuljahren die Aufnahmeprüfung für ein Gymnasium machen.

Mit dem Tag dieser Prüfung passierte es nun schon zum dritten Mal, dass ich zitternd an der Seite meiner Mutter zu einer neuen Schule gehen musste. Das erste Mal im Frühling 1940 in Deutschland, als ich sechsjährig in die erste Klasse kam und mich unmöglich aufgeführt hatte. Das zweite Mal in Polen nach unserem Umzug, als ich in die dritte Klasse der Volksschule in Krenau kam. Nach der Eingewöhnung hatte ich dort viele Freunde gewonnen, nahm jeden neuen Stoff begeistert auf und wurde eine sehr gute Schülerin. Auf diese neue Hürde war ich jedoch überhaupt nicht vorbereitet. Meine Mutter und ich überquerten die Auschwitzer Straße. Als wir auf der Hauptstraße, der ‚Deutschen Straße‘, entlanggingen, berührte ich ihre Hand und fragte noch einmal: „Mutti, warum darf ich nicht noch ein Jahr in der Volksschule bleiben?“ „Weil deine Lehrerin der Meinung ist, du seist jetzt reif fürs Gymnasium“ war ihre knappe Antwort, die sie mir jedes Mal gab, wenn ich sie darauf ansprach. Mutti blickte dabei geradeaus und schritt schnell und resolut weiter. Als ich vergeblich Blickkontakt mit ihr suchte, griff sie fest nach meiner Hand.

Vor uns tauchte das Gymnasium auf, ein dreistöckiges Backsteingebäude mit einer Farbe wie getrocknetes Blut. Wir traten durch zwei große Holztüren ein und gingen einen dunklen Korridor entlang auf das Büro zu. In der Luft hing ein muffiger Geruch, vermischt mit dem Duft von frischem Bohnerwachses. Mutti klopfte an die Bürotür, ich fröstelte. Wir vernahmen ein flaches ‚Herein‘ und erwiderten den ‚Heil Hitler Gruß‘ einer älteren Sekretärin. Die Frau blickte mich mit toten Fischaugen an und begann, meine Mutter auszufragen. Ich stand schweigend daneben und starrte auf meine frisch geputzten Schuhe. Mit monotoner Stimme leierte sie herunter „Nachname, Vorname, zweiter Vorname, Datum und Ort der Geburt, Religionszugehörigkeit, Namen der Eltern, Beruf des Vaters, Adresse?“ Die Frau trug alles in ein großes Buch ein und streckte ihre Hand aus. „Ihren Ahnenpass bitte. Wir müssen sicher sein, dass alle unsere Schüler arischen Blutes sind.“ Nach sorgfältiger Prüfung machte die Sekretärin ein paar Notizen und gab das kleine Buch meiner Mutter mit den Worten

„in Ordnung" zurück. Sie forderte uns auf, im Korridor bis zum Beginn der Prüfung um 9 Uhr zu warten, und verabschiedete uns mit einem herzhaften „Heil Hitler". Ich klammerte mich an Muttis Hand, während wir im Flur warteten. Inzwischen hatten sich auch andere Mütter mit ihren Söhnen oder Töchtern angemeldet und sich zu uns gesellt.

„Was bedeutet das mit dem arischen Blut?", flüsterte ich Mutti ins Ohr.

Sie drückte meine Hand, legte ihren Zeigefinger an die Lippen und flüsterte „Später".

Das Läuten einer schrillen Glocke erschreckte mich. Die Sekretärin kam aus dem Büro und verkündete, es sei nun Zeit für die Mütter, ihre Kinder zu verlassen. Mutti gab mir einen Kuss auf die Wange, ging den langen Gang hinunter und entschwand meinen Blicken. Zur gleichen Zeit erschien ein großer, beleibter Mann und führte uns in ein Klassenzimmer. Nackte Glühbirnen hingen an der hohen, rissigen Decke, und nur eine Spur von Tageslicht stahl sich ihren Weg durch die hohen, schmutzigen Fenster. Der Mann wies jedem von uns einen Sitz an einem der hölzernen Pulte zu. Ich schaute mich um, sah aber kein bekanntes Gesicht, dafür stellte ich fest, dass ich die Kleinste in der Gruppe war. Der Mann erhob seinen rechten Arm und brüllte „Heil Hitler."

"Heil Hitler, Herr Lehrer", antworteten wir pflichttreu.

„Ich bin Herr Burkhardt und setze voraus, dass jeder von euch weiß, warum er hier ist. Wir erwarten, dass ihr euer Bestes tut." Herr Burkhardt verteilte an jeden von uns einen angespitzten Bleistift und zwei schwarze Schulhefte. Radiergummis bekamen wir nicht. „Zuerst schreibt ihr ein Diktat über ein bestimmtes Thema. Danach kommen die Rechenaufgaben dran. Eure Zensuren richten sich nach Rechtschreibung, Handschrift, und wie gut ihr die Rechenaufgaben lösen könnt. Öffnet jetzt die Hefte." Papier raschelte, wir schlugen die erste leere Seite auf. Herr Burkhardt zog seine goldene Uhr aus der Westentasche, kontrollierte die Zeit und steckte sie wieder ein. Es klang überheblich und autoritär, wie er den Titel des Diktates vorlas: "Warum ich stolz bin, ein deutscher Bürger zu sein." Mein Magen verkrampfte sich, während ich darauf achtete, jedes Wort richtig zu schreiben. Ich erinnere mich kaum noch an diese Geschichte, haften blieb mir nur, dass es eine Ehre sei, in Deutschland geboren zu sein. Wir seien verpflichtet, unser Vaterland zu lieben, dem Führer zu gehorchen und ihn zu ehren. Ich atmete erleichtert auf, als das Diktat endlich zu Ende war. „Als nächstes werdet ihr einen Aufsatz über eure Heimat schreiben. Dazu habt ihr eine Stunde Zeit." Er sah auf seine Taschenuhr und ballerte „Los!" Das klang wie ein Pistolenschuss beim Start eines Wettrennens.

Es machte mir keine Mühe, mir meine Heimat vorzustellen: Ein rot gedecktes Haus mit hohen Giebeln, umgeben von einem großen Garten. Ich berichtete über die Wellen des Windes in den goldenen Kornfeldern, den Geruch frisch gepflügter Felder, staubige Feldwege, gesäumt von Mohn- und Kornblumen, und die feuchten Wiesen, die an die ‚Lange Ahle' grenzten, wo leuchtende Butterblumen und das zarte blaß-blaue Wiesenschaumkraut wuchsen. Ich beschrieb das Knarren des Wasserrades an Wallbachs Getreidemühle und die Weser, die sich wie ein Band aus flüssigem Silber durch ein Tal mit saftigen Wiesen windet und ihren Weg durch das dicht bewaldete Weserbergland bahnt.

Meine Wangen glühten, als ich mit bilderreichen Worten den Fluss beschrieb, der seine Schleifen an schiefen, zweihundert Jahre alten Fachwerkhäusern, alten Kirchen und Klöstern vorbeizieht. Ich schrieb, dass der Fluss lange vor dem Bau einer Straße der einzige Verkehrsweg gewesen war. Bis zum heutigen Tag beförderte er große und kleine Schiffe, Lastkähne und Holzflöße auf ihrem Weg zur Nordsee. Das hatte ich alles von Fräulein Alles in Heimatkunde gelernt. Ich schilderte, wie die Fischer ihre langen, flachen und schmalen Kähne stromaufwärts stakten, ihre Netze auswarfen, abends Reusen für die im Wasser wimmelnden, fetten Aale aussetzten, früh morgens wieder einholten und sich nach getaner Arbeit flussabwärts zurücktreiben ließen. Ich war noch gar nicht fertig, als Herr Burkhardt seine Taschenuhr zuschnappen ließ und wir nicht mehr weiter schreiben durften.

Als nächstes folgte die Mathematikprüfung. Mit gut der Hälfte der zehn Aufgaben schlug ich mich herum. Ich war überzeugt und hoffte sogar heimlich durchzufallen. Herr Burkhardt sammelte die Hefte ein und entließ uns mit „Heil Hitler".

Zu meinem Erstaunen und Entsetzen informierte die Schule meine Mutter bald darauf, ich hätte die Prüfung bestanden und solle nach den Osterferien in die Oberschule kommen. Ich beklagte mich darüber, dass dort alle Jungen und Mädchen älter seien, und ich bat noch einmal inständig, wieder in die Volksschule zurückgehen zu dürfen. Doch Mutti beharrte darauf, denn die bestandene Prüfung bewies doch, dass ich geeignet sei, und dabei bliebe es.

Noch einmal drängte ich Mutti, mir zu erklären, warum es so wichtig sei, arisches Blut zu haben. Sie schüttelte aber wieder mal den

Kopf und erwiderte, es sei eine irrsinnige Ideologie der Nazis, dass nur Menschen mit reinem, arischem Stammbaum bestimmte Rechte zustünden. Das bedeute u. a. auch, dass Arier und Juden sich nicht heiraten dürften, und dass jeder, unter dessen Eltern, Großeltern und selbst Urgroßeltern nur eine Person jüdischer Herkunft war, als unwürdig betrachtet werden muss. Sie fügte hinzu „und was noch schlimmer ist ...", schwieg jedoch, ohne den Satz zu beenden.

Glücklich, einmal Muttis volle Aufmerksamkeit zu genießen, fragte ich weiter: „Ich verstehe immer noch nicht, warum Nazis die Juden hassen und die Weichmanns abgeholt haben."

Ihr standen Tränen in den Augen, und sie schüttelte den Kopf. „Ich weiß es auch nicht, Schätzchen, ich weiß es nicht. Es ist furchtbar, ganz furchtbar. Rede aber bitte mit niemandem außerhalb der Familie darüber, nicht einmal mit den Mädchen. Versprichst du mir das?"

„Ich verspreche es", antwortete ich widerspruchslos.

Als die Schule nach den Osterferien begann, war ich ängstlich und enttäuscht, weil wir in verschiedene Klassen aufgeteilt worden waren und keiner meiner Freunde aus der Volksschule in meiner neuen Klasse war. Außerdem war ich zutiefst bestürzt, dass wir Herrn Burkhardt als Klassenlehrer zugeteilt bekamen. Er war mein erster männlicher Lehrer, und ich hatte den Eindruck, dass er nach der Prüfung noch größer und überheblicher geworden war. Am ersten Schultag erklärte er, es sei eigentlich sein sehnlichster Wunsch, dem Vaterland an der Front zu dienen. „Leider" betonte er und rückte seine Drahtbrille auf der glänzenden Nase zurecht, „blieb mir dieses Privileg versagt." Dann machte er uns klar, dass uns Ignoranten zu unterrichten kein Vergnügen für ihn sei. „Nichtsdestoweniger" fügte er hinzu und strich dabei über sein Parteiabzeichen, „werde ich meine Pflicht tun. Von euch verlange ich absoluten Gehorsam." Daraufhin drohte er uns höhnisch grinsend: „Wenn euch das nicht passt, dann werdet ihr eben die Konsequenzen ziehen müssen." Dann ratterte er los: „Name, Name und Beruf des Vaters, wann und wo geboren, Adresse, Religionszugehörigkeit?" In diesem Moment begriff ich, dass ich nicht nur das jüngste Kind in der Klasse war, sondern auch die einzige Protestantin. Damals konnte ich mir jedoch nicht vorstellen, dass dies so unangenehme Folgen für meine weitere Schulzeit in Polen haben würde.

Bevor wir nach Polen kamen, war mir nie bewusst gewesen, was es bedeutete, protestantischer Konfession zu sein. Ein lutherischer

Pfarrer hatte mich bei einer privaten Feier getauft, als ich fünf Monate alt war. Mein Vater stammte aus einer frommen lutherischen Familie. Die Familie meiner Mutter war evangelisch reformiert. Wie die meisten Deutschen jedoch, waren auch wir keine regelmäßigen Kirchgänger. Nach unserem Umzug nach Vaake hatte ich allerdings gelegentlich meine Freundin Brigitte zur alten Kirche am Weserufer begleitet. Wir saßen dort auf der Familienbank, lauschten der Predigt ihres Vaters, dem monotonen Gesang der Dorfbewohner und ihren geleierten Gebeten. Bei meinen Kirchgängen liebte ich es am meisten, auf den Glockenturm zu steigen, den ledernen Blasebalg zu treten und zuzuhören, wie der Organist Choräle spielte.

Nichts aus meiner begrenzten kirchlichen Erfahrungen von früher hatte mich auf das religiöse Leben in Polen vorbereitet. Ich erinnere mich, wie ich mit unserem Mädchen Lucie einmal an der katholischen Kirche vorbei kam. Ich bat Lucie, schnell weiterzugehen, weil ein Kruzifix neben dem Eingang der Kirche mich ängstigte: Ein überlebensgroßer Christus aus Alabaster. Die Figur war mit einem Lendenschurz bekleidet und trug eine Dornenkrone auf ihrem gebeugten Haupt. Hellrotes Blut floss über sein Gesicht, aus den seitlichen Wunden am Körper sowie aus Füßen und Händen. Lucie starrte mich an, schüttelte den Kopf und rümpfte die Nase, als ob sie etwas Unangenehmes gerochen hätte, wobei sie richtig abstoßend auf mich wirkte. Sie bedeckte ihren Kopf mit einem Tuch, bekreuzigte sich und fauchte so etwas wie „fahr in die Hölle". Dann schleppte sie mich in die kalte und feuchte Kirche, wo es süßlich roch. Hunderte von Votivkerzen flackerten in der Dunkelheit. Ich bestaunte die Heiligenbilder und eine prächtig gekleidete, das Jesuskind wiegende Statue der Jungfrau Maria. Lucie tauchte ihre Finger in ein mit Wasser gefülltes Steinbecken. Danach bekreuzigte sie sich, warf eine Münze in eine Metallbüchse, knickste vor dem Altar, zündete eine Kerze an und betete auf den Knien. Auf dem Heimweg erzählte sie mir, sie habe von Nonnen gehört, den Menschen würden nach ihrem Tod die Zähne gezogen, damit sie sich im Fegefeuer nicht die Zungen abbeißen können. Am meisten erschütterte mich jedoch ihre Behauptung, Protestanten landeten sofort in der Hölle.

„Wie kommt das Mädchen dazu, dir so furchtbare Lügen zu erzählen?", schäumte meine Mutter, als ich ihr erzählte, was geschehen war.

Ich zuckte mit den Schultern. „Ist es wahr, dass wir in die Hölle kommen, nur weil wir Protestanten sind?"

„Natürlich nicht. Mach dir keine Sorgen, Schätzchen." Mutti

versprach, ein ernstes Gespräch mit Lucie zu führen.

In Herrn Burkhardts Klasse fühlte ich mich wie in einer Falle. Das meiste von dem, was damals in der Schule geschah, habe ich vergessen oder verdrängt. Ich weiß nur noch, dass ich wenigstens versucht hatte, meine Schularbeiten sorgfältig zu machen, was mir manchmal auch gelang. Wenn es beim Rechnen haperte, musste ich nachsitzen. Aber selbst für gute Leistungen hat mich Herr Burkhardt nie gelobt. Stattdessen nutzte er jede Gelegenheit, mich zu demütigen. Wenn ich einen Fehler gemacht hatte, redete er nicht etwa mit mir, sondern verkündete vor der ganzen Klasse: „Kein Wunder, ihr wisst, sie ist Protestantin." Jede Frage, die ich stellte, irritierte ihn. „In diesem Klassenzimmer", brüllte er, „stellt der Lehrer die Fragen."

Ich begann, ihn zu verabscheuen. Täglich schleppte ich auf dem Schulweg meinen Hass und die Angst vor ihm im Schulranzen mit. Dennoch, auf eine merkwürdige Weise stärkte mich mein Zorn und half mir sogar, das Gefühl von Hilflosigkeit und Verwundbarkeit zu bewältigen. Letztlich ließen meine Begeisterung für die Schule und die Freude am Lernen aber nach. Bei einer Konferenz sagte Herr Burkhardt zu Mutti, ich sei eine Tagträumerin mit untragbaren Ansichten und meine Leistungen seien teilweise unbefriedigend. Daraufhin begann Mutti, mir bei Mathematik und dem Lernen englischer Vokabeln zu helfen. Sie beschwor mich, mir mehr Mühe zu geben. Wenn ich Hals- oder Kopfschmerzen vortäuschte und bat, zu Hause bleiben zu dürfen, antwortete sie stets: „Alle Kinder müssen zur Schule gehen." Ich bekam Alpträume, in denen ich verspottet wurde, weil ich keine richtigen Antworten geben konnte. In einem meiner Träume war ich unfähig, auch nur ein einziges Wort auf ein leeres Papierblatt zu schreiben. All das ließ in mir ein Gefühl von Versagen und Scham aufkommen.

Einige Klassenkameradinnen begannen, Herrn Burkhardt nachzuahmen. Sie wackelten mit ihren Köpfen und flüsterten – darauf bedacht, daß ich es höre – „Na ja, Ihr wisst, sie ist protestantisch." Ich flüchtete mich schließlich in eine Fantasiewelt, in der ich mich in einen Umhang hüllte, der mich vornSchmerz schützte. Einmal machte ich den Fehler, das Gebiet, in dem wir lebten, ,Polen' zu nennen. Wütend antwortete Herr Burkhardt: „Polen? Du dummes Mädchen, was meinst du damit?" Sein Kopf war rot wie ein Hahnenkamm, als er sich an die Klasse wandte: „Sagt ihr: Wo leben wir?" Er rief einen Jungen in ,Pimpfenuniform' auf, dem niedrigsten Rang der zehn- bis vierzehnjährigen Jungen in der Hitlerjugend. Der Junge sprang auf und rief: „Wir leben in Ost- Oberschlesien, Herr Lehrer." Dabei zeigte er auf das Abzeichen an seinem Ärmel. Er knallte die Hacken zusammen und rief begeistert „Heil Hitler". Die hinter mir sitzenden Mädchen kicherten.

Herr Burkhardt nickte zustimmend. „In Ost-Oberschlesien. Recht hast du, mein Junge." Er klopfte ihm auf die Schulter, wandte sich wieder der Klasse zu und fragte: „Und das ist in Polen?"

Ein anderer Junge hob die Hand: „Das ist deutscher Boden, Herr Lehrer."

„Jawohl, und vergesst das nie!" Herr Burkhardt zog eine große Landkarte herunter und ließ den Zeigestock darauf wandern. „Das ist Großdeutschland. Wir befinden uns hier wenige Kilometer westlich vom Generalgouvernement in einem Gebiet, das nach den Napoleonischen Kriegen aufgeteilt worden ist. In Ost-Oberschlesien überschnitten sich die Kaiserreiche Österreich, Russland und Preußen. Dieses Gebiet war als ‚Dreikaisereck' bekannt." Er fügte hinzu: „Die Mehrheit der dort lebenden Bevölkerung hat sich in einer Volksabstimmung dafür entschieden, von Deutschland regiert zu werden." Er umkreise auf der Landkarte das Gebiet westlich von Krakau. „Sie wollten ein Teil Deutschlands werden. Denkt immer daran." Er sah mich an und stieß mit dem Zeigestock auf die Landkarte. „Das ist heilige deutsche Erde." Nach einer kurzen Pause fuhr er mit erhobener Stimme fort: „Nach dem Endsieg, wenn unsere Feinde geschlagen und die Juden tot sind, wird all dies" – er umrundete auf der Karte Nord- und Südeuropa, den Balkan, Teile der Sowjetunion und Teile von Afrika – „ein glorreiches deutsches Reich sein. Der Führer hat versprochen, dass es eintausend Jahre bestehen wird." In diesem Augenblick läutete die Glocke. Der Lehrer erhob seinen Arm, rief triumphierend „Heil Hitler", und die Klasse folgte seinem Beispiel.

Was mochte Herr Burkhardt wohl im Spätherbst des Jahres 1944 gedacht haben als er die Fenster des Klassenzimmers schließen musste, um den Lärm des Artilleriefeuers abzuhalten, den der Wind von Osten herüber trug?

Zum Glück gab es Fächer, die Herr Burkhardt nicht unterrichtete. Botanik wurde in einem sonnigen Raum am Ende des Korridors gelehrt. Eine Lehrerin – den Namen weiß ich nicht mehr – brachte uns bei, wie man Blumen und andere Pflanzen sammelt, bestimmt, trocknet und zwischen schweren Büchern presst. Ich dachte an das Kräuterlieschen, das meine Liebe zu den Pflanzen geweckt hatte. Jetzt lernte ich die lateinischen Namen der Pflanzen, die wir unter Wachspapier im Treppenhaus der Schule ausgestellt hatten.

Als in Krenau eine Kräutersammelstelle eröffnet wurde, machte ich mich mit zwei großen Spankörben auf den Weg, die ich mit Schachtelhalm, Schafgarbe, Wegerich, Weidenblättern, Lindenblüten, echtem Beinwell sowie Goldraute und Brombeerblättern gefüllt hatte. Für jeden Korb mit Heilkräutern, den ich in der Sammelstelle ablieferte, erhielt ich Punkte und das Versprechen, mir später die stattliche Summe von fünfzig Pfennigen zu zahlen. Ich nahm mir vor, damit mein Sparkonto von bereits zweihundert Reichsmark aufzufüllen und träumte davon, zusammen mit dem Geld, das ich auch noch mit dem Verkauf von Blumen an das Hotel der Stadt verdiente, einmal reich zu sein.

Das zweite Fach ohne Herrn Burkhardt war Englisch. Jeder musste im Englischunterricht kurze Abschnitte einer Geschichte vorlesen und dann ins Deutsche übersetzen. Zu den Sprachübungen gehörte es auch, endlos Verben zu deklinieren, und wir mussten Vokabeln lernen. Der Lehrer gab uns täglich zwischen fünfzehn und zwanzig neue Wörter auf.

Das dritte Fach, Turnen, machte mir am meisten Spass. Ich war gut in Gymnastik, und im Laufen und Springen war ich den meisten Schülerinnen meiner Klasse überlegen, obwohl ich die Kleinste und Jüngste war. In schwarzer kurzer Hose und einem mit dem Hakenkreuz geschmückten Hemd versammelten wir uns einmal wöchentlich nach der Schule auf dem Sportplatz, und einmal im Monat wetteiferten wir unter allen Mädchen meines Jahrgangs. Ich gewann regelmäßig den 100 m-Lauf und den Weitsprung. Und als ich beim Staffellauf als letzte Läuferin unserer Mannschaft einen Sieg einbrachte, kümmerte es niemanden mehr, dass ich protestantisch war.

Das vierte Fach, in dem uns Herr Zelter aus der nordischen Mythologie vorlas, fand ich spannend. Wir lernten etwas über den Gott Wotan, der die Zauberei beherrschte und mächtig war, sowie seinen Sohn Thor, der über den Himmel ritt und Blitze in alle Himmelsrichtungen schleuderte. Nachdem wir die vorgegebenen Lektionen durchgenommen hatten, setzte Herr Zelter seine Brille auf, machte es sich hinter seinem Pult bequem und las uns aus der Ilias und der Odyssee vor. Anschließend seufzte er, „Wie sehr wünschte ich euch, ihr könntet das in der Originalsprache lesen."

Mutti mochte es nicht, wenn ich Adolf Hitlers Rundfunkreden zuhörte. Von dem, was er immer wieder brüllte, verstand ich die Hälfte sowieso nicht. Es war stets dasselbe: Über die Feinde im

Aus- und Inland, über Ehre, Tapferkeit, Blut und Opfer für unser großes Vaterland, und natürlich über den Endsieg. Einiges davon hatte ich schon von Herrn Burkhardt gehört. Aber mir lief jedes Mal ein Schauer über den Rücken, wenn ich das tausendfache Jubelgebrüll hörte. „Sieg Heil, Sieg Heil, Sieg Heil!"

Ich fragte, warum der Führer so einen ungewöhnlichen Akzent hatte. Mein Vater zögerte nicht mit der Antwort: „Er ist kein Deutscher."

„Kein Deutscher?"

„Nein, Österreicher von Geburt." Nebenbei fügte Papa hinzu: „Deine Mutter und ich haben ihn in den späten zwanziger Jahren mal auf einem kleinen Flugplatz einem Flugzeug entsteigen sehen, uns aber damals nichts dabei gedacht."

„Herr Burkhardt hat gesagt, Hitler sei in Braunau am Inn geboren."

„Das ist in Österreich. 1938 wurde es annektiert." Dann sagte mein Vater noch: „Es ist wichtig, dass du nicht alles glaubst, was deine Lehrer sagen, und dass du vor allem nichts von dem weitererzählst, was du zu Hause aufschnappst."

Obwohl meine Eltern mir oft ausgewichen waren, war ich wieder mal neugierig, was Papa diesmal sagen würde, und fragte: „Warum?"

Es wunderte mich nicht, dass er in barschem Ton antwortete: „Weil es gefährlich ist."

Engel in einem Teich

Kleine runde Teiche schimmerten im Weideland hinter unserem Haus wie polierte Kupfermünzen im Sonnenschein. An wolkigen Tagen verwandelten sie sich jedoch in hässliche Pockennarben. In früheren Jahren hatten Arbeiter der nahe gelegenen Ziegelei dort nach dem braun-gelben Ton gegraben. Die Gruben hatten sich danach mit Grundwasser gefüllt. Jetzt löschten Kühe dort ihren Durst und wateten in die Teiche, um sich abzukühlen. Kinder aus der Umgebung folgten den Kühen und tummelten sich in dem milchigen Wasser. An einem heißen Sommernachmittag 1943 lockten auch Sven und mich die Teiche, und wir beschlossen, sie näher zu erkunden. „Mutti hat bestimmt nichts dagegen, wenn wir uns ein bisschen umgucken.", meinte Sven.

Ich war mir nicht so sicher wie mein Bruder und erwiderte: „Meinst du nicht, wir sollten lieber Bescheid sagen, was wir vorhaben?"

„Ach komm, wir beeilen uns, dann vermisst uns kein Mensch", meinte Sven. Wir steuerten auf einen der größeren Teiche zu, in dem bereits einige Kinder unter den wachsamen Augen ihrer Mütter badeten. Die saßen auf Decken im Gras umgeben von Babys, Kleinkindern und Picknickkörben.

Nach unserem langen Lauf zum Teich war das Wasser richtig erfrischend. Wir planschten, bespritzten uns gegenseitig und waren froh, einmal nicht von Erwachsenen beaufsichtigt zu werden. Ich spielte eines meiner Lieblingsspiele und tat so, als könnte ich schwimmen. Doch plötzlich verlor ich den Grund unter mir. „Oh je, ein Loch", dachte ich: „Wenn ich mich sinken lasse, kann ich mich vielleicht wieder zur Oberfläche abstoßen." Sogleich merkte ich aber, dass der Teich offenbar zu tief war und ich deshalb keinen Grund mehr fand. Ich hielt den Atem an und paddelte mit geschlossenen Augen, um wieder an die Oberfläche zu kommen. Dann tauchte ich mit dem Kopf wieder auf, merkte aber, dass ich mich in der Mitte des Teiches befand. Verzweifelt versuchte ich, heftig mit den Armen rudernd, mich an der Oberfläche zu halten, schluckte dabei jedoch Wasser, hustete und ging wieder unter. Ich öffnete die Augen und sah, dass das diffuse Licht der Sonne das Wasser in flüssiges Gold verwandelt hatte. Ich schaute nach oben und meinte plötzlich, über mir würde ein Engel mit großen weißen Flügeln schweben. Ein Engel? Was tat ein Engel in einem Teich?

Dann griff jemand in mein Haar und zog meinen Kopf über Wasser.

Ich sah ein Mädchen – kaum älter als ich – das mit Hilfe von zwei aufgeblasenen Kopfkissenbezügen an der Wasseroberfläche schwamm. Es sprach polnisch mit mir, was ich nicht verstand, und zog mich bis zum Rand des Teiches. Meine Augen füllten sich mit Tränen, ich hustete und hustete. Sven klopfte mir auf den Rücken. Als ich endlich aufblickte, war das Mädchen bereits verschwunden.

„Hast du sie gesehen?", fragte ich meinen Bruder; er nickte.

„Ich würde mich so gern bei ihr bedanken", krächzte ich. Keiner sagte ein Wort, als wir uns nach Hause schlichen und unbemerkt zwischen zwei Zaunlatten hindurch wieder auf unser Grundstück krochen.

Ein paar Wochen später fühlte ich mich krank. Vor Schmerzen konnte ich kaum atmen. Mutti hielt ihre kühle Hand an meine Stirn, maß meine Temperatur und holte den Arzt. Ich war im Elternschlafzimmer untergebracht, als Doktor Shrenovski und seine Frau kamen. Er hörte meine Lunge ab, beklopfte und betastete meinen Körper. Mutti und die Frau des Arztes flüsterten miteinander. Der Doktor schaute sich meine Augen an, drückte mit einem Holzspatel meine Zunge hinunter und ließ mich „Aaaaah" sagen. Er gab mir einen Esslöffel mit scheußlich schmeckender, schwarzer Flüssigkeit aus einer lila Flasche, strich mir über den Kopf und murmelte: „Das wird die Schmerzen lindern. Morgen komme ich wieder." Dann packte er seine Medikamente und Instrumente wieder zusammen und ging zur Tür; seine Frau und Mutti folgten ihm. Ich hörte ihn „Kollaps" sagen und „Wir müssen sehen, wie sich das entwickelt". Dann verließ er das Zimmer.

Nachdem Dr. Shrenovski gegangen war, begann ich zu frösteln. Minuten später wurde mir heiß, dann fing ich wieder an, mich zu schütteln. Als Mutti zurückkehrte, fragte ich sie mit klappernden Zähnen: „Was hat der Doktor gesagt?"

„Er hat gesagt, daß dein Körper versucht, gegen eine Infektion zu kämpfen."

„Muss ich sterben?"

„Natürlich nicht, Schätzchen." Sie gab mir einen Schluck Wasser, streichelte mir übers zerzauste Haar, versuchte die Besorgnis von meiner Stirn zu wischen und fügte hinzu: „Wir müssen dich jetzt in dein Zimmer zurückbringen."

„Warum?"

„Tut mir leid, Schätzchen, so lange wir nicht sicher sind, was für eine Krankheit du hast, müssen wir dich isolieren."

„Weil ich jemanden anstecken könnte?"

Mutti nickte, hüllte mich in eine Decke und half mir in mein Bett. Ich fühlte, wie das kühle Leinen meine Hitze milderte und döste ein. Mir träumte, ich sei in ein Laken gehüllt und würde von unsichtbaren Fäden über dem Bett gehalten. Als ich aufwachte, war ich allein, und im Zimmer roch es nach Desinfektionsmittel.

Am nächsten Tag war ich zu schwach um auf die Toilette zu gehen.

Und als ich einen Nachttopf unter meinem Bett entdeckte, war ich dankbar, dass Mutti dies vorausgesehen hatte. Dann bemerkte ich, dass irgendetwas nicht stimmte. Meine Kniegelenke knickten ein. Ich stützte ich mich auf die Bettkante und rief: „Mutti, komm mal schnell!" Sie muss ganz in der Nähe gewesen sein, denn im Nu war sie an meiner Seite. „Guck mal." Ich deutete auf den Inhalt meines Nachttopfes: „Das ist weiß."

Sie antwortete nicht sofort, sondern packte mich wieder ins Bett, sah sich meine Augen an und ließ mich meine Hände in einem Gefäß mit Wasser waschen, dem Desinfektionsmittel zugesetzt war. „Ich glaube, ich weiß, was du hast," sagte sie ruhig. „Wir werden sehen, was der Doktor meint, ich vermute aber, du wirst noch eine Weile im Bett bleiben müssen."

Ich fühlte mich so schwach und benebelt, dass ich nicht antworten konnte. Vier Tage lang – Mutti sagte später, es seien mehr als zwei Wochen gewesen – bewegte ich mich kaum. Meistens habe ich geschlafen. Immer wenn Mutti ins Zimmer kam, nahm sie ihre weiße Schwesternkittel vom Haken, zog sie an, wusch die Hände mit einem Desinfektionsmittel, maß meine Temperatur, fühlte meinen Puls und trug beides in eine Karte ein, die an meinem Bett hing. Ich wurde auf Schonkost gesetzt, musste einen scheußlichen Tee trinken und bekam geschmacklosen, laschen Haferschleim zu essen. Wenn Mutti mein Zimmer verließ, zog sie ihre Schwesternkittel wieder aus und wusch sich noch einmal die Hände mit dem Desinfektionsmittel. Nur schwach erinnere ich mich an die täglichen Arztbesuche. Der Doktor sah sich jedes Mal die Karte an, hörte mein Herz ab, betaste und beklopfte meinen Bauch, sagte aber kein Wort, bis er mit Mutti in den Flur hinaus ging und dort mit ihr flüsterte.

Eines Tages stand Mutti in der Tür, mit Dagmar auf dem Arm. Meine Schwester hatte einen Strauß Gänseblümchen in der ausgestreckten Hand. „Für Eycke." Sie steckte ihre Nase in die Blumen, nieste, piepste „hatzi Blümchen" und lächelte.

„Nicht jetzt, Schätzchen. Du musst warten, bis es deiner Schwester besser geht," tröstete Mutti ihre kleine Tochter.

Der Wind trug den süßen Duft des Jasmins, der neben dem Tor wuchs, durch das offene Fenster. Die Stimmen meiner Brüder und meiner Schwester – selbst wenn sie sich stritten – machten mir Lust, mitzuspielen. Karlos Bellen, das Gackern der Hühner und das Geschnatter der Gänse verstärkten mein Gefühl der Einsamkeit. Ich jammerte: „Es sind Ferien; ich möchte so gern wieder draußen spielen und schwimmen, meine Blumen pflegen und das Hotel mit frischen Blumen beliefern. Vom vielen Lesen tun mir schon die Augen weh, und ich will nicht mehr so viel allein sein."

„Sei geduldig, Schätzchen. Wir haben keine Medizin, die dich gesund machen kann. Dein Körper muss sich selbst heilen." Meine Mutter versprach, mir einige von ihren Kunstbüchern, neue Buntstifte und Zeichenpapier zu bringen. Aber ich wollte Mutti nicht so schnell wieder gehen lassen und fragte: „Was hab' ich denn eigentlich?"

„Herr Doktor sagte, daß du Paratyphus hast und deine Leber angegriffen ist."

„Ist deshalb meine Haut gelb?"

„Ja, auch deine Augen."

„Meine Augen sind nicht mehr blau?"

„Doch, das sind sie. Nur das Weiße in deinen Augen hat sich gelb verfärbt."

Ich seufzte: „Gut, daß Sven und Frank mich nicht sehen können. Die würden mich bestimmt auslachen. Was habe ich? Para...? Wie kommt es, dass ich als einzige krank geworden bin?"

„Paratyphus, so heißt diese Krankheit. Wir werden nie erfahren, warum nur du krank geworden bist. Vielleicht hast du irgendwann mal schmutziges Wasser geschluckt. Aber morgen werden wir dir helfen aufzustehen und das Gehen wieder zu üben, dann kannst du vom Fenster aus sehen, was sich draußen alles abspielt."

„Und wann kriege ich endlich ein leckeres Essen?"

„Wir wollen den Doktor fragen. Vielleicht kannst du bald wieder normal essen. Aber du darfst vorläufig nichts mit Butter, Fett oder Süßem zu dir nehmen."

Das Allerschönste war, dass Papa an einem Wochenende auf Urlaub kam. In voller Uniform, umgeben von einem Hauch frischer Luft und Sonnenschein, brauste er in mein Zimmer, umarmte und küsste mich. „Wie geht es dir, mein Schatz?", fragte er und fuhr fort, ohne eine Antwort abzuwarten: „Ein bisschen besser? Sicherlich kannst du's nicht abwarten, wieder aus dem Bett zu kommen." Mit seiner sonnengebräunten Hand umgriff er mein Handgelenk und meinte: „Du hast aber ganz schön abgenommen. Hat man dir denn nichts zu Essen gegeben?"

„Der Doktor hat mir weiter nichts als diesen laschen, widerlichen Haferschleim und bitteren Tee verordnet. Aber Mutti hat mir versprochen, ihn zu fragen, ob ich bald wieder richtiges Essen bekommen darf. Bitte erinnere sie daran."

„Was würdest du dazu sagen, wenn ich morgen auf Vogeljagd ginge, und wenn ich Glück habe, ein paar junge Tauben erlegen würde? Mutti könnte sie extra für dich braten. Das wäre doch was, nicht wahr?"

Freudestrahlend antwortete ich: „Wunderbar! Aber warum sagst du ‚wenn ich Glück habe'? Du bist doch der beste Schütze der Welt."

In Erwartung leckte ich bereits meine Lippen und stellte mir vor, wie lecker so ein knuspriger Taubenbraten schmecken würde.

„Dann sollst du deine gebratenen Tauben bekommen. Ich werde selbst mit dem Doktor reden." Er umarmte mich noch einmal und ging wieder.

Papas Besuch hatte mir wohlgetan und mich wieder glücklich gemacht.

In den nächsten zwei Tagen war Papas durchdringende Stimme ständig im und um das Haus herum zu hören. Er kommandierte und schimpfte, wenn die Arbeit nicht getan oder seiner Meinung nach nicht schnell genug erledigt wurde. Ich hatte den Eindruck, alle Hausbewohner würden wie die Verrückten umher flitzen, um Papa ja alles recht zu machen. „Sven und Frank, los an die Arbeit, Löwenzahn für die Kaninchen holen, Mutti braucht Feuerholz. Dagmar, du bist groß genug, um in den Hühnernestern nach Eiern zu suchen. Hier ist ein Korb." So ging es ununterbrochen weiter, und ich war insgeheim doch ganz froh, noch ein paar Tage im Bett bleiben zu dürfen.

Papa hielt sein Versprechen. Zum Sonntagsessen kamen er und Mutti in mein Zimmer. Mutti trug ein Tablett mit Kartoffelbrei, Erbsen, Möhren und zwei gebratenen jungen Tauben. Sie schauten mir zu, wie ich den Teller unter meine Nase hielt und den Duft des Essens einatmete, bevor ich jeden einzelnen Bissen genüsslich verschlang. Ich saugte sogar die winzigen Knochen aus. Am liebsten hätte ich den Teller noch abgeleckt, aber ich entsann mich noch rechtzeitig meiner guten Manieren. „Vielen Dank, ich fühle mich schon viel besser", strahlte ich. Meine Eltern sahen erst sich gegenseitig, dann mich an und lächelten.

„Na prima!" sagten sie einstimmig.

Bevor sie mein Zimmer verließen, versprach Mutti, mir am nächsten Tag dabei zu helfen, wieder auf die Beine zu kommen.

Nachdem ich über einen Monat lang im Bett gelegen hatte, konnten meine Beine mich vor Schwäche kaum noch tragen. Mutti und eines unserer Mädchen mussten mich stützen, wenn ich wieder zu Gehen versuchte. Am ersten Tag schien es, als müssten sie mich durchs Zimmer schleppen. „Meine Beine gehorchen mir nicht mehr", jammerte ich. Von Tag zu Tag wurde ich jedoch stärker, und nach etwa einer Woche konnte ich bereits halbwegs durchs Zimmer wanken. Ich winkte und rief aus dem Fenster: „Hallo, Jungs, es geht mir wieder besser." Und ich scherzte: „Bald kann ich euch wieder ärgern und mit euch rumtoben." Meine Brüder winkten zurück und johlten. Sven antwortete: „Das woll'n wir doch erst mal sehen."

Frank grinste, bockte und wieherte wie ein Fohlen und stimmte seinem Bruder zu: „Ja, das woll'n wir doch erst mal sehen."

So sehr sich meine Mutter und die Mädchen auch bemühten, gelang es ihnen nicht, meine Geschwister und mich jederzeit im Auge zu behalten. Wir streiften durch den Garten und die Wiese außerhalb des Zauns. Am meisten lockten uns die Teiche auf unserem Grundstück. Eines Tages forderte Frank Dagmar auf, zum Eiersuchen mitzukommen. Als sie den Kopf schüttelte, nannte er sie ein Baby und sprang behände auf die Brücke, die zum Entenhäuschen in der

Mitte des runden Teiches führte. Er kroch hinein und tauchte mit zwei Eiern wieder auf. Mit seinem Taschenmesser piekte er ein Loch in jedes Ei, saugte es aus, grinste und rieb sich genüsslich über den Bauch. Auf dem Rückweg balancierte er über die schmalen Bretter, sprang ans Ufer und lief an uns vorbei zum Schwimmteich, wo Sven die letzten Nägel in ein hölzernes Floß hämmerte.

„Na, was haste mal wieder angestellt?", fragte er seinen Bruder.

„Eier ausgesaugt."

„Das habe ich mir gedacht. Gut, dass Mutti dich nicht erwischt hat."

Frank zuckte mit den Schultern und streckte Sven die Zunge raus.

„Wieder mal davon gekommen, was?", bemerkte Sven trocken, als er grade ein Seil an seinem Floß befestigte und prahlte: „Prima Sache, was?"

„Angeber", widersprach Frank, „das Ding sackt dir sowieso ab."

„Wir werden sehen", antwortete Sven überzeugt. Nachdem Dagmar Sven gebeten hatte, mit auf seinem Floß fahren zu dürfen, musste sie ihm zunächst bei der Suche nach einer Bohnenstange helfen. Damit prüfte er erst die Tiefe des Teiches, zog dann die Stange aus dem Wasser, stellte sie neben seine Schwester, zeigte auf die Wasserstandsmarke und erklärte ihr geduldig, das Wasser sei für sie viel zu tief. Enttäuscht musste Dagmar zuschauen, wie Sven auf das Floß sprang und auf dem Teich in Ufernähe entlang stakte.

Wie ein Indianer pirschte unterdessen Frank am Ufer entlang. Er hielt Ausschau nach Fröschen, die er mit seinem Hemd fangen wollte. Als zwei Frösche vor ihm ins Wasser plumpsten, entschied er sich, ihnen zu folgen. Trotz unserer Warnung zog er seine Hose aus und stieg in den Teich. Er schaffte es sogar, Dagmar ins Wasser zu locken, indem er ihr einen Huckepackritt versprach. Bevor wir einschreiten konnten, war sie bereits im Wasser, kletterte auf seinen Rücken und hielt sich an seinem Hals fest. Frank musste husten und ging plötzlich unter. Dabei schluckte Dagmar Wasser, bekam auch einen Hustenanfall und ging ebenfalls unter.

Sven stakte so schnell er konnte an die Stelle, an der sie verschwunden waren. Ich rannte hinüber und sah gerade Franks Kopf wieder aus dem Wasser auftauchen. Er hielt sich an einer Baumwurzel fest, während Dagmar mit dem Gesicht nach oben und offenen Augen dicht unter der Wasseroberfläche schwebte. Sven packte sie an den

Haaren und zog sie aufs Floß, wo sie heftig hustete und Wasser spuckte. Sven steuerte das Floß zum Steg, half Dagmar beim Absteigen und klopfte ihr auf den Rücken, wie er es von Mutti kannte, wenn wir uns verschluckt hatten. Er schrie Frank an, er sei ein Idiot und solle gefälligst mit seinem nackten Hintern sofort aus dem Wasser kommen.

Frank verteidigte sich: „Es ist ihre Schuld. Sie hat mir den Hals zugedrückt."

Ich rannte ins Haus und holte Mutti. Dagmar hustete und weinte immer noch, als Mutti angelaufen kam und wissen wollte, was geschehen war. „Frank und ich sind untergegangen. Sven hat mich rausgeholt", schluchzte Dagmar. Mutti befahl Frank, endlich aus dem Wasser zu kommen, und auch Sven musste sofort das Floß verlassen. Dann nahm sie Dagmar bei der Hand und schimpfte uns aus, weil wir ohne Aufsicht im Wasser gespielt hatten. Mich beschuldigte sie, nicht aufgepasst zu haben, und zum Schluss drohte sie auch noch, Papa alles zu erzählen.

Ivan und seine Kuh

Es dürfte im Frühsommer 1943 gewesen sein, als ich mehr und mehr den Eindruck bekam, die deutschen Truppen würden in der ganzen Welt kämpfen. Zwar hatten sie in Nordafrika und der Ukraine noch gesiegt, aber dann kamen die ersten Niederlagen.

Papa war gerade auf Urlaub, als Sven uns bereits von weitem zuwinkte. „Papa", rief er, „ein alter Mann mit 'ner Kuh kommt den Fahrweg entlang."

Papa, der Dagmar gerade auf den Schultern trug, antwortete: „Steh nicht rum, Junge, mach's Tor auf! Mal seh'n, was er will." Papa, Sven, Dagmar und ich beobachteten, wie der Mann langsam auf uns zu kam und am Tor stehen blieb. Seine Füße waren mit verschmutzten, zerrissenen Lappen umwickelt. Sven und ich eilten zum Tor und sahen, wie der Mann seinen Krückstock gegen den Zaun lehnte, einen mit einem Strick verschnürten Sack absetzte, sich aufrichtete und sein Kreuz mit der Hand stützte. Während er seine Kuh am Torpfosten festband, hörten wir ihn gebrochenem Deutsch murmeln: „Was meinst, Ruschka? Scheune gut, gut für kalben, was?"

Die Kuh Ruschka sah den Mann mit ihren großen braunen Augen an und stimmte mit einem ausdrucksvoll „Muuuuuuuuh" zu.

„Is dir recht, ja? Na, dann will fragen." Sanft tätschelte er ihr Hinterteil, nahm seine schmierige Mütze ab, wischte sich mit dem rechten Unterarm über die Stirn, spuckte in die Hände, strich sich über sein ergrautes Haar und setzte die Mütze wieder auf, Er lächelte uns an und betrat das Grundstück, wo Papa ihn begrüßte. „Guten Tag, geehrter Herr", sagte der Besucher, nahm die Mütze ab und verbeugte sich leicht. „Gott beschütze Sie und Familie." Er verbeugte sich ein zweites Mal.

Papa stellte sich vor und setzte Dagmar ab, die gleich hinter einer Ente und ihrer Kükenschar herjagte. „Willkommen", sagte er und deutete auf die Füße des Mannes. „Sie sind lange Zeit gewandert. Kommen Sie, ruhen Sie sich aus." Sie setzten sich an den Tisch unter der Buche. Papa ließ Sven etwas zu essen und zu trinken holen, wandte sich dem Besucher zu und fragte: „Wie heißen Sie? Woher kommen Sie, und wohin wollen Sie?"

In gebrochenem Deutsch, mit einem seltsamen Akzent und rollenden R's deutete der alte Mann nach Südosten und antwortete: „Ich

Ivan. Kuh und ich kommen von zu Hause. Ist in Ukraine."

„Von so weit her? Haben Sie eine Familie?"

„Ja", nickte er. „Großvater kam in Zarenzeit aus Deutschland." Er machte eine Pause und wischte sich mit einem schmutzigen Lappen die Schweißperlen von der Stirn. „Zar, Großvater, Vater – alle tot." Er bekreuzigte sich. „Viel Schießerei, Frau zurückgelassen und mit Ruschka davon gemacht." Er zeigte auf die Kuh. „Lange unterwegs, Ruschka und ich. Ruschka dick" – er machte einen Kreis mit beiden Armen – „mit Kalb, brauchen Platz für Ruhe. Sie große Scheune. Ruschka kriegt Kalb. Sie und ich haben Milch", erklärte er und rieb seine riesigen schwieligen Hände aneinander.

Sven machte sich an Ivan heran und fragte: „Sie haben Ihre Frau nicht mitgebracht?"

Ivan antwortete grinsend: „Nein, Frau plappert zu viel, will nicht wandern. Kuh wandert, meckert nicht, macht kein'n Streit."

„Verstehe." Papa schmunzelte vor sich hin.

Sven und ich hingen um die beiden herum, starrten den Besucher an und hörten gebannt zu, und nachdem Sven erfahren hatte, warum der seine Frau zurückgelassen hatte, gab er mir einen Stups. „Hast du das gehört? Kein Wunder, daß er die Kuh mitgenommen hat", flüsterte er mir zu und zwinkerte. Ich schnitt eine Grimasse und streckte die Zunge raus.

Genia, das uns vom Arbeitsamt zugewiesene Mädchen, nachdem Gela wieder gegangen war, brachte einen Becher mit Wasser, das Ivan – dessen Adamsapfel zu unserem Vergnügen rauf und runter hopste – im Nu runter schluckte. Gierig verschlang er mehrere Marmeladenbrote und wischte sich danach seinen Bart am Ärmel ab.

Papa strich sich über die Bartstoppeln und nickte. „Ich glaube, wir können uns einig werden. Genug Platz für Sie und Ihre Kuh haben wir. Weil wir uns zum größten Teil selbst versorgen und 'ne Menge Leute zu verköstigen haben, können wir Ihre Hilfe gut gebrauchen. Außerdem würde sich meine Frau bestimmt über frische Milch freuen."

„Gott beschütze Sie und Familie, geehrter Herr." Der Mann legte die Hände zusammen, verbeugte sich, setzte die schmuddelige Mütze ab und zog seine Jacke aus, die wie das abgelegte Kleidungsstück einer Vogelscheuche um seine kräftigen Schultern hing. Er faltete sie ordentlich und legte sie neben sich auf die Bank. Als die Jacke noch neu gewesen war, mag sie schwarz oder braun gewesen sein, jetzt aber glänzte sie nur noch speckig vor Dreck. Regen, Wind und Sonne hatten sie violett wie eine Aubergine verfärbt. Ivan hatte keine Schuhe an und trug ein ausgefranstes, kragenloses Hemd über einem dicken, langärmeligen Unterhemd. Den Saum seiner zerlumpten Hose hatte er in die schmutzigen Lappen gesteckt, mit denen seine Füße umwickelt waren.

„Wir werden ein Paar Stiefel für Sie organisieren", versprach Papa. Ivan nickte: „Danke, Sonntagsstiefel in Sack." Plötzlich fiel ihm seine Kuh wieder ein. Er stand auf, nahm seine Mütze und fragte: „Mit Erlaubnis, Herr, Ich schauen nach Ruschka." Er verbeugte sich und eilte zum Tor. Papa folgte ihm.

„Lassen Sie die Kuh aus dem Bach trinken und auf der Wiese grasen. Ich werde neben der Küche ein Bett für Sie herrichten lassen", schlug Papa vor.

„Bitte, Herr, mit Erlaubnis: Schlafe lieber in Stall bei Ruschka." Er lüftete die Mütze und kratzte das kurz geschorene Haar.

„Ach Du meine Güte", dachte ich, „der Mann hat sicherlich Läuse." Mutti mochte das bestimmt nicht, nachdem sie Dagmar und mich gerade mit einem stinkenden Entlausungsmittel behandelt hatte.

„Einverstanden", meinte Papa und schüttelte ihm die Hand. „Wenn Sie sich um Ihre Kuh gekümmert haben, stelle ich Sie meiner Frau vor. Dann zeige ich Ihnen den Stall und das Grundstück."

„Ich glaube, Papa freut sich riesig, daß Ivan aufgekreuzt ist", sagte ich zu Sven.

„Warum auch nicht? Papa lädt dauernd Leute ein, und Ivan hat so gar 'ne Kuh. Ich weiß genau, was Mutti sagen wird, wenn Papa wieder mal jemanden zum Essen mitbringt: ‚Schon gut, Karl, dann verlängere ich einfach die Suppe mit etwas Wasser.

Ivan zog mit seiner Kuh in den Stall. Dagmar nutzte jede Chance, durch ein Loch im Zaun auf die Wiese zu schleichen und darauf zu warten, dass Ruschka ihren Schwanz anhob und einen dunkelgrünen Fladen auf die Wiese klatschen ließ. Als Ruschka ihr Kalb geboren hatte, nannte Ivan es Nuschka. Ich bat ihn, mir das Melken beizubringen. Ivan lächelte freundlich, schüttelte jedoch den Kopf und erlaubte mir nicht einmal, Ruschka zu berühren. Er schleppte

Eimer voller sahniger Milch in die Küche. Mutti seihte sie durch ein Tuch und goss sich ein Glas ein. „Ich liebe sie fett und möglichst noch warm", sagte sie begeistert und genoss jeden Tropfen. Aus der abgerahmten Sahne machte Genia Butter. Mir schmeckte Schlagsahne auf Erdbeeren aus dem Garten am besten, und Papas liebstes Abendessen war eine Schüssel saurer Milch mit Zucker und Zimt und einer Scheibe Roggenbrot.

Mittags kam Ivan aus dem Stall, nahm die Mütze ab, hängte sie an einen Haken, spuckte in die Hände und strich sich übers Haar. Er pumpte Wasser in eine Schüssel, wusch und trocknete die Hände ab und setzte sich an den Küchentisch neben dem Fenster. Mutti gab ihm eine riesige Schüssel mit dampfendem Gemüse und Kartoffeln. Er verneigte sich, faltete die Hände, murmelte ein Gebet und bekreuzigte sich. Dann legte er seinen linken Arm um die Schüssel, beugte sich vor und begann zu schaufeln. Frank und ich staunten, wie er die Schüssel ratzeputz leerte und auch noch eine zweite Portion, die Mutti ihm aufgetischt hatte, bis auf den letzten Bissen verschlang. Wir fragten uns, ob er vorhatte, womöglich die Schüssel auch noch zu verzehren.

„Da staunste, was?", flüsterte Sven Frank zu. „Nie im Leben könnte ich so viel auf einmal verputzen. Könntest du das?"

„Na klar", prahlte Frank.

„Dann zeig's uns mal", forderte Sven seinen Bruder heraus.

„Wenn ich's wollte, könnte ich's, aber ich hab' jetzt keine Lust" erwiderte Frank schnippisch.

Sven lachte: „Angeber! Das hab' ich mir gedacht."

Sonntagmorgens kam Ivan mit einer angeschlagenen Emailleschüssel in die Küche, bat um warmes Wasser und trug es zur Pumpe im Hof. Dort seifte er sich ein, schrubbte Gesicht, Nacken und Hände ab und blinzelte in eine Spiegelscherbe, die neben einem langen Lederriemen befestigt war, den er zum Schärfen seines Messers brauchte. Dann schnitt er eine Grimasse, rasierte seine Stoppeln vom Kinn bis zu den hohen Wangenknochen und trocknete sich anschließend mit einem Handtuch ab.

Die markanten Falten in seinem ledrigen, von der Sonne gebeizten Gesicht, am Nacken und an den Händen waren so tief, daß der Schmutz, der sich dort angesammelt hatte, nicht verschwand, so sehr er auch schrubbte. Wir haben ihn nie sein Hemd ausziehen sehen und vermuteten, dass das der Grund für den scharfen Geruch war, der ihn ständig umgab. Nach dem Rasieren befeuchtete Ivan sein Haar, scheitelte und kämmte es. Zum Schluss drehte er den Kopf von rechts nach links, grinste, entblößte dabei seine wenigen verbliebenen Zähne und betrachtete sich wohlgefällig in der Spiegelscherbe. Zufrieden verschwand er in der Scheune. Kurz darauf erschien er wieder mit Hut, Sonntagsstiefel und einem schwarzen Anzug. Der war ziemlich abgetragen, sah jedoch trotz der Heureste, die an ihm hafteten, ganz passabel aus. Unter dem rechten Arm trug er seine zerlesene Bibel. „Vom deutschen Großvater", erklärte er stolz. Mit der linken Hand führte er Ruschka an einem Strick; ihr braves Kalb folgte dichtauf. Langsam und feierlich – als seien sie zu einem wichtigen Ereignis unterwegs – schritten sie durch das Gartentor auf die Wiese. Dort band er Ruschka an und ließ sich an einem schattigen Platz unter der Birke nieder. Sven und ich waren hinter ihm her geschlichen und hatten uns in einigem Abstand hingehockt. Ivan beachtete uns aber nicht. Er nahm den Hut ab, zog die Bibel unter dem Arm hervor, bekreuzigte sich, leckte am rechten Daumen und am Zeigefinger, blätterte mit der schwieligen Hand so lange durch das gute Buch, bis er die gesuchte Stelle gefunden hatte. Dann las er Ruschka mit lauter und ernster Stimme vor. Von Zeit zu Zeit blickte er zum Himmel hinauf, gestikulierte, als wolle er etwas Wichtiges bekunden, und fragte Ruschka: „Hörst du? Gott liebt alle Kreaturen auf der Erde, dich, kleine Nuschka, mich und Laabs Familie."

Musikstunden

Seite an Seite standen Sven und ich Herrn Professor Tarkovski gegenüber, einem großen Mann mit einer Mähne weißen Haars und dem Gebaren eines Patriziers. Er trug einen schwarzen Anzug, ein makelloses weißes Hemd und eine schwarze Fliege. Wir waren zur wöchentlichen Geigenstunde in meinem Zimmer versammelt. Der Professor saß auf einem Stuhl neben dem alten verstimmten Cembalo und begann jede Stunde damit, mich in melodischem Deutsch zu bitten: „Eycke, erlaubst du mir, deine Geige zu stimmen?" Behutsam nahm er mir meine Kindergeige aus der Hand und legte sie unter sein Kinn. Er zupfte die Seiten und drehte so lange an den Wirbeln, bis er zufrieden war. Danach stimmte er auch Svens Geige.

Nachdem wir unsere Tonleitern herunter geleiert hatten, ließ uns der Professor ein einfaches Stück aus Mozarts ‚Zauberflöte' spielen. „Steht aufrecht und kontrolliert den Strich eurer Bögen. Ihr müsst sie nicht so herumtänzeln lassen", ermahnte er uns. „Auf und ab, auf und ab", fügte er hinzu, „und achtet darauf, wohin ihr eure Finger setzt. Reine Töne, nur reine Töne, wenn ich bitten darf."

Am Ende jeder Musikstunde bat mich der Professor höflich um meine Geige, legte ein Taschentuch auf die Kinnstütze, setzte die Geige behutsam unter sein Kinn und stand auf. Mit geschlossenen Augen entlockte der alte Herr meinem schlichten Instrument die himmlischsten Klänge. Ich ließ mich vom Zauber dieser Musik an einen Ort voller Schönheit und Licht tragen, der mir ein Gefühl des Einsseins mit etwas Erhabenem vermittelte.

Mein Bruder war von diesen Darbietungen lange nicht so beeindruckt wie ich. Er nutzte es aus, dass der Professor mit geschlossenen Augen spielte. Mit übertriebenen Gesten ahmte er ihn hinter seinem Rücken nach. Als der Professor fertig war, gab er mir die Geige zurück und bedankte sich. Er nannte den Namen des Komponisten, dessen Stück er gerade gespielt hatte, und sagte: „Vergesst ihn nicht, den großen, begnadeten Maestro Paganini."

Im Frühjahr 1944 – Professor Tarkovski hatte uns bereits eineinhalb Jahre unterrichtet – sprach ein Beamter bei meiner Mutter vor. Er schlug die Hacken zusammen, grüßte mit ‚Heil Hitler' und teilte mit, den Behörden sei bekannt geworden, dass ein gewisser Tarkovski ihrem Sohn und ihrer Tochter Unterricht erteile. Es wäre doch offiziell bekannt gegeben worden, dass es polnischen Staatsangehörigen verboten sei, deutsche Kinder zu unterrichten.

Mutti bekam einen hochroten Kopf. „Das kann doch nicht wahr sein!", schimpfte sie. Und mit spöttischer Stimme fuhr sie fort: „Befürchten Sie etwa, der alte Herr könnte mit seinem Bogen jemanden erschießen. Und weiter voller Zorn: „Herr Professor Tarkovski war erster Geiger bei den Berliner Philharmonikern. Er ist ein renommierter Musiker und jetzt nun mal gezwungen, Kinder zu unterrichten. Erst hat man ihn seiner wertvollen Geige beraubt. Hat das vielleicht etwas damit zu tun, dass es eine Stradivari war? Und jetzt entzieht man ihm auch noch seinen Lebensunterhalt? Nehmen diese Schikanen denn nie ein Ende?" Sie schüttelte den Kopf. „Das ist doch nicht zu fassen!"

Mit leiser und gelassener, aber hochmütiger Stimme betonte der Mann jedes Wort mit Nachdruck: „Wenn Sie sich nicht fügen, wird das Folgen haben. Die Stunden sind unverzüglich abzubrechen, und Ihre Kinder müssen sich bei der von der Hitlerjugend geführten Musikschule anmelden." Er sah mich an, machte eine kurze Pause und dann hörte ich seine schneidende Stimme: „Außerdem hätte Ihre Tochter im November, als sie zehn Jahre alt geworden ist, bei den ‚Jungmädeln' angemeldet werden müssen. Wir erwarten sie morgen zur Untersuchung beim Gesundheitsamt." Er knallte die Hacken zusammen, grüßte mit ‚Heil Hitler', und zog ab.

Mutti blieb noch eine Weile außer sich. Später entschied sie, dass Sven und ich doch besser einmal in der Woche die Musikschule besuchen sollten. Sie bestand aber mit eiserner Sturheit darauf, dass man Professor Tarkovski wenigstens gestatten müsse, unsere praktischen Übungen zu Hause zu beaufsichtigen. Sie begründete das erstens mit dem Hinweis, sie gelte als Mutter von vier Kindern als kinderreich und verdiene deshalb angemessene Berücksichtigung. Zweitens hätte sie sich auch noch um ein krankes Kind zu kümmern und könnte deshalb die Violinübungen des übrigen Nachwuchses nicht auch noch überwachen, und drittens lasse sie sich grundsätzlich nicht so leicht einschüchtern.

Das kam Sven und mir ganz gelegen, denn der Professor hatte viel mehr Geduld als unsere Mutter. Wenn Sven falsch spielte, rief sie: „Diese Töne sind alles andere als Musik! Dir ist nicht zu helfen," und tippte ihm mit seinem Geigenbogen leicht auf den Kopf. Zu ihrem heillosen Entsetzen zerbrach dabei der Bogen in zwei Teile. Sie sah erstaunt auf den zerbrochenen Bogen in ihrer Hand, dann auf Sven und wieder zurück auf den Bogen. Dann ließ sie ihn fallen, streichelte

Sven sanft über den Kopf, als wolle sie sich davon überzeugen, dass er keinen ernsthaften Schaden davon getragen hatte. Er sollte merken, dass es ihr leid tat. Dann flüchtete sie aus dem Zimmer. Ihr verblüffter Gesichtsausdruck hatte mich erstaunt, gleichzeitig aber auch amüsiert. Was hatte sie eigentlich erwartet? Violinbögen sind schließlich nicht dazu da, Kindern damit auf den Kopf zu hauen. Man brauchte sie doch zum Musizieren. Andererseits musste ich mir aber insgeheim eingestehen: „Wer wollte schon das, was wir da von uns gaben, wirklich ‚Musik‘ nennen?"

Sven rieb sich den Kopf, grinste verschmitzt, ergriff den zerbrochenen Bogen und folgte unserer Mutter zur Tür hinaus, die Reste des Bogens wie eine Trophäe vor sich her tragend. Ich hörte, wie er sich Frank gegenüber brüstete: „Na, glaubst du's mir endlich? Habe ich dir nicht gesagt, dass ich einen harten Schädel habe?"

Am nächsten Mittwoch begab ich mich also mit Geige und Blockflöte zur Musikschule. Mürrisch und widerwillig trottete Sven ein paar Schritte hinter mir her. Wir brauchten nur von unserem Fahrweg aus nach links abzubiegen und dann noch zwei Blöcke auf der Auschwitzer Straße bis zur Sonnenstraße weiterzugehen. Dort befand sich an einer Straßenecke eine alte, schmutzig- gelb verputzte Villa. Die Leiterin der Musikschule, Fräulein Bensch, war jung und hübsch. Sie trug die Uniform des ‚Bundes Deutscher Mädel‘. Lächelnd begrüßte sie uns, führte uns in der Schule herum, stellte uns den anderen Kindern vor und begann sogleich, uns in Zehnergruppen im Geigen- und Blockflötenspiel zu unterrichten. Wir spielten einfache Stücke von Mozart und Haydn. Ich war jedoch enttäuscht, dass Fräulein Bensch uns nicht so schön wie Professor Tarkovski vorspielen konnte. Wir lernten aber bei ihr nach jeder Übungsstunde so aufrührerische Marschlieder wie:

Unsere Fahne flattert uns voran.
Und die Fahne ist mehr als der Tod.

Ein anderes Lied verherrlichte Horst Wessel, einen SA-Märtyrer:

Die Fahne hoch,
die Reihen fest geschlossen,
SA marschiert ...

Danach sangen wir ‚Deutschland, Deutschland über Alles‘, das ich bereits in der ersten Klasse gelernt hatte.

Über unseren Köpfen an der Wand hing ein großes Portrait von

Adolf Hitler, der uns mit stechenden schwarzen Augen anblickte. Fräulein Bensch erzählte uns von ‚unserem Führer' und seinem Kampf, Deutschland in eine große Zukunft zu führen. Sie sagte: „Der Führer liebt alle Kinder und wünscht, dass Ihr gesund lebt und immer euer Bestes tut, dem Vaterland zu dienen. Er will, dass Ihr euch selbst dazu erzieht, flink wie Windhunde und hart wie Kruppstahl zu werden. Vor allem aber müsst ihr bereit sein, euren letzten Tropfen Blut für die Verteidigung unseres Vaterlandes und für den Führer zu vergießen." Am Ende der ersten Stunde überreichte Fräulein Bensch jedem von uns ein Foto des lächelnden Führers, auf dem er einen Strauß Feldblumen von einem kleinen blonden Mädchen entgegennimmt. Ich steckte das Bild in meine Tasche. Auf dem Heimweg dachte ich darüber nach, was uns Fräulein Bensch über diesen Mann mit dem stechenden Blick und dem schwarzen Schnurrbart gesagt hatte. War er womöglich Schuld daran, dass Papa uns jahrelang allein lassen musste? Auf dem Foto, das wir von Fräulein Bensch bekommen hatten, strahlte er und sah so aus, als würde er tatsächlich alle Kinder lieben. Wie aber konnte das sein? Es war doch gar nicht möglich, alle Kinder zu lieben. Niemand tat das. Ich war völlig verwirrt und wünschte mir, ich hätte den Mut gehabt Fräulein Bensch zu fragen was unsere Körper, flinke Windhunde, Kruppstahl und vergossenes Blut mit Musik zu tun haben.

Dann fiel mir plötzlich wieder ein, was vor einem Jahr, im Frühling 1943 vorgefallen war: Papa war in Schwierigkeiten geraten, daraufhin entlassen und dann zur Luftwaffe eingezogen worden. Ich hatte mal einen anderen Schulweg genommen und kam an einem großen roten Backsteingebäude vorbei, einer alten Schule, aus der ich Weinen und Geschrei hörte. Was ging dort vor? Wer waren diese weinenden Menschen, und warum wurden sie von uniformierten Soldaten bewacht? Ich blieb stehen und spähte durch den eisernen Zaun in den Hof. Es war plötzlich so, als sei ich an einen finsteren Ort geraten, an dem sich rätselhafte und schreckliche Dinge abspielten, deren Anblick mich schaudern ließ und mir große Angst einflößte. Ich versuchte gerade, mir vorzustellen, was dort hinter den Mauern passierte, als mich ein Soldat entdeckte. Ohne ein Wort zu sagen, gab er mit seinem Gewehr ein Zeichen und jagte mich davon. Ständig noch das herzzerreißende Schreien im Ohr, war ich an diesem Tag unfähig, mich in der Schule zu konzentrieren.

Nachmittags berichtete ich meinen Eltern, was ich gesehen und gehört hatte. Mein Vater erklärte: „Es geschieht viel Schlimmes." Er blickte Mutti an, die nur still den Kopf schüttelte. Dann war auch er eine Weile still. Er schien erst zu überlegen, was er mir sagen sollte und fuhr dann schließlich fort: „Was du gehört hast, waren die Stimmen jüdischer Familien." Er nahm sein Taschentuch, drehte sich um, nahm die Brille ab, schnäuzte in sein Taschentuch hinein und gab mir damit zu verstehen, er wolle nicht weiter darüber reden.

Wenn jüdischen Kindern so viel Schlimmes angetan werden konnte, dachte ich, könnte es mir und meinen Geschwistern auch so ergehen. An diesem Tag fragte ich meine Mutter: „Wann holen sie uns ab? Was soll ich packen?"

Seit langem schon plagte mich das Gefühl, dass unsere Familie in Gefahr war. Warum hatte der Gestapo-Agent Latz herumgeschnüffelt und spioniert? Die einzige Stelle, an der ich mich sicher fühlte, war mein geheimer Zufluchtsort unter den Zweigen der Linde, die am Rande des runden Teiches wuchs, wo weiße Wasserlilien auf dem schwarzen Wasser schwebten und schillernde Libellen hin und her flitzten. Dort würde ich mich verstecken und den süßen Duft der Blüten einatmen.

Mein Vater blieb am nächsten Tag zu Hause. Er schien krank zu sein, erbrach sich und sah leichenblass aus. Ich hatte wieder einmal das Gefühl, dass er sehr viel mehr wusste als er mir erzählt hatte.

*****

Fünfunddreißig Jahre später erinnerte sich mein Vater, wie wütend er damals gewesen war und wie verzweifelt und machtlos er sich gegenüber den Ereignissen an jenem Tag gefühlt hatte: Mit seiner Liste war er zu dem großen, umzäunten Sammelplatz gekommen, wo die Juden aus der Stadt und der Umgebung vor der Selektion zusammen getrieben worden waren, um sodann deportiert zu werden. Wie schon zuvor glaubte er auch diesmal, die Freilassung jener Männer und Frauen zu erreichen, die auf seiner Liste standen. Was Papa jetzt jedoch vorfand waren Dutzende von Babys in ihren Kinderwagen, umgeben von einer Gruppe älterer Kinder. Dabei standen sogar Mitglieder des Judenrates und der jüdischen Polizei. Ein SS-Offizier in schwarzer Uniform, zuständig für ein ‚Sonderkommando' zur Ausrottung von Juden im Bezirk, schritt vor seiner Truppe hin und her. „Meine Herren", verkündete er arrogant, „sehen Sie die Kinder dort? Bald werden Gold und Geld zu meinen Füßen liegen." Er wandte sich den erwachsenen Juden zu und deutete auf die Kinderwagen. „Wenn ihr mir euer Gold bringt, lasse ich sie gehen." Dann schickte er sie nach Hause.

Mein Vater beschrieb, was dann geschah: „Obwohl die Juden ihm ihre Schätze inzwischen abgeliefert hatten, hielt er natürlich nicht Wort, sondern deutete mit seiner Reitpeitsche auf die Kinder und Säuglinge und grinste: ‚Auf die lege ich besonderen Wert.' Dann befahl er seinen Soldaten, sie nach Auschwitz zu verladen, wo sie alle verbrannt wurden."

Auf meine Frage, wie dieser Offizier aussah, antwortete mein Vater: „Wie ein ganz normaler Mensch. Er war jedoch wie viele andere ein durch und durch böser Mann, herrschsüchtig und brutal. Er steht noch auf der Suchliste. Eines Tages wird man ihn finden. Ich hätte ihn am liebsten erschossen, aber das konnte ich ja nicht." Papa schluchzte und unterbrach seine Schilderung, um sich die Tränen abzuwischen. „Diese Kinder werde ich nie vergessen."

Der Fuchsbau

Nach der Schule und vor allem während der Sommerferien verbrachten wir die meiste Zeit draußen im Freien. Ständig waren wir in Haus und Hof beschäftigt, stromerten auf den Wiesen und Feldern herum, spielten an den Teichen und planschten und spritzten darin herum.

Die schwarze Oberfläche des Schwimmteiches spiegelte die Silberpappeln und Birken wieder, bis meine Brüder und ich diesen Zauber beendeten. Wir riefen „auf die Plätze, fertig, los", sprangen durch den Wasserspiegel – wie gewöhnlich nackt – und erschreckten damit Dutzende von Fröschen, die hinter uns ins Wasser plumpsten. Das von der Sonne erwärmte Wasser umhüllte mich, und ich schüttelte mich vor einer Mischung von Wonne und Ekel wegen des dicken, samtweichen Schlamms auf dem Grund des Teiches, der sich zwischen meine Zehen quetschte. Sven kletterte auf sein wackliges Floß, paddelte hinaus auf den Teich und jagte winzige Wasserläufer, die auf ihren Spinnenbeinen über die Oberfläche flitzten. Frank, der noch zu klein war, um den Teichgrund mit den Füßen erreichen zu können, hangelte sich an einem Stahlseil entlang, das über den Teich gespannt war. Ich tat so, als könnte ich schwimmen, indem ich mit den Armen Schwimmbewegungen machte, während ich mit einem Bein an der Wasseroberfläche paddelte und mich mit dem anderen hüpfend auf dem Grund abstützte. „Guck mal, Mutti, ich kann schwimmen", prahlte ich. Mutti lächelte und schüttelte den Kopf. „Sei vorsichtig", warnte sie mich.

Meistens war Mutti im Haus und im Garten beschäftigt. Außerdem gab sie den Mädchen und uns Kindern ständig irgendwelche Anweisungen. In letzter Zeit hatte sie sich jedoch nicht wohl gefühlt, und an jenem Tag saß sie in einem blau-weißen Umstandskleid gedankenverloren und still auf ihrer Bank am Teichrand. Dagmar spielte zu ihren Füßen. Sven schwankte unsicher auf seinem Floß hin und her. Er machte sich über mich lustig, indem er meine komischen Schwimmbewegungen nachahmte, lachte dabei schallend, fiel fast vom Floß und spottete: „Guck mal, Mutti, ich kann schwimmen, ich kann schwimmen." Svens Hampeleien amüsierten mich kein bisschen, und ich rief ihm zu:„Ertränk' dich doch, du hässlicher Frosch." Das spornte ihn natürlich zu noch verrückteren Bewegungen an, bis er schließlich vom Floß fiel, unterging, planschte und prustete, kurz darauf aber immer noch lachend wieder auftauchte.

Unsere Kindereien schien Mutti überhaupt nicht zu beachten. „Ich gehe einen Moment ins Haus", rief sie. „Kommt bitte aus dem Wasser und passt auf Dagmar auf, bis ich wiederkomme." Wir gehorchten nur widerstrebend. Sven und Frank spielten eines ihrer Lieblingsspiele. Sie stocherten im Gras herum und ließen die Frösche in den Teich hüpfen. Dagmar zog ihre Puppe an und wieder aus. Ich saß auf den Stufen, die zum Teich führten, und sonnte mich. In diesem Augenblick hörte ich ganz schwach das Brummen eines Flugzeugmotors. Auch die Jungen unterbrachen ihr Spiel mit den Fröschen und spitzten ihre Ohren. Kurz darauf erblickten wir das Flugzeug. Die Sonnenstrahlen glitzerten auf seinen silbernen Flügeln, und aus der Ferne sah es aus wie ein Spielzeugflieger. Wir hatten ja bereits Bombenangriffe bei unseren Besuchen in Deutschland erlebt, aber es war ungewöhnlich, in diesem Teil Polens Flugzeuge zu hören oder zu sehen. Das Flugzeug begann zu kreisen. Und nach einem hohen Pfeifen folgte eine Explosion, die uns heftig erschreckte und aufspringen ließ. Dagmar begann zu weinen. Als ich sie an die Hand nahm, merkte ich, dass wir beide zitterten.

„Fliegerangriff! Deckung!", schrie Sven. Aber anstatt uns zu Boden zu werfen, schauten wir in den Himmel und beobachteten, wie sich am klaren Nordwesthimmel über dem Mohnfeld eine schwarze Rauchwolke ausbreitete.

„Kommt", rief ich.

„Wohin?", rief Sven zurück.

„In die Scheune. Beeilt euch!" Ich zerrte Dagmar hinter mir her und forderte Sven und Frank auf, uns zu folgen.

„Ich will was sehen", bettelte Frank.

„Willste vielleicht verrecken? Beweg' deinen nackten Arsch", brüllte Sven seinen Bruder an und packte ihn bei der Hand. Angstvoll und jammernd rannten wir die knapp hundert Meter zur Scheune und kletterten durch die offene Bodenklappe in den kühlen, modrigen Rübenkeller.

Nach dem Lindenbaum war die Scheune mein Lieblingsversteck. Dort stieg ich oft auf die hohen Dachsparren, schaute hinunter aufs Heu, breitete meine Arme aus und stellte mir vor, ich könnte fliegen. Furchtlos gab ich mich diesem Gefühl hin und sprang im großen Bogen ins Heu. Lag ich dann im weichen, nach Sommer duftenden Heu, sah ich den Staubflöckchen zu, die in den Sonnenstrahlen tanzten. Ich träumte davon, einen abgestürzten feindlichen Piloten zu retten und in der Scheune zu verstecken. Die sicherlich hundert Jahre alte Scheune hatte ich schon bis in den letzten Winkel erkundet, mit Ausnahme des Rübenkellers. Dieses im Erdboden ausgehöhlte Loch war mir immer zu dunkel und zu unheimlich gewesen. Genau dorthin aber flohen wir an jenem sonnigen Nachmittag.

„Ich friere", rief Dagmar.

„Ich weiß, Schätzchen, ich auch", antwortete ich.

„Ich auch", fügten Sven und Frank hinzu. Viel zu ängstlich, um uns in der Dunkelheit auch nur zu bewegen, kauerten wir uns in der Nähe des Eingangs ganz eng zusammen. Ein schmaler Lichtstrahl fiel durch die offene Falltür herein. Von Zeit zu Zeit starrte ich über meine Schulter ins Dunkle.

„Ich glaube, wir sollten lieber hier bleiben, bis jemand kommt und uns holt", flüsterte ich. Meine Geschwister nickten zähneklappernd. Es schien eine Ewigkeit zu dauern, bis wir endlich Muttis panische Stimme hörten „Genia, die Kinder waren zuletzt am Teich. Lass uns in der Scheune suchen."

Als Sven uns zurief: „kommt raus hier", eilten wir hinter ihm die Stufen hinauf. Mutti erwartete uns bereits neben der Falltür und schloss uns in die Arme. Ich sah, dass ihre Wangen feucht waren.

Sie packte uns in Decken und steckte uns in ein warmes Bad, bevor wir heißen Apfelsaft zu trinken bekamen.

Das inzwischen längst verschwundene Flugzeug hatte die Ölraffinerie in der Nähe von Trzebinia in die Luft gejagt, fünf Kilometer von unserem Wohnsitz entfernt. Das war am 9. September 1944. Drei Tage lang ‚regnete' es Öl. Es beschmutzte die weißen Bettlaken auf den Wäscheleinen und bedeckte die Teiche und alle Blätter mit einem glitzernden, bunt schillernden Film.

* * * * *

Damals wusste ich noch nicht, dass unser Haus und das Grundstück in der Auschwitzer Str. 36 b zwischen 1941 und Februar 1943 zeitweilig als Zufluchtsort für viele Juden gedient hatte. Papa hatte Mutti von den Gräueltaten der Nazis deren Augenzeuge er gewesen ist, zwar erzählt, ihr aber, um seine Familie zu schützen, nicht alle Einzelheiten seiner waghalsigen Rettungsaktionen anvertraut. In die meisten seiner Bemühungen um die Familie Weichmann hatte er sie jedoch eingeweiht.

Mutti hatte Frau Weichmann und ihre Kinder 1942 kennengelernt. Papa und sie waren ihre Gäste bei einer Sabbatfeier hinter verschlossenen Türen und zugezogenen Vorhängen gewesen. Und im Laufe der Zeit entwickelte sich zwischen Mutti und zwei der Weichmann-Kinder – Frieda und Moritz – eine persönliche und besonders vertrauliche Beziehung. Mutter Weichmann war einundfünfzig Jahre alt und kränklich. Papa machte sich darüber Sorgen, was geschehen würde, wenn Mutter Weichmann bei einer der unberechenbaren ‚Aktionen‘ der Nazis womöglich verhaftet würde. Jahre später erinnerte sich Frieda an Papas damaligen Ratschlag: „Gehen Sie und sagen Sie Ihrer Mutter, dass sie sich verstecken soll, und erlauben Sie ihr nicht, zum ‚Sammelplatz‘ zu gehen.“ Denn dort wurden die Juden von den Nazis zusammengetrieben und die zur Zwangsarbeit Vorgesehenen von jenen getrennt, die in die Todeslager verschleppt werden sollten. Mutter Weichmann hatte jedoch Papas Warnung und auch die Mahnungen ihrer Kinder nicht beachtet und Frieda zum ‚Sammelplatz‘ begleitet. Dort riss man sie von Friedas Arm und transportierte sie schließlich nach Auschwitz. Wenige Minuten später erschien Frieda in Papas Büro. Atemlos und verzweifelt schrie sie: „Herr Baurat, Herr Baurat, kommen Sie schnell. Retten Sie meine Mutter!“ Es war jedoch bereits zu spät. Papa war zunächst richtig wütend auf Frieda, weil sie seinen Rat nicht befolgt und ihre Mutter nicht versteckt hatte, aber auch, weil sie überhaupt nicht bedacht hatte, in welche Gefahr sie ihn, uns und sich selbst mit ihrem öffentlichen Auftritt im Bauamt gebracht hatte. Papa fühlte sich zutiefst hilflos, weil er Mutter Weichmann nicht hatte helfen können. Danach schwor er, seine Bemühungen zu verdoppeln, damit so viel Juden wie möglich vor diesem schrecklichen Schicksal bewahrt blieben.

Eines Abends, im Februar 1943, trafen im Dunkeln mehr als hundert junge Juden in kleinen Gruppen auf unserem Grundstück ein. Leise schlüpften sie durch das offene Tor. Dort wies Papa sie an, sich zunächst auf dem Dachboden der Scheune, im Rübenkeller und auf andere Verstecke zu verteilen. Obwohl wir selbst nicht viel besaßen, verteilte er Nahrungsmittel, Kleidung und Geld an die Mittellosen unter ihnen und versprach, dass er versuchen werde, sie noch in derselben Nacht in Sicherheit zu bringen.

Ein älterer Jude hatte Papa über eine geplante ‚Aktion‘ informiert, bei der am folgenden Tag die gesamte Stadt von Polizei, Gestapo und SS nach Juden durchsucht werden sollte, um sie dann zusammenzutreiben und ‚auszusiedeln‘. Der Alte hatte Papa angefleht, die jüngeren Juden vorher noch schnell nach Mislowitz in Sicherheit zu bringen. Mit Hilfe von Kommandeur Sassmannshausen – der zu jener Zeit Offizier im Nationalsozialistischen Fliegerkorps war – organisierte Papa zwei Militärlastwagen. Sassmannshausen und Papa waren als Segelfliegerpiloten im Akademischen Fliegerkorps schon vor 1933 gute Freunde geworden. Ohne weitere Fragen zu stellen, hatte Sassmannshausen diese beiden Lastwagen besorgt. Es wurde verabredet, dass die bestochenen Fahrer nachts in die Stadt fahren und an einer vereinbarten Stelle auf Papa mit der Gruppe junger Juden warten sollten.

Um drei Uhr morgens krochen sie aus ihren Verstecken, die wie ein Fuchsbau mit zahlreichen rückwärtigen Ein- und Ausgängen angelegt waren. Die Juden, die Papa kannten, drängten sich um ihn, und einer rief: „Sie sind unser Vater, Herr Baurat. Wenn wir Ihren großen Hut sehen, wissen wir, dass wir gerettet sind." Papa warnte vor den Gefahren, die noch auf sie zukommen könnten, und in seiner üblichen ruppigen, aber wohlgemeinten Art forderte er sie auf, sich in Dreierreihen aufzustellen und das ‚Maul‘ zu halten.

Papa trug seine Fliegeruniform und eine Armbinde. Er war mit einer Pistole bewaffnet, trug in einer Hand eine Laterne und führte mit der anderen die Leine unseres Wachhundes Karlo. Als sie in Richtung Stadt marschierten, wurden sie von Hilfspolizisten – laut Papa ‚so städtischen Heinis‘ – angehalten. Diese verlangten Auskunft darüber, wohin er die Gefangenen zu führen beabsichtigte. Papa schlug ihnen seine Gegenfrage nur so um die Ohren: „Was glauben Sie denn, wohin ich die bringe? Nach Auschwitz natürlich, wohin denn sonst? Ich habe keine Zeit, mit Ihnen hier herumzuquatschen. Heil Hitler!" Durch dieses anmaßende, autoritäre Auftreten offensichtlich eingeschüchtert, ließen die Hilfspolizisten sie weiter in Richtung Stadt marschieren, wo an dem vereinbarten Treffpunkt alle auf die bereitstehenden Lastwagen kletterten. Papa ließ sie ihr Gepäck hinten aufschichten, so dass es aussah, als würde nur Fracht transportiert. Dann ging's ab nach Mislowitz. Obwohl es in diesen Jahren keinen Ort mehr gab, in dem Juden noch absolut sicher waren, hatte sich Papa vergewissert, dass sie dort einigermaßen gut aufgehoben sein würden, zumindest für eine Weile. Um sicher zu sein, dass sie dort wohlauf waren, besuchte er sie eine Woche später. Sie begrüßten ihn und luden ihn zum Essen ein.

Als ich Papa fragte, was aus den Weichmanns geworden sei, schüttelte er nur den Kopf und antwortete: „Die Jungens waren vorerst sicher, aber die Mädchen wurden vor meinen Augen bei der letzten

‚Aktion' aufgegriffen und abgeführt. Ich war machtlos."

Nach dem Krieg haben etliche der Frauen und Männer, die meinem Vater ihr Leben verdankten, nach ihm zu suchen begonnen. Unter den Überlebenden, die in den Arbeits- und Konzentrationslagern Unsägliches erlitten hatten, waren auch die vier Weichmannschwestern Frieda, Itka und Ruth sowie ihr Bruder Moritz. Er war der einzige der Brüder, der den Holocaust überlebt hat. Nach ihrer Befreiung aus den Konzentrationslagern sind Frieda und Ruth 1945 nochmal nach Polen zurückgekehrt, um ihre Familie zu suchen und nach ihrem Eigentum zu schauen. Die polnischen Nachbarn verhielten sich aber feindselig, und sie mussten feststellten, dass die reiche und blühende jüdische Kultur ihrer Heimatstadt von den Nazis offenbar völlig ausgelöscht worden war. Nicht ein einziger Jude hatte in Chrzanow (Krenau) überlebt. Zutiefst erschüttert kehrten die beiden Schwestern nach Deutschland zurück. Dort erhielten sie die Nachricht, dass ihr Bruder Selig bei einem Todesmarsch irgendwo in Deutschland, während der letzten Kriegsmonate, umgekommen ist. Außerdem wurde bestätigt, dass ihre Mutter und ihr jüngster Bruder Hermann in Auschwitz ermordet wurden. Über das Schicksal des ältesten Bruders Shmuel, der nach Russland geflohen war, bevor Papa die Familie kennen gelernt hatte, haben sie nie etwas erfahren.

Im Frühjahr 1948 erhielt mein Vater ein Telegramm von Ruth. Ein Brief folgte:

Passau 1.3.48
Lieber Herr Laabs,
Mein Schreiben wird Sie bestimt [sic] sehr wundern, aber da ich endlich nach langer Zeit Ihre Adresse erfuhr, wollte ich Ihnen auch unverzüglich schreiben. Vor allem will ich Ihnen sagen wer ich bin: mein Name ist Ruth Weichmann, können Sie sich noch an die Stadt Krenau [Chrzanow] in O/S erinnern? Ich arbeitete im Jahre 1942 bei der Auffanggesellschaft im gleichen Gebäude wo das Kreisbauamt war und mein Bruder bei Ihnen wie auch dem Katasteramt als Heizer tätig war, im Sommer dann im Garten bei Ihnen. Ich habe viel Schweres hinter mir (K.Z.Lager) aber jederzeit erinnere ich mich gerne an Sie in größter Dankbarkeit und muß sagen, dass ich niemals vergessen werde, wie Sie in der schwersten für uns Zeit uns oft zur Seite standen, ja sogar das Leben retteten und sich selbst der Gefahr aussetzten. Ich suche schon lange nach Ihnen, ich wollte so sehr wissen wie es Ihnen, Ihrer herzensguten Gattin wie auch Ihren Kindern geht? Vielleicht (so dachte ich mir) würde ich mich auf irgendeine Weise revanchieren können, denn glauben Sie mir Herr Laabs, ich würde für Sie, wie auch Ihrer Familie alles was in meiner Macht steht tun, und trotzdem würde meine Dankbarkeit nie genügen um Ihnen das zu vergelten was Sie für uns taten! Ich möchte Ihnen gerne mehr schreiben, aber zuerst will ich eine Antwort von Ihnen abwarten. Schreiben Sie mir bitte gleich zurück ich werde mich sehr freuen von Euch allen zu hören! Im nächsten Brief werde ich dann auch genauer über alles berichten. Meine Adresse ist: Ruth Weichmann Passau/Bayern – Maria-Hilfgasse 4. Ich warte mit größter Ungeduld auf Ihre baldige Antwort, inzwischen sende ich Ihnen wie auch Ihrer l. Familie die besten Grüße,
Eure immer dankbare Ruth Weichmann

Einen Monat später gab es ein tränenreiches Wiedersehen mit Ruths Schwester Frieda, die uns überraschend besuchte, zusammen mit einem Freund. Als Geschenke brachten sie Nahrungsmittel, Lebensmittelmarken und Kleidung mit. Sie berichteten von den furchtbaren Qualen, die sie durchlebt hatten.

Als die Weichmanns hörten, dass sich mein Vater damals – wie alle erwachsenen Deutschen – einem Entnazifizierungsverfahren stellen musste, schlossen sie sich mit anderen ehemaligen Krenauer Juden zusammen. Sie schrieben Briefe und sagten aus, dass mein Vater sein Leben riskiert und ihnen uneigennützig geholfen hätte, dem Zugriff durch die Nazis und damit dem Tod zu entkommen. Mehrere ehemalige Einwohner von Krenau bezeugten unter Eid schriftlich:

Hiermit erkläre ich an Eidesstatt, folgendes:
Baurat Karl L a a b s, zurzeit Vaake/Weserbergland, ist mir während den Jahren 1941-1943, in denen er in Krenau O/S. [Chrzanow, Polen] als Baurat tätig war, gut bekannt geworden. Er war als Freund und Helfer der Juden und Polen bekannt. Er hat mir in dieser Zeit unter eigener größter Lebensgefahr das Leben gerettet und noch vielen anderen Juden, die von der Gestapo (Ausrottungskommando) gefangengenommen und nach Auschwitz ins K.Z. transportiert werden sollten. Ich weiß, dass Baurat L a a b s durch diese Taten der Menschlichkeit politisch verfolgt und wirtschaftlich geschädigt wurde.
Weiden, den 3. Juni 1948 Gez.
Rabinovicz Ezriel

Die unterzeichneten Juden aus Krenau O/S. [Chrzanow, Polen] bestätigen hierdurch eidesstattlich, dass Baurat L a a b s uns und vielen anderen Juden in den Jahren 1941-1945 unter Lebensgefahr Leben und Gesundheit rettete vor dem Terror und der Vernichtung durch die Gestapo. Er hat als Baurat hunderte von Juden dadurch dem Zugriff der Gestapo entzogen, dass er durch Arbeiten für seinen Arbeitsbereich schützte bezw. tarnte. Außerdem hat der für gute und ausreichende Verpflegung Sorge getragen und uns völlig freie Bewegung im Kreise Krenau O/S. beschäftigt durch Bescheinigungen. Er hat bei den Aussiedelungen der Juden, die in Auschwitz vernichtet werden sollten, viele Juden tagelang auf seinem Grundstück versteckt, sie verpflegt und ihnen zur Flucht verholfen. Alles hat er getan, obwohl er wusste, dass er selbst von der Gestapo dauernd beobachtet wurde.
Weiden, den 3. Juni 1948
Gez. Maringer Salomon, Zimmer Moses, Maringer Abraham, Zimmer Sara, Bodnen Hania und Rabinowicz Ezriel

Das jüdische Komitee in Weiden bestätigt obige Erklärung sowie die eigenhändige Unterschrift der Obengenannten und bittet, die massgeblichen Verwaltungen und Besatzungsmächte und deutsche Verwaltungen, Herrn Baurat L a a b s für oben geschlidterte [sic] Taten seiner Menschlichkeit besondere Unterstützung und Hilfe zuteil werden zu lassen.
Weiden 3. Juni 1948 (Unterschrift
nicht leserlich)
Stempel der Jewish Community Weiden

Mit dieser Unterstützung und der weiterer Zeugen wurde mein Vater endgültig von jeglicher Schuld freigesprochen. Er durfte wieder an einer Berufsschule unterrichten und auch seine Arbeit als Architekt wieder aufnehmen. Die obigen Schreiben werden heute neben vielen anderen Dokumenten in Yad Vashem in Jerusalem aufbewahrt.

Shimshon Schönberg, der sich in Haifa/Israel angesiedelt hatte, bezeugte mir gegenüber in einem Interview am 22. Mai 1983 in Haifa, mein Vater hätte ihn und einige seiner Mitarbeiter dreimal vor dem Abtransport nach Auschwitz bewahrt. Shimshon war offiziell zum Bau eines Kanals bei Bobrek, in der Nähe von Krenau, beordert worden, hatte jedoch von meinem Vater eine Sondererlaubnis erhalten, mit der er sich frei bewegen konnte. Anstatt zu arbeiten konnte er zu Hause bleiben oder seinen Geschäften – unter anderem das Schmuggeln von Wodka – nachgehen, die ihn bis nach Krakau im Protektorat führten. Er hatte sich lediglich jeden Freitagabend zur offiziellen Zählung an der Arbeitsstelle zu melden, bevor er dann zur Sabbatfeier nach Hause zurückkehrte. Eines Tages, nachdem mein Vater wieder einmal von einer bevorstehenden ‚Aktion' erfahren hatte, schickte er Shimshon zusammen mit seiner Frau, seiner sechsjährigen Tochter und einigen Kameraden in ein unterirdisches Versteck in der Kreisgärtnerei, die nicht weit von unserem Haus entfernt lag. Dort konnten sie sich ein bis zwei Wochen lang verbergen. Nur alle paar Tage wagten sie es bei Dunkelheit kurz aufzutauchen, um sich Nahrungsmittel zu verschaffen.

✳ ✳ ✳ ✳ ✳

Kurz nach dem Krieg heirateten Frieda, Ruth, Itka und Moritz Weichmann und beantragten Visa für Israel und die Vereinigten Staaten. Itka fand ihre Heimat in Israel, Frieda und Ruth emigrierten nach Denver, Colorado, wo ich sie 1984 besucht habe. Moritz siedelte sich mit seiner Familie in Indiana an. Mit viel Energie, Mut und Widerstandskraft bauten sie sich ein neues Leben auf. Alle bekamen wunderbare Kinder und Enkel.

1995 wurde Ruth von der von Steven Spielberg gegründeten ‚Survivors of the Shoa Visual History Foundation' interviewt, einer gemeinnützigen Organisation, die Aussagen von Überlebenden des Holocaust für Forschungs- und Lehrzwecke auf Video aufnimmt und archiviert. Ruth berichtete über die Qualen, die ihre Familie erlitten hatte, und äußerte sich sehr anerkennend über meinen Vater. Sie sagte: „...Ich möchte Herrn Baurat dafür danken, was er für uns getan hat, und dass er so viele Leben gerettet hat ... Das ist eine so außergewöhnliche

Geschichte. Und ich weiß, dass Herr Baurat Laabs glücklich sein würde ... wenn er diese Menschen sehen könnte ... lebend und erfolgreich nach dem, was er für sie getan hat ... Dieser Mensch ist einer unter einer Million ... er hat Menschenleben gerettet und sich selbst dabei in die denkbar größte Gefahr gebracht."

Bevor Frieda starb, hatte auch sie ein Interview gegeben und über das Schicksal ihrer Familie berichtet. Sie rief in Erinnerung, dass mein Vater „vielleicht hundert bis hundertfünfzig jungen Juden zu überleben" geholfen hatte. Sie wies auch darauf hin, dass mein Vater sie allein „dreimal" und ihre Mutter „zweimal" vor dem „Transport nach Auschwitz" bewahrt hätten. Dann aber sei der Tag gekommen, an dem er die Mutter nicht mehr beschützen konnte. Am herzergreifendsten war Friedas Bericht darüber, wie ihre Mutter ihr entrissen und dann nach Auschwitz abtransportiert worden war.

Ruth, eine stolze Mutter und Großmutter, verehrt und geliebt von ihrer Familie und ihren Freunden, lebte hoch betagt bis zu ihrem Tod in 2010 in Denver. Moritz und seine beiden Schwestern Frieda und Itka sind ebenfalls inzwischen in Frieden gestorben.

Die Warnung

Gegen Ende August 1944 warnte Madam Chikowa in ihrem gebrochenen Deutsch: „Frau Baurat, heute Nacht alle Türen und Fenster zumachen und mit Kindern und Hund im Schlafzimmer einschließen. Licht ausmachen und ganz still sein."

Mutti fragte erschrocken: „Aber warum denn, Frau Chikowa?"

„Partisanen."

„Woher wissen Sie das?"

„Von Tochter. Sie hasst die Deutschen. Aber Sie sind gute Menschen. Habe ihr gesagt, Herr Baurat hat polnische Arbeiter vor dem Erhängen gerettet."

Mutti nickte. „Vielen Dank. Ich werde tun, was Sie gesagt haben."

Als Mutti Karlo ins Haus holte, protestierte Frank: „Der beißt mich."

Ich erwiderte: „Da kannste nur hoffen, dass er vergessen hat, wie gemein du zu ihm warst."

Sven stimmte ein: „Karlo hätte dich bestimmt nicht gebissen, wenn du ihn nicht gepiesackt hättest."

Frank zeigte uns stolz seine vier Narben am Unterarm. Wir erinnerten ihn daran, wie er damals mit seinem Geschrei das ganze Haus zusammen getrommelt und uns hinterher stolz seinen dick verbundenen Arm präsentiert hatte.

„Da warst du selbst dran Schuld", meinte Sven. „Wenn du schlau bist, lässt du Karlo in Ruhe."

„Ich werde mich verstecken", entgegnete Frank und tat so, als ob er sich eine Decke über den Kopf stülpte.

„Wird dir nix nützen. Karlo riecht deine Schweißfüße," neckte ihn Sven.

Wir freuten uns natürlich darüber, dass Mutti uns an diesem Abend erlaubt hatte, bei ihr zu schlafen. Nach dem Abendessen schlüpften wir in unsere Schlafanzüge und versammelten uns im Elternschlafzimmer. Obwohl wir versprochen hatten, brav zu sein, schubsten und kabbelten wir uns erst einmal ein bisschen. Karlo, der gründlich geschrubbt worden war, machte es sich vor Muttis Bett bequem. Unter seinen buschigen Brauen hielt er ein Auge offen, wedelte mit dem Schwanz und legte den Kopf auf seine ausgestreckten Pfoten. Das Schlafzimmer unserer Eltern war ein großer, sonniger Raum im Obergeschoss mit Blick auf die Wiese. Es war möbliert mit zwei zusammen gerückten Betten, Nachttischen, einem bequemen Sessel, einem Tisch, einem Bücherregal und einer Garderobenwand mit Spiegel. Ein dicker weißer Teppich bedeckte den Fußboden, auf dem Dagmar immer ihre Purzelbäume übte.

Als Gutenachtgeschichte wünschte sich Dagmar ‚Rotkäppchen‘. Frank jubelte, als der Jäger den Bauch des Wolfs aufschnitt und Rotkäppchen und ihre Großmutter heraus krochen. Sven spielte den Wolf und fragte: „Was rumpelt und pumpelt in meinem Bauch herum?" Am Ende der Geschichte feierten wir den Tod des Wolfs und sangen: „Der Wolf ist tot, der Wolf ist tot, der Wiwa Wiwa Wolf ist tot."

„Ist dem Wolf Recht geschehen?", fragte Mutti. Wir nickten. „Und hätte Rotkäppchen vom Weg abweichen dürfen?"

„Neeeiiin!", rief Dagmar und drohte mit dem Finger. Meinen Geschwistern und mir wurden die Märchen der Gebrüder Grimm und des Hans Christian Andersen nie langweilig. Zuweilen, wenn ich weder ein noch aus wusste, zog ich mich am liebsten in diese Märchenwelt zurück.

Dagmar bat Mutti, uns etwas vorzusingen. Mit leiser und wohlklingender Stimme sang sie das Lied, das Papa für uns, seine ‚Wald-Kinder‘, geschrieben hatte:

Nun hört ihr Kinder hört,
der Hirsch im Walde röhrt.
Er seine Schmaltier Frau nicht fand,
sie ist ihm weg gerannt.

Schließt schnell die Äugelein.
Im Wald das wilde Schwein,
es rufet seine Kinderlein
husch-husch ins Bett hinein.

Macht zu die Äugelein fest.

Eichhörnchen sitzt im Nest.
Auf seinem hohen Tannenbaum
wiegt es sich in den Traum.

Nun schließt die Äugelein schnell.
Der Fuchs im Walde bellt.
Die Häslein, die nicht schlafen ein,
die beißt der Fuchs ins Bein.

Jetzt schließt die Augen zu.
Der Waldkauz ruft „uhu“.
Er ruft „uhu“ die ganze Nacht,
bis daß die Sonn' erwacht.

Nacheinander schliefen wir schließlich unter unseren Federbetten ein. In der Nacht weckte mich eine entfernte Explosion. Ich zog mir die Decke über den Kopf, kuschelte mich an den warmen Körper meiner Schwester und betete: „Lieber Gott, mach mich fromm, dass ich in den Himmel komm", und „Bitte, lieber Gott, schütze uns vor den Russen, und bitte schick Papa bald heim. Amen".

Kurz danach hörte ich Schüsse ganz in der Nähe unseres Hauses. Hochschwanger mit ihrem sechsten Kind, stand meine Mutter im schwachen Mondlicht am Fenster. Karlo neben ihr knurrte. Sie tätschelte den Hund und flüsterte: „Schsch, guter Hund. Ich wünschte bei Gott, dein Herr wäre hier." Die Schießerei ließ endlich nach. Dass die an einem Stolperdraht befestigten Blechbüchsen nicht rasselten, bedeutete, dass sich offenbar niemand in die Nähe des Hauses gewagt hatte. Als Mutti sich vom Fenster abwandte, bemerkte ich einen schwarzen Gegenstand in ihrer Hand. Bevor sie sich wieder ins Bett legte, hob sie die Matratze und versteckte ihn darunter.

Am nächsten Morgen erwachte ich von den alltäglichen Geräuschen und Gerüchen im Haus. Töpfe und Pfannen klapperten, als das Frühstück zubereitet wurde. Mutti begrüßte Madam Chikowa und die Mädchen, die gekommen waren, um zu helfen.

„Eycke", fragte Sven, „hast du letzte Nacht von der Schießerei und den Explosionen was mitgekriegt?"

„Ja, du auch?"

„Ja, und hast du Muttis Pistole gesehen?"

Ich nickte. „Schauerlich, was?"

Sven erzählte weiter: „Das müssen Partisanen gewesen sein. Papa hat Frank und mir ihren Unterschlupf gezeigt."

„Ehrlich? Hast du wirklich gesehen, wo sie sich verstecken?"

„Ja, westlich von hier im Wald, nicht weit von den Abraumhalden", antwortete er.

„Hast du sie gesehen?"

„Nein. Wir haben nur herausgefunden, wo sie sich eingenistet haben. Papa meint, die Partisanen besäßen Radios und alles Mögliche mehr. Sie erschießen Menschen und sprengen Schienen, Strom- und Telefonleitungen in die Luft."

„Glaubste wirklich, das waren die Partisanen, die letzte Nacht zu Gange waren?"

Sven zuckte mit den Schultern. „Ich wette, die Mädchen wissen genau, was passiert ist." Er erzählte weiter: „Wir sind ziemlich nahe an ihre Erdlöcher herangekommen. Papa, Frank und ich haben uns wie Soldaten auf unseren Bäuchen an die Unterstände herangerobbt. Wir haben jedoch weiter nichts als Rauch aufsteigen sehen, der aus im Gras steckenden, rostigen Ofenrohren heraus quoll."

„Ehrlich?"

„Ich schwör's". Er fuhr fort: „Neben ihrem Versteck gibt es Teiche, und aus dem Wasser ragen seltsame hölzerne Gestelle, die auf hohen Pfählen befestigt sind. Darauf liegen stinkende Kadaver, deren verrottetes Fleisch in die Teiche fällt und von Fischen gefressen wird. Wir konnten nicht feststellen, von welchen Tieren das Fleisch stammt."

„Das ist ja ekelhaft. Hattest du denn keine Angst?"

„Ne! Papa war doch dabei. Er hat uns verboten, uns jemals wieder dorthin zu wagen."

Ich nickte: „Mach das ja nicht."

„Natürlich nicht. Ich bin doch kein Idiot."

Sven und ich überlegten, wie wir uns gegen Partisanen und Russen verteidigen könnten. Papa hatte schon vor einem Jahr unsere

Schießübungen mit einem 22-Kaliber-Gewehr auf Zielscheiben überwacht. Und er hatte uns sogar beigebracht, wie man hölzerne Handgranaten-Attrappen in großem Bogen so weit wie möglich wirft. Was seine eigene Treffsicherheit betraf, konnte er eine fliegende Libelle in der Luft treffen. Mutti schoss lustlos aufs Geratewohl allenfalls ein paar Blätter von den Bäumen. Die Jungen und ich machten's gar nicht so schlecht und fanden die Ballerei ganz lustig.

Ich dachte zunächst, Papa mache viel zu viel Wirbel wegen der Partisanen. Doch in der Nacht mit den Explosionen und der Schießerei musste ich eingestehen, dass es vielleicht doch Grund zur Sorge gab. Sven und ich wussten nicht, wie wir uns im Ernstfall wirksam verteidigen könnten. Papa war ja eingezogen, und Mutti erwartete ein Baby. Wir hatten keine Ahnung, wo Papa das Gewehr aufbewahrte, und wir waren davon überzeugt, dass die in der Scheune versteckten Handgranaten-Attrappen nichts nützen würden. Ich fand das alles viel zu verwirrend und beängstigend. Deshalb versuchte ich, mir das Ganze aus dem Kopf zu schlagen.

Nicht lange, nachdem Madam Chikowa uns gewarnt hatte, fanden wir Karlo tot in seinem Zwinger. Niemand wusste, was geschehen war. Wir vermuteten jedoch, dass ihn jemand vergiftet hatte. Weinend begruben wir Karlo im Garten. Papa brachte als neuen Wachhund einen Schäferhund mit, den er Brando nannte. Der war nicht so groß und so gut abgerichtet wie Karlo, aber trotzdem ein guter Wachhund.

Mutti erwartet ein Kind

Mutti bat mich, ihr bei den Vorbereitungen für die Ankunft des Babys zu helfen, das sie nun bald erwartete. Wir schoben Dagmars Gitterbett in eine Ecke des Kinderzimmers, reinigten das Babykörbchen, aus dem sie inzwischen herausgewachsen war, und lüfteten die Torfmatratze. Wir bezogen das Körbchen mit neuem Stoff, Mutti öffnete eine Schublade und holte ein Silberglöckchen an einem Elfenbeinring heraus. „Erinnerst du dich?", fragte sie. „Ich habe es nach deiner Geburt für dich gekauft." Mutti lächelte. „Du mochtest den Klang, wenn du es beim Strampeln berührt hast, und ich wusste dann immer, dass du wach bist." Ich läutete das Glöckchen, das über die Jahre ein paar Beulen bekommen hatte. Mutti half mir, es mit einer Schleife am Babykörbchen zu befestigen.

Kurz danach kam Frau Doktor Pieczenko zu Besuch. Sie hatte mir inzwischen verziehen, so dass ich mich nicht mehr vor ihr zu verstecken brauchte. „Frau Laabs", fragte sie, „würden Sie mir bitte Ihre Babyausstattung zeigen?" Ich folgte Mutti und Frau Doktor ins Kinderzimmer, wo Mutti die frisch gewaschenen und sauber gefalteten Windeln, Unterhemdchen, Jäckchen, Mützchen und Decken auf den Wickeltisch gelegt hatte. Nachdem fast jedes Jahr ein Baby geboren worden war und wir anderen so schnell wuchsen, war jedes Stück unserer Kleidung sorgfältig ausgebessert und für das nächste Kind bereitgehalten worden.

Ich sah, wie Frau Doktor die Babysachen in zwei ordentliche Häuflein teilte, ohne ein Wort zu sagen. Als sie fertig war, erklärte sie, ein Mitglied das Charkower Opernensembles erwarte ein Baby. Sie strich leicht über jedes der Häuflein, sah meine Mutter an und sagte mit sanfter, aber entschiedener Stimme, als erwarte sie keinen Widerspruch: „Eins für das deutsche und eins für das russische Baby." Mutti schien gar nicht überrascht zu sein, nickte nur zustimmend und packte die Hälfte der Babyausstattung ein. Ich stand staunend und mit offenem Mund dabei. Frau Doktor klemmte das ordentlich verpackte Bündel auf den Gepäckträger ihres Fahrrades, verabschiedete sich, bestieg ihr Fahrrad, radelte auf ihre gewohnt majestätische Weise unseren Fahrweg entlang und winkte zurück, ohne sich noch einmal umzusehen. Ein paar Wochen später ruhte sich Mutti in ihrem Rattansessel im Schatten der Birke aus. Ich war dabei, als Doktor Pieczenko wieder zu Besuch kam. Sie hatte bei den Behörden mit einem von ihr ausgestellten ärztlichen Attest für meine Mutter und uns Kinder vor der Geburt ihres sechsten

Kindes eine Reisegenehmigung ins Reich beantragt. Sie war völlig außer
Atem: „Frau Laabs, leider muss ich Ihnen sagen, dass diese Bonzen"
– sie holte tief Luft – „diese korrupten Schwachköpfe mein Gesuch
abgelehnt haben." Sie fuhr fort, über die hohen Nazifunktionäre und
deren Familien zu schimpfen, die sich mitsamt Eisenbahnwaggons voller
Beutegut, das den Juden und Polen geraubten worden war, aus dem
Staube machen wollten, sank auf einen Stuhl neben Mutti und fächelte
sich Luft zu.

Genia, die für Mutti sorgte, nachdem Gela uns verlassen hatte,
brachte auf einem Tablett zwei Gläser mit Holundersaft. „Sie und
ich" – Frau Doktor bedachte Genia dabei mit einem bei ihr nur
selten vorkommenden Lächeln – „werden uns besonders um Frau
Baurat kümmern, nicht wahr?" Genia nickte. Mutti sah matt aus und
sprach ungewöhnlich leise. „Genia, was würde ich ohne Sie tun?"
Schweißperlen standen auf Muttis Stirn, als sie sich Frau Doktor
zuwandte: „Ich bin Ihnen für Ihre Bemühungen sehr dankbar." Auf die
Reisegenehmigung hätte sie ohnehin kaum Hoffnung gehabt; außerdem
sei sie nicht davon überzeugt, dass sie und ihre Kinder wegen der
ständigen Luftangriffe im Reich sicherer wären. Denn wir wussten
von unseren Verwandten, die in Hamburg und Kassel lebten, welch
schreckliche Zerstörungen die Bombenangriffe dort verursacht hatten.
Mutti blickte über die Schulter und fuhr fort: „In Wirklichkeit sind wir
nirgends sicher. Karl hatte recht, als er sagte, nach Stalingrad sei der
Krieg verloren." Dann neigte sie sich Frau Doktor zu und flüsterte:
„Ich mache mir Sorgen um meinen Mann. Er kam neulich mitten in der
Nacht für zwei Stunden nach Hause. Er hatte seinen Posten unerlaubt
verlassen und musste auf dem Puffer einer Lokomotive reisen, die
wegen Minengefahr nur ganz langsam fahren konnte. Ich war zwar
glücklich, ihn zu sehen. Als er vor Tagesanbruch wieder abfuhr, bat
ich ihn, nicht noch einmal ein solches Risiko einzugehen. Vor einigen
Wochen hat er einem Soldaten zur Flucht verholfen, der von seiner
Einheit desertiert war, weil er in den Trümmern seiner Heimatstadt
seine Familie suchen wollte." Frau Doktor seufzte und bekreuzigte
sich.

Ich erinnerte mich daran, wie Mutti Papa damals gebeten hatte:
„Sei vorsichtig, Karl, damit du nicht wieder in Schwierigkeiten
gerätst."

Papa hatte den Kopf geschüttelt, sie in die Arme genommen und ihr
einen langen Kuß gegeben. „Tutti, du machst dir zu viele Sorgen."

Die von Mutti erwähnten Schwierigkeiten ließen mich an das

zurückdenken, was Tante Marianne einmal zu Mutti gesagt hatte: „Dein Karl steht mit Gefahren auf du und du." Wie üblich hatte Mutti damals die Schultern hochgezogen und geantwortet: „Ach Marianne, das ist doch wohl übertrieben, meinst du nicht?"

„Nein, bestimmt nicht", gab sie zurück, „und das weißt du auch."

Es gab Zeiten, in denen ich meiner Tante durchaus zustimmte. Ich dachte daran zurück, wie bestürzt Mutti gewesen war, als Papa entlassen wurde und kurz danach die Gestapo ins Haus kam, um ihn zu verhaften. Ich wünschte, Papa würde sich nicht so vielen Gefahren aussetzen, und machte mir seinetwegen große Sorgen, behielt diese Gedanken aber für mich.

Ich begab mich wieder an meinen Zufluchtsort unter der Linde, wo mich niemand sehen konnte, und dachte über das Gespräch zwischen Mutti und Frau Doktor Pieczenko nach. Einerseits war ich stolz auf Papas Tapferkeit; gleichzeitig aber hoffte ich ebenso wie Mutti, er würde nicht so viel riskieren. Noch mehr sorgte ich mich aber um Mutti. Sie hatte nach unseren ständigen Krankheiten viel von ihrer früheren Energie verloren und war nicht mehr die starke, energische Mutter, zu der ich immer mit meinen Problemen kommen konnte. Nicht mehr die Mutter, deren Augen sich verdunkelten, wenn sie Zorn hatte. Nicht mehr die Mutter, die mich durchdringend ansehen konnte, wenn ich ungezogen war und nicht mehr die Mutter, die Lügen von meiner Stirn ablesen konnte und mich ermahnte: „Du brauchst's mir nicht sagen, wenn du es mir aber sagst, darfst du nicht lügen." Immer wenn ich gelogen hatte, nahm ich mir vor, es nie wieder zu tun, aber dann.

Erst während der letzten zwei Jahre war mir bewusst geworden, wie schön meine Mutter war. Ihre wohlgeformten Augenbrauen waren leicht geschwungen. Ihr volles kastanienbraunes Haar war der Mode entsprechend zu einer Hochfrisur aufgesteckt. Sie war nur etwa 1,50 Meter groß, hatte eine sportliche Figur und zierliche Füße. Wenn sie Seidenstrümpfe trug, knisterten sie beim Gehen. Und wenn sie ihre über den Knien endenden Kleider aus Leinen, Seide oder Baumwolle trug, konnte man ihre schönen Beine sehen.

Wenn sie mal nicht da war, schlich ich mich manchmal in ihr Schlafzimmer und probierte die Abendkleider an, die sie von ihrer Freundin Li geschenkt bekommen hatte. Mein Lieblingskleid war silbergrau und mit moosgrünem Satin gefüttert. Ich schlüpfte hinein, zog Muttis Stöckelschuhe an, machte mir eine Hochfrisur, stolperte dann meist über den Saum, tanzte vor dem hohen Spiegel und bildete mir ein, ich sei wunderschön. In Muttis schwarzen, mit großen rosa und roten Blumen geschmückten Kimono gehüllt, stellte ich mir vor, eine der Geishas aus Muttis Kunstbüchern zu sein. Ich setzte mich auf den Fußboden, tat so, als würde ich Tee aus einem winzigen Schälchen trinken, und bemühte mich, so anmutig wie die Geisha auf einem der Holzschnitte zu wirken.

Wenn es ihr gut ging, war Mutti ständig in Bewegung, es sei denn, sie las oder stillte ihr Baby. Ihre Lippen waren weich, wenn sie mich küsste. Sie zog die Erwachsenen ebenso in ihren Bann wie die Kinder. Sie war glücklich, wenn sie Papa oder uns Kinder umarmte oder ein Baby stillte. Sie war glücklich, wenn sie Gitarre spielte und dazu sang oder wenn sie ein Gedicht vortrug. Und glücklich war sie ebenfalls, wenn sie eine besondere Mahlzeit bereiten oder mit den Händen in der Erde graben konnte. Jedes Mal, wenn sie wieder ein Baby erwartete, ging von ihr eine besondere Ausstrahlung aus.

Manchmal war sie scheu. Doch wenn sie im Mittelpunkt stand, war sie ausgesprochen reizvoll und faszinierend. Ihrer Schwester Marianne vertraute sie einmal an, sie hätte früher oft davon geträumt, Schauspielerin zu werden. Meine Tante hatte gelacht und geantwortet: „Tutti, du bist eine Schauspielerin.

Und so betrachtet, schaffst du dir mit deinen vielen Kindern sogar dein eigenes Publikum." Und wie eine Schauspielerin, verfügte Mutti über eine schöne, harmonisch ausgewogene und modulierte Stimme, die so warm und sanft war wie eine milde Abendbrise, wenn sie ein Schlaf- oder Liebeslied sang, aber auch schrill und scharf sein konnte, wenn sie ihre unartigen Kinder ausschimpfte, oder wenn sie eines unserer Mädchen rügte, weil es Gardinenstoff geklaut hatte, um sich ein Kleid daraus zu nähen. Muttis Stimme konnte eisig sein, wenn sie Herrn Latz's Aufdringlichkeiten zurückwies oder einem arroganten Nazibeamten die Meinung sagte. Sie klang leidenschaftlich, klar und schwingend, wenn sie ihre geliebten Gedichte vortrug. Ich war mir sicher, dass sie auf der Bühne erfolgreich gewesen wäre. Wenn meine Mutter mich umarmte, spürte ich ihren warmen und weichen Busen. Nach einem Bad roch sie nach Sandelholz, nach anstrengender Morgenarbeit im Garten, nach frischer Luft und Schweiß. Ihre kleinen, kräftigen Hände – durch die harte Arbeit manchmal rau und rissig – blieben in meinem Haar hängen, wenn sie es flocht. Wenn sie sang und lachte, fühlte auch ich mich leicht und glücklich. Wohingegen ihr Kummer, ihre Sorgen und Schmerzen mich mit der lähmenden Schwermut eines Alptraums, den ich nicht abschütteln konnte, bedrückte. Ich ertrug es nicht, sie so schwach zu sehen.

Ein Bärenjunges in der Familie

Unsere Sommerferien waren zu Ende, und leider musste ich wieder zur Schule gehen. Am 16. September, einem warmen und sonnigen Tag drei Tage vor Muttis vierzigstem Geburtstag, setzten ihre Wehen ein. Ich beschäftigte mich damit, die Möbel in meiner Puppenstube umzuräumen, die meine Eltern mir aus einem alten hölzernen Aktenschrank gebastelt hatten. Am nächsten Tag Muttis Wehen wurden immer stärker – scheuchte Genia meine Geschwister und mich nach draußen. Wir versuchten uns an einem Spiel, bei dem wir uns gegenseitig zum Lachen bringen mussten, ohne eine Miene zu verziehen. Frank konnte das natürlich am besten, so wie er sich bewegte, wie ein Werwolf heulte oder sich wie ein Affe an den unmöglichsten Stellen kratzte. Als wir vom Spielen müde geworden waren, baute Frank eine Burg im Sandkasten und Sven gab Dagmar auf der großen Schaukel Schwung. Ich ging auf und ab, wirbelte Staub auf dem Weg zum Badeteich auf, versteckte mich unter der Linde und betete: „Bitte, lieber Gott, lass Mutti nicht sterben."

Obwohl Mutti zu Hause entbinden wollte, fehlte es ihr nicht an ärztlicher Betreuung. Zwei Ärzte, eine Hebamme und ihre Freundin, Frau Seif, gingen im Hause ein und aus. Frau Seif nahm Brando an die Leine und wanderte mit ihm den langen Fahrweg auf und ab. Papa kam gerade noch rechtzeitig zur Geburt und verkündete danach mit breitem Lächeln: „Ihr habt ein Brüderchen bekommen, das neun Pfund wiegt und einem Bärenjungen ähnelt." Meine Eltern gaben ihrem jüngsten Sohn den Namen Björn, was auf deutsch ‚Bär' heißt. Mein Vater hatte nämlich einen schwedischen Vorfahren, und deshalb hatten meine Eltern einigen ihrer Kinder schwedische Namen gegeben. Wir nannten unser neues Baby mit Kosenamen ‚Bärlein'. Von Tante Marianne und Mutti erfuhr ich später, nach Svens Geburt wäre ich unglücklich gewesen, weil ich Muttis Aufmerksamkeit mit ihm teilen musste. Wie mir bei Franks Geburt zumute gewesen ist, weiß ich nicht mehr. Aber ich erinnerte mich an Freude und zugleich einen Stich Eifersucht, mit denen ich die Geburten meiner Schwestern Ute und Dagmar begrüßt hatte.

Als wir abends gebadet und unsere Schlafanzüge angezogen hatten, führte Papa uns ins Schlafzimmer, damit wir Mutti sehen und das Baby begrüßen konnten. Mutti sah bleich und erschöpft aus. Ich küsste sie und sagte ihr, dass ich sie lieb hätte. Sie lächelte kurz, schloss die Augen und nickte, denn sie war zu schwach, um zu antworten. Das Babykörbchen, das Mutti und ich so sorgfältig vorbereitet hatten, stand neben ihrem

Bett. Das schlafende Baby hatte ein rundes und glattes Gesicht. Ich hätte es gern auf den Arm genommen und gehätschelt, musste jedoch Papas Erklärung akzeptieren, dass das Baby und Mutti ihre Ruhe brauchten. Die Ärzte hatten Mutti wegen ihrer Herzmuskelschwäche Bettruhe verordnet. Doktor Pieczenko nahm die nächsten Wochen ihr Mittagessen an Muttis Seite zu sich. Inge Biewald, eine muntere junge Frau, die uns vom Arbeitsamt zugeteilt worden war, kümmerte sich um meine Geschwister und mich. Genia badete, wickelte und zog das Baby an. Zum Glück hatte Mutti genug Milch, um das Baby zu stillen. Denn eines Morgens stellten wir fest, dass Ivan mit seiner Kuh Ruschka und dem Kalb über Nacht verschwunden war, nach Westen, wie wir vermuteten. Ich fragte mich, ob man uns die Rückreise ins Reich je genehmigen würde, bevor es vielleicht zu spät war.

An Muttis vierzigstem Geburtstag sangen und spielten wir ihr ein Lied vor:

„Wenn eine Mutter ihr Kindlein tut wiegen,
lächelt der Mond in das Fenster hinein.
Wenn eine Mutter ihr Kindlein tut wiegen,
tut sich der Himmel der Erde anschmiegen. "

Während Sven und ich die Melodie auf unseren Geigen herunter kratzten, brachten Frank und Dagmar den Text vollkommen durcheinander. Immerhin aber war unser Ständchen dieses Mal besser gelungen als unsere letzte Muttertagsdarbietung, bei der Sven und ich uns gestritten hatten. Leider fehlte es uns jedoch an Begabung, Muttis Wunsch nach einem echten Hauskonzert zu erfüllen.

Blick auf Auschwitz

Im späten Herbst nutzte Papas Freund Sassmannshausen wieder einmal seinen Einfluss und versetzte Papa endgültig in das Segelfluglager nach Libiaz. Papa war zum Unteroffizier befördert worden; seine Beförderung zum Offizier war aus politischen Gründen abgelehnt worden. Libiaz lag etwa sechzehn Kilometer südwestlich von Krenau. Papa half dort bei der Ausbildung junger Kadetten zu Segelfliegerpiloten. Bereits seit den zwanziger Jahren war Papa begeisterter Segelflieger gewesen. Und schon als kleines Kind habe ich ihn oft aufsteigen sehen und allen Leuten erzählt, Papa hätte Flügel.

* * * * *

Papa hatte sich bereits seit einigen Jahren freiwillig in diesem Lager betätigt. In früheren Jahren hatte das Segelfluglager in Libiaz eine wichtige Rolle im Leben eines der jüdischen Überlebenden gespielt. In einem Brief vom 20. November 1972 an Yad Vashem, die Holocaust-Gedenkstätte in Jerusalem, bezeugt Markus Buchbinder:

In den Jahren 1940, 1941 und Anfang 1942 arbeitete ich am Bau des Segelflugplatzes von Libiaz in der Umgebung von Krenau in Polen. Karl Laabs war der Bauleiter. In seinem Verhalten mir und anderen Juden gegenüber war er stets freundlich und rücksichtsvoll. Ich lebte in Krenau und nahm täglich die Eisenbahn zur und von der Arbeit. Von Zeit zu Zeit holten die Deutschen viele Juden aus ihren Häusern, brachten sie zum Marktplatz und selektierten einige zur Deportation in Todeslager. Zweimal war ich in einer Gruppe, die sich auf dem Marktplatz versammeln mußte, und beide Male kam Karl Laabs in die Stadt und erzwang meine Freilassung. Zweimal hat er mich also gerettet. Das tat er auch für manche meiner Kollegen.
Hochachtungsvoll,
M. Buchbinder

* * * * *

Wann immer Papa durch die Eingangstür herein gestürmt kam, elektrisierte er den ganzen Haushalt. Eines Tages erschien er mit strahlendem Lächeln und verkündete lautstark: „Kinder, ich habe eine Überraschung für Euch."

Einstimmig fragten wir: „Was?"

„Morgen nehme ich euch zum Segelfluglager mit."

„Hurra!", jubelten wir.

„Willst du uns das Fliegen beibringen?", fragte Sven.

Frank klinkte sich ein: „Mir auch, mir auch!"

„Und was ist mit mir?", wollte ich wissen.

„Immer mit der Ruhe, Kinder", sagte Papa. „Einer nach dem anderen. Die Jungs im Lager sind älter als ihr."

„Wie viel älter?", fragte Sven.

„Zwischen vierzehn und siebzehn. Ihr seid noch etwas zu jung zum Fliegen. Wenn du brav bist, kannst du dich vielleicht mal in ein Segelflugzeug setzen. Dann kannst du so tun, als würdest du fliegen. Was sagst du dazu?"

Sven murrte: „Immer zu jung, um eine richtig spannende Sache zu machen. Ich kann's nicht abwarten, bis ich endlich groß bin."

„Ich auch nicht", stimmte Frank ein und ergänzte: „Hast du uns ein Hasenbrot mit gebracht?" Vier Augenpaare schauten Papa erwartungsvoll an.

„Lasst mich mal nachsehen." Papa durchstöberte seinen riesigen Rucksack, kramte vier in zerknittertem, braunem Papier eingewickelte Brote hervor und präsentierte jedem von uns mit Butter und Trockenwurst belegte Scheiben. Ich schnupperte an meiner erst einmal, bevor ich hineinbiss, und lächelte Papa an. „Vielen Dank, Papa", riefen wir im Chor und verzehrten, genussvoll schmatzend, unser Brot. Aus irgendeinem Grunde schmeckten belegte Brote besonders gut, wenn sie in Papas Rucksack oder Taschen erst richtig ‚reif' geworden waren.

Als wir den Segelflugplatz erreichten, schien die Sonne, und eine leichte Brise kräuselte das hohe Gras auf dem Hügel, von dem aus kleine Segelflugzeuge starteten. Papa verkündete: „Gutes Flugwetter."

Sven deutete auf einen primitiven Schulgleiter, der oben auf dem Hügel stand, und meinte verächtlich: „Das ist ja die ulkigste Kiste, die ich je gesehen habe."

„Diese Schulflugzeuge sehen wirklich nicht imposant aus",

antwortete Papa, als er sich ins Gras setzte und wir uns neben ihn hockten. „Aber sie erfüllen ihren Zweck, jedenfalls besser als die vielen alten Segler, wie sie früher gebaut worden sind. Es gibt da eine alte Geschichte über einen Mann namens Leonardo da Vinci. Der träumte vom Fliegen und baute eine Art Segler. Einer seiner Freunde hatte ihn ausprobiert und ist dabei abgestürzt. Daraufhin lachten alle Leute Da Vinci aus. Aber in wenigen Minuten werdet Ihr sehen: Ein Segelflugzeug steigt auf, wenn die Luft sich richtig unter und über den Flügeln bewegt."

„Darf ich dir erzählen, was ich in der Schule gelernt habe?", fragte ich Papa. Er nickte. „Herr Zelter hat uns eine griechische Geschichte erzählt. Es war ein Mythos über einen jungen Mann namens Ikarus. Dessen Vater Dädalus baute für sich und seinen Sohn Schwingen, klebte mit Wachs Federn daran und befestigte sie an ihren Armen. Doch Ikarus missachtete die Warnung seines Vaters, der Sonne nicht zu nahe zu kommen. Ikarus flog höher und höher, bis die Sonnenstrahlen das Wachs schmelzen ließ. Die Federn fielen ab und er stürzte tot ins Meer."

„Is doch alles Quatsch", warf Sven ein, „kein Mensch würde so dumm sein."

„Habe ich nicht gesagt, daß es nur ein Mythos ist?", antwortete ich schnippisch.

Papa unterbrach unseren Streit. „Vermutlich wünschten sich die Menschen, fliegen zu können, seit sie die Vögel am Himmel beobachtet haben. Passt auf: Seht ihr dort den Jungen in dem Segelflugzeug sitzen?"

„Meinst du den mit dem komischen Helm, der wie ein Kochtopf aussieht?", spottete Sven. „Der Flieger hat ja nicht mal eine Kanzel."

Papa überging Svens Bemerkung. „Seht ihr die zwei langen Seile, die an der Nase des Segelflugzeugs befestigt sind?"

Wir beobachteten zwei Kadetten, die vor dem Start kurz den Flugzeugschwanz und die Tragflächen anhoben, sowie zwei Gruppen anderer Kadetten, die die Seile ergriffen. „Hau ruck, hau ruck!" riefen sie dabei und rannten so schnell sie konnten den Berg hinunter, das Segelflugzeug hinter sich herziehend. Etwa eine Minute lang rutschte die Kiste auf ihrer Kufe, dann stieg sie allmählich in die Luft. Der Flugschüler klinkte die beiden Seile aus. Das Flugzeug segelte wenige Minuten über uns und landete danach wieder sicher am Fuß des Hügels.

„Nur ein kurzer Hopser", bemerkte Papa, „aber dabei lernen die Jungens, das Flugzeug zu steuern. Besonders Glück hat einer, wenn er eine Thermik erwischt.“

„Was ist eine Thermik?“, wollte ich wissen.

„Wie eine Säule oder Woge strömt von der Sonne erwärmte Luft nach oben. Das nennt man Thermik. Eine Thermik kann sich über Getreidefeldern oder an Bergrücken entwickeln und das Flugzeug für mehrere Stunden steigen lassen, wenn es dort seine Kreise zieht. Es ist eins der schönsten Gefühle für einen Segelflieger, von einer Thermik unter seinen Flügeln emporgetragen zu werden.“ Sobald Papa über das Fliegen sprach, glühte sein Gesicht vor Begeisterung.

Wir beobachteten, wie größere Jungen am Fuß des Berges ein Pferd vor einen zweirädrigen Karren spannten, zwei andere Jungen die Tragflächen festhielten und den Segler dann schnaufend, fluchend, grölend und sich gegenseitig anspornend, den Berg wieder hinauf zogen.

Papa stand auf, wischte sich den Schweiß von der Stirn und sagte: „Wir wollen uns die ‚Zöglinge‘ – so nennen wir unsere kleinen Segelflugzeuge etwas genauer ansehen.“ Er stellte uns einen der Fluglehrer vor, einen fröhlichen Kerl in zerknitterter schmutziger Uniform. Nur die Luftwaffen- Rangabzeichen an seiner Mütze ließen erkennen, dass er Soldat war.

„Wollen Sie einen Ihrer Jungvögel starten lassen?“, scherzte er mit Papa. Der schmunzelte: „Vielleicht das nächste Mal.“

„Eycke“, winkte Papa mich herbei, „Du als Älteste bist mit der ersten Runde dran.“ Weil mich alle plötzlich anschauten, wurde ich aus Verlegenheit ganz rot. „Ich will dir was erklären“ sagte Papa, nachdem ich mich auf den kleinen Sitz herunter gelassen hatte. „Setz zuerst beide Füße auf die hölzernen Steuerpedale. Drücke einen Fuß hinunter und blicke über die Schulter zurück. Sieh mal, wie das Seitenleitwerk am Schwanz des Fliegers nach einer Seite schwenkt. Tu dasselbe mit dem anderen Fuß, wenn du in die entgegengesetzte Richtung fliegen willst. Wenn du das Flugzeug steuern willst, pack den Steuerknüppel mit der rechten Hand fest an und drück ihn vorwärts, rückwärts, nach rechts oder links. So einfach ist das.“

Einen Moment lang stellte ich mir vor, ich hätte Flügel, eine Thermik erwischt und würde Kreise am Himmel ziehen. Ich fühlte mich leicht und frei. Papa machte ein Foto von mir. Ich trug eine weiße Bluse, einen kurzen Rock, weiße Socken und Halbschuhe. Meine

Zöpfe waren zu ‚Affenschaukeln' geflochten. Man sah auf dem Foto meine auf den Horizont gerichteten Augen und man konnte ein leichtes Lächeln auf meinen Lippen erkennen.

Wir beobachteten, wie die Flugschüler den ganzen Nachmittag lang das Starten und Landen übten und ihre Segelflugzeuge den Hügel wieder hoch schleppten.

Kurz vor Sonnenuntergang rief Papa uns zu sich: „Kommt mal rüber auf die andere Seite des Hügels, ich will euch etwas zeigen." Wir folgten ihm mit kleinen Schritten, von denen wir zwei oder drei benötigten, wenn er nur einen Schritt machte. Er hielt an und legte die linke Hand hinter sein Ohr. „Horcht hin, könnt Ihr das Donnern hören?" Wir nickten. „Das sind russische Kanonen, schwere Artillerie. Ihr dürft es nicht weitersagen, aber ich glaube, es wird nicht mehr lange dauern, bis die hier sind und wir weg müssen."

„Werden wir den Krieg verlieren?", fragte Sven mit großen Augen.

Papa nickte und legte seinen Zeigefinger auf die Lippen. „Das ist unser Geheimnis. Ihr wollt doch nicht, dass euer Papa in Schwierigkeiten gerät, oder?" Wir schüttelten den Kopf. Dann deutete Papa ins Tal, wo wir innerhalb eines stacheldrahtumzäunten Geländes viele Reihen von Baracken erkennen konnten. Dort stieg Rauch in den Himmel. Unser Vater sprach langsam und wohl überlegt: „Kinder", sagte er, „das da unten ist Auschwitz. Dorthin werden die Juden gebracht. Schaut es euch an." Er machte einen Augenblick Pause. „Und vergesst es nicht."

Der alte Fuchs

Der Ostwind brachte uns bittere Kälte und Schnee, der sich rings um Haus und Scheune zu hohen Schneewehen aufschichtete. Es hatte im January 1945, -26° Celsius und die Erwachsenen sprachen von einem ‚sibirischen Winter'.

Wir wussten nicht, dass die Russen zwei Tage zuvor eine große Offensive in Süd-Polen gestartet und Warschau nordöstlich von uns eingekesselt hatten. In der Ferne konnten wir bereits Kanonendonner hören. Hinzu kam vereinzeltes Gewehrfeuer aus den Wäldern östlich und westlich von uns. „Polnische Partisanen", flüsterte Sven mir ins Ohr.

Die Erwachsenen waren sehr beschäftigt und voller Hektik. Mutti und die Mädchen packten Holzkisten mit Haushaltsgegenständen. Dagmar weinte, als ihre Spielsachen in einer Kiste verschwanden. Ich fragte „Mutti, müssen wir weg?" Sie erwiderte, wir müssten auf Papa warten. Dabei stopfte sie ein Federbett in eine Kiste. „Sven behauptet, die Russen kämen immer näher."

Sie nickte zwar, antwortete aber gereizt: „Lass mich in Ruh'. Geh in dein Zimmer und pack deine Sachen."

Ich war völlig durcheinander und verstand nicht, was rings um mich geschah. In der letzten Nacht hatte mein Lehrer, Herr Zelter, während eines Schneesturms an unsere Tür geklopft. Ein dicker Mantel umhüllte seine schlanke Gestalt, und sein kleiner Kopf verschwand fast vollständig unter einer riesigen Pelzmütze. Die Brillengläser beschlugen, als er mit einer eiskalten Sturmbö durch den Windfang das Haus betrat. Unter seinem Mantel trug er eine Kopie seines geliebten ‚Tacitus'. Er hatte die Absicht, mit Mutti, Fräulein Rost, Frau Doktor und Frau Seif einen literarischen Diskurs zu führen. Mutti verbarg nicht, wie überrascht sie war, als sie ihn inmitten halbvoller Kisten mit unserem Hab und Gut empfing. Überall in Flur und Wohnzimmer lagen die Sachen herum.

„Tut mir leid, lieber Herr Zelter", sagte Mutti höflich, „aber heute sind wir anderweitig beschäftigt." Er nickte geistesabwesend, trank eine Tasse mit heißem Tee und verschwand wieder im heulenden Schneesturm.

Dagmar spielte oben in ihrem Zimmer. Sven und Frank waren im Jungenzimmer und diskutierten. „Sei nicht so blöd, Frank. Du kannst doch nicht deine ganzen Lastwagen mitnehmen", sagte Sven.

„Seh' ich ja ein", antwortete Frank und fügte hinzu: „Ich verstecke meine Sachen im Schrank. Wenn wir zurück kommen, hole ich sie wieder raus und spiele damit." Ich suchte in meinem Zimmer Zuflucht und flüsterte meiner Puppe Brigitte zu, wir müssten uns für eine lange Reise fertig machen. Ich zog ihr den blauen Wollanzug und die dazu passende Mütze an, die Mutti für sie gestrickt hatte, stopfte ihr weißes Spitzenkleid, die schicken Lackschuhe zusammen mit ihren anderen Anziehsachen in meinen Rucksack und sorgte dafür, dass ihr Kopf oben herausschaute. Behutsam verschnürte ich alles.

An den Fensterscheiben hatten sich Eisblumen gebildet. Ich hauchte mir einen Kreis frei und spähte in der Hoffnung hinaus, einen flüchtigen Blick auf Papa werfen zu können. Stattdessen sah ich aber nur einen alten Mann den Fahrweg entlang auf unser Haus zu humpeln. Er pochte an die Haustür, überreichte Genia etwas und verschwand wieder. Wenige Minuten später stürzte Mutti in mein Zimmer und verkündete, wir hätten endlich die Erlaubnis zur Abreise erhalten und müssten in einer halben Stunde startbereit sein. Auf dem Schriftstück, das der alte Mann gebracht hatte, stand:

Volksgenosse!
Beachte bei der Umquartierung folgendes:
Es dürfen nur 30 kg Gepäck je Familie mitgeführt werden, daher nur das Notwendigste mitnehmen.
Unbedingt mußt Du haben:
Essbesteck
Eßnapf
Trinkgefäß
Denke vor allem an Deinen Säugling!
Er braucht: Wäsche, Milchflasche, Säuglingsnahrung, soweit möglich Federbetten.
Festes Schuhwerk anziehen!
Vergiß nicht Deinen Ausweis über Person und Besitz!
Verpflegung für etwa 3 Tage mitnehmen!
Den Räumungsausweis mußt Du gut aufbewahren! Er berechtigt zum Empfang von Lebensmittelmarken und Räumungsfamilienunterhalt.
Am Aufnahmeort meldest Du Dich mit diesem Ausweis bei der NSV, bei dem zuständigen Wirtschafts-und Ernährungsamt und bei der Familienunterhaltsbehörde (Bürgermeister und Oberbürgermeister)
9. R u h e b e w a h r e n! B/0262 1 000
000 Januar, 1945

Ich erinnerte Mutti daran, dass wir auf keinen Fall ohne Papa abreisen könnten, war jedoch beruhigt, als sie sagte, er sei gerade angekommen. Als sie in meinen Rucksack sah und darin nur meine Puppe und die Puppenkleider entdeckte, war sie nicht gerade begeistert. An ihrem gespannten Gesichtsausdruck und der Art und

Weise, wie sie hastig die Puppenkleider aufs Bett warf und durch meine eigenen warmen Sachen ersetzte, spürte ich, dass es wohl besser war, meine Enttäuschung nicht zu zeigen.

Ich war aber getröstet, als sie mir dann doch erlaubte, wenigstens meine Puppe, ein Buch, mein Fotoalbum, den Serviettenring, meinen Taufbecher und das Silberglöckchen mitzunehmen. Sie legte mehrere Paare wollener Kniestrümpfe, warme Unterwäsche, ein Paar lange Hosen sowie Kleid, Pullover, Mantel, Mütze, Schal, Fausthandschuhe und ein Paar neuer, kniehoher Filzstiefel bereit. „Tut mir leid, aber das ist alles, was du mitnehmen kannst." Ich fragte mich, ob sie ‚noch ganz bei Trost und Groschen' war, als sie nebenher gedankenlos eine zerbrochene Zahnbürste in die Außentasche meines Rucksacks steckte, hielt aber besser den Mund. Beim Hinausgehen drängte sie, ich solle mich so schnell wie möglich anziehen und zur bereits vollständig im Flur versammelten Familie gesellen. „Vergiss deine Geige nicht", rief sie noch, bevor sie im Jungenzimmer verschwand.

Ich zog mir die warmen Sachen an, rackerte mich mit meinem Rucksack ab, schnappte den Geigenkasten und hastete die Treppe hinunter. Genia, Madam Chikowa, Herr Christofoski und Herr Bobeck, ein polnischer Kollege von Papa, waren gekommen, um uns zum Bahnhof nach Conti, dem nächsten Dorf, zu begleiten. Papa stand in voller Uniform mit finsterem Gesicht neben der Tür: „Alle fertig?" Jedes Kind trug einen Rucksack, sogar die vierjährige Dagmar. Die winzige Gestalt des vier Monate alten Babys Björn konnte ich unter den aufgetürmten Bettdecken auf seinem Kinderwagen kaum erkennen. Ich warf einen letzten Blick auf unser Haus. Halbleere Kisten standen im Flur, im Wohnzimmer und in Papas Arbeitszimmer. Überall lagen Bücher, Gemälde, Schallplatten, Tischtücher, Kissen und Bettdecken herum. Papas Voigtländer- Kamera baumelte an einem Fenstergriff.

Genia schluchzte. „Warum kommen Sie nicht mit uns?", fragte Mutti sie und streichelte ihren Rücken.

„Ich würde gerne mitkommen, aber ich muss mich doch um meine kranke Mutter kümmern", schniefte sie und putzte sich die Nase.

„Sie werden uns fehlen", sagte Mutti und umarmte sie.

„Wir müssen los", rief Papa noch mürrischer und ungeduldiger als sonst.

Im Nu waren wir alle draußen. Bei strahlender Sonne flimmerten winzig kleine Eiskristalle in der eisigen und trockenen Luft. Der zu Schneewehen aufgehäufte Neuschnee glitzerte und knirschte unter unseren Stiefeln. Mir fiel das Gehen schwer, weil ich zu dicke Sachen trug und weil meine Stiefel zu eng waren. Der Rucksack war mir jedoch nicht zu schwer, jedenfalls bis jetzt noch nicht. Das Einatmen der kalten Luft tat mir weh. Die grelle Sonne und die Kälte ließen meine Augen tränen. Mutti empfahl uns, die Mütze tief herunter zu ziehen und den Mund mit dem Schal zu bedecken.

Monatelang hatte ich in Angst vor der Flucht geschwebt. Und nun war es endlich so weit. Ich hatte Reisefieber und fühlte mich schrecklich beklommen. In Gedanken sah ich mich nach Ende des Krieges unter unserer in voller Blüte stehenden Linde liegen und ihren süßen Duft einatmen. Diese Vorstellung erwärmte mich innerlich, während ich mühsam den vereisten Pfad zum Bahnhof in Conti entlang stolperte.

Mutti ging vorweg und schob Björn in seinem Kinderwagen. Dagmar und Frank hielten sich an den Händen. Brando trottete an Muttis Seite. Sven und ich folgten. Madame Chikowa und Genia kamen hinter uns her. Herr Christofoski, Herr Bobeck und Papa bildeten die Nachhut. Wir eilten zwischen dem Krebsteich und der still gelegten Fabrik hindurch zum Bahnhof.

„Wo gehen wir hin?", wollte Dagmar wissen.

„Großmutter Laabs besuchen", sagte Mutti.

„Ist das weit weg?"

„Ja."

„Wann kommen wir an?", wollte Frank wissen.

„Weiß ich nicht. Seid jetzt still und haltet Euch am Kinderwagen fest", antwortete Mutti.

„Papa, trag mich, ich kann nicht mehr", quengelte Dagmar. Herr Christofoski nahm einen von Papas Koffern und Papa nahm Dagmar auf den Arm. Nach über einer Stunde erreichten wir endlich den Bahnhof und stapelten unser Gepäck auf dem Bahnsteig. Frank und Dagmar spielten auf den Koffern herum, Mutti war ungewöhnlich schweigsam, kümmerte sich um das Baby und streichelte Brando gedankenverloren. Papa und die anderen standen herum und unterhielten sich leise. Wenn ich wenigstens gewusst hätte, wie es weitergehen sollte, wäre ich vielleicht nicht so verängstigt gewesen.

Aber dass selbst die Erwachsenen nicht zu wissen schienen, was auf uns zukam, beunruhigte mich sehr.

Als wir den Zug kommen hörten, trat der in einem dicken Mantel und einer Pelzmütze vermummte Bahnhofsvorsteher aus seinem Häuschen. Mit erhobener Signalkelle ließ er den Zug anhalten. Weinend umarmten wir uns, als die weißen Dampf ausstoßende Lokomotive mit kreischenden Bremsen zum Stehen kam. „Packt eure Sachen. Tutti, geh du voran", befahl Papa.

Der Vorsteher ließ seine Pfeife trillern und rief „Einsteigen!" Mutti schob den Kinderwagen vor eine Waggontür. Jemand öffnete sie von innen. Papa, Sven, Frank und ich hielten uns direkt hinter Mutti. Sie und Papa hoben den Kinderwagen hinein. Papa stürmte voraus und schaute nach Sitzplätzen. Wir ließen unsere Koffer auf dem Bahnsteig zurück und folgten Mutti zu dem Abteil, das Papa inzwischen gefunden hatte. Während wir uns setzten, öffnete Papa schnell das Fenster, lehnte sich hinaus und ergriff die Koffer und Bündel, die ihm von draußen zugereicht wurden. Einige Koffer und Reisetaschen, für die im Abteil kein Platz war, mussten auf dem Bahnsteig zurückgelassen werden. Madame Chikowa, Genia und Herr Christofoski winkten. Herr Bobeck hielt den wimmernden Brando am Halsband zurück.

Plötzlich schrie Mutti „Dagmar?!" Ihre Augen waren riesig und schwarz, ihr Mund stand weit offen, als ob sie nicht genug Luft bekäme.

Ich hörte Pfeife und die Stimme des Bahnhofsvorstehers, der die Abfahrt des Zuges ausrief. Papas Stimme dröhnte in meinen Ohren. „Dagmaaar!" Wir drängten uns ans Fenster.

Sven zeigte nach draußen: „Da ist sie." Ihr Kopf lugte hinter einem Gepäckstapel hervor. Herr Christofoski sprang schnell auf sie zu, ergriff sie und lief mit ihr auf dem Arm am bereits anfahrenden Zug entlang. Immer schneller rennend, hob er Dagmar durchs Fenster und übergab sie Papas ausgestreckten Armen. Dagmar lachte, ihre Augen funkelten, Nase und Wangen waren rot vor Kälte. Papa gab sie an Mutti weiter, die sie fest umarmte. Tränen tropften von Muttis Wangen. Rauch und Asche drangen durch das Abteilfenster herein. Papa schloss es, dann stapelte er das Gepäck in die Netze über unseren Sitzen.

Schwer atmend fragte Papa: „Alle da?" Er zählte: „Eins, zwei, drei, vier, fünf, sechs, sieben." Wir setzten uns. Die Bahn nahm Fahrt auf.

Unsere Flucht war eine Reise durch einen langen, dunklen Tunnel ohne Hoffnung auf ein lichtes Ende. Ich fühlte mich wie in einer Falle, herumgeschubst und von einem Strom aus hunderten von Menschen hilflos mitgerissen. Ich konnte die Angst der anderen Flüchtlinge fühlen, schmecken und riechen. Die sich hin- und herschiebende Menschenmenge drohte mich zu erdrücken und von meiner Familie loszureißen. Unablässig und unerbittlich packte mich die Angst, von ihr getrennt zu werden. Ich hörte: „Bleibt zusammen, haltet euch aneinander fest, sonst geht Ihr verloren."

Nach der Fahrt in zunächst nördliche Richtung verließen wir den Zug im Bahnhof von Myslowitz und warteten dort die ganze Nacht auf einen anderen Zug, der uns weiter nach Westen bringen sollte. Die Kälte drang durch meine Fußsohlen und nahm immer mehr von meinem Körper Besitz. Ein Zug nach dem anderen – mancher davon völlig leer – sauste an uns vorbei. Wir stapelten das Gepäck um den Kinderwagen und drängten uns dicht um ihn herum, um das Baby vor dem eisigen Wind und dem Schneetreiben zu schützen. Mutti hatte recht gehabt, darauf zu bestehen, dass wir mehrere Schichten Kleidung übereinander anzogen. „Ihr werdet sehen, es wird euer Gepäck leichter machen." Meine nagelneuen, schicken Stiefel wurden mir zur Qual. Sie hatten kleine Absätze, waren aus grauem Filz und mit schwarzem Leder eingefasst. So sahen sie zwar hübsch aus, hielten meine Füße aber nicht warm.

Ich flüsterte Sven ins Ohr: „Meine Hausschuhe würden mich viel wärmer halten als diese blöden Stiefel." Mit drei Paar Socken waren sie viel zu eng, um meine Zehen zu bewegen und damit vor dem Erfrieren schützen zu können. Die Kälte krallte sich in mir fest und ließ mich erstarren.

Papa machte Aufwärmübungen mit uns: „Alle aufpassen! Mit den Füßen stampfen, Arme weit ausbreiten und dann vor der Brust zusammen schlagen." So ging es eine Zeit lang weiter, bis unsere Nasen und Gesichter vor Kälte und Anstrengung rot geworden waren und unsere Körper sich erwärmt hatten. Nur meine Füße fühlten sich immer noch wie Eisklumpen an. Gegen Abend fand Papa eine Ecke im überfüllten Warteraum, in der wir auftauen, uns zusammen kuscheln und auf unserem Gepäckberg einschlafen konnten.

Vor Tagesanbruch weckte uns Papa nach einem kurzen, unruhigen Schlaf. „Schnell, es kommt ein Zug." Noch im Halbschlaf kramten wir unsere Sachen zusammen. „An den Händen halten, und seid vorsichtig auf dem Eis." Das Puffen einer sich nähernden Lokomotive wurde lauter, bis sie schließlich um eine Kurve kam und in den Bahnhof einfuhr. Der Zug rollte noch, als Papa brüllte: „Auf eure Plätze!"

Und noch bevor der Zug hielt, stürmte Papa mit hohen Sprüngen auf eine Tür zu und zog sich daran hoch. Die Bremsen kreischten, der fauchende und dampfende Zug blieb mit einem gewaltigen Ruck stehen. Papa hatte mal wieder richtig kalkuliert, die Wagentür befand sich direkt vor uns. Für mich war das wieder mal ein Beweis dafür, dass Papa zaubern konnte. Dann begann das Drängeln, Schubsen und Rempeln der vielen Menschen, die einsteigen wollten. Ich spürte Panik. „Mutter und Kinder kommen durch", brüllte Papa mit seiner autoritären Stimme. Er gab uns Zeichen, uns in das Abteil gleich rechts zu quetschen. Noch einmal zählte er durch: „Eins, zwei, drei, vier, fünf, sechs, sieben." Wir ließen uns in die Sitze fallen, erschöpft und dankbar, dass wir einen warmen Platz gefunden hatten.

Mir kam es so vor, als gehörten meine Füße nicht mehr zu meinem Körper. Ich zog die drei Paar Strümpfe aus und hätte gern die Gelegenheit genutzt, die blöden Stiefel loszuwerden, entschied mich jedoch, sie zu behalten. Vielleicht war das immer noch besser als gar nichts, auf alle Fälle waren sie besser als die Lumpen, mit denen der alte Ivan und Madame Chikowa ihre Füße umwickelt hatten. Ich rieb meine Zehen, bis sie rosa wurden und die Füße zu prickeln begannen. Langsam wurden sie wieder Teile meines Körpers. Dann rieb ich Dagmars Füße und wir spielten Abzählreime, bis auch sie ihre erwärmten Zehen wieder bewegen konnte.

Als erstes gab Mutti dem Baby ihre volle Brust. Während Bärlein zufrieden nuckelte, rollte sich Dagmar in seinem Kinderwagen zusammen. Papa packte Brot, Wurst, Käse und Äpfel aus einem großen Esskorb, und wir verzehrten unsere Rationen. Nach und nach schälten wir uns aus den vielen Schichten unserer Klamotten. Mutti erlaubte mir, das Baby über meine Schulter zu legen und sein Bäuerchen machen zu lassen. Dagmar und Frank wurden dösig und schliefen bald ein. Sie kuschelten sich aneinander wie kleine Welpen. Der Zug fuhr wieder an.

Ich kletterte über die Sitze, quetschte mich ins Gepäcknetz und schlief dort sofort ein. Obwohl es nicht bequem war, fühlte ich mich da oben wohl. Hin und wieder wurde ich wach, weil meine Beine oder Arme eingeschlafen waren. Größte Angst hatte ich vor dem Weg zur Toilette. Alle Bemühungen, ihn weiter hinaus zu schieben, nützten nichts. Ich musste also die Tür zum Gang öffnen und die Geborgenheit unseres Abteils verlassen. Ich kletterte über Berge von Gepäck und auf dem Boden schlafende Reisende. Es roch nach Tabakrauch, Schweiß und Urin. „Entschuldigen Sie bitte, entschuldigen Sie", stammelte ich. Die Leute fluchten, derweil ich bis zum Ende des Wagens vordrang. Dort wartete ich in einer langen Schlange. Je näher ich zum Klo kam, desto stärker wurde der Gestank. Als ich endlich dran war, holte ich tief Luft, hielt den Atem an, ging hinein, schloß die Tür hinter mir, öffnete den Klodeckel und starrte hinunter. Aus Angst, durch das zugige Loch hinausgesaugt zu werden, wagte ich es nicht, mich hinzusetzen. Als ich nach Luft schnappte, wurde mir von dem Gestank ganz schlecht. Ich hüpfte von einem Bein aufs andere, bis sich Blase und Darm entleerten. Danach seufzte ich erleichtert.

Auf dem Rückweg ins Abteil sah ich einen Zug an uns vorbeifahren. Halsbrecherisch hockten dort die Leute auf den Dächern der Waggons, oder sie hingen wie Trauben an den Puffern und auf den Trittbrettern. Nur mühsam kam ich in der Menge der mürrischen Mitreisenden, die den Gang blockierten, voran. Wieder murmelte ich Entschuldigungen und befürchtete, meine Familie nicht wieder zu finden. Dankbar und erschöpft erreichte ich aber schließlich wieder unser Abteil.

Während unserer Reise beobachtete ich Papa. Er schien überhaupt keine Angst zu kennen. Nie sah ich ihn schlafen und nie entspannt. Er war gerissen, listig und stets wachsam. Er schien mir wie jenes Tier im dunklen Wald zu sein, von dem er uns in seinen Geschichten erzählt hatte. Wie dieses Tier folgte er seinem Instinkt und nutzte all seine Fähigkeiten, den Jägern zu entkommen. Er witterte, lauschte, schnüffelte und beobachtete. Er hetzte herum, jagte, versteckte sich und war auch bereit zu kämpfen, wenn es sein musste, um das Weibchen und seine Jungen zu beschützen. Mein Vater schien mit unendlicher Energie geladen zu sein. Ich sah in ihm wieder den ‚alten Fuchs‘.

Im Alter von vier oder fünf Jahren hatte ich von den Erwachsenen diese drei Worte aufgeschnappt, mit denen sie meinen Vater beschrieben: ‚Der alte Fuchs‘. Natürlich wusste ich, was ein Fuchs war, und ich kannte das Lied.‘:

Fuchs, du hast die Gans gestohlen,
gib sie wieder her,
gib sie wieder her,
sonst wird dich der Jäger holen
mit dem Schießgewehr. Pau, Pau!

Ich plapperte vor mich hin „Du alter Fuchs, du alter Fuchs." Wenn mein Vater abends nach Hause gekommen war und mich begrüßt hatte, sah ich zu ihm auf, drohte mit meinem Zeigefinger und sagte: „Papa, du alter Fuchs."

Er schmunzelte, nahm mich auf den Arm und antwortete: „Kein

Angst, diesen alten Fuchs schnappt kein Jäger."

Vor allem wenn es dunkel war, hatte ich Angst, von meiner Familie
losgerissen zu werden und meine Geschwister aus den Augen zu
verlieren. Papa war ein ungeduldiger Mensch, der seine Befehle erteilte
und darauf bestand, dass diese unverzüglich und ohne Diskussion
befolgt wurden. Er erwartete von mir, dass ich in der Schule fleißig
war, meine Hausaufgaben ordentlich machte, Geige übte und unserer
Mutter behilflich war, ohne zu murren. Er forderte und tadelte. Niemand
konnte mich so sehr kränken wie Papa. Manchmal empfand ich es in
seiner Nähe ausgesprochen anstrengend. Aber ich gab mir die größte
Mühe, ihm alles recht zu machen, seine Zuneigung zu gewinnen und
seine Gunst zu bewahren. Wenn er mich aber gelegentlich anschaute
und lächelte, konnte ich spüren, dass er stolz auf mich war. Mir wäre es
allerdings lieber gewesen, wenn er mir das auch gesagt hätte.

Der Zug fuhr an Kattowitz vorbei. Vor Bahnübergängen betätigte
der Lokomotivführer die Pfeife. Irgendwo in der Nähe von Gleiwitz
heulten die Sirenen. Der Zug stoppte. Wir waren von Dunkelheit und
Kälte umfangen. In der Ferne dröhnten Flugzeugmotoren. Kurz danach
hörten wir das typische Pfeifen von Bomben und die anschließenden
Einschläge. „Achtung!" schrie jemand. Dann weiteres Pfeifen und
Explosionen. Schließlich verschwanden die Bomber und die Sirenen
gaben Entwarnung. Der Zug setzte sich wieder in Bewegung. Doch
kurze Zeit später kreischten wieder die Bremsen und die Lokomotive
ließ zischend ihren Dampf ab. Auf einem Nebengleis wurden wir hin
und her rangiert. Wir warteten und zitterten vor Kälte. Endlich schlief
ich ein und bemerkte daher nicht, wie der Zug wieder anfuhr.

Am nächsten Morgen hörte ich Papa mit zwei Männern in Uniform
reden. Sven, der sich für Soldaten, ihre Uniformen und Ausrüstungen
viel mehr interessierte als ich, flüsterte mir zu „SS."

Einer der Männer verlangte Auskunft: „Woher kommen Sie, und
wohin fahren Sie?"

„Aus dem Raum Kattowitz. Die Russen waren hinter uns her",
erwiderte mein Vater. Die Soldaten pafften ihre Zigaretten und lachten
laut, als ob die sich nähernde Front nicht Grund genug wäre, sich
Sorgen zu machen.

Wieder Sirenen. Der Zug stoppte in der Nähe von Oppeln. Dann
totale Dunkelheit. „Achtung, Deckung!" Ich suchte die Wärme meiner
schlafenden Schwester, machte mich so klein wie möglich und beugte
mich über sie. Plötzlich hörte es sich an, als ob in der Ferne Bordwaffen

knatterten. Dann wurde es lauter: ... tack tack tack tack tack. War es ein Tiefflieger gewesen, der über uns hinwegzischte und diesen beißenden Gestank hinterließ?

Schreie: „Hilfe!", begleitet von Stöhnen und Wimmern.

Papas Stimme: „Alles klar?"

Mutti: „Es ist vorbei, ihr braucht nicht zu weinen."

Frank: Ich "friere."

Sven: „Worauf warten wir eigentlich?

Dagmar: „Ich muss Pipi machen."

Ich dachte: „Ich nicht", denn ich hatte vor lauter Angst längst in die Hose gemacht.

Im Licht der Morgendämmerung fuhr die Eisenbahn durch schneebedeckte Landschaften. In Feuer und Rauch eingehüllte Städte und Dörfer lagen in Trümmern oder waren nur noch schwarze Flecken im Schnee. Die Straßen waren verstopft von Militärfahrzeugen und mit Hausrat beladenen Pferdewagen, an denen die Menschen sich festklammerten. Andere Flüchtlinge sah man Handwagen hinter sich herziehen. Sie waren nicht nur dem eiskalten Wetter, sondern auch dem von oben auf sie niederregnenden Feuer ausgesetzt. Wie wir alle strebten auch sie verzweifelt nach Westen.

Papa war wachsam und vorausschauend. Er kümmerte sich um uns und um die Menschen um uns herum, ging in den Gängen auf und ab, machte sich überall kundig, unterhielt sich mit Mitreisenden, zeigte der Streife unsere Papiere, bezahlte die Fahrkarten und gab uns kurze, präzise Anweisungen. Er trieb uns vor sich her, verschwand, kehrte zurück und verließ uns abermals.

Als Papa gerade mal wieder nicht da war, tauchte eine kleine, dicke Schaffnerin mit hochrotem Kopf auf, deren Körper wie eine Wurst in einer dunkelblauen Uniform steckte. Sie bahnte sich ihren Weg durch die Menschenmenge, um die Fahrkarten zu kontrollieren. „Heil Hitler" grölte sie, als sie unser Abteil betrat. Nachdem sie unsere Fahrkarten gelocht hatte, wandte sie sich an meine Mutter und zeigte auf das Baby: „Sie hätten es zurück lassen sollen. Es wird sowieso nicht überleben." Das klang so, als würde sie über ein überflüssiges Gepäckstück sprechen. Mutti sah aus, als hätte ihr jemand ins Gesicht geschlagen. Sie hielt sich beide Hände vor die Brust, und ich glaubte zu wissen, was sie dachte: Solange ich Milch habe und das Kind warmhalten kann, wird es am

Leben bleiben. Dann machte sie eine Bewegung, die ich schon ein Dutzend Mal an ihr beobachtet hatte, seit wir unser Haus verlassen hatten und den verschneiten Feldweg entlang gestolpert waren. Sie steckte ihre rechte Hand zwischen die Kissen und Decken, unter denen das Baby schlief. Sie streichelte es und vergewisserte sich, dass es warm genug war. Mit einer Hand umfasste sie den Griff des Kinderwagens und forderte uns auf, zusammenzurücken. Warum tat sie so, als hätte sie die Schaffnerin nicht gehört? War sie zu erschöpft, um sich zu behaupten? Nachdem die Schaffnerin gegangen war, bemerkte ich wieder diesen leeren Blick, den ich nach Utes Tod oft an Mutti beobachtet hatte. Mir war klar: Wäre Papa hier gewesen, hätte es die Schaffnerin nicht gewagt, derartiges zu sagen. Auch ich hätte mir niemals vorstellen können, meinen kleinen Bruder zurückzulassen. Am liebsten hätte ich dieser Frau meine Meinung gesagt. Schließlich war ich mit fast zwölf Jahren die Älteste. Aber ein gut erzogenes Mädchen widersprach Erwachsenen ja nicht. Also hielt ich den Mund und verbarg meinen Zorn.

Der Zug hielt in Dresden, und Papa verließ wieder mal das Abteil. Wie so oft befürchtete ich, er würde nicht wiederkommen, war jedoch erleichtert, als sich die Abteiltür öffnete und er zurückkehrte. Irgendwann brachte er Mutti einen Metallbecher voll Wasser aus geschmolzenem Schnee. Ihre Milch war die einzige Nahrung für das Baby. Papa ging noch einmal hinaus und kam mit einem zweiten Becher zurück. Jeder bekam nur wenige Schlückchen. Wenn ich so inmitten meiner Familie war, fühlte ich mich geborgen.

Auf dem Dresdener Bahnhof wimmelte es von Flüchtlingen, die versuchten, sich ihren Weg zu unserem Zug zu erkämpfen. Aber nur die wenigsten schafften es. Die meisten blieben zurück.

* * * * *

Genau einen Monat später wurde Dresden durch Bombenangriffe fast völlig zerstört. Niemand wusste, wie viele Flüchtlinge zu dieser Zeit in der Stadt gewesen sind. Angesehene Historiker sind sich bis heute nicht einig über die Zahl der Einwohner und Flüchtlinge, die damals im Feuersturm umgekommen sind. Schätzungen schwanken zwischen fünfundzwanzig- und fünfunddreißigtausend Toten sowie mehreren zehntausend Verletzten.

* * * * *

Meine Geschwister und ich hatten uns während der Flucht nur selten gestritten. Und wenn es doch mal passierte, rief Papa brüsk „Schluss!" Als einer von uns mal wieder nörgelte, versprach Papa: „Wenn du artig bist, erzähle ich dir von meiner Fahrt auf einem Panzer." Er verriet uns, dass er ein paar Tage vorher das Segelfluglager in Libiaz geschlossen und die Kadetten nach Hause geschickt hatte. Um so schnell wie möglich nach Hause zu kommen, hatte er mitten auf der Straße einen Panzer auf dessen Fahrt nach Osten angehalten, war aufgesprungen und hatte sich daran festgeklammert, während sich der rumpelnde Panzer über die verschneite Straße in Richtung Krenau voran wälzte. Papa konnte sich gerade noch rechtzeitig in der Nähe unseres Hauses absetzen lassen, um uns sodann eilig abzuholen und unseren Zug rechtzeitig zu erreichen. Er hat uns aber nicht erzählt, dass er und ein anderer Soldat die Entlassungspapiere der Kadetten unterschrieben und damit Befehle bewusst missachtet hatten. Denn allen militärischen und paramilitärischen Einheiten war befohlen worden, bis zum Letzten zu kämpfen und die russische Invasion zurückzuschlagen. Obwohl die Versetzungspapiere, die Papa bei sich hatte, gefälscht waren, müssen sie echt ausgesehen haben, denn während unserer gesamten Flucht wurde bei keiner einzigen Kontrolle die Gültigkeit seiner Papiere angezweifelt.

Auf einem riesigen Bahnhof – später berichtete Mutti, das sei Leipzig gewesen – wimmelte es von Menschen, meistens junge und alte Frauen, Kinder und wenig alte Männer. Die Leute schrien: „Das ist der letzte Zug. Wir müssen mit." Mit Gepäck beladene Menschen drängelten, rempelten sich gegenseitig an und bettelten: „Gibt's noch Platz für uns?" und „Rückt doch zusammen."

Wir mussten umsteigen, weil wir zunächst südlich weiter nach Gera, dann westlich durch Thüringen und schließlich nach Norden, über Kassel, unseren Zielort Münden erreichen wollten. Zunächst aber mussten wir mal wieder aussteigen. Papa rief „Kinder durch das Fenster." Er drängte aus dem Abteil. Mutti folgte ihm mit dem Kinderwagen. Die Leute fluchten, grollten und murrten. Dann erschien Papa draußen vor dem Abteilfenster und half Dagmar, Frank, Sven und mir, hinaus zu klettern. Er befahl, uns aneinander festzuhalten. Doch mitten im Gedränge wurde Frank von uns losgerissen.

Mutti schrie: „Um Himmels Willen, wo ist Frank?"

Wir konnten seine Schreie hören, ihn aber nicht sehen. Nachdem wir alle miteinander so laut wie möglich „Fraaank!" gebrüllt hatten, hörten wir seine Stimme irgendwo in der Menge.

„Papa! Mutti!"

Papa stieß die Leute beiseite. „Ich komme durch, ich komme durch!", rief er. „Frank, Frank!"

„Papa! Papa!", antwortete er.

Als Papa ihn erreicht hatte, nahm er ihn auf die Schulter. Mutti seufzte „Gott sei Dank."

Frank berichtete, Leute hätten ihn herumgeschubst, eine Frau ihm aber geraten, möglichst laut zu rufen. Als er schließlich auf Papas Schultern saß, machte er wieder eine seiner Faxen und brüstete sich am Ende damit, er sei der Größte. „Angeber" murmelte Sven.

Papas Gesicht war kreidebleich, und er schimpfte: „Ich habe euch doch gesagt, dass ihr euch aneinander festhalten sollt."

Frank bat Papa um etwas zu trinken. „Du musst warten, bis ich mehr Schnee geschmolzen habe", entgegnete Papa.

„Ich habe Hunger", stöhnte Sven.

„Tut mir Leid. Wir haben nur noch ein paar Äpfel."

Wir fühlten uns alle erst etwas besser, als Sven eine Frau mit einem roten Kreuz auf der Haube entdeckte. Die reichte jedem eine Tasse warmem Tee. Über Nacht nahm Mutti ihr jüngstes Kind zur Brust.

Zwei Tage später waren wir wieder zurück im Herzen Deutschlands. Der größte Teil unseres Gepäcks war irgendwann auf der Flucht verloren gegangen oder gestohlen worden. Nur das, was wir selbst tragen konnten, war uns geblieben. Wir waren erschöpft und hungrig, aber am Leben. Auf einem Transparent zu unserem Willkommen war zu lesen: „Räder müssen rollen für den Sieg."

"Der Fuchsbau," Auschwitzer Strasse 36b.

Das Haus und Grundstück der Familie Laabs wurde zwischen 1941 und 1943 zur Zufluchtstätte und vorübergehendes Versteck für Juden. Chrzanow (Krenau), Polen.

Im Januar 1945 musste die Familie der Autorin von Polen zurück nach Deutschland fliehen. Am Ende der Flucht auf dem Bahnhof in Hannoversch-Münden wurde ein Teil ihres Gepäcks gestohlen. Der Dieb entwendete dabei viele Wertsachen und warf die Koffer in die Werra. Eine gute Seele fischte einen der Koffer wieder aus dem Fluss und brachte die wasserdurchtränkten Papiere und Fotos der Familie zurück. Dieses Foto gehört zu den wenigen, die gerettet wurden.

Die Mutter der Autorin.

Krenau, Sommer 1941.

Das mit Teerpappe bedeckte Haus vor dem Umbau. Auschwitzer Strasse 36b.
Krenau, Polen, 1941.

Hinterer Eingang vom Haus vor dem Umbau. Vorne rechts eine der Scheunen,
in denen im Frühjahr 1943 um die 100 Juden über Nacht versteckt waren.
Während eines Luftangriffes im Sommer 1944 fanden die Autorin und ihre
Geschwister im Keller der über 100 Jahre alten Scheune Zuflucht.

Auschwitzer Strasse 36b während des Umbaus, 1941-42.

Auschwitzer Strasse 36b.

Winter, 1942-43.

Anita Tudela Crespo mit Schwester Dagmar.

Krenau. Sommer, 1942.

Die Autorin mit ihren Geschwistern Sven und Frank und Maria Crespo.

Krenau. Sommer 1942.

Das "Versteck" der Autorin: Die Linde am Fischteich.

Krenau, 1943.

Madam Chicowa, Gela und Ivan beim Heuen.

Krenau, Sommer, 1944.

Die Autorin (vorne rechts) und Mitschüler der dritten Klasse.
Ihr Freund Jürgen Helms (oben rechts).

Krenau, 1942.

Karl Laabs, der Vater der Autorin, in Luftwaffenuniform, 1943.

Im Frühjahr 1943, kurz nachdem er über hundert Juden vor dem Abtransport nach Auschwitz gerettet hatte, wurde gegen ihn ein Dienststrafverfahren eingeleitet. Er wurde aus dem Staatsdienst entlassen, ließ sich zur Luftwaffe einziehen und entkam so nur durch eine List seiner Verhaftung durch die GESTAPO.

Die Mutter der Autorin mit vier ihrer Kinder
Sven, Frank, Dagmar und Eycke.
Krenau. Sommer, 1944

Die Autorin "fliegt".
Segelfluglager, Libiaz bei Auschwitz.
Oktober, 1944.

Teil III
Rückkehr nach Deutschland
Der Zusammenbruch des Dritten Reiches und die Befreiung
1945 – 1946

Zurück im Herzen Deutschlands

Als wir endlich Münden erreichten und aus dem Zug stiegen, wurden wir von Frauen der ‚Nationalsozialistischen Volkswohlfahrt‘ (NSV) in den Bahnhofswarteraum geführt. Von einem Gepäckwagen aus servierten sie uns heißen Tee und Brot. Erschöpft legten wir uns neben die Mitreisenden auf den Fußboden und schliefen ein. Papa machte sich auf den Weg zu seinem Elternhaus auf dem Kattenbühl, einem Ortsteil von Münden, um seiner Mutter unsere bevorstehende Ankunft anzukündigen. Das weiß verputzte Haus mit den grünen Fensterläden und dem hohen roten Ziegeldach lag oberhalb der mittelalterlichen Stadt Hannoversch-Münden. Papa war dort vor fast fünfzig Jahren in der Innenstadt geboren worden. Drei Flüsse durchzogen die Stadt mit ihrem Schloss, schönen alten Kirchen, engen Straßen und idyllischen Fachwerkhäusern.

Ungewaschen, ausgehungert, müde und verwirrt schleppten wir uns am nächsten Morgen mit unseren Rucksäcken und Bündeln den steilen Kattenbühl hinauf. Erstaunlicherweise hatte ich die Geige und den Rucksack während der gesamten Flucht bei mir behalten. Es war der 18. Januar 1945, und wir wussten nicht, dass die russische Armee am Tag darauf die Stadt Krakau einnehmen sollte, die gerade mal 29 Kilometer nordöstlich von Krenau liegt, das wir vor ein paar Tagen verlassen hatten.

Auf dem Bahnhof in Münden wurden uns zu guter Letzt auch noch ein großer Teil unseres Gepäcks geklaut und die Koffer geplündert. Alle Wertsachen waren weg, einen Koffer hatte der Dieb in die Werra geworfen. Eine freundliche Seele hatte den Koffer mit den unseren durchnässten Papieren zum Glück wieder herausgefischt und uns gebracht.

Nicht ohne Grund zog Mutti nur sehr ungern in das Haus ihrer Schwiegermutter. Schon nachdem mein Vater seine erste Frau mit ihren drei Kindern verlassen hatte, um Mutti zu heiraten, hatte es zwischen den beiden Frauen Spannungen gegeben. Wie wir nun alle vor ihrer Tür standen, schlug Großmutter Laabs die Hände über dem Kopf zusammen und rief: „Um Himmels Willen, wo sollen wir euch bloß alle unterbringen?“ Papa war viel zu erschöpft, um darauf zu antworten. Er ließ sich auf ein Feldbett fallen und schlief erst mal zwei Tage und Nächte lang durch. Als er aufgewacht war, ging er zunächst zu den Behörden und meldete uns als Flüchtlinge an. Die Ämter wiesen uns ein Schlafzimmer, ein Mitbenutzungsrecht für Großmutters

Küche und ein zweites Schlafzimmer im Nebenhaus zu. Wir erhielten Lebensmittelkarten und Bezugsscheine für Küchengeschirr. Für ein paar Reichsmark kauften wir Teller, Tassen und Kochtöpfe.

Im Haus wohnten noch die Schwester meines Vaters, ihr in der Nähe stationierter Mann und ihre vierjährige Tochter, die wir ‚die Prinzessin' nannten. Tante Irmgard, eine große, gut aussehende Frau mit aschblondem Lockenkopf schien aber immer nur schlechter Laune zu sein. Sie und ihre Tochter lebten hinter geschlossenen Türen, wo unsere Cousine ihre Spielsachen wie das ‚Rheingold' hütete. Tante Irmgard kochte nur für sich und ihre Tochter, mit der sie auch allein ihre Mahlzeiten einnahm. Nur selten sprach sie mit uns Kindern. Während der zweieinhalb Monate, die wir auf dem Kattenbühl wohnten, kam Irmgards streitsüchtiger Mann Kurt nur gelegentlich nach Hause. Ich erinnere mich, dass er eine Uniform und glänzend polierte, schwarze Reitstiefel trug.

In einer Mansarde lebte auch noch Frau Stanislavski, eine ausgebombte Witwe. Mir machte weniger der Platzmangel als vielmehr die angespannte, knauserige Atmosphäre zu schaffen, die sich im Haus wie Raureif ausbreitete. Papas Mutter, eine zierliche, schlanke Frau, trug stets dunkle Kleider, durch die ihre geschwollenen Knöchel verdeckt wurden. Ihr langes, ergrautes Haar war zu einem Zopf geflochten und zu einem großen Knoten aufgesteckt. Ihr schmales Gesicht war blass und voller Runzeln. Die einzige Ähnlichkeit, die sie mit Papa hatte, waren ihre buschigen Augenbrauen. Ihre in Gold gefassten Brillengläser funkelten und waren das einzig Helle an ihr. Ein auffälliges Merkmal war eine Geschwulst am Hals – fast so groß wie ein kleines Ei – über das sich vor allem meine Brüder wunderten. Warum sie dauernd mit dem Kopf wackelte, konnten wir uns nicht erklären. Wir dachten, dass sie uns damit ihr ‚nein, nein, nein' zu Allem zu verstehen geben wollte und deswegen gingen wir ihr lieber aus dem Weg. Während sie in Haus und Garten herumwirtschaftete, klagte sie ständig über den bevorstehenden Zusammenbruch. In Verbindung mit dem Kriegsende hörte ich dieses Wort zum ersten Mal. Bei Großmutter Laabs, die die Nazis überzeugt unterstützte, hing noch immer Hitlers Portrait an der Wohnzimmerwand, und sie trug auch noch ihr Parteiabzeichen am Revers. Ich erinnere mich daran, dass sie Papa zu enterben drohte, nachdem er ihr einmal seine Meinung über Hitler gesagt und prophezeit hatte, mit der Niederlage in Stalingrad habe Deutschland den Krieg verloren. Während sie Kartoffeln pellte und ihre Hausarbeit verrichtete, hörte sie ununterbrochen Radio, wackelte mit dem Kopf und jammerte: „Ich kann's einfach nicht fassen. Der Führer hat uns doch ein tausendjähriges Reich versprochen."

Doch Großmutter war nicht nur vom Führer enttäuscht. Es war eigentlich nicht überraschend, dass sie Papas Kinder aus erster Ehe uns gegenüber bevorzugte, weil sie höchstwahrscheinlich bessere Manieren hatten als wir. Das wurde beispielsweise an einem Vorfall deutlich, als Großmutter uns einmal besuchte. Ich hatte schon geahnt, dass Sven und Frank wieder irgendeinen Unfug ausbrüteten, als ich sie miteinander tuscheln sah, aber nicht wusste, wer von beiden der Anstifter war. Sven redete auf seine kleine Schwester ein: „Dagmar, Frank und ich wollen dir beibringen, wie man Großmutter richtig begrüßt. Dann kriegst du vielleicht sogar ein Stück Schokolade."

Dagmar sah ihren beiden großen Brüdern in die grinsenden, schmutzigen Gesichter und fragte sofort „Na, wie denn?"

Sven schmunzelte pfiffig und beschwatzte sie: „Du gehst einfach zu Großmutter, machst'n Knicks, lächelst sie an und sagst lieb ‚Arschloch'. Kannste das?" Dagmar drehte an ihrem Zopf und nickte.

Ich warnte: „Junge, Junge, ihr Lauser werdet was erleben."

„Geht dich nichts an. Hau ab", erwiderte Sven und wandte sich wieder Dagmar zu.

„So, jetzt zeig' uns mal, wie du das machst. Wir woll'n mal so tun, als wäre ich Großmutter", überredete sie der Mitverschwörer Frank.

„Wie doof. Du siehst doch gar nicht aus wie sie", antwortete Dagmar.

„Na und? Du kannst doch so tun als ob, nicht wahr?" Er versprach: „Dann lasse ich dich auch mit meinen Spielzeugpferden spielen."

„Ehrlich?" Dagmar ging auf ihn zu, gab ihm die Hand, knickste, lächelte und sagte: „Aschloch." Dass sie das Wort falsch ausgesprochen hatte, überging er. Stattdessen lobte er sie und fügte hinzu, sie würden sie beobachten.

Als ich Großmutter und dicht dahinter Dagmar kommen sah, war es schon zu spät, die Jungs von ihrem Plan noch abzuhalten. Außerdem war ich neugierig auf das, was nun passieren würde.

In ihrem schönsten weißen Kleid trippelte Dagmar auf Großmutter zu, nahm ihre ausgestreckte Hand, knickste und piepste mit ihrer niedlichsten Stimme „Aschloch".

Großmutters Lächeln verflog auf einen Schlag. Mit verachtungsvollem Gesichtsausdruck drehte sie sich zu ihrem Sohn um. „Karl", sagte sie kalt, „ist das alles, was du deinen Kindern beibringst?" Nach einer kurzen Pause schob sie nach: „Allerdings wundert mich das nicht." Papa bemühte sich, den Mund mit der Hand zu bedecken, um sein schalkhaftes Schmunzeln zu verbergen. Im Gegensatz zu Mutti bediente er sich nämlich ziemlich regelmäßig aller möglichen Schimpfwörter. Oft genug hatte er schon damit geprahlt, auch kein Musterknabe gewesen zu sein.

„Es tut mir leid, Mutter", entgegnete er, „ich werde der Sache auf den Grund gehen." Er nahm seine Tochter in die Arme, strich über ihr weiches Haar, schüttelte den Kopf und versuchte, ein Lächeln zu unterdrücken. „Das ist ein schlechtes Wort, Schätzchen. Du darfst es nie wieder aussprechen."

„Aber Papa, krieg' ich jetzt die Schokolade? Die Jungens haben gesagt …" Weiter kam sie nicht. Papa legte ihr den Zeigefinger auf die Lippen. Großmutter fügte hinzu: „Ungezogene Kinder verdienen keine Schokolade."

Die Jungen grienten, schubsten sich gegenseitig und verschwanden schnell hinterm Haus. Papas Bemerkung „Für euch gibt's heute Abend nichts zu essen" klang aber nicht sehr streng. Später wettete Frank mit Sven, dass Großmutter ihnen sowieso keine Schokolade mitgebracht hätte.

Verzagt ging ich auf Großmutter zu, knickste, stammelte „Guten Tag, Großmutter" und wartete darauf, dass sie mir die Hand gibt. Sie ging jedoch an mir vorbei, ohne mich auch nur eines Blickes zu würdigen. Tränen schossen mir in die Augen. Doch ich fühlte mich gleich besser, als Papa hinter ihrem Rücken eine Grimasse schnitt und an einem meiner Zöpfe zupfte. Mutti tat mir aber Leid, weil sie sich wegen des schlechten Benehmens ihrer Kinder entschuldigen musste.

Obwohl seit unserer Ankunft in Münden tiefster Winter herrschte, verbrachten meine Brüder und ich die meiste Zeit draußen. Wir versuchten, allen Leuten im Haus aus dem Weg zu gehen. Nachdem Papa zwei alte Schlitten auf dem Dachboden entdeckt hatte, zogen die Jungen und ich Dagmar den Hügel hinauf und rasten dann die enge Straße wieder hinunter. Wir johlten und landeten einer nach dem anderen in einer Schneewehe, blieben aber bis zur Dämmerung draußen und kehrten dann kalt und hungrig wie die Wölfe nach Hause zurück.

Während wir auf dem Kattenbühl wohnten, bekam ich endlich auch Antworten auf Fragen, die mich schon lange quälten. Mutti hatte nämlich Papa dringend darum gebeten, mit der Familie nicht nach Münden zu gehen. Stattdessen wollte sie von Polen aus auf einer südlichen Strecke durch die Tschechoslowakei zunächst zu ihren Freundinnen, Frau Doktor Pieczenko und Frau Seif, reisen. Nach Muttis Vorschlag hätten wir dann so lange in einem Flüchtlingslager bleiben sollen, bis wir uns klar darüber geworden wären, wo wir uns sodann niederlassen wollten. Papa hatte jedoch eingewandt, er hätte sich für den Kattenbühl in Münden entschieden, weil ihm schließlich ein Teil des Hauses gehöre, nachdem er es einst mitfinanziert, entworfen und gebaut hätte. „Punkt, Schluss, aus!" Ende der Diskussion.

Später erfuhren wir von Freunden, dass sie auf dem südlichen Fluchtweg von feindseligen Tschechen brutal misshandelt worden seien. Andere Flüchtlinge wurden von den Russen eingeholt und viele von ihnen verletzt oder sogar getötet. Papa hatte also mit der nördlichen Route mal wieder die richtige Wahl getroffen. Ich war erleichtert und dankbar. Am liebsten hätte ich getanzt und gesungen: „Mein Vater kann zaubern."

Dagmar fand in Frau Stanislavski eine Vertraute. Ganze Tage verbrachte sie in ihrer Mansarde und erzählte Geschichten, während Frau Stanislavski tagein-tagaus graue Wollsocken für ‚unsere Soldaten an der Front' strickte. Sie und Mutti hatten sich inzwischen auch angefreundet und tranken gelegentlich zusammen eine Tasse ‚Ersatzkaffee'. Auf die Frage, wie wir den Krieg und die Flucht aus Polen überlebt hätten, antwortete sie: „Eine höhere Macht hat uns beschützt" und „Auf der gesamten Flucht war ich wie in Trance." Die Stricknadeln hörten auf zu klappern, und Frau Stanislavski bekreuzigte sich. Mutti schilderte ihr, welch entsetzliche Dinge sich in Polen ereignet hatten. Einmal deutete sie an, Papas Aktivitäten hätten sie und die ganze Familie in große Gefahr gebracht. Als ich das hörte, verließ ich das Zimmer, damit man meine Tränen nicht bemerkte, setzte mich auf die Treppe und schluchzte bitterlich, weil ich endlich begriffen hatte, dass Muttis Offenbarung all jene Ängste bestätigte, die mich in den zurückliegenden Jahren so belastet hatten. Jetzt lüftete sich der Schleier, der über diesen quälenden Geheimnissen gelegen hatte. Ein andermal verkündete Mutti, unser Überleben sei das reinste Wunder gewesen.

Irgendwann, etwa Mitte März, erreichte uns das Gerücht, die

Alliierten hätten den Rhein überschritten. Die ‚Front' war für mich ein Ort, wo gekämpft und gestorben wurde. Wer an die Front kam, kehrte meist nicht wieder zurück. Muttis Bruder war an der russischen Front schwer verletzt worden und hatte ein Bein verloren. Und um ihren Bruder Willi, der sich immer noch auf See befand, machte sie sich ständig Sorgen. „Monate lang haben wir nichts von ihm gehört. Hoffentlich hat er Glück." Sie erzählte uns, dass zwei seiner Schiffe bereits gesunken seien. Dem Untergang der ‚Bismarck' war er nur entgangen, weil er die Abfahrt des Schiffes verpasst hatte. Als Mutti das erfuhr, jubelte sie: „Unser Willi muss unter einem guten Stern geboren sein." Nachdem auch eines seiner nächsten Schiffe torpediert und danach gesunken war, hatte er wiederum Glück. Er überlebte, weil er über Bord gesprungen und nach zwanzig Stunden gerettet war. Danach wurde er auf ein anderes Schiff versetzt.

An das Heulen der Sirenen bei Fliegeralarm konnte ich mich nie gewöhnen. Sobald als erstes Signal ‚Voralarm' ertönte, mussten wir in den Luftschutzkeller. Das zweite Signal ‚Vollalarm' warnte vor einem Bombenangriff. Das dritte Signal bedeutete ‚Entwarnung'. Während viele andere Städte jahrelang erbarmungslos bombardiert worden und dabei unzählige Menschen ums Leben gekommen waren, blieb Münden zum Glück verschont. Es gab dort keine Schwerindustrie, und die Pioniereinheit lag weiter nördlich, außerhalb der Stadt. Wenn die Sirenen heulten, dröhnten die Bomber auf ihren Flügen zu anderen Zielen über uns hinweg.

Wie immer hatte Papa vorausgeplant. Weil er wusste, dass es unmöglich war, nachts zwischen Vor- und Vollalarm fünf Kinder gleichzeitig anzuziehen und sie rechtzeitig in den Luftschutzkeller zu bringen, schliefen wir in unseren Kleidern. Wir kannten bereits die Abläufe: „Bei Voralarm raus aus den Betten, Schuhe und Mäntel anziehen, Decken zusammenlegen, der kleinen Schwester beim Anziehen helfen, mit Decken und Rucksäcken vorsichtig die steile Treppe in den Keller hinunter steigen." Wir setzten uns dann in Großmutters Luftschutzkeller. Die Betondecke und die Wände waren dick, eine mit Gummi gut abgedichtete Stahltür schützte uns vor Rauch und Gas. An den Wänden standen Pritschen und Bänke. Es gab Regale voller Äpfel, Konserven, Fruchtsirup sowie Gläser mit eingemachten Früchten und Gemüse, die alle sorgfältig in Sütterlinschrift beschildert waren. Mir knurrte der Magen. Wir drängelten uns ums Radio und warteten auf die Durchsagen, welchen Kurs die Bomberverbände einschlagen würden. Papa war stolz auf die Konstruktion der von ihm geplanten Luftschutzkeller. Er erklärte: „Ich ahnte, dass Deutschland auf einen Krieg zusteuert. Alle Häuser, die ich nach 1935 gebaut habe, bekamen Luftschutzkeller." Ich erinnerte mich, dass selbst Tante Marianne später widerstrebend zugeben musste, wie nützlich der Luftschutzkeller gewesen war, den Papa für ihr und Onkel Wütt's Haus eingeplant hatte.

In der Nacht vom 30. zum 31. März – ein Tag vor Ostern – warfen amerikanische Flugzeuge zum ersten Mal Bomben auf Münden. Papa vermutete einige Einschläge in Bahnhofsnähe, nur drei Blöcke von uns entfernt. Nach der Entwarnung rannten wir den Berg hinunter und entdeckten die noch rauchenden Krater genau an der von Papa beschriebenen Stelle. Wir sammelten gezackte Splitter aus grauem Metall und rieben sie so lange, bis sie warm wurden. Es hieß, nicht weit vom Stadtzentrum seien drei Häuser zerstört und eine ganze Familie getötet worden.

Kurz danach gingen Gerüchte um, die Brücke über die Fulda solle gesprengt werden. Papa meinte: „Der Boden wird mir hier zu heiß." Vor einiger Zeit hatte Mutti bereits Kontakt mit ihrer Freundin Annie Blankenburg in Vaake aufgenommen, und von ihr eine Zufluchtsstätte angeboten bekommen. Das Dorf lag zehn Kilometer nördlich von Münden. Die Frage war nur: „Wie kommen wir da hin?" Wir hatten kein Auto und der Bus fuhr auch nicht mehr. „Uns bleibt nichts übrig, als nach Sonnenuntergang zu Fuß zu gehen."

„Den ganzen Weg nach Vaake im Stockdunkeln?", fragte ich.

Papa überging meine Frage und sagte: „Erinnert Ihr euch an die Straßen voller ausgebrannter Autos und Pferdewagen, die wir auf der Flucht gesehen haben?" Wir nickten.

„Wie werden wir das nur schaffen?" fragte ich Sven, als Papa das Zimmer verlassen hatte.

„Papa wird's schon machen", antwortete mein Bruder, seiner Sache ganz sicher.

Der Treck

Wenn Papa etwas zu besorgen hatte, nannte er das ‚organisieren'. Das bedeutete entweder sich etwas leihen, tauschen und manchmal kaufen, oder wenn's gar nicht anders ging – sogar stehlen. Der Handwagen, den Papa nach dem Luftangriff erworben hatte, um damit unsere paar Habseligkeiten zu transportieren, war nicht groß genug für unsere Rucksäcke, Decken, Töpfe, Pfannen und all das, was sich sonst noch angesammelt hatte. Der mittlerweile sieben Monate alte Björn wurde in seinem Kinderwagen geschoben, der Rest der Familie musste zu Fuß gehen. „Kämpfen bis zum letzten Blutstropfen? Wahnsinn!", wetterte Papa wieder mal drauf los und wischte sich den Schweiß von der Stirn. Mutti flüsterte: „Karl, sei still, sonst hängen sie dich an den nächsten Baum." Bei dem Gedanken, Papa an einem Baum hängen zu sehen, wurde mir ganz schlecht. Andererseits war ich froh, dass wir bald weiterziehen würden.

Papa beachtete Mutti aber nicht und fuhr fort, diese Idioten zu verfluchen, die die Fuldabrücke sprengen würden, womöglich noch bevor wir sie überqueren konnten.

Er schnürte das letzte Bündel auf dem Handwagen fest, holte tief Luft und ließ seinem Ärger über so viel Unvernunft und Sinnlosigkeit freien Lauf. Wir wussten, dass er von niemandem eine Antwort erwartete und hüteten uns, ihn zu unterbrechen. Er schäumte vor Wut: „Die Amis und Tommies sind sowieso nicht mehr aufzuhalten."

Wir hatten Angst vor amerikanischen Tieffliegern, die nicht nur Militärkolonnen, sondern auch Zivilisten auf den Straßen und Bauern bei der Feldarbeit beschossen. Deshalb entschied Papa, mit dem Aufbruch bis zur einsetzenden Dämmerung zu warten. Wir stellten uns vor ihm auf, und er zählte mal wieder durch: „Eins, zwei, drei, vier", und auf das Baby zeigend „fünf", zu Mutti „sechs, und mit mir sind das sieben. Fertig?" Wir kannten dieses Ritual seit dem Tag, an dem wir Dagmar fast hätten zurücklassen müssen.

Der Abschied war kurz. Ich glaubte, in Großmutters Gesicht sogar einen Ausdruck der Erleichterung gesehen zu haben.

In diesem Jahr herrschte wunderbares Frühlingswetter mit ungewöhnlichen Temperaturen. Auch so spät am Tag war die Luft noch angenehm mild. Papa und Mutti gingen vorne weg, zogen den

Handwagen und stemmten sich gegen dessen Gewicht, als es den Kattenbühl zur Eisenbahnunterführung hinab ging. Sven steckte einen Stock zwischen die Speichen und bremste so den Wagen auf dem steilen Abhang. Ich packte den Griff des Kinderwagens und passte auf Frank und Dagmar auf, die sich daran festhielten.

Nachdem wir den Weg bergab hinter uns gebracht und uns einen Moment verschnauft hatten, ging es an den Bombenkratern vorbei und durch die Bahnunterführung, bevor wir mit unserem Wagen über das Kopfsteinpflaster in Richtung Fulda rumpelten. Papa und Mutti zogen, Sven schob. Die Straßen waren leer bis auf wenige Fußgänger, die gebückt an uns vorbei hasteten und so taten, als wollten sie nicht gesehen werden. Die Luft wirkte angstgeschwängert.

Wir stoppten an der Rotunde, einem Turm in der Stadtmauer, die im 12. Jahrhundert errichtet worden war, um die Stadt vor Marodeuren zu schützen. Während des dreißigjährigen Krieges hatte General Tilly die Stadt drei Tage lang belagert. Seine Söldner hatten die Fulda überquert, die Stadtmauer durchbrochen und die meisten Einwohner ausgeplündert und niedergemetzelt.

„Hört zu: Mund zu, Augen auf, Füße hoch", befahl Papa, als wir den Hagelturm erreichten. Die Sonne war hinter der ‚Tillyschanze' untergegangen und wir erreichten schließlich die Brücke. Ein zusammengewürfelter Haufen von jungen und alten Volkssturmsoldaten in schäbigen Uniformen ließ uns passieren, nachdem Papa ihnen unsere Papiere gezeigt hatte. Wegen der bevorstehenden Brückensprengung trieben sie uns zur Eile an. Auf dem Weg hinüber verursachten die Wagenräder ein sonderbar hohles Geräusch. Auf der anderen Seite der Brücke forderten uns weitere Soldaten auf, uns zu beeilen. Wir wandten uns nach rechts zur Mündener Straße und gingen dann weiter flussabwärts, erst der Fulda und dann der Weser entlang. Es war anstrengend für mich, den Kinderwagen über das holprige Kopfsteinpflaster zu schieben. Dagmar und Frank kraxelten abwechselnd auf dem Handwagen herum. Wir kamen durch ein neues Stadtviertel, und Papa deutete auf eine Villa mit wunderschön geschwungenen Dachgaubenfenstern. Bewundernd sagte er: „Euer Onkel Otto hat das Haus entworfen, bevor wir in den ersten Weltkrieg gezogen sind." Wir ließen die Stadt hinter uns und bemerkten, dass die Bombenkrater aus der vorigen Nacht bereits mit Wasser gefüllt waren. Es war zu dunkel, um noch erkennen zu können, welchen Schaden die Bomben an der Pionierkaserne jenseits des Flusses angerichtet hatten.

Papa meinte, die Nacht sei unser Freund. Meine Augen gewöhnten sich an die Dunkelheit. Links konnte ich die Umrisse des Forsthauses und rechts die der Jugendherberge erkennen. Wenn das Baby quengelte, setzten wir uns an den Straßengraben und ruhten uns aus, während Mutti es stillte. Björn war ein überaus braver Junge, der nur dann weinte oder jammerte, wenn er hungrig war oder die Windeln voll hatte. Frank und Dagmar streckten die Beine aus; wir alle tranken etwas Wasser.

Plötzlich tauchte aus der Dunkelheit ein Luftschutzwart mit Helm, Armbinde und einer Schultertasche auf. Er war dafür verantwortlich, dass sämtliche Fenster ordnungsgemäß verdunkelt waren. „He", sprach er uns an, „Sie machen sich aus dem Staub, was? Am liebsten würde ich mich auch davonmachen." Er zeigte auf die Krater. „Mir ist es hier zu brenzlig geworden. Was kommt wohl alles noch auf uns zu?" Er flüsterte: „Wahrscheinlich das Ende vom Ende. Von mir haben Sie das aber nicht gehört, nicht wahr? Seien Sie auf der Hut vor den Militärfahrzeugen, die rasen hier durch, als sei der Teufel hinter ihnen her." Er holte Luft und plapperte weiter: „Vielleicht ist er wirklich hinter ihnen her."

Papa nickte geistesabwesend „Ja, ja", als der alte Mann in die Nacht davonhumpelte. Doch als ich mich gerade wieder etwas wohler zu fühlen begann, warnte Papa uns vor Tieffliegern: „Wenn ihr ein Flugzeug hört, sofort in den Straßengraben werfen, Kopf bedecken und so lange liegen bleiben, bis ich sage, dass alles klar ist. Verstanden?" Dann tat er etwas Seltsames: Er reichte Sven die weiße Babydecke und forderte ihn auf, sie auf und ab zu schwenken, damit uns die Lastwagen und Autos besser erkennen konnten und wir so nicht überfahren wurden. Wir liefen weiter. Auf der asphaltierten Straße war es viel leichter, den Kinderwagen zu schieben, als zuvor auf dem Kopfsteinpflaster. Papa und Mutti gingen wieder voran. Dagmar rollte sich oben auf dem Handwagen zusammen und Frank hielt sich an der Seite fest.

Wie gut, dass wir Großmutters Haus endlich hinter uns gelassen hatten. Ich spürte die milde Nachtluft wie Samt auf meiner Haut und war glücklich, dass wir nach Vaake zurückkehrten, in diesen schönen und friedlichen Ort, den ich während unserer Jahre in Polen so vermisst hatte. Papa und Mutti zogen den Handwagen Schulter an Schulter. Sie flüsterten, lachten und küssten sich. Wir waren zusammen. Wir waren am Leben.

Immer wenn die riesigen Militärlaster, deren geschwärzte Scheinwerfer nur schmale Lichtstreifen auf die Straße warfen, an uns vorbei rumpelten, winkte Sven mit der Decke. Hinter der nächsten Kurve erblickte ich links der Straße ein Wachtpostenhaus. „Soldaten sind Ziele", brummelte Papa in seinen Bart und trieb uns erneut zur

Eile an. Wir passierten den Militärposten und erreichten nach weiteren fünf Kilometern einen großen landwirtschaftlichen Betrieb, das Gut Hilwartshausen. Hier machte die Straße eine scharfe Linkskurve und führte vom Fluss weg. Wir marschierten an ausgedehnten Feldern vorbei, die nach frisch gepflügter Erde rochen. Ein Schwarm Rebhühner erschreckte mich mit seinem gespenstisch schwirrenden Flattern. Wir entfernten uns zunächst noch weiter vom Fluss und näherten uns jetzt der letzten großen Kurve auf der weiter nach Vaake führenden Straße.

Frank durfte zu Dagmar auf den Handwagen klettern. Mit einer scharfen Biegung näherte sich die Straße jetzt wieder dem Fluss und zwängte sich dann entlang einer großen Schleife eng zwischen dem felsigen Berghang auf der einen und einem steilen Abhang zum Wasser auf der anderen Seite hindurch. An der schmalsten Stelle war die Straße plötzlich durch merkwürdige Betongebilde blockiert, die wie riesige Drachenzähne aussahen. Papa sah sich das näher an. Als er zurückkam, warnte er: „Vorsicht! Panzersperren. Hier müssen Truppen in der Nähe sein. Kinder, erinnert ihr euch an den Hasen?" Sven antwortete: „Er hält die Augen offen, schlägt Haken und versteckt sich vorm Fuchs."

„Stimmt, mein Sohn", lobte Papa. Wir schlängelten uns im Zickzack durch die Panzersperren und gingen weit oberhalb des Flusses weiter. Das Baby schlief friedlich. Plötzlich hörten wir Stimmen. Mir klopfte das Herz, als Papa voraus schlich und in der Dunkelheit verschwand. Und wie erleichtert war ich, als er nach wenigen Minuten wiederkam und berichtete, es seien nur die Stimmen anderer Flüchtlinge gewesen.

Wir machten uns wieder auf den Weg, bis Papa plötzlich schon wieder anhielt und uns aufforderte, still zu sein. Ich spitzte meine Ohren und vernahm das schwache Motorengeräusch eines einzelnen Flugzeugs. „Deckung! Sofort in den Graben!" Wir funktionierten wie eine gut geölte Maschine. Ich lenkte den Kinderwagen von der Straße. Papa zerrte Dagmar und Frank vom Handwagen, den Mutti und Sven sodann ebenfalls eilig in den Graben zogen. Ich versteckte mich jedoch nicht so tief im Graben wie die anderen, weil ich das Flugzeug unbedingt aus nächster Nähe sehen wollte. Deshalb presste ich meinen Rücken an den bemoosten Hang und starrte in die Nacht.

In diesem Moment sah ich ein schwaches Glimmen vor uns. Mein Vater hatte das auch bemerkt und brüllte: „Zigarette ausmachen, Sie Arsch …" Der Rest seiner Kraftausdrücke ging im Motorenlärm des Flugzeugs unter, das in unserer Augenhöhe so dicht an uns vorbei donnerte, dass ich glaubte, ich könnte es berühren. Hinterher prahlte ich vor meinen Brüdern, ich hätte sogar den Piloten gesehen.

„Na klar", kicherte Sven.

Wir alle, auch das Baby, waren hellwach, als wir wieder aus dem Graben stiegen. Eine Weile ging's dann wieder schneller vorwärts, bis wir zu einem kleinen Wasserfall kamen, der sich über den steilen Felsen ergoss. Wir rasteten kurz und tranken das kühle Wasser aus unseren hohlen Händen. Dann dauerte es nicht mehr lange, bis wir den ‚steinernen Wehrberg' erreichten, einen links am Hang liegenden stillgelegten Sandsteinbruch. Von da an ging es nur noch sehr langsam weiter.

Hoch über dem Steinbruch waren wir vor Jahren im Frühling auf der Suche nach goldgelben Himmelsschlüsseln gewesen, die sich ihren Weg durch viele Schichten verfaulter Blätter der Sonne entgegen gebahnt hatten. Wenn der Krieg erst einmal vorbei war, dachte ich, würde Frank mich bestimmt wie früher wieder hierher begleiten. Wann immer er in den Wäldern und auf den Feldern umhergestreift war, hatte er eine Schachtel und einen kleinen Spachtel unter dem Arm. Hatte er eine Blume oder eine Pflanze gefunden, die ihm gefiel, grub er sie so behutsam aus, dass viel Erde an den Wurzeln hängen blieb. Er brachte sie nach Hause, pflanzte sie in den Garten und pflegte sie liebevoll.

Hinter dem Steinbruch ging es wieder leicht bergauf. Ich wurde immer müder und meine Füße schmerzten. Nach weiteren etwa drei Kilometern erreichten wir die Fassfabrik, und von da war es nur noch ein kleines Stück bis zum Pfarrhaus in der Dorfmitte von Vaake. Ich stellte mir vor, wie wohltuend es jetzt wäre, schlafen zu können. Wir rasteten noch mal kurz, bevor wir auf die Kopfsteinpflasterstraße kamen, die durch das Dorf führte. Den Rest der Strecke muss ich wohl im Halbschlaf gewandelt sein, denn ich kann mich kaum noch an die Ankunft im Pfarrhaus erinnern. Sehr wohl aber erinnere ich mich daran, dass ich an einem leuchtenden Ostermorgen warm und mollig unter einem schneeweißen Federbett neben meiner Freundin Brigitte aufgewacht bin. Das war am 1. April 1945.

Der Einmarsch der Amerikaner in Vaake im April 1945

Bei unserer Ankunft im Pfarrhaus kam ich mir vor wie in einem Bienenstock. Die Bienenkönigin war Annie Blankenburg, Muttis Freundin und Dagmars Patentante. Ohne zu zögern, öffnete sie den Flüchtlingen ihre Türen. Im Haus waren ihre Töchter Brigitte und Christiane, die Söhne Dietrich und der rothaarige Martin, außerdem Annies Schwester Ulla mit ihren drei Kindern. Als Haushaltshilfe arbeitete eine Französin namens Léone, die auf jedes Missgeschick mit den Worten „so ist das la vie" reagierte.

Die mitunter etwas herbe Hausherrin – energisch, tatkräftig, großzügig – durchsuchte Schränke und Schubladen nach Kleidung und Küchenutensilien für uns. Sie bot uns ein Zimmer mit Blick auf die Weser und als Küche das Waschhaus auf dem Hof an. Insgesamt achtzehn Leute gehörten jetzt zum Haushalt, aber es wurden noch mehr. Am 2. April trafen die achtzehnjährige Dorothee Weimann – wir nannten sie Putti – , ihr vierzehnjähriger Bruder Albrecht sowie ein Vetter und eine Cousine von ihr auf Fahrrädern ein. Zum Glück hatten auch sie die Flucht aus ihrer Heimat, der Lutherstadt Wittenberg, heil überstanden. Ihre Mutter Häns traf einen Tag später ein. Nach und nach gesellten sich noch mehr Leute hinzu, an deren Namen ich mich nicht mehr erinnere. Als wenig später die Amerikaner einrückten, lebten an die sechsundzwanzig Personen im Haus.

Inmitten dieser Menschenmenge machten wir es uns so bequem wie möglich. Papa verbrannte seine Luftwaffenuniform und besaß jetzt nur noch eine abgenutzte Jacke, ein Hemd und eine Hose. Wenn die Sachen gewaschen werden mussten, blieb Papa so lange im Bett, bis sie wieder trocken waren. An diesen Tagen erzählte er uns Geschichten über Hasen, Rehe, Wildschweine, Wölfe und Füchse in den Wäldern. Wenn federleichte Nebelschwaden wie zarte Schleier zwischen den Fichten jenseits der Weser schwebten und sich auf geheimnisvolle Weise langsam auflösten, behauptete Papa, die Füchse würden dort oben ihren Kaffee kochen. Wir widersprachen nicht, denn wir glaubten daran, dass in den dunklen Wäldern rings um uns herum seltsame und wunderliche Dinge geschahen.

Musste Papa im Bett bleiben, weil wieder mal seine Sachen gewaschen wurden, versammelten wir uns um ihn auf Pritschen und Feldbetten. Eine seiner Geschichten war ein Märchen über Muttis Bruder Willi und dessen Tochter. Das Märchen hieß „Prinzessin auf dem Plumpsklo."

„Es war einmal eine kleine Hütte am Waldrand. Dort lebte ein Mann mit seiner Frau und der kleinen Tochter. Ein furchtbarer Krieg hatte ihre Heimat verwüstet. Es gab nur wenig zu essen. Das kleine Mädchen half seinen Eltern, Beeren und Nüsse im Wald zu sammeln sowie Kartoffeln und Kohl im Garten anzubauen. Es war ein niedliches kleines Ding mit braunem Haar und rosigen Wangen. Die meiste Zeit war es glücklich, nur dann nicht, wenn es zum Plumpsklo musste. „Papa" jammerte es, „ich muss mal, aber ich habe Angst."

„Du liebe Zeit", antwortete der Vater lächelnd, „warum hast du denn Angst?"

„Ich habe Angst, dass ich ins Loch falle, und ich mag nicht den Gestank und die kalte Luft, die von unten an meinen Po weht."

„Du brauchst dich nicht zu fürchten. Wie wär's, wenn wir uns ein Spiel ausdächten?"

„Ein Spiel? Wird das helfen?"

„Wollen wir es nicht einfach mal versuchen?" Sie richtete ihre braunen Augen treuherzig auf den Vater und nickte. Der sagte: „Wir wollen das so machen: Du bist die Prinzessin, und ich bin dein ergebener Diener."

Die Tochter sah auf ihr schäbiges Kleid und die bloßen Füße hinab. „Aber Papa, ich habe doch gar nicht so schöne Kleider wie eine Prinzessin."

„Dafür werden wir gleich sorgen. Du wirst sehen: Wenn wir nur so tun als ob, kannst du alles haben, was du dir wünschst."

„Wirklich?", fragte sie mit verwunderten Augen.

„Was ist Eure Lieblingsfarbe, königliche Hoheit?"

„Blau wie der Himmel und …" Sie zögerte ein wenig, „Gold wie die Sonne und Silber wie Mond und Sterne."

„Schaut mal, was ich hier für Euch habe." Der Diener hielt ihr mit beiden Händen ein Phantasiekleid vors Näschen. „Genau das, was Ihr Euch wünscht, königliche Hoheit. Ist es nicht das schönste Kleid, das Ihr je gesehen habt?"

„Ja, wirklich, das ist es." Die Prinzessin klatschte in die Hände.

„Himmelblau mit schönen goldenen und silbernen Blumen. Bitte hilf mir beim Anziehen."

„Ihr müsst still stehen, königliche Hoheit." Die Prinzessin nickte, lächelte und hob beide Arme. Behutsam zog er das Kleid über ihre schlanke Gestalt und glättete die Falten. „Majestät", sagte er, „die Sonne Bitte hilf mir beim Anziehen."
wird die reinste Freude an Eurer strahlenden Schönheit haben."

Die kleine Prinzessin wirbelte herum und piepste: „Vielen Dank. Wie aber soll ich dich nennen, mein guter Mann?"

„Ich heiße Willi und bin Euer ergebener Diener, königliche Hoheit", antwortete er mit einer übertriebenen Verbeugung.

„Aber hast du nicht etwas vergessen, Willi?", fragte die Prinzessin.

„Verzeiht mir, Hoheit. Was begehrt Ihr?"

„Natürlich meine goldene Krone."

„Oh, ich bitte um Entschuldigung. Ich sehe gleich nach. Eine Magd hat sie heute früh poliert. Hier ist sie Hoheit, prächtig glänzend. Funkeln die Rubine und Saphire nicht wunderschön?" Willi verbeugte sich tief und übergab ihr die Krone. Die Prinzessin setzte sie sich behutsam auf ihr lockiges Haar.

„Sitzt sie richtig?", wollte sie wissen und drehte sich nach links und rechts, damit er sie gut genug sehen konnte.

„Ja, Hoheit, genau richtig. Sind Majestät bereit?"

„Nein, noch nicht ganz. Heute ist es etwas kühl. Ich möchte bitte meinen königlichen Umhang haben. Du weißt, den mit den weißen Fellen und kleinen schwarzen Schwänzen."

„Ganz zu Euren Diensten, Hoheit." Willi wirbelte das kostbare Stück über seinen Kopf. „Gestattet mir, es Euch über die Schulter zu legen." Abermals verbeugte er sich tief, öffnete die Tür der Hütte und schwenkte seinen Hut in Richtung des unter den Fichten endenden Pfades. Hoch erhobenen Hauptes wandte sich die kleine Prinzessin ihrem getreuen Diener zu und nickte gnädig.

„Ich bin fertig. Du darfst jetzt meine Schleppe tragen." Willi tat, wie ihm geheißen, und sie gingen langsamen und gemessenen Schrittes, bis sie das kleine Häuschen erreicht hatten. Die Prinzessin deutete auf das Herzchen in der Tür: „Sehr schön."

Willi öffnete die Tür des Plumpsklos und verscheuchte eine Fliege mit seinem Hut. „Bitte sehr, Eure Hoheit." Er deutete auf Löcher, zwei große und ein kleines und zwinkerte: „Das kleine wurde extra für Euren königlichen Po angefertigt." Die Prinzessin legte die Hände vor den Mund und kicherte. Willi fragte: „Hoheit, darf ich Euch den Umhang abnehmen, damit Ihr …". Die Prinzessin errötete, nickte und gab ihm den Umhang. Dann zog sie ihren
Schlüpfer herunter, hüpfte auf das kleine Loch und warf Willi einen ängstlichen Blick zu. „Kein Grund zur Sorge, Eure Hoheit. Es kann nichts Schlimmes passieren. Wünscht Ihr etwas Unterhaltung, während Ihr …".

Die Prinzessin nickte gnädig, hielt sich mit der linken Hand die Nase zu und mit der rechten am Sitz fest. „Ja, Willi. Lass bitte die Tür offen, erzähl mir eine Geschichte und sing mir ein paar Lieder vor", näselte sie.

„Wie Ihr wünscht, königliche Hoheit." Während die Prinzessin auf ihrem Thron hockte, unterhielt Willi sie mit Geschichten über die im Wald lebenden Tiere. Er sang ein Lied über Vögel, die Hochzeit halten wollten, und führte ihr zu den Klängen eines eingebildeten Orchesters einen Tanz vor.

Vor Vergnügen ließ die Prinzessin ihren Sitz los, nahm die Hand von der Nase und klatschte. Als sie danach ihr Geschäft verrichtet hatte, nahm sie ein Stück Zeitungspapier vom Haken an der Wand und wischte sich ihren königlichen Po ab. Sie hüpfte von ihrem Thron, zog den Schlüpfer wieder hoch und reichte Willi die Hand. Dann rückte sie die Krone zurecht, streckte die kecke Nasenspitze in die Luft und befahl: „Meinen Umhang bitte, und vielen Dank, mein lieber Willi. Jetzt möchte ich in mein Schloss zurückkehren."

Er antwortete mit der tiefsten Verbeugung und schwenkte seinen Hut. „Ich bin Euer ergebenster und treuester Diener, königliche Hoheit."

Papa schmunzelte und beendete die Geschichte wie üblich mit, „Und dann kam der Wolf.

Wenn Papas Sachen wieder trocken waren, war auch die Zeit zum Geschichtenerzählen vorbei. Er zog sich schnell an, blaffte seine Befehle und hetzte wieder umher, um die wichtigsten Vorbereitungen für den unmittelbar bevor stehenden Einmarsch der Alliierten zu treffen.

In der ersten Aprilwoche bereiteten sich die Dorfbewohner auf die Kapitulation vor. Sie hängten weiße Bettlaken aus den Fenstern ihrer Häuser. Es gab Gerüchte, dass die Nazifahnen verbrannt oder unter den Kartoffeln im Keller versteckt würden. Sven verkündete: „Junge, Junge, werd' ich froh sein, wenn die Amis erst mal hier sind." Als ich wissen wollte „warum", sagte er zunächst nichts. Weil ich aber auf einer Antwort bestand, erklärte er mir, das sei dann das Kriegsende. Ich gab ihm Recht, stellte aber auch fest, dass Papa vor den ‚Befreiern' sehr auf der Hut war.

Auf zwei große Schilder schrieb er mit gestochener Architektenschrift in Englisch VICARAGE (Pfarrhaus). „Vielleicht werden die uns die Marodeure vom Hals halten", murmelte er mit einem Hammer in der Hand und zwei Nägeln in den Mundwinkeln. Er nagelte die Schilder an die Haustür und an den Hintereingang. Die Mütter schleppten Bänke, Decken und Nahrungsmittel in den Keller, wir Kinder stromerten herum. Bei verdächtigem Rumpeln – vielleicht stammte es von der Artillerie – rannten wir ins Haus und riefen aufgeregt: „Die Amerikaner kommen."

In seinem verblichen Hemd, mit schlabbriger um die Taille gebundener Hose und viel zu großer Jacke sah Papa ziemlich sonderbar aus. Mutti meinte zu Annie, sie hoffe, die Amerikaner würden ihn wegen seines Alters und der weißen Haare nicht gefangen nehmen. Außerdem hörte ich sie zum hundertsten Mal sagen, wir seien „während unserer Flucht aus Polen in den Händen einer höheren Macht" gewesen. Mir war jedoch klar: Wir wären ums Leben gekommen, wenn Papa uns auf dieser lebensgefährlichen Fahrt nicht geführt und beschützt hätte.

Dann kam es zu einer hitzigen Auseinandersetzung zwischen Naziführern und einigen Dorfbewohnern, die gegen eine Sperre aus Baumstämmen protestierten, welche die Nazis quer über die Dorfstraße errichtet hatten. Schließlich setzten sich aber die vernünftigen Bürger durch, und Papa half bei der Beseitigung der Sperre. Soldaten und Nazibeamte verbrannten oder vergruben ihre Uniformen, ihre Papiere und Orden, einige versteckten sich im Wald. Aus Angst, von amerikanischen Jagdflugzeugen beschossen zu werden, arbeiteten die Bauern jetzt auch nicht mehr auf den Feldern. Sie versammelten sich stattdessen auf ihren Höfen und überboten sich in düsteren Prognosen. Unsere Eltern machten sich Gedanken darüber, ob die Alliierten als Sieger, Eroberer oder Befreier kommen würden.

Am Freitag, dem 6. April, als die ersten Granaten dicht
über das Pfarrhaus zischten, flohen wir in den Keller. Westlich
von uns hatte schwere amerikanische Artillerie am Rand des
Reinhardswaldes Stellung bezogen und beschoss zwei kleine deutsche
Artillerieeinheiten. Diese lagen wenige hundert Meter von uns entfernt,
jenseits der Weser, direkt gegenüber dem Pfarrhaus. Immer wenn eine
Granate über unsere Köpfe zischte, zitterten wir vor Angst, duckten
uns instinktiv und hielten uns die Ohren zu. Wir gewöhnten uns jedoch
mit der Zeit an dieses Geräusch, wandten uns zwei kleinen Fenstern in
der Grundmauer zu, spähten hinaus und beobachteten die Explosionen
der Granaten. Erde und Eisenteile wurden wie Fontänen in die Luft
geschleudert und fielen neben oder in den deutschen Batterien herab.
Schwarze Rauchwolken stiegen auf, verzogen sich nach Norden
und lösten sich wieder auf. Aus der Entfernung konnten wir nicht
feststellen, ob deutsche Soldaten getötet oder verletzt worden waren.
Kurz danach zog sich aber eine Reihe von ihnen im Gänsemarsch am
steilen Berghang zurück und verschwand zwischen den Bäumen des
Bramwaldes.

Nach dem Gefecht breitete sich im Dorf eine unheimliche Stille
aus. Wir Kinder räkelten uns auf Bänken und Decken und begannen
wieder zu spielen oder zu streiten. Dabei schlugen wir uns die Bäuche
mit bereits verschrumpelten Äpfeln aus der Ernte des vergangenen
Jahres voll. Ich wollte nach oben gehen, aber Papa hatte sich vorher
schon umgesehen und schüttelte den Kopf. Eine auf die deutschen
Artilleriestellungen gerichtete Granate hatte sich nämlich verirrt,
ein Haus am Dorfeingang getroffen und angeblich einen alten Mann
getötet. Später erfuhren wir, dass die Hebamme, Frau Henze aus
Münden, die Mutti schon bei den Geburten von Sven, Frank, Ute
und Dagmar beigestanden hatte, bei einer Fahrradfahrt flussaufwärts
entlang der Fulda von einer amerikanischen Artilleriegranate getötet
worden sei.

Papa scharte alle Kinder um sich und belehrte sie: „Die Amis
suchen nach Soldaten und Waffen. Wenn sie mit dem Finger am Abzug
ihre Gewehre auf euch richten, müsst Ihr euch mucksmäuschenstill
verhalten." Er wandte sich den Jungen zu und fragte: „Wie hört es sich
an, wenn ein Gewehr gesichert wird?"

Schneller als alle anderen antworteten sie: „Dann macht es ‚klick'."

„Genau. Wenn Ihr das ‚klick' hört, heißt das, dass die Soldaten sich
nicht vor Euch fürchten. Verstanden?" Gehorsam nickten wir.

Der Boden unter uns begann zu beben. Das rasselnde, klirrende und knirschende Geräusch von Panzerketten ängstigte mich mehr als die Bombenexplosionen. Dann hörte man Lastwagen brummen, die auf dem Kopfsteinpflaster durchs Dorf fuhren. Das Klirren von Metall auf Metall näherte sich unserem Keller und ließ mich erzittern. Sekunden später hämmerte es heftig an die Tür. Wir hörten Stimmen, die Tür öffnete sich langsam, und oben auf der Treppe erschien vor dem blauen Himmel die Silhouette eines Soldaten in voller Kampfausrüstung. Seine Hose steckte in hohen Stiefeln. Er trug Helm, Beutel, Kochgeschirr und einen Munitionsgürtel. Sein angeschlagenes Gewehr war direkt auf uns gerichtet. Er bückte sich und spähte herein. Aus dem Halbdunkel starrte ihn ein Haufen von Kindern, allesamt im Alter von sieben Monaten bis vierzehn Jahren, mit großen Augen ängstlich an. Schulter an Schulter saßen sie auf den Bänken. Der kleine Björn wand sich in meinen Armen und der für sein Alter ziemlich große Albrecht kniete mit einer um sich geschlungenen Decke auf dem Boden zwischen Sven und Frank. Papa hielt Albrecht wegen seiner Größe für gefährdet, dass die Amerikaner ihn für einen Soldaten halten und gefangen nehmen könnten. Ich glaubte jedoch nicht, dass diese Täuschung im entscheidenden Moment etwas nützen würde. Denn sobald Albrecht aufstände, hätten die Amerikaner ja gesehen, wie groß er ist. Diese Gedanken behielt ich jedoch für mich.

Der Amerikaner rief so etwas wie „*A nest of little Krauts*" und wandte sich dabei nach hinten. Natürlich wussten wir, dass ‚Kraut' ‚Kohlkopf' bedeutet. Erst später erfuhren wir, dass ‚Kraut' der Spitzname für uns Deutsche war. Annie und Albrechts Mutter, Tante Häns – eine grauhaarige, selbstbewusste und imponierende Englischlehrerin – , stiegen die Treppe hinauf, und in fehlerfreiem Oxford-Englisch sagte sie: „*How do you do?*", und ich schnappte die Worte „*no soldiers*", „*vicarage*" und „*children*" auf.

Mit immer noch auf uns gerichtetem Gewehr rief einer der Soldaten: „Easy." Wir wurden aufgefordert, ebenfalls die Treppe hoch zu kommen. Die größeren Kinder zogen, schoben oder trugen die kleineren. Das ‚klick' zum Sichern der Gewehre hatte ich bis dahin aber noch nicht vernommen. Draußen, im hellen Licht, konnten wir nur blinzeln. Nachdem wir uns alle im Hof versammelt hatten, hörte ich gleich zweimal ein ‚klick'. Ungeachtet dessen, was Papa gesagt hatte, konnte ich mich aber erst entspannen, als die Soldaten uns alle fünfzehn Kinder zählten und dabei schmunzelten. Wir waren überrascht und erleichtert, dass die ersten Kampfeinheiten, die das Dorf eingenommen hatten, überhaupt nicht dem von der Nazipropaganda verbreiteten Feindbild entsprachen. Besonders dankbar war ich, dass die Soldaten weder Papa behelligten noch Albrecht gefangen nahmen, denn ich schwärmte heimlich für diesen schönen Jungen.

Nachdem die Amerikaner Haus, Waschküche und Scheune nach Soldaten und Waffen durchsucht hatten, scheuchten uns die Eltern zurück ins Haus. Papa befürchtete, die deutschen Artilleriestellungen jenseits der Weser könnten noch immer gefährlich für uns sein. Obwohl einige Mitbewohner im Pfarrhaus nicht damit einverstanden waren, wies er die Amerikaner auf diese Stellungen hin.

Die Soldaten beschlagnahmten das Haus als Beobachtungsposten und forderten uns auf, es sofort zu räumen. Tante Häns ließ sich jedoch nicht einschüchtern und erklärte, zu welchen Schwierigkeiten das für die sechsundzwanzig Bewohner führen würde. Mehr als die Hälfte seien Kinder; außerdem sei eine der Frauen im achten Monat schwanger. Daraufhin überließen die Amerikaner uns allen ein Zimmer und gestatteten die Benutzung der Küche.

Am Abend legten wir uns auf die von einer Wand zur anderen reichenden Matratzen. Die Eltern versuchten, uns durch gemeinsames Singen zu beruhigen. Die Amerikaner hatten inzwischen wohl festgestellt, dass aus den deutschen Stellungen direkt gegenüber nicht mehr geschossen wurde, und sie zogen sich deshalb wieder aus dem Haus zurück. Wir fürchteten aber immer noch um unser Leben, weil der Artilleriebeschuss in den Bramwald die ganze Nacht hindurch andauerte.

Gegen Morgen zogen die amerikanischen Truppen langsam in Richtung Veckerhagen und von dort über die Weser nach Osten weiter. Die Dorfbewohner tauchten wieder aus ihren Kellern auf und machten sich auf die Suche nach Wasser, Nahrungsmitteln und Neuigkeiten.

Papa hatte sich beim Holzhacken verletzt, und Mutti musste ihm eine heftig blutende Kopfwunde verbinden. Während er sich ausruhte, nutzten wir die Gelegenheit und schlichen uns durch den Garten zur Mündener Straße. Dort beobachteten wir die mit weißen Sternen gekennzeichneten Panzer und Lastwagen, die alle möglichen Geschütze hinter sich herzogen, aber auch Schützenpanzer und Halbkettenfahrzeuge mit aufmontierten Maschinengewehren. In

Wolken aus Dieselabgasen rumpelten sie auf der engen Straße an uns vorüber. Ihnen folgten mit Soldaten besetzte Jeeps und noch mehr Lastwagen. Mit großen Augen starrten wir die schwarzen Fahrer an. Ihre glänzend weißen Zähne blitzten, und sie warfen uns kleine Pakete zu. Eins, auf dem ‚HERSHEY' stand, konnte ich auffangen. Ich schnupperte daran und hüpfte vor Freude, denn ich hatte wer weiß wie lange keine Schokolade mehr gekostet. Langsam ließ ich sie auf meiner Zunge zergehen, um dann die samtsüßen Stückchen genussvoll zu verzehren. Wir fingen andere Päckchen auf, die nach Pfefferminz oder Früchten dufteten. Später fanden wir heraus, dass diese in Silberpapier gewickelten Streifen ‚Kaugummi' enthielten, das man so lange kaute, bis es den Geschmack verlor und man es ausspuckte.

Meine Brüder und ihre fünf kleinen Freunde waren begeistert, als sie jenseits der Weser dahinrasende Aufklärungsfahrzeuge entdeckten. Sie lehnten sich über den Zaun und sangen „Pan-zer-spähwagen, Pan-zer-spähwagen" nach Kasperles Melodie „Tra-ri-Tralalla." Stundenlang hatten sie ihren Spaß daran, alle Fahrzeuge zu zählen und zu beschreiben, die nordwärts in Richtung Hemeln fuhren.

Seit dem Bombenangriff auf Münden zwei Tage vor Ostern hatten wir Stromausfall. Deshalb konnten wir nicht Radio hören und erfuhren somit auch nur wenig über das Kriegsgeschehen. Es gab allerhand Gerüchte und wilde Spekulationen. Die einzige zuverlässige Nachrichtenquelle war Gärtner Becker, der im oberen Ahletal lebte. Mit dem Bachwasser der kleinen Ahle konnte er Strom erzeugen und so die im Radio gehörten Nachrichten weitergeben.

Unentwegt fragten sich die Menschen, was noch alles auf sie zukommen könnte. Viele Väter und Söhne unserer Freunde und Nachbarn – seit Jahren im Krieg – waren tot, verwundet oder vermisst. Nach und nach machten sich einige der im Pfarrhaus untergekommenen Menschen wieder auf den Weg, um in den Ruinen ihrer Heimatstädte nach Familienangehörigen zu suchen. Post, Telefon und die Versorgung mit Nahrungsmitteln waren völlig zusammengebrochen.

Nachdem alle Kartoffeln, die unsere Hauptnahrung waren, aufgegessen waren, schickte Annie Blankenburg uns auf die Bauernhöfe. Wir sollten sagen „Frau Pfarrer schickt uns". Meist kamen wir dann mit vollen Körben zurück, bis auch diese Vorräte verzehrt waren.

Das Kriegsende im Mai 1945

Mitte oder Ende Mai spielten Brigitte, Christiane und ich unter der blühenden Magnolie. Die Erwachsenen redeten über Hitlers Selbstmord und die deutsche Kapitulation. Obwohl wir nicht wussten, was uns noch bevorstand, atmeten wir doch seufzend und erleichtert auf. Wir dankten Gott dafür, dass der Krieg endlich und endgültig vorbei war, und baten ihn um seinen weiteren Schutz.

Eine ganze Weile lang lebten wir wie in einem Schwebezustand. Dann besetzte eine zweite Welle amerikanischer Soldaten das Dorf. Auf Anordnung ihres Kommandanten beschlagnahmten sie viele Häuser. Papa befahl uns: „Bleibt auf dem Grundstück" und „Geht den Truppen aus dem Weg." Die faszinierten uns jedoch so sehr, dass wir Papas Anordnungen hin und wieder missachteten. Wir trauten unseren Augen nicht, als wir eines Tages durch die Küchentür blickten und zwei Soldaten entdeckten, die versuchten, sich mit Léone zu unterhalten. Während sie eine Bratpfanne mit fetten Weinbergschnecken schüttelte, die wir morgens im Garten gesammelt hatten, lehnten sich die Männer auf den Stühlen zurück, legten ihre Stiefel auf den Tisch, kauten Kaugummis, rauchten und redeten so, als hätten sie Murmeln im Mund.

Als Papa uns mal wieder den Rücken zugewandt hatte, wagten sich Sven und Frank sowie Dietrich und Martin Blankenburg an die Weser. Dort entdeckte Frank einen metallischen Gegenstand, der einem großen Ei mit Noppen ähnelte. Sven schrie ihn an: „Idiot! Lass das!" Frank hatte das Ding jedoch schon aufgehoben und betrachtete es genau. Als er an einem kleinen Ring zog, brüllte Sven: „Wegschmeißen!" Frank warf es soweit er konnte ins Wasser, wo es explodierte und eine Fontäne verursachte. Die Jungs schmissen sich auf den Boden, so wie Papa es ihnen beigebracht hatte. Sogleich trieben silbrige tote Fische stromabwärts. Mehrere Amerikaner rannten auf die Jungen zu, schrien „hell" und „little shits." Die Jungen flitzten nach Hause. Die fluchenden Soldaten ließen sie aber laufen. Schlimmer aber war, was Sven und Frank von Papa danach zu erwarten hatten. „Was habe ich euch gesagt?!", brüllte er sie an.

„Wir dürfen das Grundstück nicht verlassen", erwiderte Sven mit hängendem Kopf.

Gewöhnlich ließ Papa keine Minute vergehen, bis er seine Strafe vollstreckte. Dieses Mal ließ er sich jedoch Zeit, was die Angst der Jungen nur noch steigerte. Nachdem sie später ihre Prügel bezogen hatten, gesellten sie sich in den Vorgarten, lehnten sich über den Zaun und amüsierten sich über die Amerikaner, die auf der Wiese vor dem Pfarrhaus auf und ab marschierten. Stundenlang kommandierte der Feldwebel „right, left, hop, hep, hep, ho, hop, hep, hep, ho." Die Soldaten verlegten Telefonkabel und gruben Löcher in den sandigen Lehm am Ufer. Sie packten Kekse und Käse aus, öffneten Dosen, aßen daraus, kochten Wasser, gossen Kaffee auf, warfen die übrig gebliebenen Essensreste in Löcher, schütteten am Ende Benzin darüber und zündeten alles an. Wir fragten Papa, warum sie die Reste verbrennen. Er dachte einen Augenblick nach und sagte dann: „Vergesst nicht, dass wir ihre Feinde sind und den Krieg verloren haben." Am nächsten Tag guckten wir in die Löcher und fanden nur noch verkohlte Dosen und Silberpapier. Jahre später erfuhr ich, dass die Soldaten ihre Essensreste wegen des Fraternisierungsverbots verbrannt hatten, was bedeutete, dass sie sie nicht mit uns teilen durften.

Die im Dorf einquartierten Amerikaner waren jung, wohlgenährt und attraktiv. Sie reinigten ihre Waffen und polierten die Messingknöpfe ihrer Uniformen. Sie rauchten, lachten und scherzten miteinander. Ein paar lächelten uns an und schenkten uns Schokolade und Kaugummis. Eines Tages, als meine Freundin Margret und ich die Mündener Straße entlang gingen, warf uns ein Soldat ein buntes Päckchen zu. Wir hofften, Schokolade und Kaugummi zu finden, eilten nach Hause und öffneten es, waren jedoch enttäuscht, als wir weiter nichts als merkwürdige, einzeln verpackte Gummidinger fanden. Margrets älterer Bruder Oskar grinste und fragte, was wir mit den ‚Parisern' anfangen wollten. Margret antwortete nicht, und weil ich nicht unwissend erscheinen wollte, hielt auch ich meinen Mund. Später erklärte sie mir: „Männer benutzen sie, wenn sie mit Frauen schlafen." Ich tat so, als wüsste ich, wovon sie redet, fragte mich aber, warum Margret offenbar viel schlauer war als ich.

Die Amerikaner waren gar nicht so viel anders als deutsche Soldaten. Sie flirteten gern und bändelten mit den deutschen Frauen an. Obwohl sie nur wenig oder meist überhaupt nicht Deutsch sprachen, hatten sie keine Schwierigkeiten, ihre Wünsche zu äußern. Als Mutti eines Tages mal die Mündener Straße entlang ging, pfiff ein Soldat und rief ihr zu „*He, Baby.*" Mutti erzählte uns später, der junge Mann sei kaum älter als zwanzig gewesen und ihr gefolgt. Sie sei stehen geblieben, hätte gelächelt und gesagt: „*Young man, you should know, that I am old enough to be your mother.*" Der arme Kerl sei rot geworden und hätte gestottert: „*Excuse me, Ma'am.*" Schnell hatte er sich umgedreht und wäre verschwunden.

Wenn wir morgens unsere Fenster öffneten, konnten wir hören, wie der Gemeindediener seine Glocke läutete. Er ging langsam die Straße entlang und verkündete mit lauter Stimme die neuen Vorschriften und Anordnungen der Militärregierung. Alle Waffen und jegliche Munition mussten abgeliefert werden. Ab 19 Uhr war Sperrstunde, und zu unserer Verwunderung mussten die Uhren um zwei Stunden vorgestellt werden. An einem anderen Tag befahl der Ausrufer, dass die Haustüren nachts nicht abgeschlossen werden dürften. Das erregte natürlich Besorgnis, weil Banden polnischer und russischer Kriegs- und Zivilgefangener, die aus den Zwangsarbeitslagern entlassen worden waren, die Gegend durchstreiften und sich raubend und mordend an der deutschen Bevölkerung rächten.

Eines Tages weckte uns der Ausrufer schon im Morgengrauen mit heftigem Glockenläuten. „Auf Befehl des amerikanischen Kommandanten müssen alle Einwohner sofort aufstehen, sich anziehen und dürfen bis auf weiteres ihre Häuser nicht verlassen." Uns ergriff natürlich sofort eine heftige Panik, denn wir hatten von den Gräueltaten der Russen gehört. Was würde mit uns geschehen, wenn die amerikanischen Truppen gehen und uns den Russen überlassen würden?

Wir hockten den ganzen Vormittag herum und warteten. Es geschah jedoch nichts, bis am Nachmittag zwei schwer bewaffnete amerikanische Soldaten an der Haustür erschienen. Einer kam herein und begann abermals nach Waffen zu suchen. Der andere hielt vor der Tür zur Weser hin Wache. Putti, die sich gerade auf dem Dachboden gewaschen hatte, hörte die Unruhe, geriet in Panik und goss das Waschwasser vor Schreck nicht über das Dach in die Regenrinne, sondern schüttete es mit Schwung hinaus, wobei es sich über den Wachtposten ergoss. Vermutlich hielt der dies für einen Angriff auf seine Person. Er sprang die Treppe rauf, fluchte und stieß üble Drohungen aus, als er mit Puttis Mutter zusammenprallte, die ihn mit hoch erhobenen Armen aufhielt und schnell erklärte, dass dies aus Versehen passiert sei. *„I am so sorry! Pardon us please"*, flehte sie, während sie Helm und Uniform des Soldaten abtrocknete und gleichzeitig anbot, ihre Tochter würde seine Uniform waschen. Von da an wusch und bügelte Putti die Uniformen vieler Soldaten im Tausch gegen Seife, Kaffee oder Militärproviant, selbstverständlich immer unter Aufsicht ihrer Mutter.

Am heftigsten mangelte es an Nahrungsmitteln. Auch im Dorfladen war nichts mehr zu bekommen. Der inzwischen siebenjährige Frank war ein mageres Bürschchen, das gern bei den Amerikanern herumlungerte. Ein Soldat freundete sich mit ihm an, nahm ihn zur Feldküche mit, drückte ihm ein Kochgeschirr und einen Becher in die Hand und ermunterte ihn, sich zwischen zwei Soldaten in die Schlange einzureihen. Als Frank an der Reihe war, streckte er beide Hände aus, eine mit dem Becher und die andere mit dem Kochgeschirr. Doch der Soldat, der das Essen austeilte, weigerte sich, ihm etwas zu geben. Nach einer heftigen Auseinandersetzung zwischen Franks jungem Soldatenfreund und dem Koch wurden ihm dann aber doch das Kochgeschirr mit Kartoffeln, Bohnen, Kochwurst und sein Becher mit Kaffee gefüllt. Ohne einen Bissen zu nehmen, trug er seinen Schatz behutsam vor sich her, brachte das Essen nach Hause, teilte es mit Mutti und erzählte, er hätte es von seinem Freund bekommen, einem Ami namens ,GI'. Von da an bekam der kleine ,Kraut' täglich von seinem GI etwas Nahrhaftes, bis dieser ein paar Wochen später abgezogen wurde.

Der Fluss gab und der Fluss nahm

Seit meine Geschwister und ich laufen konnten, hatten uns unsere
Eltern davor gewarnt, alleine, ohne Aufsicht, ans Flussufer zu gehen.
Wir hatten viele Geschichten über Kinder gehört, die im reißenden
Strom der Weser ertrunken waren. Das hielt uns jedoch nicht davon ab,
hinaus zu schleichen und zuzusehen, wie die Fischer ihre Aalreusen
auslegten und von ihren Booten aus den Fang verkauften, oder wie
die Holzflöße in Richtung Meer trieben. Wir bauten Papierschiffchen,
ließen sie stromabwärts schwimmen, warfen Stöcke und Steine ins
Wasser und kühlten unsere Zehen. Bei Hochwasser beobachteten wir,
wie das trübe Wasser die Wiesen und Häuser am Ufer überflutete. Wenn
das Wasser zurückwich, hinterließ es feinen grauen Schlamm, der den
Boden mit Nährstoffen anreicherte und die Wiesen üppig wachsen ließ.
Auf diese Weise lernte ich, dass der Fluss ‚gab‘ und der Fluss ‚nahm‘.

Während der letzten Kriegsmonate waren viele blutige Schlachten
geschlagen worden. Tote trieben stromabwärts, bis sie in Strudel
gerieten, wo sie wild herum kreisten und ihren ‚Totentanz‘ vollführten,
bis die Strudel sie wieder freigaben und die Körper sanft zwischen den
steinigen, in den Fluss hinaus ragenden Buhnen ablegten. Bei einem
unserer Ausflüge entdeckten wir den aufgedunsenen Körper eines
deutschen Soldaten. Mit dem Gesicht im Schlamm lag er halb im Wasser.
Ich wagte mich nicht näher heran, denn ich hoffte, das Geschehene
könnte nicht wirklich passiert sein, solange ich das Gesicht nicht sähe.
Auch könnte ich nicht aufhören zu weinen, wenn ich den Soldaten als
einen toten Menschen wahrnähme. Die Jungen rannten nach Hause und
brüllten: „Da liegt ein toter Mann im Wasser!" Wir durften nicht dabei
sein, als die Erwachsenen ihn herausholten und beerdigten. So lernte ich,
dass der Fluss in Kriegszeiten meistens ‚nahm‘.

Das Wasser kringelte sich um die Spitzen der Buhnen. Dadurch
wurde vermieden, dass es das fette Schwemmland wieder wegspülte.
Der sicherste Badeplatz befand sich zwischen zwei Buhnen. Bevor
wir schwimmen lernten, hatten wir unter Aufsicht der Erwachsenen an
diesen seichten Stellen gebadet.

Im Frühsommer 1945 – ich war fast zwölf Jahre alt – erwachte
ich eines Morgens und bemerkte, dass die Weser nur noch halb so breit
war wie sonst. Erst später erfuhren wir, dass es flussaufwärts einen
Bergrutsch gegeben hatte. Schon mit sechs Jahren, als wir zum ersten
Mal ins Wesertal kamen, wollte ich unbedingt ‚auf die andere Seite‘. Als
die Eltern sahen, wie flach der Fluss gerade war, erlaubten sie Brigitte,

Christiane und mir, hinüber zu schwimmen, ermahnten uns jedoch, vorsichtig zu sein. Meine Freundinnen zogen Badeanzüge an und ich zog mich bis auf die Unterwäsche aus, weil ich keinen Badeanzug besaß. Zwischen zwei Buhnen stiegen wir ins Wasser. Ich verließ die halbmondförmige Ausbuchtung und musste danach heftig gegen die Strömung kämpfen. Denn die zerrte so heftig an meinen Beinen, dass ich mich aus lauter Angst zunächst mit den Füßen dagegen zu stemmen versuchte.

Doch dann bewegte ich – den Kopf über Wasser haltend – meine Arme und Beine wie ein Frosch, so wie man es mir beigebracht hatte. Umkehren konnte ich nicht mehr, weil der Fluss mich bereits in seiner Gewalt hatte. Brigitte und Christiane waren direkt ins kalte Wasser gesprungen und mir ein Stück voraus. Der Fluss trug mich, weil ich Arme und Beine zunächst ziemlich hektisch bewegte. Dann aber begriff ich, dass ich die andere Seite auf diese Weise nicht erreichen würde. Dennoch wurde ich allmählich ruhiger und rhythmischer. Meine Freundinnen schwammen diagonal gegen die Strömung, und so folgte ich einfach ihrem Beispiel. Mit meinen ausgestreckten Beinen und Füßen wollte ich feststellen, wie tief das Wasser war und ich war überrascht, als ich den steinigen Grund ertasten konnte. In der Mitte des Flusses musste ich jedoch in das flaschengrüne Wasser abtauchen, um zum Grund zu gelangen. Wieder an der Oberfläche, schwamm ich mit letzter Kraft gegen die Strömung an und erreichte schließlich das andere Ufer, völlig außer Atem und ein ganzes Stück weiter flussabwärts. Ich watete an Land und eilte zu meinen Freundinnen, die noch japsend im hohen Gras lagen, schnauften und sich sonnten. Wir sprachen über die Kämpfe, die wir aus dem Kellerfenster von der anderen Flussseite aus beobachtet hatten, und beschlossen, uns die Überreste der deutschen Artilleriestellungen anzusehen. Vor dem Waldrand entdeckten wir Krater, zerstörte Geschütze, fanden leere Granathülsen und einen halb verbrannten Stiefel. Trotz der warmen Sonne fror ich.

Auf dem Rückweg stieg ich viel beherzter ins Wasser. Wir schwammen wieder schräg gegen die Strömung, spornten uns gegenseitig an und landeten flussabwärts in Höhe der Kirche, in der Brigittes und Christianes Vater bis 1943 jeden Sonntag Gottesdienst gehalten hatte.

Im Herbst trat der Fluss nach heftigen Regenfällen über die Ufer und breitete sich im Tal aus. Zunächst wurden die Wiesen überflutet, dann die Felder. Schließlich stieg das Wasser bis zur Böschung vor dem Pfarrhaus und leckte an den Grundmauern der alten Fachwerkhäuser, die in der Nähe des Ufers standen. Es schien, als könne nichts den gewaltigen Strom auf seinem Weg zum Meer aufhalten. Seine unheimliche Macht lockte uns immer wieder an das Ufer. Die wirbelnde, schokoladenbraune Flut trieb Büsche, Bäume und Teile von hölzernen Zäunen vorbei und faszinierte uns Kinder ebenso wie die Erwachsenen.

Frau Götte – sie entsprach meiner Vorstellung von einem ‚Hutzelweiblein‘ – war eine verschrumpelte alte Frau, die in der Nachbarschaft lebte. Sie war uns an diesem Tag gefolgt und bemerkte: „Das ist nichts im Vergleich zum Hochwasser vor zwei Jahren, als wir dachten, Gott würde uns eine zweite Sintflut schicken.“ Sie wischte sich die Stirn mit ihrer schmutzigen Schürze ab, seufzte und beschrieb, wie eines nachts britische Flugzeuge die Sperrmauer der Edertalsperre bombardiert und zerstört hatten und das tosende Wasser daraufhin die Flusstäler mehrere hundert Kilometer weit überflutete. Entsetzt hörten wir ihr zu, als sie schilderte, wie entwurzelte Bäume, Teile von zertrümmerten Häusern und Scheunen, menschliche Leichen und aufgedunsene Tierkadaver vorbeigetrieben sind. Mit ihrem krummen Finger deutete sie auf die Hochwassermarken, die an einem der Fischerhäuser eingeschnitzt waren, und erinnerte sich: „Das war die schlimmste Flut seit über 200 Jahren.“ Als das Wasser schließlich zurückgewichen war, hinterließ es eine feine, dicke Lehmschicht und allerlei Treibgut, das hoch oben in den Weiden und Büschen hängen geblieben war.

In einem immer wiederkehrenden Traum kämpfte ich panisch mit aller Kraft gegen den schwarzen Strom, ohne auch nur ein paar Zentimeter voran zu kommen, bis ich mich eines Nachts dem reißenden Gewässer ergab. Ich lag auf dem Rücken und ließ mich im Traum langsam und sanft zum Meer tragen.

Lobe den Herren

Selbst in jener schweren Zeit hatten wir bisweilen Grund zur Freude. Ende Mai war es die Geburt von Ullas viertem Kind, einem Jungen, der im Pfarrhaus zur Welt kam. Dann war Björns Taufe. Weil Putti für den kleinen Kerl sorgte und ihn lieb gewonnen hatte, hatten meine Eltern sie gebeten, seine Patentante zu werden. An einem wunderschönen Pfingstsonntagmorgen, als die Glocken läuteten, machten sich alle, die im Pfarrhaus Zuflucht gefunden hatten, auf den Weg entlang der Weser zur alten Kirche. Die Mädchen trugen Kränze aus Gänseblümchen auf dem Kopf, Dagmar und ich hatten weiße Kleider an, die wir von Blankenburgs ausgeliehen hatten.

Der acht Monate alte Björn machte seiner jungen Patentante mit seinem Gestrampel zu schaffen und amüsierte die ganze Gemeinde, als er mit seinem Geplapper die Predigt des Pfarrers übertönte. Wir huldigten Gott aus voller Brust:

Lobe den Herren,
was in mir ist, lobe den Namen.
Alles, was Odem hat,
lobe mit Abrahams Samen.
Er ist dein Licht,
Seele, vergiß es ja nicht.
Lobende, schließe mit Amen.

Sogar Papa, der in einer frommen lutherischen Familie aufgewachsen war und viele Jahre nicht mehr in einer Kirche gebetet hatte, erhob seine Stimme bei diesem Lobgesang. Ein an jenem Tag aufgenommenes Foto zeigt Papa und Mutti – abgemagert, bleich und von Sorgen gezeichnet – mit ihren fünf Kindern, Annies vier Kindern sowie mit zwei Cousins, einer Cousine und einem Gast auf den Stufen des Pfarrhauses.

Ich war vor allem darüber glücklich, dass ich noch nie so viele Freunde zum Spielen gehabt hatte. Brigitte, Christiane und ich durchstöberten den Dachboden des Pfarrhauses und fanden eine Truhe mit prächtigen Kostümen und Roben. Wir entschlossen uns, wöchentliche Theatervorführungen zu veranstalten. Mit vierzehn Kindern sowie unseren Freundinnen Margret und Marlis waren wir mehr als genug Darsteller. Bei gutem Wetter fanden die Aufführungen im Garten, bei Regen im Gasthaus an der Straße statt. Wir verkauften Eintrittskarten für zehn Pfennig. Jeder im Haus besuchte unsere Vorführungen. Annies autoritäre Mutter Frau Weber erschien mit Stola und Opernglas und verlieh diesen Veranstaltungen sogar einen Hauch von Eleganz.

Brigitte spielte die Hauptrolle in ‚Des Kaisers neue Kleider'. Für unsere Eltern war diese Aufführung von besonderer Bedeutung und wurde ein voller Erfolg. Meine Lieblingsrolle war die Hexe in ‚Hänsel und Gretel'. Es ärgerte mich überhaupt nicht, dass Sven behauptete, dies sei wohl eine passende Rolle für mich. In ‚Schneewittchen' spielte Dietrich den König und die viel ältere und größere Marlis die Königin. Dreimal sagte die Königin zum König: „Ich möchte ein Kind." Dreimal nickte der König feierlich. Die Erwachsenen brachen in schallendes Gelächter aus, als dieser Wunsch prompt erfüllt wurde, indem einer von uns einen Puppenwagen mit einer Babypuppe über die Bühne schob. Bei der Turmzimmerszene in ‚Dornröschen' stellten wir den Puppenwagen auf den Kopf, verhängten drei Räder mit einem Tuch und benutzten das vierte als Spinnrad. Unsere Brüder tobten als ‚die sieben Zwerge' herum. Wir Mädchen wechselten uns in den Rollen von Prinzessinnen und Königinnen ab. Als Taube, die Aschenputtels Wünsche erfüllt, ließ ich mich in den Ästen der Magnolie nieder.

Albrecht, der unsere Vorführungen zu einfältig und kindisch fand, schrieb ein Theaterstück in Anlehnung an Friedrich Schillers Ballade ‚Der Taucher'. In diesem Gedicht springt ein tapferer Jüngling von einer hohen Klippe in die stürmische See und taucht bis auf den Grund, um den goldenen Pokal zurück zu holen, den der böse König ins Wasser geworfen hatte. Nach seiner Rückkehr verkündet der Jüngling:

Da unten aber ist's fürchterlich,
und der Mensch versuche die Götter nicht und begehre
nimmer und nimmer zu schauen,
was sie gnädig bedecken mit Nacht und Grauen.

Weil der König dem Jüngling die Hand seiner schönen Tochter verspricht, taucht dieser ein zweites Mal und kommt dabei ums Leben. Die Proben zu dem Theaterstück waren katastrophal, denn außer Albrecht hatte niemand von uns seine Verse auswendig gelernt. Schließlich gab Albrecht den Versuch auf, unseren Spielplan etwas anspruchsvoller zu gestalten.

Während des Sommers kamen die ersten deutschen Männer aus amerikanischen, britischen, französischen und russischen Gefangenenlagern zurück. Meine Eltern sorgten sich vor allem sehr um das Schicksal der Familie Weichmann, konnten aber nicht herausfinden, ob sie die Verfolgung und den Krieg überlebt hatten. Eines Tages kam in der Morgenfrühe auch Annies Mann Walter, Dorfpfarrer und

Bachforscher, aus russischer Gefangenschaft zurück. Über Wochen war er nur in Lumpen gekleidet und ohne Schuhe bis nach Hause gelaufen.

Elisabeth Bengen, die mit Mann und Kindern aus Kassel geflohen war und in einer Jagdhütte außerhalb von Vaake lebte, kam öfters ins Pfarrhaus und gab Putti Gesangsunterricht. Zunächst lauschten meine Freundinnen und ich vor der Tür, alberten herum und ahmten Putti nach, die sich mit Tonleitern und anderen Übungen abmühte. Dann aber begann ich ernsthaft zuzuhören und bald liebte ich ihre wunderbare Stimme. An warmen Sommertagen versammelten wir uns nach Feierabend im Garten und sangen Volkslieder, bis die Sonne hinter dem Reinhardswald unterging.

Annie hatte die Idee, alle zwei Wochen Musikabende zu organisieren, zu denen jeder eingeladen war, der klassische Musik spielen konnte oder ihr nur zuhören wollte. Zweimal monatlich kamen Freunde und Fremde mit ihren Instrumenten aus der Umgebung und selbst aus Kassel, um zu proben und anschließend Werke von Beethoven und Mozart zu spielen. Musiker und Gäste drängten sich im Wohnzimmer und im Flur zusammen.

Bald danach kam Hans Weimann, ein großartiger Bassist, aus russischer Gefangenschaft zurück. Und von nun an füllten J. S. Bachs Arien das Haus und hoben unser aller Stimmung. Ich saß oft auf den Treppenstufen des Pfarrhauses, hörte zu und begann, Bachs Musik zu lieben. Annie schrieb später in ihren ‚Lebenserinnerungen‘:

„Für viele Menschen sind diese Abende … der erste und einzige Ausstieg aus diesem ‚Nichts‘ des Unterganges gewesen, ein kleines Stückchen Hoffnung, daß das Elend, in dem sie leben mußten, nicht das ganze Leben bedeutete, daß es Unverlierbares gab, das trösten konnte, nicht nur für den Augenblick, sondern wie eine Brücke, die aus der Ausweglosigkeit in eine Zukunft führt.“

Das fünfte Brandenburgische Konzert war der Höhepunkt aller Aufführungen. Hierfür musste sogar ein Cembalo auf einem Schiff flussaufwärts transportiert werden. In Veckerhagen wurde es auf einen Wagen verladen, von einer Kuh gezogen und auf dem ganzen Weg bis zum Pfarrhaus von einer Horde jubelnder Kinder begleitet.

In diesem Sommer hatte ich zum ersten Mal seit Jahren keine Angst mehr. Ich stimmte meiner Mutter darin zu, dass Gott immer über uns gewacht hatte und noch weiterhin wachte.

Pawa

Am 1. Oktober 1945 wies uns das Bürgermeisteramt eine
Unterkunft in einem Fachwerkhaus, wenige Minuten oberhalb des
Pfarrhauses, zu. Weil sich dort die dörfliche Poststelle befand, hieß
das Haus ‚die Post'. Das Haus gehörte Wilhelm Wallbach, einem
Großonkel meiner Mutter, im Dorf bekannt als ‚Onkel Willem'.
Auch Mutti war Mitglied der Wallbach-Sippe, die sich nach der
Reformation im Wesertal niedergelassen hatte. Etwa ein Dutzend
große Familien – alles Nachkommen des 1648 gestorbenen Christof
Wallbach – lebten noch immer in dieser Gegend. Willem war hoch in
den Achtzigern oder gar Neunzigern und schien an den Folgen eines
Schlaganfalls zu leiden. Bei ihm lebte seine Schwiegertochter Pawa
mit ihrer Tochter.

Unser neues Quartier bestand aus einer kleinen dunklen Küche
auf der Rückseite des Hauses und einem winzigen Schlafzimmer im
Obergeschoß. Wieder einmal packten wir unsere Habseligkeiten auf
einen Handwagen. Mit Puttis und Albrechts Hilfe zogen wir also vom
Pfarrhaus in die Post. Meine Eltern und das Baby sollten in der Küche
schlafen. Björns Bettchen stellten wir unter eines der kleinen Fenster
in die Ecke neben dem Herd. Papas und Muttis Bettzeug legten wir auf
eine Liege daneben. Außer dem großen eisernen Küchenherd und der
Liege enthielt die Küche noch einen Schrank für Töpfe und Geschirr,
ein eisernes Spülbecken mit einer Kaltwasserpumpe sowie einen Tisch
mit wackligen Stühlen und Hockern.

Sven, Frank, Dagmar und ich zogen nach oben in das
Schlafzimmer hinter der dunklen und schmalen Treppe. Wir füllten
Säcke mit Stroh aus Pawas Scheune und legten sie auf Pritschen,
die Papa in einem ehemaligen flämischen Arbeitslager geschnorrt
hatte. Unsere Sachen verstauten wir unter den Pritschen. Die Wände
waren mit grell rosa Blumen auf dunkelblauem Untergrund tapeziert.
Teile der Tapete hatten sich gelöst und hingen in langen Fetzen
herunter. Spärliches Tageslicht fiel durch ein kleines Fenster. An der
Zimmerdecke hing eine nackte Glühbirne. Wenn ich mich auf eine
der Pritschen stellte, konnte ich in den Hof hinunter blicken, wo eine
gackernde Hühnerschar um den Misthaufen herum scharrte. Wir
vernahmen das wohlbekannte Muhen einer Kuh und ihr Stampfen
im Stall direkt unter uns. Ein offenes Dach schützte Kaninchenställe,
landwirtschaftliche Geräte, Futtersäcke und Brennholz vor Regen,
Kälte und Sturm. Penetranter Mistgeruch durchdrang das gesamte
Haus und dicke Fliegen saßen an den Wänden und am Fenster. Das

zugige Plumpsklo – nicht mit einem, sondern drei verschieden großen Löchern – befand sich am anderen Ende des Hofes, noch hinter dem Misthaufen und der offenen Jauchegrube. Sven gelang es, uns mit Horrorgeschichten über den dreißigjährigen Krieg in Schrecken zu versetzen, denn damals hatten siegreiche Armeen ihre Opfer in solchen Gruben ertränkt.

Onkel Willem war der hoch angesehene Patriarch der großen Wallbach- Sippe. Vor seiner Pensionierung war er viele Jahre Bürgermeister und Postmeister gewesen. Er war groß und schlank. Ein weißer Haarschopf und dicke Augenbrauen umrahmten sein schmales Gesicht. Der Schnurrbart war gezwirbelt, aber am markantesten war sein wogender langer Bart. Schneeweiß und in der Mitte geteilt, reichte er ihm fast bis zur Taille, etwa so wie bei Kaiser Wilhelm I., nach dem er benannt worden und dessen Ebenbild er war.

Willem hatte zehn Kinder von zwei Frauen. Von den Kindern kannte ich nur Willi und Luischen, die Mutter meiner Freundin Margret. Willi war zu einem freundlichen Mann herangewachsen, einem Träumer, der sich nach Abenteuern in der Fremde sehnte. Es hieß, er hätte als junger Mann einmal den Zirkus in Münden besucht und wäre von dem dort Gesehenen hingerissen gewesen, von den Zelten, den bunt schillernden Vorführungen, den schönen Pferden, vor allem aber von einer exotischen, dunkelhaarigen und dunkelhäutigen, wenige Jahre älteren Frau, die ganz anders war als die Dorfmädchen. Sie hieß Pawa, war Zirkustänzerin, und wir hörten, sie stamme von Zigeunern ab und sei aus der Türkei gekommen. Man hatte erwartet, dass Willi mal ein Mädchen aus dem Dorf heiraten und auch in der Post arbeiten würde. Er verliebte sich jedoch in Pawa, und die Leute erzählten, dass er seine Heimat verliess und sich eine Weile dem Zirkus anschloss, um die großen Araberpferde zu reiten und in der Nähe dieser verführerischen, charmanten Pawa zu sein. Die beiden heirateten, kehrten aber schließlich doch wieder in seine Heimat zurück und lebten bei seinem Vater, der inzwischen Witwer war. Weil Willi und Pawa keine eigenen Kinder bekommen konnten, adoptierten sie ein Kind, das sich zu einem gescheiten, liebenswürdigen und sanften Mädchen, das uns gern auf ihrem Klavier vorspielte, entwickelte.

Der junge Willi verehrte seine Frau und seine Tochter leidenschaftlich, doch die Dörfler waren von Pawas unkonventioneller Art schockiert. Eigentlich war ihnen jeder Außenseiter, der in ihrem kleinen Dorf auftauchte, suspekt. Sogar bei den Einwohnern des nur zwei Kilometer flussabwärts liegenden Nachbardorfes Veckerhagen galten die Vaaker als ‚Fremde'. In Veckerhagen mokierte man sich: *„In Vooke do gibbet vill Gequooke, do sittet de Düwel up den Dooke."* Die Vaaker konterten: *„In Veckerhagen do sittet de Düwel up den Woogen."* Die Männer aus den beiden Dörfern demonstrierten ihre Rivalität besonders bei den jährlichen Erntedankfesten und sonnabends bei nächtlichen Prügeleien im Gasthaus.

Nach seiner Hochzeit arbeitete Willi dann doch im Postamt, erst als Briefträger und nach der Pensionierung seines Vaters als Postmeister. Im zweiten Weltkrieg wurde er zur Infanterie eingezogen und von seinem Vater vertreten, bis dieser zu gebrechlich wurde. Als wir in die Post zogen, war Willi noch nicht wieder heimgekehrt.

Unsere einzige Heizmöglichkeit bot ein alter schwarzer gusseiserner Küchenherd. Mit einer Genehmigung vom Förster durften wir Brennholz sammeln. Meine Brüder und ich halfen Papa, den Handwagen in den Wald hinauf zu ziehen. Dort sammelten wir Äste und Zweige, stapelten sie auf den Karren und verschnürten sie mit einem Strick. Auf dem steilen Rückweg ins Tal ergriff Papa die Deichsel und fluchte dabei vor sich hin. Sven steckte einen Stock zwischen die Speichen und bremste den Wagen, während wir anderen Kinder versuchten, die schwankende Ladung vor dem Herabfallen zu bewahren. Manchmal gingen Sven, Frank, Dagmar und ich auch allein auf Brennholzsuche. Abwechselnd saßen wir dann oben auf dem Wagen, doch wenn die Last zu sehr schwankte, purzelten wir hinunter, landeten lachend, bisweilen auch heulend im Graben und schauten verdutzt dem davon sausenden Wagen nach.

Unser allergrößtes Problem war der Mangel an Nahrungsmitteln. „Ich habe Hunger", klagte Sven. „Wir auch", stimmten wir alle ein. Es gab keine Zeit, an der ich nicht an Essen dachte oder davon träumte. Sven weinte sich hungernd in den Schlaf und fiel häufig in Ohnmacht. „Ist er tot, Mutti?", jammerte Dagmar, als sie neben ihm kniete.

„Nein, Schätzchen, er ist nur ohnmächtig geworden." Mutti beruhigte Dagmar und bemühte sich, ihren Sohn wiederzubeleben. Sie blickte Papa an und klagte: „Woher kriegen wir nur für die Kinder etwas zu essen?" Wir ernährten uns hauptsächlich von dünner Kartoffel- oder Steckrübensuppe. Papa und Mutti selbst aßen kaum etwas. Sie warteten immer, bis wir Kinder fertig waren und nahmen sich dann, was übrig geblieben war. Papas Hosen und Muttis Kleider wurden immer weiter.

Einmal standen Sven, Frank und ich auf einer der Pritschen und blickten aus dem Fenster in die Küche des benachbarten Bauern. Wir pressten unsere Nasen an die Scheibe und beobachteten die beim Essen sitzende Familie. Auf dem Tisch standen Schüsseln mit Kartoffeln, Gemüse und Fleisch sowie vollgefüllte Milchgläser. Ich wäre in Tränen ausgebrochen, hätte ich nicht Franks grinsendes Gesicht gesehen. Er stieß Sven und mich in die Rippen und begann zu kauen, laut zu schmatzen, mit den Augen zu rollen und genüsslich zu stöhnen. Er tat so, als würde er schlucken, rieb seinen Bauch und verkündete, das Essen sei ‚köstlich'. Zum Schluss rülpste er kräftig. Sven und ich ahmten ihn nach. Unsere Münder waren leer bis auf den Speichel, der sich darin angesammelt hatte.

Im Herbst wurde der regelmäßige Postdienst wieder aufgenommen. Bei jeder Gelegenheit schlenderte ich über den abgenutzten Holzfußboden in das Postamt, wo es lebhaft zuging und gemütlich und warm war. Still setzte ich mich auf eine vom Schalter durch eine Balustrade getrennte Bank im Wartebereich und beobachtete, wie der Postmeister die Post sortierte, stempelte und bündelte, oder wie er Telegramme empfing und verschickte. Alle guten und schlechten Nachrichten für die Menschen im Dorf und dessen Umgebung liefen über das Postamt. Jeden Morgen nahm der Briefträger die sortierten Briefe und Postkarten, verstaute sie in einer ledernen Umhängetasche, schwang sich aufs Fahrrad und fuhr zum Austragen der Post erst die Hauptstraße entlang von Haus zu Haus und danach auf zerfurchten Feldwegen zu den abgelegenen Häusern und Gehöften. Ich vermisste jedoch die längst vergangenen Tage, in denen Onkel Willem noch Postmeister war und Wolken blauen Rauchs aus seiner feinen holländischen Porzellanpfeife in die Luft stiegen.

Ein anderer Ort, an dem ich mich gern aufhielt, war Pawas und Irmgards Wohnküche direkt gegenüber dem Postamt. Dort bereitete Pawa ihre Mahlzeiten zu und empfing ihre Kunden. Weil sie als Wahrsagerin bei den Leuten im Dorf und der Umgebung inzwischen geschätzt war, bekam sie oft Besuch. „Eycke", sagte sie eines Tages, „ich werde dir deine Zukunft voraussagen, wenn du Onkel Willem sein Mittagessen bringst." Ich war neugierig, was mir die Zukunft wohl bescheren würde. Zunächst aber beobachtete ich Pawa bei ihrer Zauberei. Sie platzierte ihr üppiges Hinterteil auf einen Stuhl hinter dem Küchentisch und forderte ihre Kundin, eine alte Frau auf, sich ihr gegenüber hinzusetzen. Dann schob sie sich eine Strähne ihres kurzen, fettig glänzenden Haars aus der Stirn, setzte sich die Brille auf und machte eine ernste Miene. Sie fragte die Frau ganz höflich, ob sie bequem säße, verwickelte sie in ein Gespräch und nahm dabei ganz zufällig alle möglichen

Informationen auf. Sie mischte die Karten und musterte die alte Frau über den Rand ihrer Brille, so, als könne sie deren Gedanken lesen. Mit den verdeckten Karten in der linken Hand schloss Pawa einen Moment die Augen, leckte sich den Daumen, wendete langsam die Karten und klopfte eine nach der anderen auf den schmutzigen Tisch.

„Ich habe lange nichts von meinem Sohn gehört", sagte die Frau erwartungsvoll.

Pawa beugte sich vor und beobachtete erst ihre Kundin, dann die Karten. Sie schüttelte den Kopf, seufzte und deutete auf diese oder jene Karte. „Er ist von Finsternis umgeben." Pawa hob einen Finger, ohne aufzublicken. „Aber Sie werden bald von ihm hören. Ihrem Mann können Sie mitteilen, dass sich sein Rheuma bald bessern wird."

Bald kam ich dahinter, dass Herzkarten für Glück in der Liebe standen. Eine andere Karte, das Kreuz-Ass – von Pawa ‚schwarzer Peter' genannt – bedeutete Unglück, Gefahr, Dunkelheit oder Tod. Immer wenn Pawa die Karten auf den Küchentisch klopfte, redete sie mit ihren Kunden über Liebe mit dunkelhaarigen Fremden. Sie plapperte unentwegt über ein zukünftiges Wiedersehen, glücklichere Zeiten, Reichtümer, Hochzeiten und Geburten, warnte aber auch vor möglichen Krankheiten und bevorstehenden Gefahren. Einige Kunden bezahlten mit Lebensmitteln. Die alte Frau hatte ihr ein Stück Butter mitgebracht. Andere schenkten ihr Zigaretten oder kleine Schmuckstücke. Hin und wieder bekam sie ein paar Reichsmark. Das Geld verstaute sie in ihrem Büstenhalter, wobei sie ein- oder zweimal lächelnd über ihren Busen strich.

Eines Tages kam ein Mann zu ihr, der staubige Kleidung trug und seine Mütze in den schmutzigen Händen hielt. Ich wusste, dass er Braunkohle verkaufte, die als minderwertiger Brennstoff in der Gahrenberger Kohlengrube gefördert wurde. Er setzte sich ihr gegenüber an den Küchentisch und hörte aufmerksam zu, als sie in den Karten las. Es war still und dunkel. Nur eine Lampe über dem Tisch warf ihren Lichtkegel auf die beiden. Pawa legte die Karten aus, las sie, lächelte verführerisch und streichelte seine Hand, während sie auf die Herzdame deutete. Sie blickte direkt in seine Augen und begann, ihre linke Brust zu streicheln. Ich errötete, sah aber weiterhin zu. Sie blickte mich an und flüsterte dem Mann etwas ins Ohr. Am nächsten Tag wanderte eine Ladung Braunkohle über die Rutsche in den Keller.

Erfreut über Pawas Versprechen, mir die Zukunft zu deuten,

beeilte ich mich, das Tablett nach oben in Onkel Willems Zimmer
zu tragen. Beim Öffnen der Tür schlug mir scharfer Uringestank
entgegen. Mit geschlossenen Augen und dem über das weiße Federbrett
ausgebreiteten Bart lag Onkel Willem auf einem hohen schmalen Bett
neben dem Fenster in dem ungeheizten Raum. Die bleichen Hände
mit pergamentartiger Haut lagen an seiner Seite. „Oh mein Gott",
dachte ich, „er ist tot." Ich wollte umkehren und davonlaufen, besann
mich jedoch auf mein Versprechen. Auf dem Nachttisch stand eine
volle Urinflasche. Ich setzte das Tablett auf den Fußboden, näherte
mich vorsichtig dem Bett, berührte leicht seinen Arm und flüsterte:
„Guten Tag, Onkel Willem, hier ist dein Mittagessen." Ohne die Augen
aufzuschlagen, deutete er auf den Nachttisch.

Ich zögerte zunächst einen Moment, doch dann fiel mir ein,
wie freundlich der alte Mann früher zu mir gewesen war, wenn ich
Besorgungen auf der Post machen musste. Er hatte dann immer
gelächelt, mich über Rand seiner Brille angesehen, mit dem langen Stiel
seiner Pfeife auf mich gezeigt und gesagt: „Du bist doch eins von Tuttis
Kindern. Wie groß und hübsch du geworden bist. Wie heißt du?" Ich
freute mich, groß und hübsch genannt zu werden, und antwortete: „Ja,
Tutti ist meine Mutter, und ich heiße Eycke."

Als ich ihm aber an diesem Tag sein Mittagessen brachte, sah er
mich nicht an und sprach auch nicht. Ich stellte die Urinflasche unters
Bett, wischte mir die Hände an der Schürze ab, setzte das Tablett auf
den Nachttisch, berührte noch einmal leicht seinen Arm und schlich auf
schnellstem Wege hinaus.

Pawa wartete in der Küche. Björn schlief in seinem Bettchen neben
dem Ofen. Die übrige Familie war draußen beim Holz sammeln. Pawa
machte es sich am Küchentisch bequem. Sie öffnete einen kleinen
Lederbeutel, entnahm ihm eine Prise Tabak, streute sie sorgfältig auf
einen Streifen Zeitungspapier, rollte das Ganze ein und feuchtete eine
Seite mit der Zunge an. Dann klebte sie das Ding zusammen, klopfte
beide Enden leicht auf den Tisch und bat mich um etwas Feuer aus
dem Ofen. Sie inhalierte tief, schloss die Augen und atmete eine Wolke
beißenden Rauchs aus. Dann öffnete sie die Augen wieder, mischte das
Kartenspiel, leckte am Daumen und breitete die abgewetzten Karten
vor sich aus. Sie beobachtete mich genau, sah mir erst in die Augen und
dann auf meine flache Brust, bevor sie die Karten prüfte. „Du wirst jung
heiraten", sagte sie und zog an der Zigarette. „Du wirst weit weg ziehen
und einmal reich werden." Das gefiel mir natürlich, doch ihre nächste
Vorhersage, die sie mit spöttischem Lächeln verkündete, verwirrte mich.
„Weißt du", fügte sie hinzu, „Geschlechtsverkehr wäre gut für deine

Haut." Ich war zwölf Jahre alt, hatte noch nie meine Periode gehabt, und als ich das letzte Mal in den Spiegel geguckt hatte, sah meine Haut eigentlich ganz schön aus. Aber was war das … Geschlechtsverkehr?

Meine Freundin Margret hatte erzählt, dass Männer und Frauen miteinander schlafen, und von Mutti hatte ich gehört, dass Männer und Frauen sich eng umschlungen liebten. Sie hatte das eine ,Umarmung' genannt, aber nicht erklärt, was das bedeutete. Kurz danach berichtete ich ihr: „Tante Pawa hat heute meine Zukunft gedeutet und gesagt, ich würde jung heiraten, weit weg ziehen und reich werde."

Pawas Bemerkungen über Haut und Geschlechtsverkehr behielt ich aber für mich, denn ich war davon überzeugt, dass Mutti sich darüber aufregen würde. Als ich Pawa später noch einmal bat, mir die Zukunft zu deuten, fauchte sie: „Deine Mutter erlaubt das nicht. Lass mich in Ruhe!"

Pawa war stolz auf ihre Karriere beim Zirkus, ergötzte uns mit ihren Geschichten und zeigte Alben mit Fotos, auf denen sie als junge Frau in reizvollen Kostümen bei ihren Auftritten zu sehen war. Immer wieder sprach sie von ihrer Liebe zum Theater, brachte den Dorfkindern Blumendarstellungen bei und nähte dafür Kostüme. Wir sagten Verse auf und tanzten mit bunten Girlanden aus Krepppapierblumen einen Reigen auf der Bühne.

Bei unserem Umzug in die Post muss Pawa Ende vierzig gewesen sein. Mit Sicherheit war sie nicht mehr die Schönheit, in die Willi sich einst verliebt hatte. Sie trug weite Röcke und Filzpantoffeln. Ihre Tochter war neunzehn Jahre alt und bildhübsch. Oftmals besuchten sie amerikanische Soldaten. Das waren meist nette Kerle, die Kaffee, Schokolade, Büchsen mit Feldrationen – von den Amerikanern C-Rationen genannt – und Zigaretten mitbrachten. Es schien mir so, als hätte sie einen dieser Burschen besonders gern. Einmal kam ich mittags in die Küche und sah beide schmusend unter einer Wolldecke. Als sie mich kommen hörten, zogen sie sich die Decke über die Köpfe. Verlegen drehte ich mich um und fragte mich, was Männer und Frauen unter einer Decke tun, außer sich nur zu umarmen. Jahre später erzählte ich Mutti, was Pawa mir beim Kartenlesen über meine Haut und Geschlechtsverkehr gesagt hatte. Bei dieser Gelegenheit offenbarte mir Mutti, Pawa hätte damals die Rendezvous zwischen ihrer Tochter und den amerikanischen Soldaten arrangiert.

Dass Pawas auch ihre dunkle Seite hatte, merkten wir, als etwas geschah, was mich sehr ärgerte und zutiefst misstrauisch gegen sie machte. Zwei Männer klopften eines Tages an unsere Küchentür, stellten sich als Kriminalbeamte vor und wollten meine Eltern und Sven sprechen. Ich durfte nicht dabei sein. Nach dem Verhör gestand mir Sven unter Tränen. „Die alte Hexe Pawa hat mich beschuldigt, ich hätte Onkel Willis Briefmarken gestohlen." Mir war sofort klar, dass Sven das nicht getan haben konnte. Meine Eltern waren empört. Papa meinte, Pawa hätte wahrscheinlich Angst davor, wie Willi reagieren würde, wenn er feststellte, dass seine wertvolle Markensammlung verschwunden war. Sie vermuteten, Pawa selbst hätte die Sammlung verkauft oder eingetauscht und würde nun behaupten, sie sei gestohlen worden. Mutti fand es abscheulich, ein Kind zu beschuldigen. Sven, der von all dem keine Ahnung gehabt hatte, wurde jedoch schnell entlastet. Danach fühlte ich mich in Pawas Gegenwart nicht mehr wohl. Am liebsten wären wir sofort ausgezogen, wussten aber nicht wohin.

Der Krieg war schon seit Monaten zu Ende, und die ganze Zeit sorgte Pawa sich um ihren Mann. „Was mag meinem Willi wohl passiert sein?", jammerte sie und beugte sich über die Spielkarten. Sie mischte sie mit ‚swisch, swisch, swisch' und klatschte sie immer wieder auf den Tisch. „Ich spür's in meinen Knochen, dass er lebt. Und siehe da, die Karten stimmen zu." Sie drehte sich eine Zigarette. „Um die Nerven zu beruhigen", meinte sie, suchte weiter nach einer Antwort in ihren Karten und blies den Rauch aus, der sich in die Luft kringelte.

Pawa erhielt eine zerfetzte Postkarte von ihrem geliebten Mann mit guten und schlechten Nachrichten. Ihr Willi lebte, befand sich aber als Kriegsgefangener in einem ehemaligen Konzentrationslager und wohl in großen Schwierigkeiten. Es stellte sich heraus, dass Willis Infanterieeinheit wenige Monate vor Kriegsende befohlen worden war, ein Konzentrationslager zu bewachen. Bevor die Amerikaner das Lager befreiten, ließen die deutschen Wächter die Gefangenen im Stich. Willi war zurückgeblieben, um den Kranken und Hilflosen beizustehen. Natürlich glaubten die Amerikaner, er gehöre zu jenen Bestien, die die Lagerinsassen gequält, misshandelt und getötet hatten. Deshalb wurde er jetzt selbst als Gefangener im Lager bewacht und wartete darauf, verurteilt zu werden.

Sobald Pawa erfahren hatte, wo Willi war, entwickelte sie einen eindrucksvollen Plan für seine Befreiung. Sie schickte ihm Pakete mit Lebensmitteln und Kleidung. Sie bat alle Leute, die Willi und seinen tadellosen Charakter kannten, um Hilfe. Papa verfasste und diktierte Mutti Bittgesuche an Willis Lagerkommandanten. Schließlich entschloss sich Pawa, selbst hinzufahren und Willi aufzusuchen. Sie sammelte eidesstattliche Erklärungen, Lebensmittel und so viele Zigaretten, wie sie auftreiben konnte, packte einen Koffer und fuhr eines Tages mit dem Postauto davon. Nach ihrer Rückkehr berichtete sie, man hätte sie überhaupt nicht ins Lager vorgelassen. Deshalb habe sie sich vor das Lagertor gestellt, Willi zugewunken, Essen für ihn hinein geschmuggelt und so lange Rabatz gemacht, bis der Lagerkommandant nachgab und sie anhörte. Sie breitete die Dokumente vor ihm aus und informierte ihn, dass sie als Zigeunerin und Willi als Baptist unter den Nazis zu leiden gehabt hätten, und dass er nicht einmal einer Fliege etwas antun könne. Erst nachdem der Kommandant ihr versprochen hatte, Willi schnellstens anzuhören, wenn sie nur nicht mehr vor dem Lagertor herum lungere, erklärte sie sich bereit, nach Hause zurückzukehren.

Während Pawa sich weiterhin Sorgen machte und auf die Heimkehr ihres Mannes wartete, befragte sie natürlich weiterhin täglich ihre Karten. Ich überraschte sie eines Tages, als sie mit dem Rücken zu mir über ihren Küchentisch gebeugt eine Zigarette paffte und die Karten mischte. „Tante Pawa, Mutti schickt mich …" Sie hielt die Hand hoch: „Sch, sch, sch …" Ich brach mitten im Satz ab, ging um den Tisch herum und beobachtete, wie sie eine Karte nach der anderen abdeckte und auf den Tisch legte. Sie seufzte, paffte weiter und zögerte, bevor sie die letzte Karte anschaute. Ihr Gesicht hatte einen Ausdruck heillosen Schreckens. Sie schloss die Augen, fluchte in einer mir unverständlichen Sprache, wendete schnell den Kopf, spuckte über die Schulter, würdigte mich aber keines Blickes und warf mich raus.

Monate später kehrte der abgemagerte Willi heim. Hingebungsvoll und geduldig pflegte Pawa ihn gesund. Obwohl er körperlich wieder hergestellt war und seinen alten Beruf als Postmeister wieder aufnahm, blieben seine Augen in die Ferne gerichtet. Er war sanftmütig und ruhig, wirkte aber nie wieder so glücklich und freundlich, wie wir ihn von früher gekannt hatten.

Wieder in der Schule

Für Grundschüler blieb die Volksschule in Vaake 1945 geschlossen, im Herbst aber öffneten in Münden die ‚höheren Schulen' für Jungen und Mädchen. Von da an nahmen wir den alten Bus, der Fahrgäste und Post transportierte. Er fuhr mit schwelendem Holzgas und war so überfüllt, dass der Fahrer aussteigen und die Türen von außen zudrücken musste. Der Bus fuhr von Veckerhagen über Vaake nach Münden und zurück. Auf jeder Hin- und Rückfahrt musste er eine amerikanische und eine britische Militärkontrolle passieren. Die Straße war von Panzern und Lastwagen so schwer beschädigt, dass streckenweise nur Einbahnverkehr möglich war. An einer Stelle waren wir nur einen Meter von einem Abgrund entfernt. Der Fluss lag zirka dreißig Meter unter uns, und wir beteten, der Bus möge nicht hinabstürzen. Weil die große Brücke in Münden im Frühjahr von den deutschen Truppen gesprengt worden war, mussten wir die Fulda zu Fuß auf einer schmalen Hängebrücke überqueren. Die Jungen gingen ins Gymnasium, wir Mädchen ins Lyzeum.

Viele pensionierte Lehrer waren wieder im Schuldienst. Junge Männer und Frauen mit wenig pädagogischer Erfahrung ersetzten diejenigen, die wegen ihrer früheren Zugehörigkeit zur Nationalsozialistischen Deutschen Arbeiterpartei nicht mehr unterrichten durften. Jeder über achtzehnjährige Deutsche musste ‚entnazifiziert' werden. Das war ein amtliches Verfahren, dem jeder unterzogen wurde und bei dem die früheren politischen Tätigkeiten und Mitgliedschaften geprüft und beurteilt wurden.

Weil meine Zeugnisse auf der Flucht aus Polen verloren gegangen waren, wurde ich mit den Mädchen meines Alters in eine Klasse eingestuft. Ich hatte nichts dagegen, denn mir war es damals in Polen schon nicht recht gewesen, dass ich eine Klasse überspringen musste. In Deutsch, Geschichte, Erdkunde, Biologie, Turnen und besonders in Musik war ich gut. Bei Englisch, Französisch, Mathematik, Physik und Chemie haperte es. Weil die Alliierten das Benutzen von Büchern und auch allem sonstigen Druckwerk aus dem dritten Reich verboten hatten, war das Unterrichten für die Lehrer natürlich eine große Herausforderung. Wenn wir Schreibpapier zur Verfügung hatten, schrieben wir von der Tafel ab. Meistens trugen aber die Lehrer vor, und wir hörten nur zu.

Mit leerem Magen fiel es mir schwer, mich auf den Unterricht zu konzentrieren. An den Lehrstoff kann ich mich kaum erinnern, sehr gut aber an die tägliche Ausgabe einer köstlichen, dicken und süßen Suppe – wir nannten sie Quäkerspeise – und an ein weißes Brötchen. Das war eine Spende der amerikanischen Quäker für kränkliche und unterernährte Kinder. Zu denen gehörte auch ich, und ich genoss dankbar diese lebenserhaltende Gabe.

Die Schule dauerte bis mittags, doch manchmal war sie schon früher zu Ende, weil es nicht genug Lehrer gab. Ich hatte weiter nichts zu essen als einen Apfel und zwei dünne Scheiben Brot mit Margarine. Überglücklich war ich, wenn Margret mir von ihrem leckeren Butterbrot mit ‚dürrer Runde' etwas abgab. Da vor vier Uhr nachmittags kein Bus fuhr, blieben meine Freundinnen und ich gelegentlich bei meiner Großmutter, mit der ich mich wieder versöhnt hatte. Manchmal mussten wir stundenlang auf den Bus warten. Dann spielten wir Ball, hinkelten oder zankten uns mit den Jungen. Wenn der Bus schließlich kam, fluchten die Erwachsenen meistens und schubsten uns oft sogar grob zur Seite. Auch die Jungen drängelten sich vor, so dass wir Mädchen oftmals zurück bleiben und auf den nächsten Bus warten mussten, der aber erst zwei Stunden später fuhr.

An Stelle des überfüllten Busses gab es noch eine andere Möglichkeit. Margrets Großvater, Herr Tichy, der Besitzer des Dorfgasthauses, überredete den amerikanischen Kommandeur, uns bei Biertransporten von Münden nach Vaake mitfahren zu lassen. Ein paar Monate lang kletterten wir daher dreimal wöchentlich auf einen offenen Lastwagen und fuhren mit einer Ladung voller Bierfässer zurück. Wenn es nicht regnete, liefen wir sogar manchmal drei Stunden lang von der Schule zu Fuß nach Hause, bis meine Schuhe durchgelaufen waren oder ich vor Hunger schlapp machte. Auf einem dieser Wege versuchte ein Mädchen, mich aufzuklären. Ich glaubte ihr jedoch kein Wort, denn ihre drastische Beschreibung des Geschlechtsaktes verstand ich ebenso wenig wie die poetische Erklärung, die meine Mutter mir später gab.

Einmal lieh ich mir ein Fahrrad, bekam aber auf der Fahrt nach Hause einen Platten. Ein amerikanischer Soldat überholte mich in seinem Jeep, hielt an und entblößte sich. Das erschreckte mich so sehr, dass ich mit dem Rad auf der Felge floh. Daraufhin überholte er mich ein zweites Mal, winkte mit seinem schlaffen Penis und fuhr weiter. Von da an habe ich den Weg nie wieder alleine zurückgelegt.

Als es kälter wurde, gab es nicht genug Heizmaterial für die Schule. Meine Kleidung war natürlich nicht warm genug, und außerdem schämte ich mich, weil sie abgetragen war und mir nicht mehr passte.

Deshalb machte es mir überhaupt nichts aus, wenn die Schule mal ausfiel. Anstatt in die Schule gehen und Hausaufgaben machen zu müssen, half ich dann im Haushalt und kümmerte mich um meine Geschwister. Im Spätherbst durften wir im Reinhardswald einen ganzen Baum fällen. Freunde halfen uns, das Holz zu sägen, zu hacken, zu sammeln und zu stapeln. Wenn wir wegen der harten Arbeit meckerten oder über alles Mögliche jammerten, drohte Papa mit dem Zeigefinger und donnerte los: „Wartet nur, bis die Russen kommen, dann habt ihr 'n Grund, euch zu beklagen."

Als es zu schneien begann, hatten wir genug Feuerholz für den Winter unter Dach gebracht und aufgestapelt. An diese dunkle Zeit erinnere ich mich kaum, außer, dass wir uns in der armseligen Küche zusammendrängten und uns warmhielten. Nach draußen wagten wir uns nur, wenn es unbedingt sein musste. Meistens lebten wir von dünner Kartoffel- oder Steckrübensuppe und Schwarzbrot, das nach Sägemehl schmeckte. Mein zwölfter Geburtstag wurde nicht gefeiert, und selbst zu Weihnachten gab es keine Geschenke. Wir scharten uns um einen winzigen Weihnachtsbaum in der Küche, sangen „Ihr Kinderlein kommet" und dankten Gott, dass wir überlebt hatten. Mutti machte Ziegelsteine im Backofen heiß, wickelte sie in Lappen und wärmte damit unsere Betten an. Wir zogen Pullover über unsere Schlafanzüge und versuchten, die Mäuse zu vertreiben, die sich in unseren Strohmatratzen eingenistet hatten und dort herumraschelten. Am Weihnachtsmorgen war selbst der Inhalt der Nachttöpfe fest gefroren.

Heidehügel, 1946

Papa nahm seine Arbeit als Architekt wieder auf. Er zeichnete
Entwürfe und erstellte Konstruktionen für Häuser, Anbauten,
Scheunen und Nebengebäude. Als Gegenleistung bekam er manchmal
einen Sack Kartoffeln, Braunkohle oder ein paar Reichsmark. Als ich
ihn bat, ihm beim Zeichnen zusehen zu dürfen, stimmte er unwirsch
unter einer Bedingung zu: 'Nur wenn du dich mucksmäuschenstill
verhältst, verstanden?" Ich atmete so leise wie möglich und
beobachtete, wie er den Tisch in die Mitte der Küche unter die
Hängelampe rückte, ein Stück vergilbte Tapete aufrollte und sie,
das Muster nach unten, mit Reiszwecken auf dem Tisch befestigte.
Mit seinem Taschenmesser spitzte er langsam und sorgfältig seine
Bleistifte. „Ganz einfache Sache", sagte er, „Du brauchst weiter
nichts als ein scharfes Messer." Er legte einen der Stifte neben
sein abgenutztes Lederetui und öffnete es. Darin lag – eingebettet
in dunkelblauem Samt – sein glänzendes Zeichenwerkzeug. Papa
machte es sich bequem, legte Lineal, Reißschiene, Dreieck und einen
Kompass auf den Tisch, schob seine Brille auf die Stirn, lehnte sich
nach vorn und begann zu zeichnen. Mit Bewunderung beobachtete
ich, wie er großartige Konstruktionen auf einem Stück Papier entwarf,
das vorher nur ein Stück Tapete gewesen war.

Im Frühling 1946 kauften wir etwa fünf Morgen Land auf
einem steinigen, mit Heidekraut bewachsenen Hang. Wir nannten es
‚Heidehügel'. Bisher hatte das Land dem dörflichen Schützenverein
gehört. Es lag ziemlich abgelegen oberhalb des Dorfes zwischen dem
Reinhardswald im Westen, Feldern und Wiesen im Süden und dem
Bramwald auf der anderen Seite der Weser im Osten. Im Nordosten
sahen wir jenseits des Ahletals die roten Ziegeldächer von Vaake und
Veckerhagen sowie das silberne Band der Weser.

Zunächst suchten wir für das ‚stille Örtchen' einen abgelegenen
Platz zwischen zwei kleinen Bäumen, nagelten ein altes Brett
dazwischen und gruben ein Loch. Dann rodeten wir ein Stück Land,
pflanzten Gemüsesetzlinge und begossen sie mit Wasser aus dem nahen
Bach. Wir rissen die baufällige Bretterbude des Schützenvereins ab,
fällten Bäume und beseitigten Büsche und Brombeersträucher. Frank
und Dagmar formten Opfergaben aus Lehm für die ‚Wurzelmännlein'
und ‚-weiblein', die – wie sie glaubten – in bemoosten Höhlen unter
den Baumwurzeln lebten. Wenn Papa endlich „essen kommen" rief, war
ich immer schon ganz schwach vor Hunger. Unseren Durst löschten wir
mit Bachwasser. Mutti packte einen Laib Roggenbrot, hart gekochte

Eier und Äpfel aus, die wir am Weg unter Apfelbäumen aufgelesen hatten. Sie hielt das Brot an die Brust, schnitt es mit der rechten Hand in Scheiben, die sie in ihren Schoß fallen ließ, und verteilte gleichgroße Portionen. Papa sagte „gesegnete Mahlzeit, Amen", und scherzte respektlos: „Macht's Maul breit."

Nach dem Mittagessen bat Papa Sven und mich, Mutti beim Aufstapeln der abgehackten Sträucher zu helfen. Als Belohnung versprach er einen Liederabend mit Lagerfeuer. Sven spuckte in die Hände, wie er es bei den Männern im Dorf beobachtet hatte. „Hau ruck, hau ruck!" rief er, als wir das schwere Zeug auf einen Haufen stapelten. Die Dornen stachen uns Hände, Arme und Beine blutig und rissen Löcher in unsere schäbige Kleidung. Mutti verfing sich in einem Brombeerstrauch und musste von Papa befreit werden. Die beiden lachten und umarmten sich. Dieser Anblick erinnerte mich an Dornröschen mit ihrem Prinzen und ließ mich für einen Moment vergessen, wie hungrig ich war. Die Sonne ging hinter dem Reinhardswald unter, und es wurde kühl. Auf Muttis Bluse hatten sich Milchflecken gebildet. Ich war froh, als sie sagte, es sei nun Zeit, nach Hause zu gehen und ihr Jüngstes zu stillen, um das sich tagsüber seine Patentante gekümmert hatte.

Wir sangen „Dornröschen war ein schönes Kind", stiegen von der Höhe hinab ins Tal, überquerten die Kleine Ahle und gingen an dem sich durch Wiesen schlängelnden Bach entlang um den Friedhof herum und an der neuen Schule vorbei zurück ins Dorf. Dort saßen Familien vor ihren Häusern und ruhten sich nach einem anstrengenden Arbeitstag aus. Die Frauen unterhielten sich, strickten und passten auf die spielenden Kinder auf. Die Männer rauchten Pfeife oder selbstgedrehte Zigaretten. Wir wünschten uns gegenseitig einen guten Feierabend und gingen unseres Weges.

Die Bauern bauten Getreide, Rüben und Kartoffeln auf den Feldern an und Gemüse in ihren Gärten. Sie melkten ihre Kühe, hielten Hühner und Kaninchen und schlachteten Vieh. Wenn wir etwas zu Essen bei ihnen kaufen wollten, schüttelten sie meistens nur verächtlich den Kopf. Denn unser bisschen Geld lehnten sie ab, dafür handelten sie lieber mit ‚Hamsterern', die mit prall gefüllten Rucksäcken durch die Gegend zogen. Die Bauern boten Schinken, ‚dürre Runde', Mehl, Butter, Milch und Eier an. Dafür erhielten sie Zigaretten, Schmuck, Silber und Porzellan. Man erzählte sich Witze über Bauern, die ihre Kuhställe angeblich mit Orientteppichen ausgelegt haben sollten. Da wir nichts zum Handeln hatten, mussten wir unsere Nahrungsmittel auf andere Weise beschaffen. Für fünf

Mark Gebühr erhielten wir vom Bürgermeisteramt die Erlaubnis, Äpfel von einem der Gemeindebäume zu ernten, die an den Straßen und Feldwegen wuchsen.

Als Gegenleistung für das stundenlange Suchen von Kartoffelkäfern durfte ich auf den von den Bauern abgeernteten Feldern Roggen- und Weizenähren nachlesen und nach übrig gebliebenen Kartoffeln buddeln, die wir in der Glut von Kartoffelfeuern brieten. Ich ging zu ,Wallbachs Mühle', die seit dreihundert Jahren ebenfalls einem Zweig von Muttis großer Verwandtschaft gehörte. Für wenige Pfennige zermahlte der Müller die Körner zwischen zwei großen Mühlsteinen zu Mehl. Die Steine wurden von einem knarrenden Wasserrad angetrieben. Mit meinen Freunden und Geschwistern sammelte ich Heidelbeeren, Brombeeren und Holunderbeeren. „Eine ins Töpfchen, eine ins Kröpfchen", murmelte ich, als sich meine Hände vom violetten Saft gefärbt hatten, und ich aß so viel von den süßen Früchten, dass ich Bauchweh bekam. Für zehn Pfund Bucheckern, die ich im Wald auflas, bekam ich einen Becher Öl. Wir sammelten Brennnesseln für Suppen, Löwenzahn und Sauerampfer für Salat. Aber so sehr wir uns auch abrackerten oder schnorrten, der Hunger blieb unser ständiger Begleiter. Er verfolgte uns bis in die Träume und quälte uns, wo immer wir waren, und was auch immer wir taten.

Die letzte Kruste Brot

Neben dem Gasthaus besaß Margrets Familie auch das einzige Lebensmittelgeschäft im Dorf. Die Tichys hingen weitgehend von Lieferungen amerikanischer Restbestände wie Mehl, gelbes Maismehl, Haferflocken, Milch- und Eipulver ab. Bei langen Schlangen vor dem Geschäft war alles schon binnen einer Stunde oder noch eher ausverkauft. Weil Mutti viel zu tun hatte und ungern selbst einkaufte, mussten meistens Sven und ich einkaufen zum Lebensmittelladen, zum Bäcker und zur Molkerei einkaufen gehen. Mutti weckte uns morgens sehr früh, und als erstes verschlangen wir den klebrigen Haferbrei, der Unmengen von Spelzen enthielt. Weil Sven diesen Brei mochte, protzte er damit, das Essen würde ihn stark wie ein Pferd machen. Ich habe das Zeug nur aus lauter Hunger runtergewürgt. Mutti gab uns wie immer ihre Anweisungen. Dann bekam ich eine Einkaufsliste, Lebensmittelmarken, Geld, einen Einkaufskorb, Sven eine Milchkanne und wir beide jede Menge Ermahnungen mit auf den Weg, dass wir uns ja anständig benehmen sollten.

Ich ging also zu Tichys und reihte mich in die Schlange ein, die sich schon lange vor Öffnung des Geschäfts gebildet hatte. Mit ihren Einkaufsnetzen, Beuteln und Körben am Arm begrüßten sich die Dorffrauen untereinander. Sie drängelten, schwatzten laut miteinander, schimpften und munkelten sogar, die alte Frau Tichy würde ihre Kunden beschummeln. Meistens warteten sie geduldig. Aber es kam auch vor, dass die Frauen sich stritten, wer zuerst dran sei, und mich einfach wegschubsten. Ich konnte mich zwar gegenüber meinen Geschwistern und anderen Kindern gut behaupten, hasste aber Auseinandersetzungen mit Erwachsenen. Deshalb sagte ich beim ersten Mal auch nichts. Dann aber bemerkte ich, wie schnell die Vorräte ausverkauft waren. Mit roten Wangen und klopfendem Herzen verteidigte ich jetzt meinen Platz in der Schlange und gelangte so schneller an die Theke als sonst. Ich grüßte Frau Tichy, Margrets Großmutter väterlicherseits, knickste und hoffte, Tante Luischen, Muttis entfernte Cousine und Margrets gutmütige Mutter, würde mich bedienen. Luischen war nämlich herzensgut, immer freundlich und hatte manchmal sogar etwas Besonderes für uns Kinder. Am besten aber war, dass sie mich manchmal zu Bratkartoffeln und einer nahrhaften Suppe einlud, wenn Margret und ich unsere Schularbeiten in ihrer Küche machten. An diesem Morgen jedoch war Luischen nirgends zu sehen. Ich gab Margrets Großmutter meine Liste und beobachtete, wie sie geschickt aus Zeitungspapier Tüten rollte, diese in die blanke Kupferschale auf der einen Seite ihrer Waage und Gewichte auf die andere Seite legte. Aus Holzfässern und Säcken schaufelte sie Maismehl und Haferflocken in die Tüten und wiegte diese sorgfältig ab. Erleichtert stellte ich fest, dass sie ihren Daumen nicht auf die Waage legte, um zu mogeln, dass es also gar nicht stimmte, was die Frauen über sie behaupteten. Ich überreichte Frau Tichy die Lebensmittelmarken, zahlte, bedankte mich, knickste, lief nach Hause und hoffte, Mutti würde mit dem Einkauf zufrieden sein.

Eines Morgens sollte ich in aller Frühe Milch holen. Ich stellte mich mit meiner Milchkanne im Hof der Molkerei an wo Frau Dolle die Milch aus großen Kannen abmaß. Alle Erwachsenen, Kinder und Babys erhielten dort ihre tägliche Ration. Für uns Normalverbraucher gab es nur bläulich wässrige Magermilch, deren Rahm vorher bereits abgeschöpft war. Mit dem Holzgriff meiner Kanne fest in der Hand, stand ich zwischen den schwatzenden Frauen und Kindern, bis ich dran war. Froh, dass ich früh genug aufgebrochen war, achtete ich darauf, dass jedes Schöpfmaß wirklich voll war. Ich überreichte die Lebensmittelmarken, zahlte, dankte Frau Dolle und machte mich auf den Rückweg. Kurz vor der Post zerbrach plötzlich der Henkel, die Kanne fiel zu Boden und die Milch floss auf die Erde. Ich brach in Tränen aus. Obwohl ich vor Angst zitterte, wusste ich, was zu tun war. Mit der kaputten Kanne im Arm lief ich zum nächsten Bauernhaus und klopfte an. Eine Frau öffnete, ich knickste und erklärte, was mir passiert war. Höflich bat ich um ein paar Tassen Milch für meine Mutter und das Baby. Ich versprach, später zu bezahlen.Frau.„Wir haben keine Milch mehr", war die kurze Antwort der rundlichen. Insgesamt klopfte ich an fünf Türen und erhielt stets dieselbe Antwort: „Wir haben selbst keine Milch mehr."

Eine Frau beschimpfte mich sogar mit ‚verdammter Flüchtling' und knallte mir die Tür vor der Nase zu. In diesem Moment wurde mir wieder einmal klar, dass meine Familie selbst im eigenen Land zu diesem verachteten Flüchtlingsstrom gehörte, jenen Millionen, die in diesem verfluchten, blutigen und sinnlosen Krieg bis auf ihr nacktes Leben alles verloren hatten. Schluchzend kam ich zu Hause an; Selbst Mutti konnte mich nicht trösten.

„Eycke", flüsterte Papa an einem Herbstabend, „heute Nacht brauche ich deine Hilfe."

Wie immer hilfsbereit, noch bevor er erklärt hatte, um was es ging, sagte ich: „na klar."

„Wir gehen auf die Pirsch."

„Auf die Pirsch?"

„Wir werden Zucker- und Steckrüben klauen." Er beschrieb, wie die Bauern ihre Rübenernte auf den Feldern zum Schutz gegen Frost unter längliches Erdhaufen, so genannten Mieten, lagerten.

„Aber Papa, du hast doch selbst gesagt, dass sie Wachen auf den Feldern aufgestellt haben."

„Keine Angst," schmunzelte Papa. Ich schluckte trocken und nickte brav.

Die schmale Mondsichel war hinter den Wolken verborgen, als Papa und ich im Schutz der Dunkelheit über frisch gepflügte Schollen hinweg in die Felder schlichen. Das Blut pochte mir in den Ohren. Als Papa sicher war, dass sich keine Wache in unmittelbarer Nähe befand, knieten wir uns hin und buddelten Zucker- und Steckrüben unter den dicken Stroh- und Erdschichten hervor. Wir stopften unsere Rucksäcke voll, füllten die zurück gebliebenen Löcher mit Erde und Stroh aus und verwischten unsere Spuren so gut wir konnten. Unter unserer Last heftig keuchend, wankten wir zum Heidehügel zurück. Dort versteckten wir die Beute unter Sträuchern. Um keinen Verdacht zu erregen, trugen wir in der nächsten Woche immer nur ein paar Steck- und Zuckerrüben auf einmal nach Hause. Von den Steckrüben kochte Mutti Suppe, die Zuckerrüben wurden zerkleinert und in einem großen Waschkessel gekocht. Damit das Ganze nicht anbrannte, musste stundenlang gerührt werden. Das Ergebnis war ein dicker, erdbrauner Sirup, den wir aufs Brot strichen oder mit dem wir unseren Haferbrei schmackhaft machten.

Während ich immer wieder Angst davor hatte, wir könnten bei unseren Beutezügen erwischt werden, schien Papa keinerlei Bedenken sondern sogar Spaß daran zu haben. Er erzählte uns gern Geschichten über seine Abenteuer als Soldat im 1. Weltkrieg und brüstete sich damit, wie er seine Kameraden und sich selbst durch solche Beutezüge versorgt hatte. Während der folgenden Monate habe ich Papa mehrmals begleitet. Ich hatte zwar immer noch Angst, doch von Mal zu Mal weniger Gewissensbisse.

Als Dagmar eines Tages unter einem Baum saß und aus Lehm eine Behausung für die Wurzelmännlein knetete, Sven, Frank und ich Mutti beim Sammeln von Feldsteinen halfen, kam ein hohläugiger, unrasierter deutscher Soldat in zerlumpter Uniform langsam auf dem engen Pfad auf uns zu.. Wir wussten, dass in der Nachkriegszeit Menschen auf dem Weg in ihre Heimat durchs Land zogen und nach Nahrung oder einer vorübergehenden Bleibe suchten. An den abgetragenen Stiefeln war zu erkennen, dass der Mann schon sehr lange unterwegs gewesen sein musste. Aber ich fand es seltsam, dass er dauernd über seine Schulter zurück blickte, als ob der sich verfolgt fühlte. Er näherte sich Mutti, nahm seine Mütze ab, streckte die linke Hand aus und bat: „Bitte, haben Sie etwas zu essen?" Dann brach er neben einem Baum zusammen.

Mutti stützte ihr Kreuz, richtete sich von der Arbeit auf, stöhnte und wischte sich die Schweißperlen von der Stirn. Sie ging zu ihrem Korb, holte das letzte Stück Brot heraus und reichte ihm den Knust wie ein Opfer. Ich hätte am liebsten laut geschrien: „Das kannst du doch nicht machen! Ich habe Hunger! Wir alle haben Hunger! Sven hat sich letzte Nacht mal wieder in den Schlaf geweint. Warum gibst du unser letztes Stück Brot weg?" Ich drehte mich jedoch um und schluckte die Worte und meinen Zorn herunter.

Meine Mutter sagte: „Tut mir Leid, das ist alles, was wir haben." Ich sah den Mann einen Moment zögern, bevor er sich das Brot gierig in den Mund stopfte, kaute, herunterschluckte und beide Hände unter sein Kinn hielt, um ja keinen Krümel zu verlieren. Er leckte seine Finger ab und bat um etwas zu trinken. Mutti antwortete: „Wir haben leider nur Wasser." Er löschte seinen Durst, nahm noch einmal die Mütze ab, sagte höflich „Danke, gnädige Frau", blickte noch einmal über die Schulter zurück und ging durch die Felder in den Wald zurück.

Zu gern hätte ich gewusst, warum Mutti unser letztes Stück Brot weggegeben hatte. Aber erst nach vielen Jahren brachte ich den Mut auf, ihr zu sagen, was ich an jenem Tag empfunden hatte. Gespannt hörte ich ihre Antwort: „Kind, wie soll ich das erklären? Das waren schreckliche Zeiten. Von einem Tag zum andern wusste ich nicht, woher ich etwas Eßbares für euch bekommen konnte. Um uns herum gab es nur Chaos."

„Aber...", unterbrach ich.

Sie ließ mich jedoch nicht weiter zu Wort kommen und fuhr fort: „Immer wenn ich verzweifelt war, geschah etwas Wunderbares. Irgendwoher kam dann doch etwas, aus dem man eine Mahlzeit bereiten konnte, manchmal ein paar Kartoffeln oder Rüben für eine Suppe, manchmal ein Korb mit Äpfeln, ein paar Eier oder irgendwas anderes. Nie werde ich den Tag vergessen, als Albrecht mit einem Butterbrot zu mir kam, das er für die Arbeit bei einem Bauern bekommen hatte. Er war ein heranwachsender vierzehnjähriger Junge und natürlich selbst hungrig, reichte mir aber das Brot mit den Worten: ‚Bitte, Tante Tutti, für dich.‘ Ich lehnte ab. Doch er bestand darauf: ‚Du brauchst es zum Stillen.‘ Dankbar nahm ich seine Gabe entgegen. Du wirst dich erinnern, dass ich Björn damals zwei volle Jahre gestillt habe.“ Sie berührte ihre Brust, und ihre Gedanken schweiften ab: „Sonst wäre er – wie so viele Kleinkinder damals – vielleicht gestorben.“ Sie faltete ihre Hände und fuhr fort: „Ich sah ein, dass ich Gott mein ganzes Vertrauen schenken musste. Du erinnerst dich an die Geschichte in der Bibel, wie Gott für die Vögel im Himmel und die Lilien auf dem Feld sorgt, nicht wahr? Dieser Glaube hat mich getragen. Aber wenn du mich damals gefragt hättest, hätte ich wahrscheinlich nicht erklären können, warum ich die letzte Kruste Brot weg gegeben habe.“

Eine wilde Fahrradfahrt

Während der Herbstferien waren Mutti und ich einmal allein in Pawas alter Küche. Sie spülte das Geschirr in einer angeschlagenen Emailleschüssel und wandte sich mir zu: „Ich muss mit dir reden." Sie nahm das Geschirrtuch von der linken Schulter, gab es mir zum Abtrocknen und teilte mir mit, am nächsten Tag käme ihre Schwester Loni und würde mich mit dem Fahrrad zu Tante Marianne nach Kassel bringen. Mutti war überrascht, dass ich nicht sofort antwortete. „Was ist? Ich dachte, du wärst begeistert."

Kaum hörbar erwiderte ich: „Ich möchte lieber zu Hause bleiben."

„Aber warum denn?"

„Weiß ich nicht", log ich. Ich zögerte, ihr zu gestehen, dass ich meinte, dieses Leben in zwei winzigen Räumen und abgetragenen Kleidern, um Nahrung bettelnd oder stehlend und von dicken Bauern beschimpft, nur ertragen zu können, solange ich bei meiner Familie bleiben durfte. Nur hier fühlte ich mich in dieser schrecklichen Welt geborgen.

„Du hast Tante Marianne doch immer gern besucht", erinnerte mich Mutti. Und sie wies darauf hin, dass meine Tanten dort ihre Essensrationen mit Resten aus der amerikanischen Feldküche aufbessern konnten, und dass sie sich deshalb keine Sorgen zu machen brauchte, ich bekäme womöglich nicht genug zu essen.

Als ich an diesem Abend nicht einschlafen konnte, fragte Sven: „Hast du Reisefieber?" Ich musste zugeben, dass ich Angst hatte, mit Tante Loni die dreißig Kilometer durch den Wald zu fahren, in dem seit Ende des Krieges Räuber und Mörder herumstrolchten. Wir sprachen über den Mord an Herrn Beck, der ein paar Räuber verfolgt hatte und tot in einer Blutlache auf der Straße aufgefunden wurde. Sven bot sogar an, Tante Loni und mich zu begleiten. Ich war gerührt, dass mein Bruder, der mich doch so oft hänselte und mich an den Zöpfen zog, sich plötzlich Sorgen um mich machte. Am liebsten wäre es mir gewesen wenn Loni sich gegen diese gefährliche Fahrt entscheiden würde. Aber am nächsten Tag kam sie wie vorausgesagt aus Kassel angeradelt. Statt für die ebenen Straßen an der Fulda und der Weser entlang – wo sie mehrere amerikanische und britische Kontrollen hätte passieren müssen – hatte sie sich für die Hin- und Rückfahrt für eine Route durch den Reinhardswald entschieden.

Loni – klein, schlank und sportlich – konnte liebenswürdig sein, aber auch kratzbürstig wie ein schlecht gelauntes Stachelschwein. Diesmal war sie gut gelaunt. „Prima, dass du deinen Rucksack schon gepackt hast. Wir sollten möglichst früh aufbrechen, damit wir noch nach Hause kommen, bevor es dunkel wird." Nachdem sie sich kurz erfrischt hatte, brachen wir auf. Mutti bedankte sich bei ihrer Schwester und bat mich, brav zu sein. Sie küsste und segnete mich, indem sie mir mit dem Daumen ein Kreuz auf die Stirn machte. Ich wischte mir die Tränen ab.

Wir ließen das Dorf und die Schule hinter uns, liefen zunächst an der Kleinen Ahle entlang, über die Brücke bei Beckers Gärtnerei und stiegen den steilen Weg zu unserer Baustelle am Heidehügel hinauf, wo Sven und Frank gleich angerannt kamen und uns begrüßten. Loni fordert sie auf, sich ihr zuzuwenden. „Na, lasst euch mal anschauen. Ihr Schlingel seid gewachsen, nur zu dünn und dreckig wie immer."

„Ich hab' aber Muskeln", prahlte Sven und zeigte seinen Bizeps.

„Ich auch", meldete sich Frank zu Wort.

Die Jungen trotteten hinter uns her, als ich Loni auf der Baustelle herumführte. Mit viel Geplapper und Drängelei bestürmten meine Brüder und ich sie gleichzeitig, um ihr ausführlich zu berichten, wie unsere ganze Familie Feldsteine für die Grundmauern gesammelt und Papa mit Freunden Bäume für das Baugerüst gefällt hatte. Wir hatten dabei geholfen, feuchten Lehm mit Sand und Stroh zu mischen und daraus Lehmbacksteine für die Mauern zu formen. Wir erzählten, wie Papa auf dem Gahrenberg nach Kohle zum Brennen der Dachziegel gebuddelt hatte. Und Frank fügte hinzu: „Tante Loni, du hättest Papa sehen sollen; er sah abends genauso aus wie die schwarzen Amis, die die großen Laster fahren." Ich brüstete mich damit, dass keiner meiner Brüder einen rostigen krummen Nagel mit dem Hammer so gerade klopfen konnte wie ich.

Stolz zeigten wir Tante Loni die Stacheldrahtrollen und das Baumaterial, das Papa, die Jungen, Albrecht und ich von einer ehemaligen deutschen Militäranlage in der Nähe von Münden entwendetet, auf einen großen Handwagen geladen und zum Heidehügel geschleppt hatten.

„Wir werden endlich wieder ein Zuhause haben," sagte ich. Jedoch behielt ich für mich, dass ich immer noch von einem Garten mit schwarzem Teich und weißen Seerosen träumte, über denen schillernde

Libellen flirrten. Keinem sagte ich, dass ich mich nach der alten Linde sehnte, unter der ich mich verstecken konnte, wenn ich traurig oder unartig gewesen war, und nach der Scheune, in der ich das Fliegen gelernt hatte.

Auch Papa begrüßte Loni. Dann wandte er sich mir zu: „Du kennst doch die alten Holzabfuhrstraßen, nicht wahr?" Wie immer bemüht, Papa zu zeigen, wie klug ich war, antwortete ich: „Wir müssen zuerst durch die Wiesen und Felder und dann durch das Gattertor in den Wald. Am Hexenhäuschen geht's rechts ab, danach bergauf an Kaufmanns Born, der Runden Bank und den Finkenteichen vorbei zum Gahrenberg."

Papa nickte. „So spart ihr viel Zeit. Und wenn ihr auf dem Kamm angekommen seid, geht's fast nur noch bergab." Er wischte sich den Schweiß von der Stirn und gab uns Bachwasser zu trinken. Dann flüsterte er Loni etwas ins Ohr, was ich nicht verstand, worauf sie nickte. Ich küsste Papa, winkte den Jungen zu, und wir brachen auf. „Lasst euch nicht vom bösen Wolf auffressen", rief uns Papa breit grinsend noch nach. Er winkte mit seinem schmutzigen Taschentuch, bis wir um die nächste Ecke verschwunden waren.

Die erste halbe Stunde musste Loni ihr Fahrrad schieben, während wir schweigend durch die Wiesen und Felder liefen. Die Sonne schien. Der würzige Geruch von Grummet, der letzten Heuernte im Sommer, lag in der Luft. Bauern harkten das trockene Heu zusammen, stapelten es zu kegelförmigen Haufen auf oder gabelten es auf hoch beladene Heuwagen. Am Waldrand spendeten uns alte Buchen Schatten. Ich öffnete das Gattertor und schloss es danach wieder sorgfältig, wie Papa es mir beigebracht hatte. So konnte das Wild keinen Schaden auf den Feldern anrichten. Wir betraten den verwunschenen Wald der Brüder Grimm, den Schauplatz der Märchen von Dornröschen, Schneewittchen, Frau Holle, Rotkäppchen, Hänsel und Gretel und von vielen anderen schönen Märchen. Hier, wo es ruhig und kühl war und nach sonnenerwärmten Fichtennadeln duftete, war ich am allerliebsten. Wir wanderten bergan auf dem von Fichten umsäumten Forstweg zu Kaufmanns Born, wo wir einen Schluck aus dem Brunnen tranken und Loni ihre Wasserflasche füllte, wir gingen an der Runden Bank vorbei und erreichten schließlich die brackigen, von Lärchen umstandenen Finkenteiche. Papa hatte uns einmal erzählt, dass dies ein geheimnisvoller Ort sei, an dem winzige Wurzelmännlein auf Moospolstern unter giftigen Fliegenpilzen spielten. Wir setzten uns auf den weichen Boden. Meine Tante packte Brot mit Butter und Trockenwurst aus. Das letzte Mal dass ich so etwas Köstliches gegessen hatte, war, als Margret ihr Wurstbrot mit mir geteilt hatte. Ehe wir wieder aufbrachen, befolgte ich Papas Empfehlung und verstreute ein paar Krümel als Geschenk für die Wurzelmännlein.

*****

Als wir die höchste Stelle im Reinhardswald, die Gahrenberg-Zeche erreichten, erinnerte ich mich an eine etwa ein Jahr zurück liegende Begebenheit. Sven, Frank und ich hatten Papa und seine Helfer zum Baumfällen begleitet. Papa hatte geschimpft, weil wir im Weg standen und uns befohlen, Kleinholz zu sammeln. „Immerzu arbeiten", beklagte sich Frank.

„Du arbeitest? Dass ich nicht lache!" Sven senkte sein Stimme, runzelte die Stirn und ahmte Papa nach, wie er mit dem Finger gedroht und mehr als einmal gesagt hatte: „Warte nur ab, bis die Russen kommen. Dann hast du'n Grund, dich zu beklagen."

Frank streckte die Zunge raus, nahm einen Tannenzapfen und warf ihn in Svens Richtung. „Fehltreffer! Fehltreffer!," rief Sven, machte eine lange Nase und streckte ihm auch die Zunge raus. Daraufhin entbrannte eine wilde Tannenzapfenschlacht, bis den Jungen die Munition ausgegangen war.

„Wir sollten lieber Holz sammeln, sonst gibt's Ärger", warnte ich.

Frank drohte Sven: „Dich krieg' ich noch."

„Versprechungen, Versprechungen." Sven verscheuchte Franks Drohungen wie eine Fliege.

Wir trotteten auf die Höhe zu, während meine Brüder immer noch Ausschau nach Tannenzapfen hielten. Oben erreichten wir eine kleine kreisrunde Lichtung. Sie war mit Gräsern, Margeriten und Glockenblumen bewachsen und von hohen Tannen umgeben. In der warmen Nachmittagssonne kräuselte ein leichter Windhauch Wellen über das Gras und die Blumen. Wir hörten nur ferne Geräusche von Sägen und Äxten, sonst war es still und friedlich. „Guckt mal da", flüsterte Sven plötzlich und zeigte auf eine Gruppe von Holzkreuzen mit darüber gestülpten Helmen auf der anderen Seite der Wiese.

„Gräber", stellte Frank erschrocken fest.

Ehrfürchtig näherten wir uns den Gräbern. „Helme mit Löchern von

Granatsplittern", stellte Sven fest.

Ich tastete die scharfkantigen Ränder der Einschusslöcher ab und erinnerte mich an das, was Papa uns über seinen Bruder erzählt hatte, der im ersten Weltkrieg von einem Granatsplitter getötet worden war, als sie Schulter an Schulter in einem Schützengraben bei Langemarck gekämpft hatten. Immer wenn Papa von diesem schreckliche Erlebnis sprach, fügte er hinzu „zu viel schwarzes Blut" und wischte sich die Tränen ab. Ich musste an meinen rothaarigen Freund Jürgen Helms denken, für den ich in der vierten Klasse geschwärmt hatte. Während der letzten Kriegsmonate war der Zwölfjährige als Flakhelfer und Melder eingezogen worden und gefallen. Mich fröstelte und ich schlug meinen Brüdern vor, lieber weiter Brennholz zu sammeln. Ohne zu murren, stimmten sie zu.

* * * * *

Während der Fahrt mit Loni durch den Wald hatte ich mich die ganze Zeit bereits unsicher gefühlt. Deshalb blickte ich manchmal über die Schulter zurück, um mich zu vergewissern, dass uns niemand folgt. Als wir die Waldstraße erreichten, wunderte ich mich darüber, dass wir bis dahin keiner einzigen Menschenseele begegnet waren.

„Sei doch froh", antwortete meine Tante und erklärte, wir würden uns jetzt nach Süden wenden und dann in südwestlicher Richtung über Holzhausen, Espenau, Wilhelmsthal und den Habichtswald nach Hause in die Schanzenstraße, am westlichen Stadtrand von Kassel, kommen. Dann schmunzelte sie: „Ab jetzt wird gefahren." Sie hielt die Lenkstange fest, stemmte sich mit beiden Füßen auf den Boden und ließ mich hinten aufsitzen. Da ich schon oft auf einem Gepäckträger mitgefahren war, schwang ich mich drauf, schlang meine Arme um Lonis Taille und freute mich auf die immerhin noch 24 km lange Fahrt nach Kassel. „Auf geht's", jubelte sie. Der Wind blies uns entgegen und ließ die Haare fliegen, als Loni sich nach vorn beugte und kräftig in die Pedale trat. In wilder Fahrt wich sie den Schlaglöchern und Steinen aus, bis das Rad plötzlich nach rechts schoss, wir durch die Luft flogen und auf einem Grasteppich im Graben landeten. Verdutzt sahen wir uns an.

„Was ist passiert?", fragte ich.

„Keine Ahnung. Bist du in Ordnung?"

Ich betastete Beine und Arme. „Ich denke schon."

„Gut." Meine Tante klopfte sich Schmutz und Gras ab und schaute sich das Rad an. „Oh je, die Vorderradgabel ist gebrochen."

„Kannst du das reparieren?"

Sie schüttelte den Kopf. „Jetzt kann ich das Rad nur noch schieben, und wir müssen den Rest der Strecke zu Fuß gehen."

Wir tranken Lonis Wasserflasche leer und setzten unseren Weg durch die nächsten Dörfer fort. Wir kamen an Bauern vorbei, deren schwer beladene Heuwagen von Kühen oder Pferden gezogen wurden. Frauen gabelten Dung auf die dampfenden Misthaufen vor den Häusern. Kinder jagten Gänse und Hühner oder spielten Kriegen. Hunde kläfften hinter uns her. Vergeblich suchte meine Tante nach jemandem, der ihr Rad reparieren konnte. Mein Magen knurrte. Wie gern hätte ich jetzt einen Bauern um etwas Brot gebeten. Aber da fiel mir wieder ein, wie ich beleidigt worden war, als ich das letzte Mal gebettelt hatte.

Die Sonne verschwand hinter den Bäumen. Bodennebel stieg von den frisch gepflügten Äckern auf, und die Abenddämmerung senkte sich über das Land, als wir endlich den Habichtswald erreichten. Meine Beine und Füße schmerzten und ich war ganz schwach vor Hunger. Als wir schließlich in der Schanzenstraße 103 ankamen, war es bereits dunkel, und die Sperrstunde hatte begonnen. Tante Marianne umarmte mich warmherzig. Sie gab mir Wasser zu trinken und etwas zu essen. Dann fiel ich todmüde auf eine Matratze.

Betteln

Am nächsten Morgen sah ich mich erst einmal um und fragte
Tante Marianne: „Warum schlafen wir eigentlich im Keller?“

„Hat Loni dir das nicht erzählt? Wir mussten nach unten ziehen,
als die Amerikaner letztes Jahr das Haus beschlagnahmt und hier das
Informations- und Schulungszentrum des Regiments eingerichtet haben.
Sie erlaubten uns aber, im Keller und im Eisenbahnwagen zu wohnen.“

„Im Salonwagen? Hat der nicht einem Prinzen gehört?“

„Er war nur ein Herzog.“ Sie wechselte das Thema: „Ich möchte
dich um einen Gefallen bitten. Loni braucht heute Hilfe. Begleite sie
bitte zur Feldküche, die die Amerikaner oben im ehemaligen Café
Hessenschanze eingerichtet haben. Kann ich auf dich zählen?“

„Ja, kannst du“, antwortete ich schnell.

„Das wusste ich.“ Sie lächelte, umarmte mich und küsste mich auf
beide Wangen.

Über ein Jahr hatte ich meine Tante nicht gesehen. Zierlich wie sie
war, mit schlanker Taille und vollbusig, trug sie eine hellbraune Hose
und eine weiße Bluse. Selbst in der düsteren und nasskalten Umgebung
ihres Kellers wirkte sie so strahlend und lebhaft wie immer. Ich wusch
mir das Gesicht mit kaltem Wasser, zog meine Turnhose und ein altes
Hemd an und tippelte hinter ihr her, so wie ich es auch schon als
kleines Mädchen getan hatte. Marianne kehrte den Steinfußboden. Ich
durchstöberte die Ecken des Kellers und stellte fest, dass die Matratze,
auf der ich geschlafen hatte, am Fuß der Treppe lag, die nach oben
führte. Meine Tante sah das und meinte: „Keine Angst, die Tür ist
abgeschlossen.“

Sie erzählte mir vom Einmarsch der Amerikaner und davon,
wie die ersten von ihnen das Haus geplündert, alle Wertsachen –
Schmuck, Leica-Kamera, Pelze – mitgenommen und dann auf dem
Parkettboden im Wohnzimmer Feuer gemacht hatten, weil sie mit
dem Küchenherd nicht umgehen konnten.

„Bist du da nicht fuchsteufelswild geworden?“, fragte ich.

„Und ob! Aber ist es nicht eine Ironie des Schicksals? Hier haben
wir und das Haus all die Bombenangriffe überstanden, und dann...“ Sie

sprach den Satz nicht zu Ende und zögerte, bevor sie hinzufügte: „So viele Tote."

„Papa hat erzählt, es hätte nicht genug Särge zur Beerdigung der Opfer gegeben."

Sie nickte und erinnerte an den Angriff der Royal Air Force vom 22. auf den 23. Oktober 1943 auf Kassel, bei dem zwischen acht und zehntausend Menschen verbrannt oder in dem schrecklichen Feuersturm erstickt waren. Meine Tante schüttelte den Kopf, als wolle sie diese bedrückende Erinnerung loswerden, legte ihren Arm um meine Schultern, lächelte und sagte: „Es ist ein Wunder, dass wir überlebt haben."

*****

Jahre später las ich, dass Kassel nach diesem Bombenangriff zehn Tage lang gebrannt hat und 150.000 Menschen – drei Viertel aller Einwohner – obdachlos geworden waren. Als die Amerikaner die Stadt am 5. April 1945 besetzten, hausten von den 250.000 Vorkriegseinwohnern nur noch 50.000 in den Ruinen der Stadt.

*****

Ich sah mich in dem mit dicken Betonwänden versehenen Luftschutzkeller um, in dem wir während der Ferien bei Fliegeralarm gekauert hatten. Er war damals mit Pritschen und Regalen ausgestattet, in denen reihenweise Konserven gestanden hatten und Obst auf Strohlagern aufbewahrt worden war. Tante Marianne, die nur selten ein gutes Wort über Papa zu sagen hatte, lobte ihn diesmal aber: „Weißt du, wir waren deinem Vater für diesen Luftschutzkeller, den er beim Entwurf unseres Hauses eingeplant hat, sehr dankbar. Lange bevor irgendjemand daran gedacht hatte, war er schon davon überzeugt, dass wir ihn eines Tages brauchen würden. Wir fühlten uns dort einigermaßen sicher, bis die Engländer und Amerikaner außer Brandbomben und Luftminen anfingen, schwere Sprengbomben abzuwerfen."

Meine Tante und ich verließen den Keller und gelangten über eine Freitreppe in den Garten. Die Kieswege, die Bäume, Rasenflächen, Blumen- und Gemüsebeete sowie die Apfel- und Birnbäume waren immer noch so schön, wie ich sie in Erinnerung hatte. Das Grundstück grenzte an den Stadtwald, in dem jenseits des Zauns ein Feuerturm stand. Hinter Fichten verbargen sich die Baracken des ehemaligen Feldlazaretts, die jetzt mit Heimatlosen überfüllt waren.

Marianne führte mich zum ‚Salonwagen‘, einem Überbleibsel aus jener Zeit, als die Adeligen die Welt noch mit ihren privaten Eisenbahnwagen bereisten. Verwittert und mit moosbedecktem Schieferdach, stand der Waggon auf einem mit Wein bewachsenen Fundament. Wir stiegen die breite Treppe hinauf und gingen über die schmale Veranda nach links in die Bordküche. Meine Tante bestrich dort zwei Scheiben schneeweißes Brot mit Erdbeermarmelade und reichte sie mir. Als ich hinein biss, erschien Tante Loni wie immer energiegeladen – in der Tür. „Na, schmeckt's?“, fragte sie. Ich nickte eifrig, und meine beiden Tanten schauten zufrieden lächelnd zu, wie ich das Brot und die süße Marmelade genoss.

Ich leckte mir die Finger ab und fragte: „Aus der Amiküche?“

„Ja, aber jetzt müssen wir gehen“ drängte Loni. Sie schnallte mir einen Militärgurt um und bemerkte: „Du bist ja so dünn wie eine Bohnenstange. Aber keine Angst, wir päppeln dich schon wieder auf.“ Sie hängte mir zwei Kochgeschirre an den Gürtel, gab mir zwei Milchkannen, band sich ebenfalls einen Gürtel mit allen möglichen Gefäßen um die Hüfte und nahm noch zwei weitere Milchkannen mit. Wir gingen durchs Klo, dann durch den Ankleideraum in das Schlafabteil und von dort in den kleinen eleganten Salon, der mit Sofas, die mit rotem Samt bezogen waren, einem Mahagonitisch und blank geputzten Messingleuchtern richtig feudal ausgestattet war. Wir verließen den Salonwagen durch eine schwere Metalltür und befanden uns wieder auf der Terrasse.

Die dreijährige Brita und der zweijährige Heiko, Lonis Kinder, tauchten mit saftverschmierten Händen und Gesichtern hinter einem Beet auf. Mariannes Dackel Hexe rannte kläffend hinter ihnen her. „Eycke, spiel mit uns“, bat Brita.

„Spielen“ wiederholte Heiko. Er stolperte über den Hund, fiel hin, rappelte sich wieder auf und trollte auf uns zu.

Loni lachte. „Ihr habt mal wieder Beeren genascht, was? Eycke spielt später mit euch.“ Sie rief ihrer Schwester zu: „Marianne, pass bitte auf, dass die beiden nicht durch das Loch im Zaun entwischen.“ Mit klappernden Töpfen und Kannen machten Loni und ich uns auf den Weg. Wir gingen durch den Garten, am Haus vorbei, und kamen auf die Straße, wo sich mir ein Bild totaler Verwüstung bot. Loni deutete auf eine gegenüber liegende Villa. „Dort sind eine Frau, ihr Sohn und weiter unten, entlang der Schanzenstraße, Dutzende von Menschen bei einem Flächenbombardement umgekommen. Als die Angriffe immer schlimmer und zerstörerischer wurden, war uns klar, dass wir einen Volltreffer auf unser Haus nicht überleben würden. Von da an sind wir bei jedem Fliegeralarm zum Luftschutzbunker in den Wald gerannt." Meine Tante und ich folgten einem Pfad, der durch die Trümmer zum Café Hessenschanze führte. Rauchgeschwärzte Mauerskelette ragten aus den Ruinen in den blauen Himmel. Eingestürzte Hauswände erlaubten den Blick in intime Wohnbereiche. Ein Teppich aus lila Weidenröschen, auch ,Trümmerblumen' genannt, blühte auf den Ruinen. Ich beobachtete Männer, die umher streiften und auf dem Boden nach Zigarettenkippen suchten, die von den amerikanischen Soldaten weggeschmissen worden waren. Wir schlossen uns einer Reihe ausgemergelter Frauen, Kinder und alter Männer an, die in schäbigen Klamotten aus Kellern, Bretterbuden und anderen Notunterkünften auftauchten. Es schien, als flösse in ihren Adern nicht Blut, sondern die pure Verzweiflung.

Wir erreichten den Hof des ebenfalls beschädigten Cafés, in dem die amerikanischen Truppen ihre Feldküche und eine Kantine eingerichtet hatten. Dort scherzten kurz geschorene, junge, robuste und Kaugummi kauende Soldaten mit hohen Schnürstiefeln, bauschigen Hosen, weißen Unterhemden und Käppis miteinander. Sie schleppten große Kessel herbei und füllten die ihnen entgegen gestreckten Gefäße mit Essensresten. Während wir warteten, erinnerte ich mich träumerisch an einen Besuch des Cafés vor dem Krieg. In einem blauen Sommerkleid hatte ich an einem Tisch mit schneeweißem Tischtuch unter einem schattigen Baum gesessen und Himbeertorte mit einem Berg Schlagsahne genossen.

„Halte deine Kochgeschirre hin", ermahnte mich Loni und schubste mich mit ihrem Ellenbogen, als wir an der Reihe waren.

Mit niedergeschlagenen Augen hielt ich die Gefäße hin, um Kartoffelbrei, getrocknetes und geräuchertes Rindfleisch in einer dicken Mehlschwitze, Vanillepudding und Tee entgegenzunehmen. Der Essensgeruch machte mich ganz schwach. Loni bekam Weißbrot, Bohnen und etwas, das wie eine gelbe Suppe aussah, sowie zwei Kannen mit Kaffeesatz und Teeblättern. Auf dem Heimweg stillte ich meinen größten Hunger schon mal mit einer Hand voll Kartoffelbrei. Brita und Heiko warteten bereits am Gartentor und trampelten ungeduldig mit den Füßen. Brita rief: „Hunger, Mama, Hunger".

Heiko fiel ein: „Hunger."

Meine Tante rümpfte die Nase und fauchte ihren Sohn an: „Geh weg, du stinkst." Seine Schwester rannte zum Salonwagen und rief nach Marianne.

„Tata, komm schnell."

Mit wutverzerrtem Gesicht und geschwollenen Adern im Nacken stellte Loni ihre Kannen und Kochgeschirre ab und zerrte Heiko zur Kellertreppe des großen Hauses. Sie forderte mich auf, ihr in die Waschküche zu folgen. Marianne kam angerannt und rief scharf: „Loni, hör auf!" Doch Loni beachtete sie gar nicht.

Ich half Marianne, die Essensreste zum Salonwagen zu bringen. Und ich konnte hören, wie Heiko weinte und Loni schimpfte: „Wann wirst du endlich lernen, nicht mehr in die Hose zu machen?"

„Muss ich Tante Loni eigentlich gehorchen?", fragte ich Marianne.

„Ja, Brita bleibt bei mir. Sieh schnell nach, was du tun kannst." Ich rannte in die Waschküche, wo Heiko schluchzend und mit geschlossenen Augen splitternackt mitten auf dem Betonboden stand. Seine Mutter richtete einen Schlauch auf den winzigen Körper, bespritzte ihn mit eiskaltem Wasser und spülte den Kot von Po und Beinen ab.

„Hier." Sie gab mir den Schlauch. „Mach du weiter."

Ich protestierte: „Tante Loni, nein!"

„Wie bitte?", fauchte sie. Ohne eine Antwort abzuwarten, fuhr sie mich an: „Mach's, oder ich knall dir eine, dass dir Hören und Sehen vergehen. Ab sofort machst du ihn sauber, wenn er sich vollgeschissen hat."

Widerstrebend richtete ich den Strahl auf die Füße meines Vetters. Meine Tante murrte: „Eines Tages schlage ich den Jungen noch tot." Sie wandte sich ab und stürmte raus. So schnell wie möglich drehte ich das Wasser ab, riss ein Handtuch von der Wäscheleine, hüllte den hysterischen, zitternden Jungen darin ein und nahm ihn in die Arme. Während ich ihn behutsam abtrocknete und noch einmal zärtlich umarmte, flüsterte ich ihm ins Ohr: „Is schon gut, is schon gut." Ich trug ihn zu meiner Matratze, legte ihn hin, deckte ihn zu und streichelte ihn, bis er aufhörte zu schluchzen und endlich einschlief.

Kurz danach kam Marianne und setzte sich ans Fußende der Matratze.

„Was ist eigentlich mit Tante Loni los?", fragte ich.

„Die vielen Luftangriffe. Bei jedem Sirengeheul mit zwei Babys und voller Todesangst zwischen Trümmern in den Bunker zu rennen, all das hat ihre Nerven vollkommen zerrüttet. Wenn sie sich in diesem Zustand befindet, kann man kein vernünftiges Wort mit ihr reden. Und jetzt ... Sie verabscheut es, bei den Amis zu betteln oder um Essensreste zu kämpfen." Meine Tante schien in Gedanken versunken und schüttelte den Kopf, als wolle sie das alles verdrängen. Schließlich beruhigte sie sich und bot an, mir etwas zu essen zu machen. „Nein danke, ich habe keinen Appetit mehr."

„Komm schon, Mäuschen. Es ist spät. Lass mich ein paar Pfannkuchen backen. Der Teig wird schlecht, wenn wir ihn jetzt nicht verarbeiten. Mach dir keine Sorgen wegen Tante Loni. Sie wird schon wieder zu sich kommen." Als Brita aus ihrem Versteck heraus kroch, war von Loni nichts zu sehen. Marianne holte den schlafenden Heiko und legte ihn im Salonwagen zu Bett. Die Warmherzigkeit in ihren Worten linderte meine Spannung nach dem erschreckenden Vorfall in der Waschküche. Später sah ich zu, wie Marianne Teig in eine Pfanne goss und goldgelbe Pfannkuchen briet. Zuerst bediente sie Brita, danach servierte sie mir gleich drei Stück auf einmal. Ich stürzte mich gierig darauf, schnitt sie in große Stücke, stopfte sie in den Mund, kaute und schluckte, kaute und schluckte.

Kaum war mein Teller leer, legte mir meine Tante nach. Total satt, sagte ich atemlos „vielen Dank" und schlief auch sofort auf einem Bett neben Heiko ein. In der Nacht erwachte ich mit quälenden Bauchschmerzen. „Tante Marianne", schrie ich, „ich sterbe."

Sie kam angerannt und murmelte: „Das ist meine Schuld. Du bist so schweres Essen nicht mehr gewohnt, tut mir leid." Zwei oder drei Stunden lang massierte sie meinen Bauch.

Jedes Mal, wenn sie aufhörte, stöhnte ich „Ich sterbe" und bat sie, weiterzumachen. Sie versicherte mir, dass ich nicht sterben würde, nahm mir so die Angst und beruhigte mich, bis ich in ihren Armen wieder einschlief.

Als ich in der Morgendämmerung die Augen aufschlug, fiel mir meine Fressgier der vergangenen Nacht gleich wieder ein. Brita und Heiko hatten sich im Bett neben mir eingeigelt. Loni schlief auf der

Couch im Salon. Immer noch in der zerknitterten Hose und dem schmutzigen Hemd vom Vortag, schlüpfte ich schnell aus der Tür und rannte barfuß durch die morgendliche Frische des Gartens zum großen Haus, dort die Kellertreppe hinunter, schlich auf Zehenspitzen an Tante Mariannes Bett vorbei und kroch in mein eigenes.

Gegen Mittag stand ich wieder in der Schlange vor der Feldküche und wartete darauf, dass die Soldaten ihre Mahlzeit beendeten und die Kessel mit den Essensresten auf den Hof schleppten. Es gefiel mir überhaupt nicht, dass ich diesmal allein hingehen musste, obwohl mir Marianne bereits am Morgen, beim Aufschütteln unserer Federbetten, mitgeteilt hatte, dass Loni nach Simmershausen geradelt sei, um dort bei der Ernte zu helfen und dafür Kartoffeln und Zuckerrüben einzutauschen. „Das heißt, dass du jetzt ohne sie zur Feldküche gehen musst. Das macht dir doch nichts aus?", fragte sie.

Mein erster Gedanke war: „Da soll ich wirklich alleine hingehen? Gestern mit Loni war's schon schlimm genug." Doch ich antwortete: „Natürlich nicht." Das war natürlich gelogen. Vielleicht hatte Marianne das sogar gespürt. Aber ich konnte es einfach nicht über mich bringen, meiner Lieblingstante eine Bitte abzuschlagen. Außerdem hatte ich den Auftritt von Tante Loni am Tag zuvor nicht vergessen. Und ich wusste, dass Marianne die offensichtliche Verzweiflung ihrer Schwester nachempfinden konnte. Denn auch Marianne hätte wahrscheinlich eher gehungert als gebettelt.

Als ich das Café erreichte, schien es, als warteten die Leute aus dem ganzen Viertel auf ihre Zuteilung. Ich schloss mich der Reihe an, die sich über den Fahrweg bis zur Straße schlängelte. Die Leute schubsten sich, stritten und jammerten, ob für jeden genug da sei. Eine Frau drängelte sich an der Schlange vorbei und stellte sich vor mich. Eine zweite und dritte folgten ihr und verhielten sich genauso unverschämt. Sie taten so, als würde ich gar nicht existieren. Als mich wieder eine Frau von hinten anstieß, stolperte ich und fiel fast hin. Einer der Soldaten bemerkte die Unruhe. *„Hey there!"*, rief er den Frauen zu, *„Stop it this instant!"*

Er hob die große Kelle hoch und winkte mich nach ganz vorn, vor die Schlange. Mit niedergeschlagenen Augen ging ich an den Leuten vorbei. Die protestierten laut: „So was gibt's doch nicht!" Der Soldat zwinkerte mir zu und wies in Richtung der Kessel und Töpfe. Ich ging von Gefäß zu Gefäß und löffelte Kakao, nasse Teeblätter, Kaffeesatz, süß-saure Gewürzgurkensoße und Pfannkuchenteig in meine

Kochgeschirre. In einem der Töpfe war noch ein Rest Makkaroni mit Käse, den ich herauskratzte und liebend gern auf der Stelle verzehrt hätte. Doch ich schämte mich zu sehr, das vor aller Augen zu tun. Ich befestigte meine gefüllten Kochgeschirre wieder am Gürtel, schnappte die Milchkannen und ging an der Schlange vorbei, als eine Frau „Amiliebchen" hinter mir her zischte. Ich wusste genau, dass dieses Schimpfwort deutschen Frauen galt, die sich mit amerikanischen Soldaten angefreundet hatten. Mit einer Mischung aus Scham und Stolz brachte ich die gefüllten Essgefäße meinen Tanten, Brita und Heiko.

Tante Marianne lobte mich. Als wir uns zum Essen hinsetzten, erinnerte sie mich behutsam: „Manchmal sind die Augen größer als der Magen." Dennoch fand ich es hart, dem Drang zu widerstehen, heute noch mal so viel in mich hinein zu stopfen, denn wer wusste, ob es morgen noch etwas geben würde.

Amiliebchen

Den Herbst über bis in den Winter 1946, blieb ich bei meinen
Verwandten in Kassel, in der Schanzenstraße. Auf meine Frage nach
der Schule antwortete Tante Marianne: „Die Schule kannst du später
nachholen. Jetzt ist es wichtiger, dass du genug zu essen bekommst."
Mit der Zeit hatte ich mich daran gewöhnt, allein zur Feldküche
zu gehen, was Tante Loni mir nur allzu gerne überließ. Irgendwann
erlaubten uns die Amerikaner, auch wieder die Küche im Haus zu
benutzen. Brita, Heiko und ich freundeten uns mit einem Sergeanten
an, der im Haus meiner Tante einquartiert war. Wir versuchten, ihm
Deutsch beizubringen, und er lehrte uns Englisch. Er alberte herum
und unterhielt uns draußen im Garten mit Hulatänzen, bei denen er sich
einen Büstenhalter vorhielt, den er von der Wäscheleine geschnappt
hatte. Ich kümmerte mich weiter um die beiden Kinder. Und wenn Heiko
mal wieder ein ‚Mißgeschick' passiert war, versuchte ich, ihn sauber
zu machen, ohne dass Tante Loni es mitbekam. Immer wieder hatte sie
mal schlechte Laune. Dann schimpfte sie mit ihrer Schwester und uns
Kindern. Aber nie wieder hat sie ihren Sohn in meiner Anwesenheit
noch mal so behandelt wie an jenem Tag in der Waschküche. Es gab
auch Zeiten, in denen sie fröhlich und voller Lebenslust war. Von Beruf
Kindergärtnerin, machte sie Späße mit uns, spielte Gitarre und sang und
tobte mit uns auf dem Fußboden herum.

Am einundzwanzigsten Oktober feierten wir Tante Mariannes
vierzigsten Geburtstag. Wir gratulierten und überreichten ihr selbst
gemachte Geschenke sowie einen Strauß von den letzten Rosen
aus dem Garten. Lonis Mann Theodor – von allen Seppel genannt
– war aus einem Gefangenenlager entlassen worden und tauschte
auf dem schwarzen Markt zwei Flaschen Wein gegen amerikanische
Zigaretten ein. Wir legten unsere Lebensmittelkarten zusammen,
und wir backten einen Kuchen. Mit den gehorteten Nahrungsmitteln
aus der Feldküche konnte ich zum Herrichten eines einfachen
Abendessens sogar etwas beitragen. Wie damals schon als kleines
Mädchen, wenn Tante Marianne sich fürs Theater fertig machte, war
ich auch diesmal dabei, als sie ein schwarzes Abendkleid anzog,
das Haar zu einem Nackenknoten flocht, rosafarbenen Lippenstift
auflegte und einen Tropfen ihres Lieblingsparfüms ‚Tosca' hinter
beide Ohren und auf die Handrücken tupfte. Sie drehte sich vor dem
Spiegel um, lächelte mich an und fragte: „Wie sehe ich aus?"

„Wunderschön", antwortete ich und klatschte in die Hände. „Genau
wie vor dem Krieg. Ich weiß noch, wie Onkel Wütt dir Komplimente

gemacht, dich auf die Wangen geküsst und dir in den Mantel geholfen hat."

Mit wehmütigem Gesichtsausdruck meinte sie: „Ob er wohl noch am Leben ist?" Offenbar wollte sie bei diesem Gedanken nicht länger verweilen und wechselte das Thema. „Erinnerst du dich noch, was er danach immer machte?", fragte sie.

„Er wärmte den Mercedes an, verfrachtete mich auf den Rücksitz und öffnete dir die Wagentür. Du stiegst ein, er schloss die Tür, und ab ging's in die Stadt."

„Das weißt du alles noch?"

„Als wäre es erst gestern gewesen. Du stiegst die breite Treppe zum Opernhaus hoch, drehtest dich noch einmal um, und mit beiden Händen warfst du uns Kusshände zu. Wir haben dir so lange nach gesehen, bis du hinter dem Opernportal verschwunden warst, und erst danach fuhren wir nach Hause. Ich schlief immer schon längst, wenn Onkel Wütt dich spät abends wieder abholte. Am nächsten Morgen hast du immer die Arien der Oper nachgesungen, die du am Abend besucht hattest."

„Erstaunlich", lachte Marianne.

„Papa sagt, ich hätte ein gutes Gedächtnis und könnte sogar die Flöhe husten hören."

„Recht hat er." Sie warf noch einmal einen Blick in den Spiegel und erklärte: „Es ist Zeit, meine Geburtstagsgäste zu empfangen. Möchtest du guten Tag sagen?" Noch einmal blickte ich auf meine Tante in all ihrer Pracht und dann auf meine ausgebeulte Hose und das zerknitterte Hemd. Trotz dieser schäbigen Aufmachung war ich aber doch so neugierig, dass ich die Einladung nicht ablehnen wollte. Im Salonwagen war alles vorbereitet. Aus dem Grammophon tönte die sinnliche Stimme von Zarah Leander. Loni sah in ihrem taubenblauen Kleid sehr hübsch aus. Ihr Mann war mit gebügelter Hose und weißem Hemd ebenfalls eine stattliche Erscheinung. Dann kamen die Gäste: Hilde, schön, groß, dunkelhaarig, mit einem zu ihren Augen passenden grünen Kleid, ferner zwei junge attraktive Ärzte, die Hilde und Marianne kennen gelernt hatten, als sie im Lazarett nebenan stationiert gewesen waren.

„Ein Prosit auf die bezaubernde Marianne", rief einer der beiden Ärzte, der seit seiner Ankunft im Salon die Augen fest auf meine Tante gerichtet hatte. Nachdem alle die Gläser erhoben und „Hoch soll sie leben" gesungen hatten, verabschiedete ich mich und ging ins Haus zurück. Bevor ich einschlief, malte ich mir aus, wie ich später mal genau so schön sein würde wie Marianne, Abendkleider tragen, ‚Tosca'-Parfum auf die Ohrläppchen tupfen, in die Oper gehen, Feste feiern und jede Menge Verehrer haben würde.

Tief in der Nacht wurde ich von heftigem und hartnäckigem Pochen an die Tür über mir geweckt. Ein Mann brüllte: „Open up this …ing door, or I'll break it down!" Ebenso wie dies unanständige amerikanische Schimpfwort war auch der Rest nicht zu verstehen. Ich bekam Angst: Ein wütender Amerikaner, ich ganz allein, was konnte ich tun? Ohne Licht zu machen, schlüpfte ich in meine Anziehsachen und tastete mich zu der in den Garten führenden Hintertür. Ich vernahm plötzlich ein Würgen, rannte die Treppe hoch und hörte, wie sich jemand hinter mir auf die Stufen übergab. Ich floh über den Rasen auf die Lichter des Salonwagens zu. Von dort dröhnte mir Flamencomusik entgegen, und eine Männerstimme rief: „Bitte, Marianne, tanz für uns."

Durch die offene Tür sah ich, wie Marianne aufstand und sich lächelnd verneigte. Sie schloss die Augen, warf den Kopf zurück, hob anmutig ihre bloßen Arme, schnippte mit den Fingern wie mit Kastagnetten und wirbelte herum, der Musik völlig hingegeben. Langsam und rhythmisch schwangen ihre Hüften, und sie stampfte mit den Füßen, wie ich es im Kino bei spanischen Tänzen gesehen hatte. Ich schlich mich hinein und sah begeistert zu. Als die Musik endete, verbeugte sie sich beim Applaus der Gäste. Ihre Wangen glühten, und die Augen funkelten. Sie entdeckte mich, lächelte und fragte: „Mäuschen, kannst du nicht schlafen?"

Ich flüsterte ihr ins Ohr: „Ein Ami hat an die Kellertür gedonnert und gebrüllt, ich solle sie aufmachen; und ein anderer hat oben aus dem Schlafzimmerfenster gekotzt."

Sie umarmte mich und flüsterte zurück: „Du kannst im Zimmer nebenan bei Heiko und Brita bleiben." Trotz Musik und Gelächter schlief ich bald ein.

Als ich am nächsten Morgen zum Keller zurück ging und an den großen Fenstern des Wohnzimmers vorbei kam, sah ich eine halbnackte junge Frau. Sie saß auf einem Stuhl und wurde von einem Soldaten gezeichnet. Ich dachte bei mir, dass diese schöne junge Frau von der alten Schachtel, die mich bei der Feldküche angefaucht hatte, bestimmt auch als ‚Amiliebchen' beschimpft worden wäre.

Die Heimkehr

Bald nach Mariannes Geburtstag – meine Tante und ich lagen an diesem Tag schon im Bett – klopfte es an der Kellertür. Sie zog Bademantel und Hausschuhe an, lief in den Flur und fragte. „Wer ist da?"

„Ich bin's, Wütt."

Die Tür knarrte, als meine Tante ihren Mann eintreten ließ. Kaum hörte ich die Stimme meines Onkels, da sprang ich schon aus dem Bett. Doch gerade noch rechtzeitig fiel mir ein, dass er ja zu seiner Frau zurückgekehrt war und nicht zu mir. Ich hielt mich also zurück und kroch wieder ins Bett.

„Guck mal Eycke, wer hier ist." Meine Tante winkte mich herbei, meinen Onkel zu begrüßen, der humpelnd und auf einen großen Wanderstock gestützt in der Tür erschienen war. Ich rannte auf ihn zu und umarmte ihn.

„Mein Gott, Mädchen, wie groß du geworden bist. Wie bist du denn aus Polen rausgekommen?"

„Papa hat uns Mitte Januar 1945 im letzten Zug zurück gebracht", antwortete ich.

„Komm, du musst dich ausziehen", drängte meine Tante. Ich half meinem Onkel, die stinkende Decke, die ihm über den Schultern lag, den Rucksack, den schmutzigen Wintermantel und die Pelzmütze abzunehmen. Seine Stiefel waren mit zerfetztem Zeitungspapier ausgestopft, das vorne aus Löchern herausquoll. Der an den Zehen aufgeschnittene rechte Schuh war mit einem Bindfaden zusammen gehalten.

Meine Tante reichte mir zwischen zwei Fingern die Sachen und bat mich, sie in die Waschküche zu werfen. Onkel Wütt brach in einem Stuhl zusammen. Während sie langsam und vorsichtig seine Füße aus den Lappen wickelte, bestürmte sie ihn mit Fragen, ohne seine Antworten abzuwarten: „Was ist mit deinem Fuß passiert? Wo warst du die ganze Zeit? Wie lange warst du unterwegs? Über ein Jahr lang habe ich nichts von dir gehört. Ich hatte Angst, dass du irgendwo in Russland umgekommen wärst." Sie starrte auf seinen rechten Fuß. „Du bist ja verwundet."

Onkel Wütt lehnte sich erschöpft zurück. „Janchen", sagte er mit heiserer Stimme, „Ich war in Gefangenschaft. Seit meiner Entlassung bin ich nur noch gewandert. Ich weiß nicht einmal, was heute für ein Tag ist. Ich bin müde, und mein Fuß tut weh." Erst jetzt, nachdem mein Onkel längst den Keller betreten hatte, nahm er offenbar seine Umgebung wahr und schüttelte den Kopf. „Wieso wohnst du im Keller? Es gab Gerüchte, Kassel sei total zerstört, und ich hatte kaum Hoffnung, dass du noch lebst. Du kannst dir nicht vorstellen, wie erleichtert ich war, als ich vor unserem Haus stand und sah, dass es noch steht. Was soll das Schild im Vorgarten UNITED STATES ARMY, INFORMATION AND EDUCATION CENTER?" Aber er wartete nicht auf eine Antwort und fuhr fort: „Weil ich nicht mehr die Kraft hatte weiterzugehen, und vor lauter Angst, schlich ich mich erst mal am Haus vorbei zum Salonwagen, wo mich Loni begrüßte. Von ihr erfuhr ich, dass du noch am Leben bist."

Marianne erklärte: „Ein paar Brandbomben sind in den Garten gefallen, und eine hat das Dach durchschlagen, aber wir konnten das Feuer mit Sand löschen." Sie wischte sich über die Stirn. „Aber," rief sie, „du hast doch bestimmt Hunger und Durst. Nur haben wir hier unten im Keller nichts zu essen."

„Loni hat mir ein Stück Brot und eine Tasse heißen Tee gegeben. Und jetzt möchte ich mich erst einmal waschen."

Als meine Tante und mein Onkel in der Waschküche verschwunden waren, betete ich: „Lieber Gott, vielen Dank, dass du Onkel Wütt sicher heimgebracht hast." Vor dem Einschlafen beschwor ich das Bild meines Onkels herauf, wie ich ihn von früher her kannte: Mit welligem, an den Schläfen ergrautem und sorgfältig zurück gekämmtem Haar und dem glatt rasierten, nach ,Birkenwasser' duftenden, runden Gesicht. Stets war er tadellos gekleidet. Er trug dezente, hellgraue oder cremefarbene Töne. Der Mann jedoch, der an diesem Abend zurück gekehrt war, und dessen Stimme ich sofort als die meines Lieblingsonkels erkannte, sah wie ein Landstreicher aus.

Spät nachts erwachte ich von Stimmen und hörte vorwurfsvolle Worte meiner Tante: „ ... eine andere Frau ... Fotos ... Briefe ... Krakau ... untreu ....

Bedrückt antwortete mein Onkel: „Verzeihung ... einsam ... wieder versöhnen ... das verspreche ich."

Ärgerlich erwiderte sie: „Da kannst du Gift drauf nehmen."

Ich legte mir ein Kissen aufs Ohr und dachte über das nach,

was ich gehört hatte. Ich wusste, dass Briefe an Frontsoldaten im Feld manchmal mit dem Stempel ‚Vermißt' an die Angehörigen zurückkamen. Vermutlich war ein Brief von einer anderen Frau an meinen Onkel auf diese Weise in die Hände seiner Frau geraten. Langsam begann ich zu verstehen, dass Beziehungen zwischen verheirateten Menschen kompliziert waren und lange Trennungen zu vielen Problemen führen konnten.

Auf meine Tante war ich richtig wütend, weil sie meinem Onkel, als sie sich in der Nacht seiner Heimkehr gegenüber standen, nicht mal erlaubt hatte, sie auf die Wange zu küssen. Denn ich wusste noch zu gut, wie sie an ihrem Geburtstag mit dem jungen Doktor geflirtet hatte. Manche von mir aufgeschnappten Gesprächsfetzen zwischen ihr und ihrer Freundin Hilde erinnerten mich daran, dass die beiden ihre Zeit zwischen den Bombenangriffen bestimmt nicht nur mit Sockenstricken verbracht hatten. Bevor ich wieder einschlief, nahm ich mir vor, besonders nett zu Onkel Wütt zu sein, damit er sich zu Hause wieder glücklich fühlen konnte.

*****

Viele Jahre später las ich im Tagebuch meiner Mutter, Marianne und Wütt hätten vor meiner Geburt große Eheprobleme gehabt. Damals lebten meine Mutter und ich über ein Jahr lang mit ihnen zusammen. Sie waren bei meiner Geburt anwesend, und nicht zuletzt hatte auch ihre bedingungslose Liebe zu mir zu ihrer Versöhnung beigetragen.

Weihnachten auf dem Heidehügel

Für meinen dreizehnten Geburtstag hatte Tante Loni einen Kuchen gebacken. Marianne hatte für mich aus einer Decke ein Cape und aus alten Kleidern etwas zum Anziehen genäht. Meine Mutter schrieb:

Liebe Eycke,
herzlichen Glückwunsch zum Geburtstag.
Letzte Woche sind wir endlich auf dem Heidehügel eingezogen.
Unser Häuschen ist noch nicht fertig.
Wir haben kein fließend Wasser und keinen Strom.
Wir leben, essen und schlafen in der Küche.
Aber wir vermissen Dich und hoffen, daß Du Weihnachten nach Hause kommst.
Herzliche Grüße an alle.
Ich umarme Dich in tiefer Liebe, Deine Mutter.

Die Aussicht, Weihnachten mit meiner Familie zu feiern, machte mich zwar glücklich, aber ich fühlte mich auch hin und her gerissen. Erst wollte ich nicht von zu Hause weg, um hierher zu kommen, und jetzt wollte ich bleiben. Marianne tröstete mich: „Mäuschen, du wirst uns doch erst Weihnachten verlassen, also bleibt noch Zeit, auch zum Vorbereiten von Geschenken." Wir ribbelten verschlissene Pullover auf und benutzten das Garn zum Stricken von Mützen, Schals und Fausthandschuhen für meine Eltern und Geschwister. Von den aufgesparten Lebensmittelmarken kauften wir Mehl, Zucker, Eipulver und Backfett. Nachbarn steuerten einen Korb mit Walnüssen bei. In der Woche vor Weihnachten kneteten wir Teig und stachen Sterne, Glöckchen und Mondsicheln aus. Vom rohen Teig naschte ich so viel, dass mir fast schlecht wurde. Am Tag vor Weihnachten packten wir meine Sachen und die selbst gemachten Geschenke, Gebäck, Christstollen und Essensreste aus der Feldküche in meinen Rucksack und zwei Einkaufstaschen.

Am Morgen des Aufbruchs war es bitter kalt, und es hatte geschneit. Zum Abschied umarmte ich alle und setzte den Rucksack auf. Meine Tanten trugen mir Grüße an die Familie auf und wünschten mir ‚Fröhliche Weihnachten'. Onkel Wütt nahm die zwei Einkaufstaschen, und Marianne winkte uns nach, bis wir an der Haltestelle ‚Prinzenquelle' in die Straßenbahn Nr. 3 einstiegen.„Komm bald wieder", rief sie uns nach. Ich winkte zurück und wischte mir ein paar Tränen weg.

Quietschend rumpelte die verbeulte Straßenbahn bergab in Richtung Stadtmitte. Dort konnte ich ‚Trümmerfrauen' beobachten, die sich an offenem Feuer zusammendrängten, Backsteine reinigten und zwischen den Hausruinen aufstapelten. Weit und breit konnte ich keinen Häuserblock entdecken, in dem auch nur ein einziges Gebäude stehen geblieben war. Mein Onkel schüttelte den Kopf und klagte: „Ich kann meine Heimatstadt kaum wiedererkennen."

Auf dem zerbombten Bahnhof warteten wir in einer langen Schlange, um meine Fahrkarte für den ‚Bummelzug' nach Münden zu lösen. Der Bahnhof, einst ein stattliches, eindrucksvolles Bauwerk, war ebenfalls eine einzige Wüstenei. Nur knapp die Hälfte der Gleisanlagen und Bahnsteige war bislang wieder in Stand gesetzt. Hier und da lagen zu bizarren Gebilden verbogene Schienen herum. Gereizte Reisende mit verkniffenen Mienen rempelten und stießen sich gegenseitig über den vereisten Bahnsteig, wo die Lokomotive Dampfwolken ausstieß und der Zug bereit stand. „Gleis drei, Einsteigen", rief der Bahnhofsvorsteher.

„Denk daran, bei der sechsten Station auszusteigen", erinnerte mich mein Onkel, nachdem er mich noch einmal stürmisch umarmt hatte. „Alles Gute, und ‚Fröhliche Weihnachten'." Er fügte noch hinzu: „Ostern sehen wir dich wieder." Er half mir beim Einsteigen und reichte mir die Einkaufstaschen. Schon von klein auf hatte ich eine besonders enge Beziehung zu meinem Onkel gehabt. Er behandelte mich wie eine Dame, half mir in den Mantel und hielt mir die Türen auf. Im Unterschied zu anderen Männern – auch zu meinem Vater – sprach er mich stets höflich an und hörte mir aufmerksam zu. Niemals warf er mir vor, ich würde zu viele Fragen stellen. Wie in früheren Jahren erfüllte mich seine Zuneigung an diesem Tag mit großer Dankbarkeit und Freude.

Der Stationsvorsteher blies in seine Pfeife und rief „Gleis Drei, Abfahrt!" Wir rollten langsam aus dem Bahnhof, und der Zug nahm Geschwindigkeit auf. Mein Onkel winkte mit seinem Taschentuch. Noch lange sah ich ihm durch ein Fenster nach, bis er nach einer Kurve nicht mehr zu sehen war. In den Abteilen gab es keine freien Sitzplätze. Deshalb setzte ich mich auf meinen Rucksack im Gang. Die beiden Einkaufstaschen hielt ich fest umklammert.

In Gedanken kehrte ich noch einmal zu meiner letzten Bahnreise im Januar 1945 zurück. Wie bei der Flucht aus Polen war auch dieser Zug voller mürrischer Menschen, die sich schubsten und besonders die Alten, Behinderten, Schwachen und uns Kinder zur Seite stießen. Man stritt um die Sitz- und Stehplätze. Doch trotz dieser Rücksichtslosigkeit spürte ich nichts von der Verzweiflung, Angst und Panikstimmung, die wir auf der Flucht erlebt hatten. Die fünf Stationen zwischen Kassel und Münden hatte mein Onkel mir eingeschärft, und aufmerksam horchte ich, wie der Schaffner sie ausrief: „Niedervellmar,..., Ihringshausen,..., Kragenhof,..., Speele,...“ und dann „Wilhelmshausen.“ Als der Zug das nächste Mal hielt und ich die Lautsprecherdurchsage „Hannoversch Münden“ hörte, stürzte ich zur Tür und stieg die Stufen zum Bahnsteig hinunter. Die Menschenmenge riss mich zum Ausgang mit. Während des Krieges hatten überall in der Bahnhofshalle Plakate mit ‚Räder müssen rollen für den Sieg‘ und ‚Pst, Feind hört mit‘ gehangen. Doch jetzt bedeckten tausende Fotos und Hinweise auf vermisste Kinder die Wände. Da fiel mir wieder ein, wie wir Dagmar auf dem Bahnhof von Conti fast verloren hätten, wie Frank auf dem Leipziger Bahnhof von uns getrennt worden war, und ich war glücklich, dass ihre Bilder nicht an diesen Wänden hingen.

Die Brücke über die Fulda war immer noch zerstört. Um die Bushaltestelle zu erreichen, musste ich durch die engen Gassen der Altstadt laufen und die Fulda auf einer wackligen Fußgänger-Hängebrücke überqueren, die bei jedem meiner Schritte schwankte. Hin und wieder stellte ich das Gepäck ab, um Luft zu holen. Erschöpft erreichte ich die Haltestelle und wartete auf den Bus. Das von Marianne aus einer alten Decke umgearbeitete Cape, die Wollsocken, die sie selbst gestrickt hatte, und die gebrauchten, aber festen Schuhe, die Loni auf dem schwarzen Markt gegen Zigaretten eingetauscht hatte, schützten mich nicht wirklich vor der eisigen Kälte. Als der klapprige Bus schließlich kam und anhielt, war er schon voll besetzt. Ich bedankte mich beim Fahrer, der die Fahrgäste aufforderte, noch mehr aufzurücken, um mir Platz zu machen. Eingezwängt zwischen ungepflegten und stinkenden Männern und Frauen, die sich mit den Ellbogen anrempelten, wärmte ich mich in ihrer Mitte, schloss die Augen und wünschte mich in die Zeit zurück, als meine Familie noch nicht zu der Horde verachteter Flüchtlinge gehört hatte.

Während der Fahrt hatte ich Zeit, an frühere Weihnachten zu denken: Rote Kerzen auf dem Adventskranz erhellten das Dunkel und kündigten die Weihnachtszeit an. Mutti und Papa sangen mit uns Advents- und Weihnachtslieder. Ich spielte Blockflöte und zusammen mit Sven einfache Weisen auf unseren Geigen. Es begannen die heimlichen Vorbereitungen. Wir Kinder halfen uns untereinander beim Basteln der Geschenke für unsere Eltern: Für Mutti gehäkelte Topflappen, eine Halskette aus glatten Rosskastanien oder Apfelkernen und ein Nadelkissen; für Papa einen Kalender mit Bildern zu jedem Monat, einen handgestrickten Schal, ein bemaltes Holzkästchen für seine Manschettenknöpfe oder ein schönes selbst gemaltes Bild.

Vom 6. Dezember bis Weihnachten stellten wir unsere Hausschuhe immer ordentlich nebeneinander unter die Betten und hofften auf einen Besuch des heiligen Nikolaus. Waren wir am Tag vorher brav gewesen, fanden wir morgens einen Tannenzweig, ein Plätzchen oder ein kleines Spielzeug in den Schuhen. Waren wir ungezogen gewesen, lag ein Stückchen Kohle darin. Ich entdeckte immer dann Kohle in meinen Schuhen, wenn ich mit meinen Brüdern gestritten oder Mutti widersprochen hatte. Zwei Tage vor Weihnachten verschloss Mutti die Wohnzimmertüren. Wenn wir im Flur kleine Tannenzweige und Engelshaar entdeckten, deutete Mutti geheimnisvoll lächelnd an, dass das Christkind diese wohl verloren hätte.

An Heiligabend warteten wir, frisch gewaschen und festlich angezogen, voller Ungeduld auf das Läuten des Glöckchens. Bevor wir das Wohnzimmer betreten durften, stellten wir uns in einer Reihe hintereinander auf, das jüngste Kind vorn und ich als Älteste am Ende. Und dann erblickten wir den mit schimmerndem Engelshaar und bunten Holzfigürchen geschmückten Weihnachtsbaum im Glanz von hundert Bienenwachskerzen. Durchsichtige Glaskugeln tanzten wie Seifenblasen in der Wärme der Kerzen. Unsere Augen weiteten sich staunend, als Papa an den Zweigen hängende Wunderkerzen anzündete. Mutti spielte Gitarre, Papa Geige, und wir sangen Weihnachtslieder.

Mit geschlossenen Augen klammerte ich mich an diese Erinnerungen, während der Bus auf der vereisten Straße voller Schlaglöcher hin und her holperte und schwankte.

Als ich eine Stunde später in Vaake bei der ‚Post‘ ausstieg, stand Pawa mit ihren ausgelatschten Filzpantoffeln und einem lila Umhang über den Schultern oben auf den Stufen, die Brille auf der Nase. „Eycke“, rief sie, „kommst du gerade noch rechtzeitig zum Heiligabend nach Hause, was? Wo hast du die ganze Zeit gesteckt?“

„Bei Verwandten in Kassel“, rief ich zurück. Weil ich Angst hatte, sie würde mich noch länger ausfragen, fügte ich schnell hinzu: „Fröhliche Weihnachten, Tante Pawa. Ich muss mich beeilen, damit ich noch vor Dunkelheit nach Hause komme.“

„Dann lauf‘ mal los, und fröhliche Weihnachten“, lachte sie. Als ich auf dem verschneiten Fußweg an der Kleinen Ahle entlang und über die schmale Brücke nach Hause stapfte, hing ich immer noch meinen Träumen von früheren Weihnachtsfesten nach und erinnerte mich, dass ich schon während des Singens heimlich Blicke auf den Tisch mit den Geschenken geworfen hatte. Und beim Anblick des mit Äpfeln, Nüssen,

Plätzchen und Marzipan gefüllten Weihnachtstellers lief mir das Wasser im Mund zusammen. Papa erlaubte uns aber nicht, unsere Geschenke zu bewundern oder sie etwa schon auszupacken, bevor wir gesungen, unsere Gedichte vorgetragen und unsere Musikstücke gespielt hatten.

Mit sechs Jahren erhielt ich eine vollständig eingerichtete Puppenküche. Als ich acht war, überraschten mich meine Eltern mit einer Puppenstube, und ich begann zu ahnen, dass nicht das Christkind, sondern sie es gewesen sind, die alles so schön eingerichtet hatten. Besonders begeistert war ich, dass Papa in der Puppenstube winzige, batteriebetriebene Lampen angebracht hatte. In den Wochen vor Weihnachten hatte Mutti bis spät in die Nacht für Dagmar, für mich und für unsere Puppen wunderschöne Kleider genäht und Pullis gestrickt. Von Papa gab es für Dagmars Puppe eine Wiege und für meine Puppenfamilie einen Tisch und vier Stühle, deren Lehnen mit ausgeschnittenen Herzen verziert waren. Wir Kinder bekamen Bücher, eine Spielzeugtrommel, eine Trompete und ein Xylophon. Die Jungen bekamen ein Schaukelpferd und eine Eisenbahn. Einmal, als wir noch in Wilhelmshausen wohnten, schenkten Onkel Wütt und Tante Marianne den Jungen ein knallrotes Cabriolet als Tretauto, mit dem sie herumfahren konnten.

Ich erreichte den Fuß des Heidehügels. Die blasse Wintersonne verschwand gerade hinter dem Reinhardswald. Schwer atmend stieg ich den Zickzackweg durch einen jungen Erlenbestand den Hang hinauf, und es begann zu schneien. Ich vernahm das vertraute Geräusch von Holzhacken, und kurz danach kam das mit groben Rindenbrettern verschalte Fachwerkhäuschen in Sicht. Mir gefielen die roten Dachziegel und ganz besonders die beiden geschnitzten Pferdeköpfe über den Giebeln. Sie waren durch einen Bogen verbunden, auf dem fünf Vögel saßen, was als Symbol für Vater, Mutter und fünf Kinder gedacht war. Eine dünne weiße Rauchfahne kräuselte sich aus dem Schornstein in den Winterhimmel empor.

Mit viel zu großer Jacke und in Holzschuhen stand Sven am Hackklotz und spaltete Kleinholz. Hohläugig blickte er mich an, hob langsam eine Hand, grüßte mich kurz und wandte sich wieder seiner Arbeit zu. Frank und Dagmar schleppten Brennholz und jubelten: „Mutti, Papa, Eycke ist da."

Sie stürmten auf die Küchentür zu und verloren dabei fast ihre Holzschuhe. Unvermittelt blieben sie stehen, ließen einen Teil der Holzscheite fallen und beobachteten mit großen Augen, wie Mutti ihren Kopf durch die obere Hälfte der wie eine Pferdestalltür konstruierten

Haustür steckte, sich die Hände abtrocknete, mir ihre dünnen Arme entgegen streckte und „Eycke" rief. Ich stellte meine Taschen ab und stürzte ihr in die Arme. „Schätzchen", flüsterte sie heiser, „wie gut, dass du wieder da bist." Sie sah mir tief in die Augen, las darin Dinge, die in einem solchen Moment nicht auszusprechen sind, und streichelte meine Wangen sanft mit ihren rauen Händen. Sie lächelte, drehte mich einmal herum und staunte: „Du hast zugenommen."

Ich blickte an ihr vorbei in die halbdunkle Küche. „Wo ist Papa?"

„Es geht ihm nicht gut. Onkel Erich war heute früh hier und hat ihn operiert. Wir hoffen, dass er keine Blutvergiftung bekommt." Dr. Erich Bengen, ein Freund der Familie, lebte jenseits der Felder im nächsten Tal südlich von uns. „Komm doch rein und sieh selbst nach ihm." Björn spielte in seinem Gitterbettchen. Papa lag kreidebleich und abgemagert auf einer Liege in der Ecke.

Mit matter Stimme begrüßte er mich: „Ich habe gehofft, dass du noch rechtzeitig vor Heiligabend hier sein würdest." Er wollte sich von seinem Kissen aufrichten, sank jedoch stöhnend zurück. „Ich habe einen Abszess."

„Ja", griente Frank, „am Hintern."

„Sch, sch ..." ermahnte Mutti, „geh, hilf deiner Schwester und deinem Bruder, Holz rein zu holen."

Ich zog einen wackeligen, dreibeinigen Melkschemel heran und setzte mich neben Papa. „Mutti hat gerade gesagt, Onkel Erich hätte dich heute früh operiert."

„Ja, er hatte nicht damit gerechnet und nur ein kleines Seziermesser bei sich. Mutti musste es mit kochendem Wasser auf dem Herd sterilisieren."

Nie hatte ich Papa so schwach gesehen. Ich wusste, wie schwer solche Furunkel zu behandeln waren. Sven hatte in Polen Monate lang darunter gelitten, obwohl Mutti ihm täglich Schwefelbäder bereitet hatte. Ohne zu zeigen, wie besorgt ich war, versicherte ich Papa: „Es wird dir bestimmt besser gehen, wenn du wieder mal was Gutes zu essen bekommst."

Papa nickte. „Und dann bauen wir das Haus fertig."

Mit roten Wangen und Nasen stürmten Frank und Dagmar durch

die Tür herein und lächelten schüchtern. Sven kam mit einem Arm voll Feuerholz und stapelte es neben dem Herd auf.

Dagmar zupfte mich am Ärmel: „Hast du uns was mitgebracht?" Sven wollte wissen: „Etwas zu essen von den Amis?"

„Können wir was abhaben?", bettelte Frank.

Ich packte Plätzchen aus und beobachtete, wie der Inhalt einer ganzen Dose binnen weniger Minuten gierig verschlungen wurde. Noch kauend fragte Frank: „Hast du uns auch Geschenke mitgebracht?"

„Wart's ab, bis wir die Kerzen am Baum angezündet haben", entgegnete ich.

„Und bis wir unsere Lieder gesungen haben", warf Papa ein.

Ich sah mich um und fragte: „Wo ist der Baum?"

Dagmar wies auf ein Regal. Dort stand ein winziger Weihnachtsbaum mit fünf Kerzen. „Ist er nicht wunderschön?", strahlte sie.

Papa verkündete: „Und nächstes Jahr holen wir uns einen Baum, der groß genug für hundert Kerzen ist."

Meine Familie beobachtete, wie ich mich in der winzigen Küche umschaute, deren Wände mit schwarzer Teerpappe tapeziert waren. Ich fragte mich, wie wir, eine siebenköpfige Familie; hier derart beengt überhaupt leben, essen und schlafen konnte.

Ein Teekessel und ein großer Wäschetopf köchelten auf dem schwarzen Eisenherd. Darüber hing ein aus Stöcken und Zweigen mit Bindfaden zusammengebundenes Gestell, an dem Socken und Wäsche trockneten. Ich warf Papa einen kurzen Blick zu: „Deine Erfindung, nicht wahr?" Er nickte.

An zwei Wänden standen eine Liege, zwei Feldbetten, ein Strohlager und ein Kinderbettchen. Es war gerade noch genug Platz für einen Tisch und fünf Stühle. Das einzige Licht kam von einer qualmenden Karbidlampe. Mutti sah, wie ich das alles in mich aufnahm. „Natürlich ist es hier viel zu eng. Aber es ist leicht zu heizen, und wir sind heilfroh, dass wir endlich unser eigenes Dach überm Kopf haben. Wenn ich nur wüsste, woher wir genug zu essen bekommen könnten."

Sie hielt die rissigen und blutenden Hände vors Gesicht, wischte sich über die Augen und wandte sich an Sven: „Haben wir genug Kleinholz für morgen früh?"

„Ja, Mutti." Er war ganze vierzehn Monate jünger als ich, aber allein an seinen schwieligen Händen konnte man sehen, welch harte Arbeit er beim Roden des Grundstücks, beim Anlegen des Gartens, dem Bau der Hütte, beim Holz hacken und Schleppen von Bachwasser bereits leisten musste.

Mutti zündete am Herdfeuer einen Fidibus an und reichte ihn mir zum Anzünden der Kerzen. Sven löschte die Lampe, und bei schwachem Kerzenlicht sangen wir ‚Oh Tannenbaum', ‚Oh du fröhliche', ‚Stille Nacht', und dann ein Lied, das Papa als junger Mann in den Schützengräben des ersten Weltkrieges komponiert hatte:

Leis auf gold'nen Engelsschwingen
höre ich ein Liedlein singen
durch die stille Winternacht
leis und süße, leis und sacht.

Und der Mond mit seinem Schein
und die lieben Sternelein
stimmen ein mit ihrer Pracht
leis und süße, leis und sacht.

Und mein Herz fängt an zu singen
leis und süße, leis und sacht.
Weihnachtsglocken hör' ich klingen
leis und süße, leis und sacht.

Unsere einzigen Geschenke an diesem Heiligabend waren die, die ich aus Kassel mitgebracht hatte. Alle freuten sich über die warmen Sachen und staunten über das Weihnachtsgebäck. Besonders beliebt waren die Schokoladenriegel und Kaugummis, alles Leckereien von einem befreundeten amerikanischen Sergeanten. Mutti war beim Anblick von Kaffeesatz, Teeblättern und der süß-sauren Gewürzgurkensauce geradezu begeistert. Im Nu hatte sie eine Suppe aus Mehl, Eipulver, Milchpulver und Rübensaft gekocht und serviert. Zum Nachtisch gab's Christstollen und Plätzchen. Bevor wir ins Bett gingen, half Sven den Eingang mit einem Balken zu verrammeln. „Damit die Räuber nicht einbrechen können", flüsterte Papa in mein Ohr, dann wünschte er uns „Fröhliche Weihnachten".

„Fröhliche Weihnachten" antworteten wir. Mutti legte noch

ein Stück Holz auf und pustete die Kerzen aus. Dagmar und ich kuschelten uns ‚Löffelchen an Löffelchen' auf unserer Pritsche. Bei keinem Weihnachtsfest in den nächsten Jahren haben wir uns noch einmal so nah und miteinander verbunden gefühlt wie in dieser kalten, verschneiten Nacht auf dem Heidehügel.

Vaake/Weserbergland. Nordhessen, Deutschland.

Das Pfarrhaus, in dem die Familie der Autorin am Kriegsende Zuflucht fand.
Vaake, 1945

Pfingsten feierte die Familie der Autorin mit ihren Freunden vom Pfarrhaus die Taufe von Bruder Björn. Vaake, Mai, 1945.

Die evangelische Kirche aus dem 11. Jahrhundert in Vaake, wo Björns Taufe und drei Jahre später die Konfirmation der Autorin stattfanden.

Zwischen 1946 und 1948 baute die Familie der Autorin auf einem mit Heide bewachsenen Hang
eine kleine Hütte und nannten sie "Haus am Heidehügel."

"Haus am Heidehügel"
Das Elternhaus der Autorin. das ihr Vater entwarf und in den Sechziger Jahren
auf dem Grund der alten Hütte wieder aufbaute.

Vaake/Weserbergland.

Karl Laabs, der Vater der Autorin in den Fünfziger Jahren.

Mutter und Vater der Autorin.

1972 verlieh der deutsche Bundespresident Gustav Heinemann dem Vater der Autorin das Bundesverdienstkreuz 1. Klasse wegen seines aktiven Widerstandes gegen den Nationalsozialismus, der Rettung von Juden und "für besondere Verdienste am inneren und äusseren Aufbau des deutschen demokratischen Staates nach 1945".

Kassel, 1972.

Die Eltern der Autorin in Vaake im Sommer 1978, ein Jahr vor dem Tod ihres Vaters im März 1979, im Alter von 83 Jahren.

In 1981 hat Yad Vashem, die Gedenkstätte der Mätyrer und Helden des Holocaust, dem Vater der Autorin posthum das "Diplome d'Honneur" verliehen und ihn zu einem "Gerechten unter den Völkern" ernannt, der Juden unter eigener Lebensgefahr gerettet hat.

Jerusalem, Israel.

Die Autorin pflanzt einen Baum zu Ehren ihres Vaters an der
"Straße der Gerechten" auf dem Berg des Gedächtnisses.
Yad Vashem, Jerusalem, Mai, 1983.

Die Mutter der Autorin las und segnete das ungekürzte Manuskript "Eyes are Watching, Ears are Listening: Growing up in Nazi German, 1933-1946", und sie weinte uns lachte zugleich darüber.

Berlin, Sommer, 2000, vier Jahre vor ihrem Tod im Alter von 100 Jahren.

Epilog

„Wenn wir eine geistig gesunde Zukunft anstreben, müssen wir
uns mit unserer Vergangenheit auseinandersetzen, ganz persönlich
und auch allgemein. Wer andere Menschen davon abhält, sich mit der
Vergangenheit zu versöhnen, wird für sich und uns keine Heilung finden.
Wenn wir anderen Leid und Vergebung nicht zugestehen, verleugnen wir
uns selbst."
Alice Derry: *Strangers to Their Courage*

Seit dem Ende des zweiten Weltkrieges sind mehr als sechzig
Jahre vergangen. Nach unserer Flucht vor den nach Deutschland
vordringenden Russen überlebte meine Familie das Chaos und Elend der
Nachkriegsjahre, zunächst als Flüchtlinge, dann auf dem Heidehügel, wo
wir eine kleine Hütte gebaut hatten. Dort gebar meine Mutter Gesine,
ihr siebtes Kind, während sie durch ein Loch im Dach auf die Sterne
schaute.

Die Jahre zwischen 1945 und 1950 waren geprägt durch Hunger,
Entbehrungen und Krankheit. Trotzdem überwiegen in meinen
Erinnerungen Hilfsbereitschaft und Güte. Menschen, die selbst in
Not waren, streckten helfende Hände aus und schlossen uns in ihre
Herzen. Da gab es das frohe Wiedersehen mit Frieda Weichmann sowie
Nahrung und Kleidung von ihr und ihrer Familie, der mein Vater das
Leben gerettet hatte. Im Lauf der Zeit öffneten meine Eltern unser Haus
für Männer, Frauen und Kinder, die ihre Heimat und ihren Weg in die
Zukunft verloren hatten oder allein in der Welt standen. Dazu gehörten
Menschen unterschiedlicher Herkunft, Nationalität, Konfession und
politischer Überzeugung.

Aufgrund der Zeugnisse vieler überlebender Juden wurde mein
Vater während eines lang dauernden Entnazifizierungsverfahrens
rechtsgültig und unanfechtbar entlastet. Er nahm seine Tätigkeit als
Architekt wieder auf, arbeitete zunächst in Kassel und später als
Stadtbaurat in Frankfurt am Main. 1972 verlieh ihm die Bundesrepublik
Deutschland das Bundesverdienstkreuz 1. Klasse wegen seines aktiven
Widerstandes gegen den Nationalsozialismus, der Rettung von Juden
und „für besondere Verdienste am inneren und äußeren Aufbau des
deutschen demokratischen Staates nach 1945." Für einen Helden hielt
er sich selbst jedoch nicht. Anläßlich der Ordensverleihung sagte er:
„Ich nehme diese Auszeichnung als Ehrung für diejenigen entgegen,
denen ich nicht helfen konnte." In einem Brief an den damaligen
Bundespräsidenten Heinemann schrieb er: „Mein Handeln in diesen

tragischen und gefährlichen Jahren war für mich (und meine Frau) selbstverständlich - ein Akt der Menschlichkeit und Christenpflicht! (ev.) Also nichts Besonderes. – Dokumentiert wird hiermit die unwiderlegbare Tatsache, dass nicht alle Deutschen widerstandslos dem Nazi-Terror zuschauten!" Damit betonte er, daß es durchaus möglich war, „erfolgreich Widerstand zu leisten, – vorausgesetzt, daß dazu Willen und Fähigkeit vorhanden waren."

Als meine Eltern sich mit der Vergangenheit auseinandersetzten, gaben sie ihren Kindern und später auch ihren Enkeln das weiter, was meine Mutter die ‚goldenen Eimer' nannte. Sie vermittelten uns durch ihr Beispiel die Fähigkeit, mit armen, unglücklichen und verfolgten Menschen mitzuleiden. Sie brachten uns bei, wie wichtig es ist, aus der Vergangenheit zu lernen, und wie gefährlich Stillschweigen, Gleichgültigkeit und Selbstgefälligkeit sind. Sie ermahnten uns, Menschenrechte und Gerechtigkeit, Freiheit der Rede, Toleranz und Bemühen um Frieden unter den Völkern stets hoch zu halten.

Mein Vater ging 1960 in den Ruhestand. Er riss die verfallende Hütte auf dem Heidehügel ab und baute dort für uns ein neues Haus. Dies war sein Weg der Buße für gebrochene Versprechen und das Leid, das er seiner Frau und der Familie angetan hatte. So kehrten meine Eltern nach Vaake zurück und umgaben sich mit ihren Kindern und Enkeln sowie alten und neuen Freunden. Sie hatten stets auf Gleichheit beruhende Ideale, und bis ins hohe Alter blieben sie sozial eingestellt und politisch engagiert. Als sie von der Sozialdemokratischen Partei enttäuscht waren, stimmten sie fortan für die Grünen.

In den späten fünfziger Jahren begann meine Mutter, sich mit der Anthroposophie zu beschäftigen. Ihre Studien und ihr Besuch im Goetheanum in Dornach bei Basel bereicherten ihr geistiges Leben. Ein Spruch von Rudolf Steiner – Schweizer Arzt und Begründer der Anthroposophie – an ihrer Zimmerwand lautet:

Unsterblich ist am Menschenwerk,
was aus dem Herzen heraus
voll Liebe, für die Menschheit gedacht,
empfunden und vollbracht ist.

Während des Krieges und der Nachkriegsjahre wusste ich die enge Verbundenheit innerhalb meiner Familie sehr zu schätzen, ebenso den Mut und die Fähigkeit meiner Eltern, uns in Zeiten der Gefahr zu beschützen. Was mir Kraft verlieh, war der von meiner Mutter mitgegebene Glaube, dass wir in diesen schrecklichen Zeiten von einer göttlichen Macht behütet worden sind. Ich hatte große Ehrfurcht vor dem Mut meiner Mutter angesichts der Nazityrannei, ihrem

Mitgefühl gegenüber unseren polnischen Nachbarn und besonders ihrer Freundschaft mit der grausam verfolgten jüdischen Familie Weichmann. Meine Mutter beherrschte vier Sprachen und wurde von ihrer Familie und Freunden in aller Welt geliebt und verehrt. Sie fühlten sich zu ihr hingezogen und waren ergriffen von ihrer Spiritualität, fasziniert von ihrem leidenschaftlichen Wesen und ihrer Offenherzigkeit. Sie gewann die Herzen, weil sie bei Freud und Leid geduldig zuhörte. Und sie teilte stets mit anderen ihr Zuhause, ihre Lebenserfahrungen, ihre eigene Verzweiflung und nicht zuletzt ihre Kenntnisse in Philosophie und Literatur sowie ihre Liebe zu Musik und Dichtung.

Während der ersten vierzig Jahre ihres Zusammenlebens haben sich meine Eltern leidenschaftlich geliebt, aber genauso leidenschaftlich miteinander gestritten. Während der letzten zehn Jahre lebten sie in Frieden. Nachdem mein Vater einen Schlaganfall erlitten hatte, pflegte ihn meine Mutter drei Jahre lang. Gegen Ende fragte er sie: „Sag mir, Tutti, würdest du mich noch einmal nehmen?"

Ohne zu zögern antwortete sie: „Ja, ich würde es tatsächlich, Karl, ich würde es tun."

„Nach all dem Leid, das ich dir angetan habe?"

Sie sagte „Ja, ich würde es", und fügte hinzu: „Wenn Gott deine Fehler und deine guten Taten in die Waagschalen legen würde, werden die guten Taten weit schwerer wiegen." Er küsste ihre Hand.

Dreiundachtzigjährig, starb mein Vater friedlich auf dem Heidehügel in den Armen meiner Mutter, umgeben von seiner Familie. Auch sein jüngster Sohn Christian aus Papas Beziehung zu einer anderen Frau war anwesend.

1981 hat ihm Yad Vashem, die Gedenkstätte der Märtyrer und Helden des Staates Israel in Jerusalem, posthum das ‚Diplom d'Honneur' verliehen und ihn zu einem ‚Gerechten unter den Völkern' ernannt, der Juden während des Holocaust unter eigener Lebensgefahr gerettet hat. In 1983 pflanzten meine Mutter und ich in Yad Vashem, der Holocaust Gedenkstätte in Jerusalem, einen Baum zu seiner Ehre. Papas Name ist auf der ‚Rescuers' Wall' im Holocaust-Museum in Washington , D. C. eingraviert.

Meine Mutter überlebte meinen Vater um fünfundzwanzig Jahre. Sie verlor ihr Gehör, lebte aber bis zum Alter von vierundneunzig

Jahren in ihrem Haus auf dem geliebten Heidehügel. Nach meinem Vater gefragt, zitierte sie aus Goethes Faust:

Zwei Seelen wohnen, ach! in meiner Brust,
Die eine will sich von der andern trennen:
Die eine hält, in derber Liebeslust,
sich an die Welt mit klammernden Organen;
die andere hebt gewaltsam sich vom Dust
zu den Gefilden hoher Ahnen.

Ein anderes Lieblingszitat meiner Mutter war: „Wo viel Licht ist, ist auch viel Schatten." Sie wandte es auf ihr eigenes Leben und das meines Vaters an, bedauerte ihre Fehler und bat um Vergebung.

Die letzten sechs Jahre ihres Lebens verbrachte meine Mutter in der Nähe von Berlin im Haus meiner jüngsten Schwester Gesine, die sie mit liebevoller Hingabe bis zum Alter von über hundert Jahren pflegte. Noch an ihrem hundertsten Geburtstag lehrte sie uns zu beten, die alten Lieder zu singen und Gedichte für ihre große Familie und die vielen Freunde vorzutragen, die sich ihr zu Ehren versammelt hatten. Mit großer Eindringlichkeit rezitierte sie Christian Morgensterns Worte:

Allen Bruder sein! Allen helfen,
dienen! Ist, seit ER erschienen,
Ziel allein!

Auch dem Bösewicht,
der uns widerstrebet!
Er auch ward gewebet
einst aus Licht.
Liebt das Böse – gut!
lehren tiefe Seelen.
Lernt am Hasse stählen – Liebesmut!

Brüder! – Hört das Wort!
Daß es Wahrheit werde –
und dereinst die Erde Gottes Ort.

Ich habe die Geschichten meiner Kindheit erzählt, um meinen Vater und meine Mutter sowie die Opfer des Krieges und des Holocaust zu würdigen und zu ehren. Der schändlichen Hinterlassenschaft, die mit dem Land meiner Geburt auf Dauer verbunden bleiben wird, bin ich mir ebenso bewusst wie des traurigen Vermächtnisses, das auch mein Vater bis zum Ende seines Lebens im Sinn behielt. 1978, sieben Monate vor seinem Tod, vertraute er mir mit Tränen in den Augen an: „Mich quält die Tatsache, dass ich nicht noch mehr Menschen retten konnte."

Bereits als ich dreizehn Jahre alt war, hatte mich mein Vater ermutigt zu schreiben. Ein Jahr vor seinem Tod bat er mich, die Geschichte unserer Familie zu erzählen und niederzuschreiben.

Mein Mann Charles, unser Sohn, unsere Tochter und ich halten engen Kontakt zu meiner deutschen Familie. Oft besuchten wir meine Eltern und Geschwister in Deutschland, und sie besuchten uns in den Vereinigten Staaten. Bis zum heutigen Tag sehne ich mich nach der Landschaft meiner Kindheit, den grünen Wäldern, den Flüssen und den alten Städten und Dörfern. Und dennoch ringe ich immer wieder mit einer tiefen Zwiespältigkeit gegenüber dem Land meiner Eltern.

Vor über fünfzig Jahren wanderte ich als junge Braut in die Vereinigten Staaten aus und ließ meine Eltern und Geschwister zurück. Dass ich seit meinem achtzehnten Lebensjahr allein auf mich angewiesen war und die englische Sprache in Wort und Bild fließend beherrschte, hat es mir erleichtert, ein neues Leben fern der Heimat zu beginnen. Arbeit und Sprachstudium in der Schweiz und den Vereinigten Staaten ließen mich selbständig werden. Ich glaube, dass ich meine Veranlagungen und Begabungen nicht hätte entfalten können, wenn ich im Land meiner Geburt geblieben wäre. Wann immer meine Vergangenheit mich zu belasten drohte, bat ich um Hilfe und empfing sie auch dankbar. Den meisten Herausforderungen habe ich mich unmittelbar stellen können. Dabei war und bin ich noch heute oft meinem Wohlbefinden ein oder zwei Schritte voraus. Dann rufe ich die Vergangenheit ins Gedächtnis und sehe mich als Zehnjährige in einer hundert Jahre alten Scheune, wie ich meine Arme ausbreite und von den Dachsparren in das Heu hinab springe. Seitdem fliege ich immer noch.

Mein Mann und ich hatten uns 1963 in Atlanta niedergelassen, wo wir beide an der Emory University lehrten, er in Geschichte, ich im Kunstbereich. Das Gestalten mit Ton, das Lehren und Schreiben haben mich immer zutiefst befriedigt. Ich liebte und wurde geliebt von meinem wunderbaren Mann, meinen Kindern, Enkeln und Freunden. Von den Fenstern unseres Hauses an der Nordküste der olympischen Halbinsel im Staat Washington, wo wir seit 18 Jahren leben, blicken wir auf das bewaldete Vorgebirge und die schneebedeckten Berge im Süden und auf die Insel von Vancouver in British Columbia im Norden. Wenn mein Mann und ich Seite an Seite sitzend den Feierabend genießen und beobachten, wie der Himmel sich blutrot verfärbt und die Sonne im Wasser der Straße von Juan de Fuca versinkt, fühle ich eine unbeschreibliche Dankbarkeit.

Danksagungen

Der größte Teil dieser Memoiren besteht aus meinen Erinnerungen, die ich hier aus der Perspektive eines Kindes nieder geschrieben habe. Aber auch die geschriebenen und gesprochenen Bezeugungen aus den Erinnerungen anderer habe ich mit einbezogen. Ihre Beiträge möchte ich hier zur Kenntnis geben und dafür aus tiefstem Herzen Dank sagen. Dazu gehören meine Familienangehörigen: Mein Vater, der mich inspiriert hat, dieses Buch zu schreiben, und meine Mutter, die lachte und weinte, als sie die ungekürzte Version gelesen, geprüft und dann ihren Segen dazu gegeben hat. Ich danke meiner Tante Marianne, die mir viel über die frühen Jahre meiner Kindheit erzählt hat, meinem Cousin Dr. Uwe Lamprecht für seine Erinnerungen und meiner Schwägerin Ingrid Laabs für ihre wohlüberlegten Beiträge und dafür, daß sie Teile des ungekürzten Manuskripts ins Deutsche übersetzt hat. Sehr dankbar bin ich meinen Brüdern Sven, Frank und Björn sowie meinen Schwestern Dagmar und Gesine, die ihre persönlichen Eindrücke von unseren Eltern mit mir ausgetauscht haben. Ich fühle mich zu Dank verpflichtet gegenüber meinen Kindheitsfreundinnen Brigitte Blankenburg-Mundry und Margret Tichy-Iffland, die ihre Erinnerungen über unsere gemeinsamen Vor- und Nachkriegsjahre in Vaake mit mir geteilt haben.

Mein warmer Dank gilt auch Frau Dr. Eva Fogelman, die in ihrem renommierten Buch ,Wir waren keine Helden: Lebensretter im Angesicht des Holocaust' (*Conscience and Courage*) über die Motive der Retter von Juden während des Holocaust geschrieben hat, und die mich hat wissen lassen: „Ihre Aufzeichnungen werden für spätere Generationen von Bedeutung sein." Ebenso danke ich Dr. Mordechai Paldiel, dem Leiter des ,Instituts der Gerechten unter den Völkern' in Yad Vashem, Israel, der mich bei der Suche nach den von meinem Vater geretteten Männern und Frauen unterstützt hat, mit denen unsere Familie den Kontakt verloren hatte. Mein Dank geht an Shimshon Schönberg, Frieda und Ruth Weichmann. Im Laufe der Jahre haben alle drei in Briefen und Privatgesprächen berichtet, was mein Vater für sie und ihre Familien getan hat. In Steven Spielbergs Videoarchiv ,Survivors of the Holocaust Shoah Visual Foundation' sind die Interviews über Frieda und Ruths Lebensgeschichten unter den Namen Frometa Wortman und Ruth Metzler katalogisiert, Verzeichnis Nrn. 09675-1 und 25860-99.

Tief empfundener Dank gilt meinem Sohn Nils, meiner Tochter Kirsten und der Enkelin Hannah für ihre engagierten Anregungen und die unermüdliche Ermutigung.

Einen besonderen Dank richte ich an meinen Schwiegersohn Beau Brashares, der sein Talent engagiert eingesetzt und viel Zeit aufgewandt hat, um das eindrucksvolle Umschlagsbild des Buches zu gestalten, und dem es gelungen ist, bei der Entwicklung und Aufarbeitung der alten Fotografien meine Kindheit bildlich lebendig zu machen. Das Hintergrund-Foto des Titelbildes ist mit Erlaubnis des National Archive Washington, D. C. wiedergegeben.

Ich danke Dr. Suzann Bick und Peggy de Broux, und den Mitgliedern des Schriftstellerkreises, ‚Writers' Workshop', der den Teilnehmern die Gelegenheit gegeben hat, sich gegenseitig zu fördern, zu unterstützen und ihre Arbeit zu vervollkommnen.

Unter denen, die frühere Versionen des Manuskripts gelesen haben, befinden sich meine Freunde Joanna Erikson, Sandy und Charlie Mays, Mary Roon sowie Edith und Dr. Roland Blaich und Dr. Donna Harsch. Dankbar bin ich für ihre scharfsinnigen Kommentare, ihre Einsichten und ihre Unterstützung. Herzlicher Dank gilt meiner Freundin Alice Derry für das Lesen des Manuskripts mit dem Einfühlungsvermögen einer Dichterin und für ihren Glauben an die Aussagekraft meiner Geschichten. Dale Brown, ältester Freund unserer Familie, Schriftsteller, ehemaliger Lektor und Herausgeber von ‚Time Life Books', war von Anfang an dabei. Er hat mich angespornt, wenn ich es am nötigsten brauchte, war stets großzügig mit seinen inspirierten Ratschlägen, Einsichten und seinen Fachkenntnissen. Ich möchte die Verdienste des deutschen Historikers Dr. Reinhold Lütgemeier-Davin hervorheben, der einschlägige Dokumente zutage gefördert hat, zahlreiche Artikel und eine scharfsinnige Monographie über meinen Vater veröffentlicht hat. ‚Der Luftwaffen-Feldwebel und Baurat Karl Laabs – Ein Jugendbewegter und Judenretter im polnischen Krenau' erschien 2002 in dem Buch ‚Retter in Uniform' im Fischer Taschenbuch Verlag.

Die jahrelange Zusammenarbeit mit meinen Berliner Freunden Professor Dr. Eberhard und Brigitte Mundry, geb. Blankenburg an der Übertragung vom Englischen in meine Muttersprache, hat mich meine Kindheitserinnerungen noch einmal intensiv erleben lassen. Ich möchte mich an dieser Stelle herzlich bei ihnen und bei meinem Cousin Heiko Jaeschke aus Kassel für seine hervorragende, lektorische Bearbeitung, die dieser Übersetzung Form gegeben hat, bedanken.

Mein innigster Dank gebührt meinem lieben Mann Charles. Über viele Jahre hinweg hat er sich geduldig meine Geschichten angehört und schließlich vorgeschlagen, sie zu Papier zu bringen. Er hat die vielen Überarbeitungen erneut gelesen und mich an seinen beruflichen Fachkenntnissen und Einblicken in die Geschichte teilhaben lassen. Er hat mir die Liebe, die Ermutigung und seine unermüdliche Hilfe entgegen gebracht, die es mir ermöglicht haben, dieses Buch zu vollenden.

Über das Buch

Mit sprachlicher Gewandtheit, Einfühlungsvermögen und Schwung erzählt Eycke Strickland in *‚Eyes are Watching, Ears are Listening'* die Geschichte von ihrer außergewöhnlichen Kindheit im dritten Reich. In hervorragender Prosa berichtet die Autorin faszinierend über das Leben einer großen, liebevollen und unkonventionellen Familie zunächst im Vorkriegs- Deutschland und dann während des Krieges in dem von Deutschland besetzten Polen. Eycke Stricklands bewegenden Geschichten und offenherzigen Kommentare malen ein vielschichtiges Bild von enger Verbundenheit und Spannungen in der Familie auf der einen Seite, von Kindheitsabenteuern und -ängsten auf der anderen. Gleichzeitig trägt das Buch dazu bei, Leben und Tod unter dem Joch des Nationalsozialismus nachzuvollziehen. Aus der Sicht einer jungen, aber scharfsinnig beobachtenden Tochter in einer gegen dieses Regime eingestellten Familie lernen wir einiges über die Beziehungen zwischen Deutschen und Juden, Deutschen und Polen sowie Durchschnittsdeutschen und Nazi-Funktionären in einer nahe Auschwitz liegenden polnischen Stadt. Vor allem erfahren wir etwas über den Mut dieser Familie, die einer verbrecherischen Regierung widerstand und den totalen Krieg überlebte. Eycke Stricklands Vater Karl Laabs hat viele Juden vor der Deportation nach Auschwitz gerettet. Der herzliche und hilfsbereite Umgang der Mutter mit den polnischen Menschen führte wiederholt zu Bedrohungen durch die Nazis. Nicht zuletzt halfen die starken und widerstandsfähigen Kinder der Familie, diese schreckliche Zeit zu überstehen. Die ergreifenden und aufschlußreichen Memoiren verdienen eine große Leserschaft.

Prof. Dr. Donna Harsch: *‚German Social Democracy and the Rise of Nazism'* und *‚Revenge of the Domestic: Women, The Family, and Communism in the German Democratic Republic.'*

Über die Autorin

Eycke Strickland, geb. Laabs, wurde am 5. November 1933 in Kassel geboren. Sie hat das Chaos des zweiten Weltkrieges überlebt und ist mit ihrem in Amerika geborenen Mann Charles Strickland 1958 in die USA ausgewandert. Sie hat 23 Jahre an der Kunstfakultät der Emory Universität in Atlanta gelehrt. Sie lebt seit 1997 mit ihrem Mann im Ruhestand in Port Angeles an der Küste der Olympic Peninsula in Port Angeles im Bundesstaat Washington.

www.ingramcontent.com/pod-product-compliance
Lightning Source LLC
Chambersburg PA
CBHW062149080426
42734CB00010B/1620